Richter · Bengel · Simmerding
Grundbuch, Grundstück, Grenze
2. Auflage

Grundbuch, Grundstück, Grenze

Handkommentar zur Grundbuchordnung unter besonderer Berücksichtigung katasterrechtlicher Fragen

(früher: Richter, Das materielle und formelle Deutsche Grundbuchrecht in seiner Beziehung zum Liegenschaftskatasterdienst)

2., völlig umgestaltete Auflage von

Dr. Manfred Bengel
Notar in Schweinfurt
und
Dr.-Ing. Franz Simmerding
Ministerialrat im Bayerischen
Staatsministerium der Finanzen

1978

J. Schweitzer Verlag · Berlin

CIP-Kurztitelaufnahme der Deutschen Bibliothek

Bengel, Manfred
Grundbuch, Grundstück, Grenze : Handkommentar zur Grundbuchordnung unter bes. Berücks. katasterrechtl. Fragen ; (früher Richter, Das materielle und formelle deutsche Grundbuchrecht in seiner Beziehung zum Liegenschaftskatasterdienst) / von Manfred Bengel u. Franz Simmerding. – 2., völlig umgestaltete Aufl. – Berlin : Schweitzer, 1978.
1. Aufl. u.d.T.: Richter, David Heinrich:
Das materielle und formelle deutsche Grundbuchrecht in seiner Beziehung zum Liegenschaftskatasterdienst.
ISBN 3-8059-0424-X
NE: Simmerding, Franz:

Umschlagentwurf: Rudolf Hübler, Berlin.
Satz und Druck: Georg Wagner, Nördlingen. Bindearbeiten: Lüderitz & Bauer, Buchgewerbe GmbH, Berlin.

Vorwort

Die völlig umgestaltete und erweiterte Neuauflage von David Heinrich Richters „Das materielle und formelle Deutsche Grundbuchrecht in seiner Beziehung zum Liegenschaftskatasterdienst mit besonderer Berücksichtigung der bayerischen und rheinpfälzischen Verhältnisse" trifft auf andere Gegebenheiten bei Grundbuch und Liegenschaftskataster, als sie seinerzeit im Jahre 1950 vorlagen. Die Grundbücher sind inzwischen auf das Muster der Grundbuchverfügung umgeschrieben; das neue Liegenschaftskataster ist in den einzelnen Ländern ganz oder für den größeren Teil der Landesfläche aufgestellt. Allgemein hat sich die Grundbuchführung der Loseblattform zugewandt und schon gerät auch das Grundbuch in den Sog der elektronischen Datenverarbeitung.

Der in Aussicht stehende Übergang zum Computergrundbuch wird jedoch die wesentlichen Rechtsgrundlagen und -vorschriften unberührt lassen und außerdem nicht in kurzer Zeit zu bewerkstelligen sein. So erscheint es nicht unzeitgemäß, Richters Grundbuchrecht in einer Neubearbeitung wieder aufzulegen.

Unter dem neuen Titel des Buches „Grundbuch, Grundstück, Grenze" wird nunmehr nicht nur ein Ausschnitt, sondern die gesamte Grundbuchordnung in der ab 1. Januar 1978 geltenden Fassung vorgestellt; hierbei wird jedoch nur auf diejenigen Fragen in größerer Ausführlichkeit eingegangen, die mit dem Grundstück und seiner Begrenzung sowie mit dem Nachweis der Grundstücke im Liegenschaftskataster zusammenhängen. Das vorliegende Buch unternimmt somit nicht etwa den Versuch, die reichhaltige Kommentarliteratur zur Grundbuchordnung durch einen weiteren Kurzkommentar zu vermehren, sondern es ist von dem Bemühen getragen, einen bestimmten Bereich, der für die Praxis keineswegs unbedeutend ist, im Stil eines Lehrbuchs ausführlicher und übersichtlicher darzustellen, als dies in den übrigen Kommentaren unternommen wird. Den in der Praxis sich stellenden Problemen wurde auch dann nicht aus dem Weg gegangen, wenn eine endgültige Klärung durch oberste Gerichte noch aussteht. Nicht vermeidbar war gelegentlich ein Eingehen auf Fragen des Nachbarrechts, wobei jedoch möglichste Kürze gewahrt wurde, weil für dieses Rechtsgebiet auf die ausführlichen Darstellungen von Meisner-Ring und Meisner-Stern-Hodes verwiesen werden kann. Auch eine umfassende Behandlung des Liegenschaftskatasters mit seinen zahlreichen Modifikationen in den verschiedenen Ländern konnte nicht Aufgabe dieses Buches sein, weil hierüber ausreichend Literatur verfügbar ist, aus der die eben erst erschienene Katasterkunde von O. Kriegel besonders erwähnt werden darf.

Die Vorauflage berücksichtigte ausschließlich die Gegebenheiten in Bayern einschließlich der ehemals bayerischen Rheinpfalz. Da das Buch aber über Bayern hinaus Beachtung sowohl in der Praxis als auch in der Rechtsprechung fand, wenn es um Fragen des Zusammenwirkens von Vermessung, Liegenschaftskataster und Grundbuch ging, hielten es die Bearbeiter für geboten, auch auf Besonderheiten anderer Länder einzugehen, soweit dies ohne zu große Ausweitung des Umfangs möglich erschien. Eine andere Inhaltserweiterung ergab sich aus der Zielsetzung, nicht nur dem Vermessungsfachmann, sondern mehr als in der Vorauflage auch dem Notar und dem Rechtspfleger sowie allen mit der Verwaltung von Grundstücken befaßten Stellen in Staat, Gemeinden und Wirtschaft die im Zusammenhang mit dem amtlichen Verzeichnis der Grundstücke, mit dem Grundstück, seiner Grenze und dem Grundeigentum auftretenden Fragen zu beantworten.

Da bei der Beurteilung der Rechtsverhältnisse an Grundstücken mitunter auch Vorgänge berücksichtigt werden müssen, die sich vor langer Zeit, u. U. vor Anlegung des Grundbuchs zugetragen haben, mußte auch auf frühere Rechts- und Verwaltungsvorschriften kurz eingegangen werden. Die Kenntnis des alten Rechts trägt außerdem zum Verständnis der jetzigen Vorschriften bei.

Das Manuskript wurde im Juli 1977 abgeschlossen. Die Verfasser sind für Anregungen und Hinweise dankbar.

Schweinfurt und München, Januar 1978
Dr. Manfred Bengel – Dr. Franz Simmerding

Abkürzungsverzeichnis

A

A	Ausführungs-
a. A.	andere Ansicht
aaO	am angegebenen Ort
AbmG	(bayer.) Gesetz, die Abmarkung der Grundstücke betreffend
Abs.	Absatz
Abschn.	Abschnitt
Abt.	Abteilung
AcP	Archiv für die civilistische Praxis
AGBGB	(bayer.) Ausführungsgesetz zum Bürgerlichen Gesetzbuch
AGGBOZVG	(bayer.) Ausführungsgesetz zu der Grundbuchordnung und zu dem Gesetz über die Zwangsversteigerung und die Zwangsverwaltung
AGGVG	(bayer.) Gesetz zur Ausführung des Gerichtsverfassungsgesetzes
AktO	Aktenordnung
Art.	Artikel
Aufl.	Auflage
AV	Allgemeine Verfügung
AVGBO	Verordnung zur Ausführung der Grundbuchordnung
AVN	Allgemeine Vermessungsnachrichten

B

BAnz	Bundesanzeiger
Bay-	Bayerische (r, s)
BayBO	Bayerische Bauordnung
BayBS	Bereinigte Sammlung des bayerischen Landesrechts
BayBSVFin	Bereinigte Sammlung der bayerischen Finanzverwaltungsvorschriften
BayBSVJu	Bereinigte Sammlung der bayerischen Justizverwaltungsvorschriften
BayLR	Bayerisches Landrecht
BayObLG	Bayerisches Oberstes Landesgericht
BayObLGZ	Sammlung von Entscheidungen des Bayerischen Obersten Landesgerichts in Zivilsachen
BayStrWG	Bayerisches Straßen- und Wegegesetz
BayVBl	Bayerische Verwaltungsblätter
BayWG	Bayerisches Wassergesetz
BB	Der Betriebsberater (Zeitschrift)
BBauG	Bundesbaugesetz
Bd.	Band
Bek	Bekanntmachung
Bem.	Bemerkung
BergG	(bayer.) Berggesetz
BeurkG	Beurkundungsgesetz
BGB	Bürgerliches Gesetzbuch
BGBl I	Bundesgesetzblatt Teil I
BGH	Bundesgerichtshof
BGHZ	Entscheidungen des Bundesgerichtshofs in Zivilsachen

BlGBWR	Blätter für Grundstücks-, Bau- und Wohnungsrecht
BMI	Bundesminister des Innern
BMJ	Bundesminister der Justiz
BNotO	Bundesnotarordnung
BodSchätzG	Gesetz über die Schätzung des Kulturbodens (Bodenschätzungsgesetz)
BodSchätz-ÜbernErl.	RdErl. des RMdI über die Übernahme der Bodenschätzungsergebnisse in die Liegenschaftskataster (abgedruckt in Rösch-Kurandt, Bodenschätzung und Liegenschaftskataster, Berlin 1950)
BStBl	Bundessteuerblatt
Buchst.	Buchstabe
BV	Verfassung des Freistaates Bayern
BVerwG	Bundesverwaltungsgericht
BVerwGE	Entscheidungen des Bundesverwaltungsgerichts
BWNotZ	Mitteilungen aus der Praxis, Zeitschrift für das Notariat in Baden-Württemberg

C

c. c.	Code civil

D

DA	Dienstanweisung
DepG	Gesetz über die Verwahrung und Anschaffung von Wertpapieren
DJ	Deutsche Justiz (Verkündungsblatt des früheren Reichsministers der Justiz)
DJZ	Deutsche Juristenzeitung
DNotV	Zeitschrift des Deutschen Notarvereins
DNotZ	Deutsche Notar-Zeitschrift
DONot	Dienstordnung für Notare
DÖV	Die öffentliche Verwaltung (Zeitschrift)
DR	Deutsches Recht (Zeitschrift)

E

EGAO 1977	Einführungsgesetz zur Abgabenordnung
EGBGB	Einführungsgesetz zum Bürgerlichen Gesetzbuch
Entsch.	Entscheidung
Entschl.	Entschließung
ErbbauV	Verordnung über das Erbbaurecht
Erl.	Erlaß
ES	Entscheidungssammlung

F

FamRZ	Ehe und Familie im privaten und öffentlichen Recht (Zeitschrift für das gesamte Familienrecht)
ff	folgende
FGG	Gesetz über die Angelegenheiten der freiwilligen Gerichtsbarkeit
FlurbG	Flurbereinigungsgesetz
Flst.	Flurstück
FMBek	Bekanntmachung des Bayer. Staatsministeriums der Finanzen
FMBl	Amtsblatt des Bayer. Staatsministeriums der Finanzen

FME	Entschließung des Bayer. Staatsministeriums der Finanzen
FortfErl.	RdErl. des RMdI über die Fortführung des Reichskatasters vom 30. 9. 1940 – VIa 9026/40 – 6835
Fußn.	Fußnote

G

G	Gesetz
GBÄDA	Dienstanweisung für die (bayer.) Grundbuchämter in den Landesteilen r. d. Rheins – außer Kraft –
GBl	Gesetzblatt
GBO	Grundbuchordnung
GBOÄndV	Verordnung zur Änderung des Verfahrens in Grundbuchsachen
GBVfg	Allgemeine Verfügung über die Einrichtung und Führung des Grundbuchs (Grundbuchverfügung)
GemR	Gemeines Recht
GeschO	AV des RJM über die geschäftliche Behandlung der Grundbuchsachen (Geschäftsordnung für die Grundbuchämter)
GG	Grundgesetz für die Bundesrepublik Deutschland
GO	Gemeindeordnung
GrdstVG	Gesetz über Maßnahmen zur Verbesserung der Agrarstruktur und zur Sicherung land- und forstwirtschaftlicher Betriebe (Grundstücksverkehrsgesetz)
GrEStG	Grunderwerbsteuergesetz
GrStG	Grundsteuergesetz
GVBl	Gesetz- und Verordnungsblatt
GVG	Gerichtsverfassungsgesetz
Gruchot	Beiträge zur Erläuterung des deutschen Rechts, begründet von Gruchot

H

Haegele	Haegele, Grundbuchrecht, 5. Aufl. 1975
HGB	Handelsgesetzbuch
h. M.	herrschende Meinung
Horber	Horber, Grundbuchordnung, Kurzkommentar
HRR	Höchstrichterliche Rechtsprechung (Entscheidungssammlung, Jahr und Nr.)
HRVfg	Allgemeine Verfügung über die Einrichtung und Führung des Handelsregisters (Handelsregisterverfügung)
HWBdRW	Handwörterbuch der Rechtswissenschaft

I, J

i. d. F.	in der Fassung
JFG	Jahrbuch für Entscheidungen in Angelegenheiten der freiwilligen Gerichtsbarkeit und des Grundbuchrechts
JMBek	Bekanntmachung des Bayer. Staatsministeriums der Justiz
JMBl	Bayerisches Justizministerialblatt
JME	Entschließung des Bayer. Staatsministeriums der Justiz
JR	Juristische Rundschau
JurBüro	Das Juristische Büro (Zeitschrift)

Justiz	Die Justiz, Amtsblatt des Justizministeriums Baden-Württemberg
JVBl	Justizverwaltungsblatt
JW	Juristische Wochenschrift
JZ	Juristenzeitung

K

KatFEA	Anweisung für die Fortführung und Erneuerung des Liegenschaftskatasters in Bayern (Kataster-Fortführungs- und -Erneuerungsanweisung)
KatO	Katasterordnung – Anweisung für die Einrichtung des Liegenschaftskatasters in Bayern
KG	Kammergericht
KGJ	Jahrbuch für Entscheidungen des Kammergerichts in Sachen der freiwilligen Gerichtsbarkeit, in Kosten-, Stempel- und Strafsachen
Keidel-Winkler FG	Keidel-Winkler, Freiwillige Gerichtsbarkeit, Handkommentar, 10. Aufl., 1972/75
KO	Konkursordnung
KostO	Gesetz über die Kosten in Angelegenheiten der freiwilligen Gerichtsbarkeit (Kostenordnung)
Kriegel	Kriegel, Katasterkunde in Einzeldarstellungen, 13 Hefte
Kuntze-Ertl-Herrmann-Eickmann	Kuntze-Ertl-Herrmann-Eickmann, Grundbuchrecht, Kommentar, 1974

L

LAG	Gesetz über den Lastenausgleich (Lastenausgleichsgesetz)
LG	Landgericht
LM	Nachschlagewerk des Bundesgerichtshofs in Zivilsachen, herausgegeben von Lindenmaier, Möhring u. a.

M

MABl	Ministerialamtsblatt der bayerischen inneren Verwaltung
MDR	Monatsschrift für Deutsches Recht
Meikel-Imhof-Riedel	Meikel-Imhof-Riedel, Grundbuchrecht, 6. Aufl., 1965/1971
Meisner-Ring	Meisner-Ring, Nachbarrecht in Bayern, 6. Aufl., 1972
Meisner-Stern-Hodes	Meisner-Stern-Hodes, Nachbarrecht im Bundesgebiet (ohne Bayern) und in Berlin-West, 5. Aufl., 1970
MessÄDA	Dienstanweisung für die Messungsämter in Bayern vom 6. 11. 1918
MittBayNot	Mitteilungen des Bayerischen Notarvereins, der Notarkasse und der Landesnotarkammer Bayerns
MittDVWLV-Bay	Mitteilungsblatt des Deutschen Vereins für Vermessungswesen – Landesverein Bayern
Mugdan	Die gesamten Materialien zum Bürgerlichen Gesetzbuch für das Deutsche Reich, Berlin 1899
m. w. Nachw.	mit weiteren Nachweisen

N

NJ	Neue Justiz
NJW	Neue Juristische Wochenschrift

O

OGH	Oberster Gerichtshof für die Britische Zone
OLG	Oberlandesgericht
OLGZ	Entscheidungen der Oberlandesgerichte in Zivilsachen einschließlich der freiwilligen Gerichtsbarkeit
OVG	Oberverwaltungsgericht

P

Palandt	Palandt, Handkommentar zum BGB, 36. Aufl., 1977
PreußLR	Allgemeines Landrecht für die preußischen Staaten

R

RdErl.	Runderlaß
RegBl	Regierungsblatt
RG	Reichsgericht
RGBl I	Reichsgesetzblatt Teil I
RGBl II	Reichsgesetzblatt Teil II
RGSt	Entscheidungen des Reichsgerichts in Strafsachen
RGZ	Entscheidungen des Reichsgerichts in Zivilsachen
RHeimstG	Reichsheimstättengesetz
RJM	Reichsminister der Justiz
RMdI	Reichsminister des Innern
Rösch-Kurandt	Rösch-Kurandt, Bodenschätzung und Liegenschaftskataster, Berlin 1950
Rpfleger	Der Deutsche Rechtspfleger
RpflG	Rechtspflegergesetz
Rspr.	Rechtsprechung

S

S.	Seite
Sp.	Spalte
Staudinger-Seufert	Staudinger-Seufert, Kommentar zum BGB, Sachenrecht, 11. Aufl.
StBauFG	Gesetz über städtebauliche Sanierungs- und Entwicklungsmaßnahmen in Gemeinden (Städtebauförderungsgesetz)
StGB	Strafgesetzbuch
StMF	Staatsministerium der Finanzen
StMI	Staatsministerium des Innern
StMJ	Staatsministerium der Justiz
StrBerAnpG	(bayer.)Gesetz zur Bereinigung des Landesrechts und zur Anpassung von Straf- und Bußgeldvorschriften an das Bundesrecht

U

ÜGBGB	Übergangsgesetz zum BGB

V

V	Verordnung
VerfGH	(bayer.) Verfassungsgerichtshof
VermKatG	(bayer.) Gesetz über die Landesvermessung und das Liegenschaftskataster (Vermessungs- und Katastergesetz)

Vfg	Verfügung
VGH	Verwaltungsgerichtshof
vgl.	vergleiche
Vorb.	Vorbemerkung

W

WährG	Gesetz zur Neuordnung des Geldwesens (Währungsgesetz)
WEG	Gesetz über das Wohnungseigentum und das Dauerwohnrecht (Wohnungseigentumsgesetz)
WG	Wechselgesetz
WHG	Gesetz zur Ordnung des Wasserhaushalts (Wasserhaushaltsgesetz)
WPM	Wertpapier-Mitteilungen, Frankfurt a. M., Teil IV B, Wertpapier- und Bankfragen, Rechtsprechung
WoBauG	Wohnungsbaugesetz (Wohnungsbau- und Familienheimgesetz)

Z

ZfV	Zeitschrift für Vermessungswesen; herausgegeben vom Deutschen Verein für Vermessungswesen (DVW) e. V.
Zeitschr.	Zeitschrift
Ziff.	Ziffer
ZPO	Zivilprozeßordnung
ZRG	Zeitschrift der Savigny-Stiftung für Rechtsgeschichte
ZVG	Gesetz über die Zwangsversteigerung und die Zwangsverwaltung

Inhaltsübersicht

Vorschriftentexte und Muster

Grundbuchordnung

Vom 24. März 1897 (RGBl. S. 139)
in der Fassung der Bekanntmachung vom 5. 8. 35 (RGBl. I S. 1073),
(BGBl. III 315–11)
d. Gesetzes v. 31. 10. 38 (RGBl. I S. 1544)
d. V v. 5. 10. 42 (RGBl. I S. 573)
d. Gesetzes v. 20. 12. 63 (BGBl. I S. 986)
d. Gesetzes v. 28. 8. 69 (BGBl. I S. 1513)
d. Gesetzes v. 2. 3. 74 (BGBl. I S. 469)
d. Gesetzes v. 22. 6. 77 (BGBl. I S. 998)

Erster Abschnitt. Allgemeine Vorschriften

§ 1. [Grundbuchamt, sachliche und örtliche Zuständigkeit]

(1) Die Grundbücher werden von den Amtsgerichten geführt (Grundbuchämter). Diese sind für die in ihrem Bezirk liegenden Grundstücke zuständig.
(2) Liegt ein Grundstück in dem Bezirk mehrerer Grundbuchämter, so ist das zuständige Grundbuchamt nach § 5 des Reichsgesetzes über die Angelegenheiten der freiwilligen Gerichtsbarkeit zu bestimmen.
(3) Die sachliche Zuständigkeit der Grundbuchbeamten, die Einrichtung und die Führung der Grundbücher bestimmen sich, soweit sie nicht in diesem Gesetz geregelt sind, nach den Anordnungen des *Reichsministers der Justiz.*

§ 2. [Grundbuchbezirk, Bezeichnung der Grundstücke, Abschreibung von Grundstücksteilen]

(1) Die Grundbücher sind für Bezirke einzurichten.
(2) Die Grundstücke werden in den Büchern nach einem amtlichen Verzeichnis benannt, in dem sie unter Nummern oder Buchstaben aufgeführt sind. Der *Reichsminister der Justiz* bestimmt die Einrichtung des Verzeichnisses.
(3) a) Ein Teil eines Grundstücks soll von diesem nur abgeschrieben werden, wenn ein beglaubigter Auszug aus dem amtlichen Verzeichnis und, sofern eine Karte geführt wird, eine von der zuständigen Behörde beglaubigte Karte vorgelegt wird, aus denen die Größe und die Lage des Teils ersichtlich sind; der Teil muß im amtlichen Verzeichnis unter einer besonderen Nummer oder einem besonderen Buchstaben verzeichnet sein, es sei denn, daß nach dem Ermessen der zur Führung der Karte zuständigen Behörde die Nummer in der Karte nicht deutlich dargestellt werden kann. Eine Karte braucht nicht vorgelegt zu werden, wenn bei der

Abschreibung die Karte sich nicht verändert und die zuständige Behörde bescheinigt, daß der abzuschreibende Teil von dem übrigen Teil des Grundstücks räumlich getrennt liegt. Ändert sich die Karte bei der Abschreibung nicht und liegt der abzuschreibende Teil von dem übrigen Teil des Grundstücks nicht räumlich getrennt, so hat die zur Führung der Karte zuständige Behörde auf der Karte zu bescheinigen, daß die kartenmäßige und die örtliche Grenze zwischen dem abzuschreibenden Teil und dem übrigen Teil des Grundstücks übereinstimmen.

b) Der Auszug und die Karte brauchen nicht vorgelegt zu werden bei Abschreibungen, die auf Ersuchen einer Auseinandersetzungsbehörde auf Grund eines von ihr bestätigten Rezesses (Feldbereinigungsurkunde, Endbescheid des Flurbereinigungsamts und ähnliches) oder auf Ersuchen der zuständigen Behörde auf Grund eines Enteignungsbeschlusses erfolgen sollen.

c) Sofern das amtliche Verzeichnis vom Grundbuchamt selbst geführt wird, tritt an die Stelle des unter a genannten beglaubigten Auszugs ein von der zuständigen Behörde beglaubigter, zur Berichtigung des amtlichen Verzeichnisses geeigneter Auszug.

§ 3. [Das Grundbuchblatt (Realfolium); buchungsfreie Grundstücke; Buchung von Miteigentumsanteilen]

(1) Jedes Grundstück erhält im Grundbuch eine besondere Stelle (Grundbuchblatt). Das Grundbuchblatt ist für das Grundstück als das Grundbuch im Sinne des Bürgerlichen Gesetzbuchs anzusehen. Das Verfahren zur Beseitigung einer Doppelbuchung bestimmt der *Reichsminister der Justiz.*

(2) a) Die Grundstücke *des Reichs,* der Länder, der Gemeinden und anderer Kommunalverbände, der Kirchen, Klöster und Schulen, die Wasserläufe, die öffentlichen Wege, sowie die Grundstücke, welche einem dem öffentlichen Verkehr dienenden Bahnunternehmen gewidmet sind, erhalten ein Grundbuchblatt nur auf Antrag des Eigentümers oder eines Berechtigten.

b) Ein Grundstück ist auf Antrag des Eigentümers aus dem Grundbuch auszuscheiden, wenn der Eigentümer nach Absatz 2 a von der Verpflichtung zur Eintragung befreit und eine Eintragung, von der das Recht des Eigentümers betroffen wird, nicht vorhanden ist.

(3) a) Das Grundbuchamt kann, sofern dies zur Erleichterung des Rechtsverkehrs angezeigt und hiervon Verwirrung nicht zu besorgen ist, von der Führung eines Grundbuchblatts für ein Grundstück absehen, wenn das Grundstück für sich allein nur von geringer wirtschaftlicher Bedeutung, aber den wirtschaftlichen Zwecken mehrerer anderer Grundstücke zu dienen bestimmt ist, zu diesen in einem dieser Bestimmung entsprechen-

den räumlichen Verhältnis und im Miteigentum der Eigentümer dieser Grundstücke steht.

b) In diesem Falle müssen an Stelle des ganzen Grundstücks die den Eigentümern zustehenden einzelnen Miteigentumsanteile an dem dienenden Grundstück auf dem Grundbuchblatt des dem einzelnen Eigentümer gehörenden Grundstücks eingetragen werden. Diese Eintragung gilt als Grundbuch für den einzelnen Miteigentumsanteil.

c) Soll über das dienende Grundstück als Ganzes verfügt werden, so ist ein Grundbuchblatt anzulegen. Dasselbe gilt, wenn die Anteile an dem dienenden Grundstück nicht mehr den Eigentümern der herrschenden Grundstücke zustehen.

§ 4. [Zusammenschreibung (Personalfolium)]

(1) Über mehrere Grundstücke desselben Eigentümers, deren Grundbücher von demselben Grundbuchamt geführt werden, kann ein gemeinschaftliches Grundbuchblatt geführt werden, solange hiervon Verwirrung nicht zu besorgen ist.

(2) Dasselbe gilt, wenn die Grundstücke zu einer Reichsheimstätte, *einem Erbhof oder einem Familienfideikommiß* gehören oder in ähnlicher Weise rechtlich miteinander verbunden sind (z. B. *Waldgut,* Schutzforst), auch wenn ihre Grundbücher von verschiedenen Grundbuchämtern geführt werden. In diesen Fällen ist, wenn es sich um eine Reichsheimstätte *oder einen Erbhof* handelt, das Grundbuchamt zuständig, welches das Grundbuch über die Hofstelle führt; im übrigen ist das zuständige Grundbuchamt nach § 5 des Reichsgesetzes über die Angelegenheiten der freiwilligen Gerichtsbarkeit zu bestimmen.

§ 5. [Vereinigung]

Ein Grundstück soll nur dann mit einem anderen Grundstück vereinigt werden, wenn hiervon Verwirrung nicht zu besorgen ist. Werden die Grundbücher von verschiedenen Grundbuchämtern geführt, so ist das zuständige Grundbuchamt nach § 5 des Reichsgesetzes über die Angelegenheiten der freiwilligen Gerichtsbarkeit zu bestimmen.

§ 6. [Zuschreibung]

Ein Grundstück soll nur dann einem anderen Grundstück als Bestandteil zugeschrieben werden, wenn hiervon Verwirrung nicht zu besorgen ist. Werden die Grundbücher von verschiedenen Grundbuchämtern geführt, so ist für die Entscheidung über den Antrag auf Zuschreibung und, wenn dem Antrage stattgegeben wird, für die Führung des Grundbuchs über das ganze

Grundstück das Grundbuchamt zuständig, das das Grundbuch über das Hauptgrundstück führt.

§ 7. [Belastung von Grundstücksteilen]

(1) Soll ein Grundstücksteil mit einem Rechte belastet werden, so ist er von dem Grundstück abzuschreiben und als selbständiges Grundstück einzutragen.

(2) Ist das Recht eine Dienstbarkeit oder eine Reallast, so kann die Abschreibung unterbleiben, wenn hiervon Verwirrung nicht zu besorgen ist. Jedoch sind auch in diesem Falle die Vorschriften des § 2 Abs. 3 über die Vorlegung einer Karte entsprechend anzuwenden.

§ 8. [Erbbaurecht]

(1) Ist auf dem Blatt eines Grundstücks ein Erbbaurecht eingetragen, so ist auf Antrag für dieses Recht ein besonderes Grundbuchblatt anzulegen. Dies geschieht von Amts wegen, wenn das Recht veräußert oder belastet werden soll.

(2) Die Anlegung wird auf dem Blatte des Grundstücks vermerkt.

§ 9. [Subjektiv-dingliche Rechte]

(1) Rechte, die dem jeweiligen Eigentümer eines Grundstücks zustehen, sind auf Antrag auch auf dem Blatte dieses Grundstücks zu vermerken. Antragsberechtigt ist der Eigentümer des Grundstücks sowie jeder, dessen Zustimmung nach § 876 Satz 2 des Bürgerlichen Gesetzbuchs zur Aufhebung des Rechtes erforderlich ist.

(2) Der Vermerk ist von Amts wegen zu berichtigen, wenn das Recht geändert oder aufgehoben wird.

(3) Die Eintragung des Vermerks (Absatz 1) ist auf dem Blatte des belasteten Grundstücks von Amts wegen ersichtlich zu machen.

§ 10. [Aufbewahrung von Urkunden]

(1) Urkunden, auf die eine Eintragung sich gründet oder Bezug nimmt, hat das Grundbuchamt aufzubewahren. Eine solche Urkunde darf nur herausgegeben werden, wenn statt der Urkunde eine beglaubigte Abschrift bei dem Grundbuchamt bleibt.

(2) Der *Reichsminister der Justiz* kann anordnen, daß, wenn eine der im Absatz 1 bezeichneten Urkunden in anderen Akten des das Grundbuch führenden Amtsgerichts enthalten ist, statt einer beglaubigten Abschrift der Urkunde eine Verweisung auf die anderen Akten genügt.

(3) Ist über das einer Eintragungsbewilligung zugrunde liegende Rechtsgeschäft eine Urkunde errichtet, so können die Beteiligten die Urkunde oder

eine beglaubigte Abschrift dem Grundbuchamt zur Aufbewahrung übergeben.

§ 11. [Eintragung durch gesetzlich ausgeschlossene Grundbuchbeamte]
Eine Eintragung in das Grundbuch ist nicht aus dem Grunde unwirksam, weil ein Grundbuchbeamter sie bewirkt hat, der von der Mitwirkung bei der Eintragung kraft Gesetz ausgeschlossen ist.

§ 12. [Grundbucheinsicht]
(1) Die Einsicht des Grundbuchs ist jedem gestattet, der ein berechtigtes Interesse darlegt. Das gleiche gilt von Urkunden, auf die im Grundbuche zur Ergänzung einer Eintragung Bezug genommen ist, sowie von den noch nicht erledigten Eintragungsanträgen.
(2) Soweit die Einsicht des Grundbuchs, der im Absatz 1 bezeichneten Urkunden und der noch nicht erledigten Eintragungsanträge gestattet ist, kann eine Abschrift gefordert werden; die Abschrift ist auf Verlangen zu beglaubigen.
(3) Der *Reichsminister der Justiz* kann jedoch die Einsicht des Grundbuchs und der im Absatz 1 Satz 2 genannten Schriftstücke sowie die Erteilung von Abschriften auch darüber hinaus für zulässig erklären.

Zweiter Abschnitt. Eintragungen in das Grundbuch

§ 13. [Antrag]
(1) Eine Eintragung soll, soweit nicht das Gesetz ein anderes vorschreibt, nur auf Antrag erfolgen. Der Zeitpunkt, in welchem ein Antrag bei dem Grundbuchamt eingeht, soll auf dem Antrage genau vermerkt werden. Der Antrag ist bei dem Grundbuchamt eingegangen, wenn er einem zur Entgegennahme zuständigen Beamten vorgelegt ist. Wird er zur Niederschrift eines solchen Beamten gestellt, so ist er mit Abschluß der Niederschrift eingegangen.
(2) Antragsberechtigt ist jeder, dessen Recht von der Eintragung betroffen wird oder zu dessen Gunsten die Eintragung erfolgen soll.

§ 14. [Erweiterung des Antragsrechts]
Die Berichtigung des Grundbuchs durch Eintragung eines Berechtigten darf auch von demjenigen beantragt werden, welcher auf Grund eines gegen den Berechtigten vollstreckbaren Titels eine Eintragung in das Grundbuch verlangen kann, sofern die Zulässigkeit dieser Eintragung von der vorgängigen Berichtigung des Grundbuchs abhängt.

§ 15. [Antragsrecht des Notars]
Ist die zu einer Eintragung erforderliche Erklärung von einem Notar beurkundet oder beglaubigt, so gilt dieser als ermächtigt, im Namen eines Antragsberechtigten die Eintragung zu beantragen.

§ 16. [Anträge unter Vorbehalt]
(1) Einem Eintragungsantrage, dessen Erledigung an einen Vorbehalt geknüpft wird, soll nicht stattgegeben werden.
(2) Werden mehrere Eintragungen beantragt, so kann von dem Antragsteller bestimmt werden, daß die eine Eintragung nicht ohne die andere erfolgen soll.

§ 17. [Reihenfolge der Antragserledigung]
Werden mehrere Eintragungen beantragt, durch die dasselbe Recht betroffen wird, so darf die später beantragte Eintragung nicht vor der Erledigung des früher gestellten Antrags erfolgen.

§ 18. [Prüfung der Anträge, Zurückweisung und Zwischenverfügung]
(1) Steht einer beantragten Eintragung ein Hindernis entgegen, so hat das Grundbuchamt entweder den Antrag unter Angabe der Gründe zurückzuweisen oder dem Antragsteller eine angemessene Frist zur Hebung des Hindernisses zu bestimmen. Im letzteren Fall ist der Antrag nach dem Ablauf der Frist zurückzuweisen, wenn nicht inzwischen die Hebung des Hindernisses nachgewiesen ist.
(2) Wird vor der Erledigung des Antrags eine andere Eintragung beantragt, durch die dasselbe Recht betroffen wird, so ist zugunsten des früher gestellten Antrags von Amts wegen eine Vormerkung oder ein Widerspruch einzutragen; die Eintragung gilt im Sinne des § 17 als Erledigung dieses Antrags. Die Vormerkung oder der Widerspruch wird von Amts wegen gelöscht, wenn der früher gestellte Antrag zurückgewiesen wird.

§ 19. [Eintragungsbewilligung]
Eine Eintragung erfolgt, wenn derjenige sie bewilligt, dessen Recht von ihr betroffen wird.

§ 20. [Nachweis der Einigung]
Im Falle der Auflassung eines Grundstücks sowie im Falle der Bestellung, Änderung des Inhalts oder Übertragung eines Erbbaurechts darf die Eintragung nur erfolgen, wenn die erforderliche Einigung des Berechtigten und des anderen Teils erklärt ist.

§ 21. [Wegfall der Eintragungsbewilligung mittelbar Betroffener]
Steht ein Recht, das durch die Eintragung betroffen wird, dem jeweiligen Eigentümer eines Grundstücks zu, so bedarf es der Bewilligung der Personen, deren Zustimmung nach § 876 Satz 2 des Bürgerlichen Gesetzbuchs zur Aufhebung des Rechtes erforderlich ist, nur dann, wenn das Recht auf dem Blatte des Grundstücks vermerkt ist.

§ 22. [Berichtigung des Grundbuchs zufolge Unrichtigkeitsnachweis]
(1) Zur Berichtigung des Grundbuchs bedarf es der Bewilligung nach § 19 nicht, wenn die Unrichtigkeit nachgewiesen wird. Dies gilt insbesondere für die Eintragung oder Löschung einer Verfügungsbeschränkung.
(2) Die Berichtigung des Grundbuchs durch Eintragung eines Eigentümers oder eines Erbbauberechtigten darf, sofern nicht der Fall des § 14 vorliegt oder die Unrichtigkeit nachgewiesen wird, nur mit Zustimmung des Eigentümers oder des Erbbauberechtigten erfolgen.

§ 23. [Löschung auf Lebenszeit beschränkter Rechte]
(1) Ein Recht, das auf die Lebenszeit des Berechtigten beschränkt ist, darf nach dessen Tode, falls Rückstände von Leistungen nicht ausgeschlossen sind, nur mit Bewilligung des Rechtsnachfolgers gelöscht werden, wenn die Löschung vor dem Ablauf eines Jahres nach dem Tode des Berechtigten erfolgen soll oder wenn der Rechtsnachfolger der Löschung bei dem Grundbuchamte widersprochen hat; der Widerspruch ist von Amts wegen in das Grundbuch einzutragen. Ist der Berechtigte für tot erklärt, so beginnt die einjährige Frist mit dem Erlaß des die Todeserklärung aussprechenden Urteils.
(2) Der im Absatz 1 vorgesehenen Bewilligung des Rechtsnachfolgers bedarf es nicht, wenn im Grundbuch eingetragen ist, daß zur Löschung des Rechtes der Nachweis des Todes des Berechtigten genügen soll.

§ 24. [Löschung zeitlich beschränkter Rechte]
Die Vorschriften des § 23 sind entsprechend anzuwenden, wenn das Recht mit der Erreichung eines bestimmten Lebensalters des Berechtigten oder mit dem Eintritt eines sonstigen bestimmten Zeitpunkts oder Ereignisses erlischt.

§ 25. [Löschung von Vormerkungen und Widersprüchen]
Ist eine Vormerkung oder ein Widerspruch auf Grund einer einstweiligen Verfügung eingetragen, so bedarf es zur Löschung nicht der Bewilligung des Berechtigten, wenn die einstweilige Verfügung durch eine vollstreckbare Entscheidung aufgehoben ist. Diese Vorschrift ist entsprechend anzuwenden, wenn auf Grund eines vorläufig vollstreckbaren Urteils nach den Vorschrif-

ten der Zivilprozeßordnung eine Vormerkung oder ein Widerspruch eingetragen ist.

§ 26. [Abtretung und Belastung von Briefrechten]

(1) Soll die Übertragung einer Hypothek, Grundschuld oder Rentenschuld, über die ein Brief erteilt ist, eingetragen werden, so genügt es, wenn an Stelle der Eintragungsbewilligung die Abtretungserklärung des bisherigen Gläubigers vorgelegt wird.

(2) Diese Vorschrift ist entsprechend anzuwenden, wenn eine Belastung der Hypothek, Grundschuld oder Rentenschuld oder die Übertragung oder Belastung einer Forderung, für die ein eingetragenes Recht als Pfand haftet, eingetragen werden soll.

§ 27. [Löschung von Grundpfandrechten]

Eine Hypothek, eine Grundschuld oder eine Rentenschuld darf nur mit Zustimmung des Eigentümers des Grundstücks gelöscht werden. Für eine Löschung zur Berichtigung des Grundbuchs ist die Zustimmung nicht erforderlich, wenn die Unrichtigkeit nachgewiesen wird.

§ 28. [Bezeichnung des Grundstücks und der Geldbeträge]

In der Eintragungsbewilligung oder, wenn eine solche nicht erforderlich ist, in dem Eintragungsantrag ist das Grundstück übereinstimmend mit dem Grundbuch oder durch Hinweis auf das Grundbuchblatt zu bezeichnen. Einzutragende Geldbeträge sind in *Reichswährung* anzugeben.

§ 29. [Nachweis der Eintragungsgrundlagen]

(1) Eine Eintragung soll nur vorgenommen werden, wenn die Eintragungsbewilligung oder die sonstigen zu der Eintragung erforderlichen Erklärungen durch öffentliche oder öffentlich beglaubigte Urkunden nachgewiesen werden. Andere Voraussetzungen der Eintragung bedürfen, soweit sie nicht bei dem Grundbuchamt offenkundig sind, des Nachweises durch öffentliche Urkunden.

(2) *(aufgehoben)*

(3) Erklärungen oder Ersuchen einer Behörde, auf Grund deren eine Eintragung vorgenommen werden soll, sind zu unterschreiben und mit Siegel oder Stempel zu versehen.

§ 29 a. [Sonderregelung bei Löschungsvormerkungen]

Die Voraussetzungen des § 1179 Nr. 2 des Bürgerlichen Gesetzbuchs sind glaubhaft zu machen; § 29 gilt hierfür nicht.

§ 30. [Form des Antrages und der Vollmacht]
Für den Eintragungsantrag sowie für die Vollmacht zur Stellung eines solchen gelten die Vorschriften des § 29 nur, wenn durch den Antrag zugleich eine zu der Eintragung erforderliche Erklärung ersetzt werden soll.

§ 31. [Form der Antragsrücknahme und des Vollmachtswiderrufs]
Erklärungen, durch die ein Eintragungsantrag zurückgenommen oder eine zur Stellung des Eintragungsantrags erteilte Vollmacht widerrufen wird, bedürfen der im § 29 Satz 1 vorgeschriebenen Form.

§ 32. [Nachweis der Vertretungsbefugnis bei Handelsgesellschaften]
(1) Der Nachweis, daß der Vorstand einer Aktiengesellschaft aus den im Handelsregister eingetragenen Personen besteht, wird durch ein Zeugnis des Gerichts über die Eintragung geführt.
(2) Das gleiche gilt von dem Nachweis der Befugnis zur Vertretung einer offenen Handelsgesellschaft, einer Kommanditgesellschaft, einer Kommanditgesellschaft auf Aktien oder einer Gesellschaft mit beschränkter Haftung.

§ 33. [Nachweis des Güterrechts]
Der Nachweis, daß zwischen Ehegatten Gütertrennung oder ein vertragsmäßiges Güterrecht besteht oder daß ein Gegenstand zum Vorbehaltsgut eines Ehegatten gehört, wird durch ein Zeugnis des Gerichts über die Eintragung des güterrechtlichen Verhältnisses im Güterrechtsregister geführt.

§ 34. [Bezugnahme auf Register]
Ist in den Fällen der §§ 32, 33 das Grundbuchamt zugleich das Registergericht, so genügt statt des Zeugnisses die Bezugnahme auf das Register.

§ 35. [Nachweis der Erbfolge, der fortgesetzten Gütergemeinschaft und der Testamentsvollstreckung]
(1) Der Nachweis der Erbfolge kann nur durch einen Erbschein geführt werden. Beruht jedoch die Erbfolge auf einer Verfügung von Todes wegen, die in einer öffentlichen Urkunde enthalten ist, so genügt es, wenn an Stelle des Erbscheins die Verfügung und die Niederschrift über die Eröffnung der Verfügung vorgelegt werden; erachtet das Grundbuchamt die Erbfolge durch diese Urkunden nicht für nachgewiesen, so kann es die Vorlegung eines Erbscheins verlangen.
(2) Das Bestehen der fortgesetzten Gütergemeinschaft sowie die Befugnis eines Testamentsvollstreckers zur Verfügung über einen Nachlaßgegenstand ist nur auf Grund der in den §§ 1507, 2368 des Bürgerlichen Gesetzbuchs vorgesehenen Zeugnisse als nachgewiesen anzunehmen; auf den Nachweis

der Befugnis des Testamentsvollstreckers sind jedoch die Vorschriften des Absatzes 1 Satz 2 entsprechend anzuwenden.

(3) Zur Eintragung des Eigentümers oder Miteigentümers eines Grundstücks kann das Grundbuchamt von den in den Absätzen 1 und 2 genannten Beweismitteln absehen und sich mit anderen Beweismitteln, für welche die Form des § 29 nicht erforderlich ist, begnügen, wenn das Grundstück oder der Anteil am Grundstück von geringem Wert ist und die Beschaffung des Erbscheins oder des Zeugnisses nach § 1507 des Bürgerlichen Gesetzbuchs nur mit unverhältnismäßigem Aufwand an Kosten oder Mühe möglich ist. Der Antragsteller kann auch zur Versicherung an Eides Statt zugelassen werden.

§ 36. [Zeugnis über Auseinandersetzung eines Nachlasses oder Gesamtgutes]

(1) Soll bei einem zum Nachlaß oder zu dem Gesamtgut einer ehelichen oder fortgesetzten Gütergemeinschaft gehörenden Grundstück oder Erbbaurecht einer der Beteiligten als Eigentümer oder Erbbauberechtigter eingetragen werden, so genügt zum Nachweis der Rechtsnachfolge und der zur Eintragung des Eigentumsübergangs erforderlichen Erklärungen der Beteiligten ein Zeugnis des Nachlaßgerichts oder des nach § 99 Abs. 2 des Reichsgesetzes über die Angelegenheiten der freiwilligen Gerichtsbarkeit zuständigen Amtsgerichts.

(2) Das Zeugnis darf nur ausgestellt werden, wenn:

a) die Voraussetzungen für die Erteilung eines Erbscheins vorliegen oder der Nachweis der ehelichen Gütergemeinschaft durch öffentliche Urkunden erbracht ist und

b) die Abgabe der Erklärungen der Beteiligten in einer den Vorschriften der Grundbuchordnung entsprechenden Weise dem Nachlaßgericht oder dem nach § 99 Abs. 2 des Reichsgesetzes über die Angelegenheit der freiwilligen Gerichtsbarkeit zuständigen Amtsgericht nachgewiesen ist.

(3) Die Vorschriften über die Zuständigkeit zur Entgegennahme der Auflassung bleiben unberührt.

§ 37. [Ausdehnung des § 36 auf Grundpfandrechte]

Die Vorschriften des § 36 sind entsprechend anzuwenden, wenn bei einer Hypothek, Grundschuld oder Rentenschuld, die zu einem Nachlaß oder zu dem Gesamtgut einer ehelichen oder fortgesetzten Gütergemeinschaft gehört, einer der Beteiligten als neuer Gläubiger eingetragen werden soll.

§ 38. [Eintragung auf Ersuchen von Behörden]

In den Fällen, in denen nach gesetzlicher Vorschrift eine Behörde befugt ist, das Grundbuchamt um eine Eintragung zu ersuchen, erfolgt die Eintragung auf Grund des Ersuchens der Behörde.

§ 39. [Die Voreintragung des Betroffenen]
(1) Eine Eintragung soll nur erfolgen, wenn die Person, deren Recht durch sie betroffen wird, als der Berechtigte eingetragen ist.
(2) Bei einer Hypothek, Grundschuld oder Rentenschuld, über die ein Brief erteilt ist, steht es der Eintragung des Gläubigers gleich, wenn dieser sich im Besitz des Briefes befindet und sein Gläubigerrecht nach § 1155 des Bürgerlichen Gesetzbuchs nachweist.

§ 40. [Ausnahmen vom Voreintragungszwang]
(1) Ist die Person, deren Recht durch eine Eintragung betroffen wird, Erbe des eingetragenen Berechtigten, so ist die Vorschrift des § 39 Abs. 1 nicht anzuwenden, wenn die Übertragung oder die Aufhebung des Rechts eingetragen werden soll oder wenn der Eintragungsantrag durch die Bewilligung des Erblassers oder eines Nachlaßpflegers oder durch einen gegen den Erblasser oder den Nachlaßpfleger vollstreckbaren Titel begründet wird.
(2) Das gleiche gilt für eine Eintragung auf Grund der Bewilligung eines Testamentsvollstreckers oder auf Grund eines gegen diesen vollstreckbaren Titels, sofern die Bewilligung oder der Titel gegen den Erben wirksam ist.

§ 41. [Vorlegung des Hypothekenbriefs]
(1) Bei einer Hypothek, über die ein Brief erteilt ist, soll eine Eintragung nur erfolgen, wenn der Brief vorgelegt wird. Für die Eintragung eines Widerspruchs bedarf es der Vorlegung nicht, wenn die Eintragung durch eine einstweilige Verfügung angeordnet ist und der Widerspruch sich darauf gründet, daß die Hypothek oder die Forderung, für welche sie bestellt ist, nicht bestehe oder einer Einrede unterliege oder daß die Hypothek unrichtig eingetragen sei. Der Vorlegung des Briefes bedarf es nicht für die Eintragung einer Löschungsvormerkung nach § 1179 des Bürgerlichen Gesetzbuchs.
(2) Der Vorlegung des Hypothekenbriefs steht es gleich, wenn in den Fällen der §§ 1162, 1170, 1171 des Bürgerlichen Gesetzbuchs auf Grund des Ausschlußurteils die Erteilung eines neuen Briefes beantragt wird. Soll die Erteilung des Briefes nachträglich ausgeschlossen oder die Hypothek gelöscht werden, so genügt die Vorlegung des Ausschlußurteils.

§ 42. [Vorlegung des Grundschuld- oder Rentenschuldbriefs]
Die Vorschriften des § 41 sind auf die Grundschuld und die Rentenschuld entsprechend anzuwenden. Ist jedoch das Recht für den Inhaber des Briefes eingetragen, so bedarf es der Vorlegung des Briefes nur dann nicht, wenn der

Eintragungsantrag durch die Bewilligung eines nach § 1189 des Bürgerlichen Gesetzbuchs bestellten Vertreters oder durch eine gegen ihn erlassene gerichtliche Entscheidung begründet wird.

§ 43. [Vorlegung bei Hypothek für Inhaber- oder Orderpapiere)

(1) Bei einer Hypothek für die Forderung aus einer Schuldverschreibung auf den Inhaber, aus einem Wechsel oder einem anderen Papier, das durch Indossament übertragen werden kann, soll eine Eintragung nur erfolgen, wenn die Urkunde vorgelegt wird; die Eintragung ist auf der Urkunde zu vermerken.

(2) Diese Vorschrift ist nicht anzuwenden, wenn eine Eintragung auf Grund der Bewilligung eines nach § 1189 des Bürgerlichen Gesetzbuchs bestellten Vertreters oder auf Grund einer gegen diesen erlassenen gerichtlichen Entscheidung bewirkt werden soll.

§ 44. [Datum und Unterschrift bei Eintragungen]

Jede Eintragung soll den Tag, an welchem sie erfolgt ist, angeben. Sie ist von den zuständigen Beamten zu unterschreiben.

§ 45. [Rangverhältnisse]

(1) Sind in einer Abteilung des Grundbuchs mehrere Eintragungen zu bewirken, so erhalten sie die Reihenfolge, welche der Zeitfolge der Anträge entspricht; sind die Anträge gleichzeitig gestellt, so ist im Grundbuche zu vermerken, daß die Eintragungen gleichen Rang haben.

(2) Werden mehrere Eintragungen, die nicht gleichzeitig beantragt sind, in verschiedenen Abteilungen unter Angabe desselben Tages bewirkt, so ist im Grundbuche zu vermerken, daß die später beantragte Eintragung der früher beantragten im Range nachsteht.

(3) Diese Vorschriften sind insoweit nicht anzuwenden, als ein Rangverhältnis nicht besteht oder das Rangverhältnis von den Antragstellern abweichend bestimmt ist.

§ 46. [Form der Löschung]

(1) Die Löschung eines Rechtes oder einer Verfügungsbeschränkung erfolgt durch Eintragung eines Löschungsvermerks.

(2) Wird bei der Übertragung eines Grundstücks oder eines Grundstücksteils auf ein anderes Blatt ein eingetragenes Recht nicht mitübertragen, so gilt es in Ansehung des Grundstücks oder des Teils als gelöscht.

§ 47. [Eintragung gemeinschaftlicher Rechte]

Soll ein Recht für mehrere gemeinschaftlich eingetragen werden, so soll die

Eintragung in der Weise erfolgen, daß entweder die Anteile der Berechtigten in Bruchteilen angegeben werden oder das für die Gemeinschaft maßgebende Rechtsverhältnis bezeichnet wird.

§ 48. [Kenntlichmachung der Mitbelastung]

(1) Werden mehrere Grundstücke mit einem Recht belastet, so ist auf dem Blatte jedes Grundstücks die Mitbelastung der übrigen von Amts wegen erkennbar zu machen. Das gleiche gilt, wenn mit einem an einem Grundstück bestehenden Recht nachträglich noch ein anderes Grundstück belastet oder wenn im Falle der Übertragung eines Grundstücksteils auf ein anderes Grundbuchblatt ein eingetragenes Recht mitübertragen wird.

(2) Soweit eine Mitbelastung erlischt, ist dies von Amts wegen zu vermerken.

§ 49. [Eintragung von Altenteilen (Leibgedinge)]

Werden Dienstbarkeiten und Reallasten als Leibgedinge, Leibzucht, Altenteil oder Auszug eingetragen, so bedarf es nicht der Bezeichnung der einzelnen Rechte, wenn auf die Eintragungsbewilligung Bezug genommen wird.

§ 50. [Hypothek für Teilschuldverschreibungen auf den Inhaber]

(1) Bei der Eintragung einer Hypothek für Teilschuldverschreibungen auf den Inhaber genügt es, wenn der Gesamtbetrag der Hypothek unter Angabe der Anzahl, des Betrags und der Bezeichnung der Teile eingetragen wird.

(2) Diese Vorschrift ist entsprechend anzuwenden, wenn eine Grundschuld oder eine Rentenschuld für den Inhaber des Briefes eingetragen und das Recht in Teile zerlegt werden soll.

§ 51. [Nacherbenvermerk]

Bei der Eintragung eines Vorerben ist zugleich das Recht des Nacherben und, soweit der Vorerbe von den Beschränkungen seines Verfügungsrechts befreit ist, auch die Befreiung von Amts wegen einzutragen.

§ 52. [Testamentsvollstreckervermerk]

Ist ein Testamentsvollstrecker ernannt, so ist dies bei der Eintragung des Erben von Amts wegen miteinzutragen, es sei denn, daß der Nachlaßgegenstand der Verwaltung des Testamentsvollstreckers nicht unterliegt.

§ 53. [Amtswiderspruch, Löschung von Amts wegen]

(1) Ergibt sich, daß das Grundbuchamt unter Verletzung gesetzlicher Vorschriften eine Eintragung vorgenommen hat, durch die das Grundbuch unrichtig geworden ist, so ist von Amts wegen ein Widerspruch einzutragen.

Erweist sich eine Eintragung nach ihrem Inhalt als unzulässig, so ist sie von Amts wegen zu löschen.
(2) Bei einer Hypothek, einer Grundschuld oder einer Rentenschuld bedarf es zur Eintragung eines Widerspruchs der Vorlegung des Briefes nicht, wenn der Widerspruch den im § 41 Abs. 1 Satz 2 bezeichneten Inhalt hat. Diese Vorschrift ist nicht anzuwenden, wenn der Grundschuld- oder Rentenschuldbrief auf den Inhaber ausgestellt ist.

§ 54. [Öffentliche Lasten]
Die auf einem Grundstück ruhenden öffentlichen Lasten als solche sind von der Eintragung in das Grundbuch ausgeschlossen, es sei denn, daß ihre Eintragung gesetzlich besonders zugelassen oder angeordnet ist.

§ 55. [Bekanntmachung der Eintragungen]
Jede Eintragung soll dem Antragsteller und dem eingetragenen Eigentümer sowie allen aus dem Grundbuch ersichtlichen Personen bekanntgemacht werden, zu deren Gunsten die Eintragung erfolgt ist oder deren Recht durch sie betroffen wird, die Eintragung eines Eigentümers auch denen, für die eine Hypothek, Grundschuld, Rentenschuld, Reallast oder ein Recht an einem solchen Recht im Grundbuch eingetragen ist. Jede Eintragung auf dem Grundbuchblatt eines Heimstättengrundstücks ist auch dem eingetragenen Heimstättenausgeber bekanntzumachen. Auf die Bekanntmachung kann verzichtet werden.

Dritter Abschnitt. Hypotheken-, Grundschuld-, Rentenschuldbrief

§ 56. [Erteilung und wesentlicher Inhalt des Briefes]
Der Hypothekenbrief wird von dem Grundbuchamt erteilt. Er muß die Bezeichnung als Hypothekenbrief enthalten, den Geldbetrag der Hypothek und das belastete Grundstück bezeichnen sowie mit Unterschrift und Siegel oder Stempel versehen sein.

§ 57. [Sonstiger Inhalt des Briefes]
(1) Der Hypothekenbrief soll die Nummer des Grundbuchblatts und den Inhalt der die Hypothek betreffenden Eintragungen enthalten. Das belastete Grundstück soll mit der laufenden Nummer bezeichnet werden, unter der es im Bestandsverzeichnis des Grundbuchs verzeichnet ist. Bei der Hypothek eingetragene Löschungsvormerkungen nach § 1179 des Bürgerlichen Gesetzbuchs sollen in den Hypothekenbrief nicht aufgenommen werden.

(2) Ändern sich die in Absatz 1 Satz 1 und 2 bezeichneten Angaben, so ist der Hypothekenbrief auf Antrag zu ergänzen, soweit nicht die Ergänzung schon nach anderen Vorschriften vorzunehmen ist.

§ 58. [Verbindung mit der Schuldurkunde]

(1) Ist eine Urkunde über die Forderung, für welche eine Hypothek besteht, ausgestellt, so soll die Urkunde mit dem Hypothekenbriefe verbunden werden. Erstreckt sich der Inhalt der Urkunde auch auf andere Angelegenheiten, so genügt es, wenn ein öffentlich beglaubigter Auszug aus der Urkunde mit dem Hypothekenbriefe verbunden wird.

(2) *(aufgehoben)*

(3) Zum Nachweis, daß eine Schuldurkunde nicht ausgestellt ist, genügt eine darauf gerichtete Erklärung des Eigentümers.

§ 59. [Gesamthypothekenbrief]

(1) Über eine Gesamthypothek soll nur ein Hypothekenbrief erteilt werden.

(2) Werden die Grundbücher der belasteten Grundstücke von verschiedenen Grundbuchämtern geführt, so soll jedes Amt für die Grundstücke, deren Grundbuchblätter es führt, einen besonderen Brief erteilen; die Briefe sind miteinander zu verbinden.

§ 60. [Aushändigung des Hypothekenbriefes]

(1) Der Hypothekenbrief ist dem Eigentümer des Grundstücks, im Falle der nachträglichen Erteilung dem Gläubiger auszuhändigen.

(2) Auf eine abweichende Bestimmung des Eigentümers oder des Gläubigers ist die Vorschrift des § 29 Abs. 1 Satz 1 entsprechend anzuwenden.

§ 61. [Teilhypothekenbrief]

(1) Ein Teilhypothekenbrief kann von dem Grundbuchamt, einem Gericht oder einem Notar hergestellt werden.

(2) Der Teilhypothekenbrief muß die Bezeichnung als Teilhypothekenbrief sowie eine beglaubigte Abschrift der im § 56 Satz 2 vorgesehenen Angaben des bisherigen Briefes enthalten, den Teilbetrag der Hypothek, auf den er sich bezieht, bezeichnen sowie mit Unterschrift und Siegel oder Stempel versehen sein. Er soll außerdem eine beglaubigte Abschrift der sonstigen Angaben des bisherigen Briefes und der auf diesem befindlichen Vermerke enthalten. Eine mit dem bisherigen Brief verbundene Schuldurkunde soll in beglaubigter Abschrift mit dem Teilhypothekenbriefe verbunden werden.

(3) Die Herstellung des Teilhypothekenbriefes soll auf dem bisherigen Briefe vermerkt werden.

§ 62. [Vermerk späterer Eintragungen auf dem Brief]

(1) Eintragungen, die bei der Hypothek erfolgen, sind von dem Grundbuchamt auf dem Hypothekenbriefe zu vermerken; der Vermerk ist mit Unterschrift und Siegel oder Stempel zu versehen. Satz 1 gilt nicht für die Eintragung einer Löschungsvormerkung nach § 1179 des Bürgerlichen Gesetzbuchs.

(2) In den Fällen des § 53 Abs. 1 hat das Grundbuchamt den Besitzer des Briefes zur Vorlegung anzuhalten. In gleicher Weise hat es, wenn in den Fällen des § 41 Abs. 1 Satz 2 und des § 53 Abs. 2 der Brief nicht vorgelegt ist, zu verfahren, um nachträglich den Widerspruch auf dem Briefe zu vermerken.

§ 63. [Nachträgliche Mitbelastung]

Wird nach der Erteilung eines Hypothekenbriefs mit der Hypothek noch ein anderes, bei demselben Grundbuchamt gebuchtes Grundstück belastet, so ist, sofern nicht die Erteilung eines neuen Briefes über die Gesamthypothek beantragt wird, die Mitbelastung auf dem bisherigen Briefe zu vermerken und zugleich der Inhalt des Briefes in Ansehung des anderen Grundstücks nach § 57 zu ergänzen.

§ 64. [Verteilung einer Gesamthypothek]

Im Falle der Verteilung einer Gesamthypothek auf die einzelnen Grundstükke ist für jedes Grundstück ein neuer Brief zu erteilen.

§ 65. [Umwandlung der Hypothek; Forderungsauswechslung]

(1) Tritt nach § 1177 Abs. 1 oder nach § 1198 des Bürgerlichen Gesetzbuchs eine Grundschuld oder eine Rentenschuld an die Stelle der Hypothek, so ist, sofern nicht die Erteilung eines neuen Briefes beantragt wird, die Eintragung der Rechtsänderung auf dem bisherigen Briefe zu vermerken und eine mit dem Briefe verbundene Schuldurkunde abzutrennen.

(2) Das gleiche gilt, wenn nach § 1180 des Bürgerlichen Gesetzbuchs an die Stelle der Forderung, für welche eine Hypothek besteht, eine andere Forderung gesetzt wird.

§ 66. [Gemeinschaftlicher Brief]

Stehen einem Gläubiger mehrere Hypotheken zu, die gleichen Rang haben oder im Rang unmittelbar aufeinanderfolgen, so ist ihm auf seinen Antrag mit Zustimmung des Eigentümers über die mehreren Hypotheken ein Hypothekenbrief in der Weise zu erteilen, daß der Brief die sämtlichen Hypotheken umfaßt.

§ 67. [Erteilung eines neuen Briefes]
Einem Antrage des Berechtigten auf Erteilung eines neuen Briefes ist stattzugeben, wenn der bisherige Brief oder in den Fällen der §§ 1162, 1170, 1171 des Bürgerlichen Gesetzbuchs das Ausschlußurteil vorgelegt wird.

§ 68. [Inhalt des neuen Briefes]
(1) Wird ein neuer Brief erteilt, so hat er die Angabe zu enthalten, daß er an die Stelle des bisherigen Briefes tritt.
(2) Vermerke, die nach den §§ 1140, 1145, 1157 des Bürgerlichen Gesetzbuchs für das Rechtsverhältnis zwischen dem Eigentümer und dem Gläubiger in Betracht kommen, sind auf den neuen Brief zu übertragen.
(3) Die Erteilung des Briefes ist im Grundbuche zu vermerken.

§ 69. [Unbrauchbarmachung des Briefes]
Wird eine Hypothek gelöscht, so ist der Brief unbrauchbar zu machen; das gleiche gilt, wenn die Erteilung des Briefes über eine Hypothek nachträglich ausgeschlossen oder an Stelle des bisherigen Briefes ein neuer Hypothekenbrief, ein Grundschuldbrief oder ein Rentenschuldbrief erteilt wird. Eine mit dem bisherigen Briefe verbundene Schuldurkunde ist abzutrennen und, sofern sie nicht mit dem neuen Hypothekenbriefe zu verbinden ist, zurückzugeben.

§ 70. [Grundschuld- und Rentenschuldbriefe]
(1) Die Vorschriften der §§ 56 bis 69 sind auf den Grundschuldbrief und den Rentenschuldbrief entsprechend anzuwenden. Der Rentenschuldbrief muß auch die Ablösungssumme angeben.
(2) Ist eine für den Inhaber des Briefes eingetragene Grundschuld oder Rentenschuld in Teile zerlegt, so ist über jeden Teil ein besonderer Brief herzustellen.

Vierter Abschnitt. Beschwerde

§ 71. [Zulässigkeit der Beschwerde]
(1) Gegen die Entscheidungen des Grundbuchamts findet das Rechtsmittel der Beschwerde statt.
(2) Die Beschwerde gegen eine Eintragung ist unzulässig. Im Wege der Beschwerde kann jedoch verlangt werden, daß das Grundbuchamt angewiesen wird, nach § 53 einen Widerspruch einzutragen oder eine Löschung vorzunehmen.

§ 72. [Beschwerdegericht]
Über die Beschwerde entscheidet das Landgericht, in dessen Bezirk das Grundbuchamt seinen Sitz hat.

§ 73. [Einlegung der Beschwerde]
(1) Die Beschwerde kann bei dem Grundbuchamt oder bei dem Beschwerdegericht eingelegt werden.
(2) Die Beschwerde ist durch Einreichung einer Beschwerdeschrift oder durch Erklärung zur Niederschrift des Grundbuchamts oder der Geschäftsstelle des Beschwerdegerichts einzulegen.

§ 74. [Neues Vorbringen]
Die Beschwerde kann auf neue Tatsachen und Beweise gestützt werden.

§ 75. [Abhilfe durch das Grundbuchamt]
Erachtet das Grundbuchamt die Beschwerde für begründet, so hat es ihr abzuhelfen.

§ 76. [Einstweilige Anordnung]
(1) Das Beschwerdegericht kann vor der Entscheidung eine einstweilige Anordnung erlassen, insbesondere dem Grundbuchamt aufgeben, eine Vormerkung oder einen Widerspruch einzutragen, oder anordnen, daß die Vollziehung der angefochtenen Entscheidung auszusetzen ist.
(2) Die Vormerkung oder der Widerspruch (Absatz 1) wird von Amts wegen gelöscht, wenn die Beschwerde zurückgenommen oder zurückgewiesen ist.
(3) Die Beschwerde hat nur dann aufschiebende Wirkung, wenn sie gegen eine Verfügung gerichtet ist, durch die ein Zwangsgeld festgesetzt wird.

§ 77. [Beschwerdeentscheidung]
Die Entscheidung des Beschwerdegerichts ist mit Gründen zu versehen und dem Beschwerdeführer mitzuteilen.

§ 78. [Zulässigkeit der weiteren Beschwerde]
Gegen die Entscheidung des Beschwerdegerichts ist das Rechtsmittel der weiteren Beschwerde zulässig, wenn die Entscheidung auf einer Verletzung des Gesetzes beruht. Die Vorschriften der §§ 550, 551, 561, 563 der Zivilprozeßordnung sind entsprechend anzuwenden.

§ 79. [Gericht der weiteren Beschwerde]
(1) Über die weitere Bescherde entscheidet das Oberlandesgericht.
(2) Will das Oberlandesgericht bei der Auslegung einer das Grundbuchrecht

betreffenden reichsgesetzlichen Vorschrift von der auf weitere Beschwerde ergangenen Entscheidung eines anderen Oberlandesgerichts, falls aber über die Rechtsfrage bereits eine Entscheidung des Bundesgerichtshofs ergangen ist, von dieser abweichen, so hat es die weitere Beschwerde unter Begründung seiner Rechtsauffassung dem Bundesgerichtshof vorzulegen. Der Beschluß über die Vorlegung ist dem Beschwerdeführer mitzuteilen.
(3) In den Fällen des Absatzes 2 entscheidet über die weitere Beschwerde der Bundesgerichtshof.

§ 80. [Einlegung der weiteren Beschwerde]
(1) Die weitere Beschwerde kann bei dem Grundbuchamte, dem Landgericht oder bei dem Oberlandesgericht eingelegt werden. Wird sie durch Einreichung einer Beschwerdeschrift eingelegt, so muß diese von einem Rechtsanwalt unterzeichnet sein. Der Zuziehung eines Rechtsanwalts bedarf es nicht, wenn die Beschwerde von einer Behörde oder von dem Notar eingelegt wird, der nach § 15 den Eintragungsantrag gestellt hat.
(2) Das Grundbuchamt und das Landgericht sind nicht befugt, der weiteren Beschwerde abzuhelfen.
(3) Im übrigen sind die Vorschriften über die Beschwerde entsprechend anzuwenden.

§ 81. [Besetzung des Gerichts]
(1) Über Beschwerden entscheidet bei den Landgerichten eine Zivilkammer, bei den Oberlandesgerichten und dem Bundesgerichtshof ein Zivilsenat.
(2) Die Vorschriften der Zivilprozeßordnung über die Ausschließung und Ablehnung der Gerichtspersonen sowie die Vorschriften der §§ 136, 137 und 138 des Gerichtsverfassungsgesetzes sind entsprechend anzuwenden.

Fünfter Abschnitt. Verfahren des Grundbuchamts in besonderen Fällen

I. Grundbuchberichtigungszwang

§ 82. [Aufforderung zur Antragstellung]
Ist das Grundbuch hinsichtlich der Eintragung des Eigentümers durch Rechtsübergang außerhalb des Grundbuchs unrichtig geworden, so soll das Grundbuchamt dem Eigentümer oder dem Testamentsvollstrecker, dem die Verwaltung des Grundstücks zusteht, die Verpflichtung auferlegen, den Antrag auf Berichtigung des Grundbuchs zu stellen und die zur Berichtigung des Grundbuchs notwendigen Unterlagen zu beschaffen. Das Grundbuchamt soll diese Maßnahme zurückstellen, solange berechtigte Gründe vorliegen.

§ 82 a [Berichtigung von Amts wegen]
Liegen die Voraussetzungen des § 82 vor, ist jedoch das Berichtigungszwangsverfahren nicht durchführbar oder bietet es keine Aussicht auf Erfolg, so kann das Grundbuchamt das Grundbuch von Amts wegen berichtigen. Das Grundbuchamt kann in diesem Falle das Nachlaßgericht um Ermittlung des Erben des Eigentümers ersuchen.

§ 83. [Mitteilungspflicht des Nachlaßgerichts]
Das Nachlaßgericht, das einen Erbschein erteilt oder sonst die Erben ermittelt hat, soll, wenn ihm bekannt ist, daß zu dem Nachlaß ein Grundstück gehört, dem zuständigen Grundbuchamt von dem Erbfall und den Erben Mitteilung machen. Wird ein Testament oder ein Erbvertrag eröffnet, so soll das Gericht, wenn ihm bekannt ist, daß zu dem Nachlaß ein Grundstück gehört, dem zuständigen Grundbuchamt von dem Erbfall Mitteilung machen und die als Erben eingesetzten Personen, soweit ihm ihr Aufenthalt bekannt ist, darauf hinweisen, daß durch den Erbfall das Grundbuch unrichtig geworden ist und welche gebührenrechtlichen Vergünstigungen für eine Grundbuchberichtigung bestehen.

II. Löschung gegenstandsloser Eintragungen

§ 84. [Begriff der gegenstandslosen Eintragung]
(1) Das Grundbuchamt kann eine Eintragung über ein Recht nach Maßgabe der folgenden Vorschriften von Amts wegen als gegenstandslos löschen.
(2) Eine Eintragung ist gegenstandslos:
a) soweit das Recht, auf das sie sich bezieht, nicht besteht und seine Entstehung ausgeschlossen ist;
b) soweit das Recht, auf das sie sich bezieht, aus tatsächlichen Gründen dauernd nicht ausgeübt werden kann.
(3) Zu den Rechten im Sinne der Absätze 1 und 2 gehören auch Vormerkungen, Widersprüche, Verfügungsbeschränkungen, Enteignungsvermerke und ähnliches.

§ 85. [Einleitung und Durchführung des Verfahrens]
(1) Das Grundbuchamt soll das Verfahren zur Löschung gegenstandsloser Eintragungen grundsätzlich nur einleiten, wenn besondere äußere Umstände (z. B. Umschreibung des Grundbuchblatts wegen Unübersichtlichkeit, Teilveräußerung oder Neubelastung des Grundstücks, Anregung seitens eines Beteiligten) hinreichenden Anlaß dazu geben und Grund zu der Annahme besteht, daß die Eintragung gegenstandslos ist.

(2) Das Grundbuchamt entscheidet nach freiem Ermessen, ob das Löschungsverfahren einzuleiten und durchzuführen ist; diese Entscheidung ist unanfechtbar.

§ 86. [Ablehnung der Einleitung oder Durchführung]
Hat ein Beteiligter die Einleitung des Löschungsverfahrens angeregt, so soll das Grundbuchamt die Entscheidung, durch die es die Einleitung des Verfahrens ablehnt oder das eingeleitete Verfahren einstellt, mit Gründen versehen.

§ 87. [Voraussetzungen der Löschung]
Die Eintragung ist zu löschen:
a) wenn sich aus Tatsachen oder Rechtsverhältnissen, die in einer den Anforderungen dieses Gesetzes entsprechenden Weise festgestellt sind, ergibt, daß die Eintragung gegenstandslos ist;
b) wenn dem Betroffenen eine Löschungsankündigung zugestellt ist und er nicht binnen einer vom Grundbuchamt zugleich zu bestimmenden Frist Widerspruch erhoben hat;
c) wenn durch einen mit Gründen zu versehenden Beschluß rechtskräftig festgestellt ist, daß die Eintragung gegenstandslos ist.

§ 88. [Verfahren]
(1) Das Grundbuchamt kann den Besitzer von Hypotheken-, Grundschuld- oder Rentenschuldbriefen sowie von Urkunden der in den §§ 1154, 1155 des Bürgerlichen Gesetzbuchs bezeichneten Art zur Vorlegung dieser Urkunden anhalten.
(2) § 16 des Reichsgesetzes über die Angelegenheiten der freiwilligen Gerichtsbarkeit ist auf die Löschungsankündigung (§ 87 Buchstabe b) und den Feststellungsbeschluß (§ 87 Buchstabe c) mit folgenden Maßgaben anzuwenden:
a) die §§ 174, 175 der Zivilprozeßordnung sind nicht anzuwenden;
b) die Löschungsankündigung (§ 87 Buchstabe b) kann nicht öffentlich zugestellt werden;
c) der Feststellungsbeschluß (§ 87 Buchstabe c) kann auch dann, wenn die Person des Beteiligten, dem zugestellt werden soll, unbekannt ist, öffentlich zugestellt werden.

§ 89. [Beschwerde gegen den Feststellungsbeschluß]
(1) Die Beschwerde (§ 71) gegen den Feststellungsbeschluß ist binnen einer Frist von zwei Wochen seit Zustellung des angefochtenen Beschlusses an den Beschwerdeführer einzulegen. Das Grundbuchamt und das Beschwerdege-

richt können in besonderen Fällen in ihrer Entscheidung eine längere Frist bestimmen.
(2) Auf den zur Zustellung bestimmten Ausfertigungen der Beschlüsse soll vermerkt werden, ob gegen die Entscheidung ein Rechtsmittel zulässig und bei welcher Behörde, in welcher Form und binnen welcher Frist es einzulegen ist.

III. Klarstellung der Rangverhältnisse

§ 90. [Voraussetzungen]

Das Grundbuchamt kann aus besonderem Anlaß, insbesondere bei Umschreibung unübersichtlicher Grundbücher, Unklarheiten und Unübersichtlichkeiten in den Rangverhältnissen von Amts wegen oder auf Antrag eines Beteiligten beseitigen.

§ 91. [Einleitung des Verfahrens]

(1) Vor der Umschreibung eines unübersichtlichen Grundbuchblatts hat das Grundbuchamt zu prüfen, ob die Rangverhältnisse unklar oder unübersichtlich sind und ihre Klarstellung nach den Umständen angezeigt erscheint. Das Grundbuchamt entscheidet hierüber nach freiem Ermessen. Die Entscheidung ist unanfechtbar.
(2) Der Beschluß, durch den das Verfahren eingeleitet wird, ist allen Beteiligten zuzustellen.
(3) Die Einleitung des Verfahrens ist im Grundbuche zu vermerken.
(4) Der Beschluß, durch den ein Antrag auf Einleitung des Verfahrens abgelehnt wird, ist nur dem Antragsteller bekanntzumachen.

§ 92. [Beteiligte]

(1) In dem Verfahren gelten als Beteiligte:
a) der zur Zeit der Eintragung des Vermerks (§ 91 Abs. 3) im Grundbuch eingetragene Eigentümer und, wenn das Grundstück mit einer Gesamthypothek, (-grundschuld, -rentenschuld) belastet ist, die im Grundbuch eingetragenen Eigentümer der anderen mit diesem Recht belasteten Grundstücke;
b) Personen, für die in dem unter a) bestimmten Zeitpunkt ein Recht am Grundstück oder ein Recht an einem das Grundstück belastenden Recht im Grundbuch eingetragen oder durch Eintragung gesichert ist;
c) Personen, die ein Recht am Grundstück oder an einem das Grundstück belastenden Recht im Verfahren anmelden und auf Verlangen des Grundbuchamts oder eines Beteiligten glaubhaft machen.

(2) Beteiligter ist nicht, wessen Recht von der Rangbereinigung nicht berührt wird.

§ 93. [Anzeigepflicht des Buchberechtigten]
Ist der im Grundbuch als Eigentümer oder Berechtigter Eingetragene nicht der Berechtigte, so hat er dies unverzüglich nach Zustellung des Einleitungsbeschlusses dem Grundbuchamt anzuzeigen und anzugeben, was ihm über die Person des Berechtigten bekannt ist. Ein schriftlicher Hinweis auf diese Pflicht ist ihm zugleich mit dem Einleitungsbeschluß zuzustellen.

§ 94. [Ermittlung des wahren Berechtigten]
(1) Das Grundbuchamt kann von Amts wegen Ermittlungen darüber anstellen, ob das Eigentum oder ein eingetragenes Recht dem als Berechtigten Eingetragenen oder einem anderen zusteht, und die hierzu geeigneten Beweise erheben. Inwieweit § 35 anzuwenden ist, entscheidet das Grundbuchamt nach freiem Ermessen.
(2) Der ermittelte Berechtigte gilt vom Zeitpunkt seiner Feststellung an auch als Beteiligter.
(3) Bestehen Zweifel darüber, wer von mehreren Personen der Berechtigte ist, so gelten sämtliche Personen als Berechtigte.

§ 95. [Wechsel des Berechtigten]
(1) Wechselt im Laufe des Verfahrens die Person eines Berechtigten, so gilt der neue Berechtigte von dem Zeitpunkt ab, zu dem seine Person dem Grundbuchamt bekannt wird, als Beteiligter.
(2) Das gleiche gilt, wenn im Laufe des Verfahrens ein neues Recht am Grundstück oder an einem das Grundstück belastenden Rechte begründet wird, das von dem Verfahren berührt wird.

§ 96. [Bestellung eines Pflegers]
Ist die Person oder der Aufenthalt eines Beteiligten oder seines Vertreters unbekannt, so kann das Grundbuchamt dem Beteiligten für das Rangbereinigungsverfahren einen Pfleger bestellen. Für die Pflegschaft tritt an die Stelle des Vormundschaftsgerichts das Grundbuchamt.

§ 97. [Zustellungsbevollmächtigter]
(1) Wohnt ein Beteiligter nicht im *Deutschen Reich* und hat er einen im *Deutschen Reiche* wohnenden Bevollmächtigten nicht bestellt, so kann das Grundbuchamt anordnen, daß er einen im *Deutschen Reiche* wohnenden Bevollmächtigten zum Empfang der für ihn bestimmten Sendungen oder für das Verfahren bestelle.

(2) Hat das Grundbuchamt dies angeordnet, so können, solange der Beteiligte den Bevollmächtigten nicht bestellt hat, nach der Ladung zum ersten Verhandlungstermin alle weiteren Zustellungen in der Art bewirkt werden, daß das zuzustellende Schriftstück unter der Anschrift des Beteiligten nach seinem Wohnorte zur Post gegeben wird; die Postsendungen sind mit der Bezeichnung „Einschreiben" zu versehen. Die Zustellung gilt mit der Aufgabe zur Post als bewirkt, selbst wenn die Sendung als unbestellbar zurückkommt.

§ 98. [Verbot der öffentlichen Zustellung]
Die öffentliche Zustellung ist unzulässig.

§ 99. [Pflicht zur Vorlegung von Urkunden]
Das Grundbuchamt kann den Besitzer von Hypotheken-, Grundschuld- oder Rentenschuldbriefen sowie von Urkunden der in den §§ 1154, 1155 des Bürgerlichen Gesetzbuchs bezeichneten Art zur Vorlegung dieser Urkunden anhalten.

§ 100. [Ladung zum Verhandlungstermin]
Das Grundbuchamt hat die Beteiligten zu einem Verhandlungstermin über die Klarstellung der Rangverhältnisse zu laden. Die Ladung soll den Hinweis enthalten, daß ungeachtet des Ausbleibens eines Beteiligten über die Klarstellung der Rangverhältnisse verhandelt werden würde.

§ 101. [Ladungsfrist]
(1) Die Frist zwischen der Ladung und dem Termin soll mindestens zwei Wochen betragen.
(2) Diese Vorschrift ist auf eine Vertagung sowie auf einen Termin zur Fortsetzung der Verhandlung nicht anzuwenden. Die zu dem früheren Termin Geladenen brauchen zu dem neuen Termin nicht nochmals geladen zu werden, wenn dieser verkündet ist.

§ 102. [Verhandlungstermin]
(1) In dem Termin hat das Grundbuchamt zu versuchen, eine Einigung der Beteiligten auf eine klare Rangordnung herbeizuführen. Einigen sich die erschienenen Beteiligten, so hat das Grundbuchamt die Vereinbarung zu beurkunden. Ein nicht erschienener Beteiligter kann seine Zustimmung zu der Vereinbarung in einer öffentlichen oder öffentlich beglaubigten Urkunde erteilen.
(2) Einigen sich die Beteiligten, so ist das Grundbuch der Vereinbarung gemäß umzuschreiben.

§ 103. [Vorschlag des Grundbuchamts]
Einigen sich die Beteiligten nicht, so macht das Grundbuchamt ihnen einen Vorschlag für eine neue Rangordnung. Es kann hierbei eine Änderung der bestehenden Rangverhältnisse, soweit sie zur Herbeiführung einer klaren Rangordnung erforderlich ist, vorschlagen.

§ 104. [Widerspruch]
(1) Der Vorschlag ist den Beteiligten mit dem Hinweise zuzustellen, daß sie gegen ihn binnen einer Frist von einem Monat von der Zustellung ab bei dem Grundbuchamte Widerspruch erheben können. In besonderen Fällen kann eine längere Frist bestimmt werden.
(2) Der Widerspruch ist schriftlich oder durch Erklärung zur Niederschrift des Urkundsbeamten der Geschäftsstelle eines Amtsgerichts einzulegen; in letzterem Falle ist die Widerspruchsfrist gewahrt, wenn die Erklärung innerhalb der Frist abgegeben ist.

§ 105. [Wiedereinsetzung in den vorigen Stand]
(1) Einem Beteiligten, der ohne sein Verschulden verhindert war, die Frist (§ 104) einzuhalten, hat das Grundbuchamt auf seinen Antrag Wiedereinsetzung in den vorigen Stand zu gewähren, wenn er binnen zwei Wochen nach der Beseitigung des Hindernisses den Widerspruch einlegt und die Tatsachen, die die Wiedereinsetzung begründen, glaubhaft macht.
(2) Die Entscheidung, durch die Wiedereinsetzung erteilt wird, ist unanfechtbar; gegen die Entscheidung, durch die der Antrag auf Wiedereinsetzung als unzulässig verworfen oder zurückgewiesen wird, ist die sofortige Beschwerde nach den Vorschriften des Reichsgesetzes über die Angelegenheiten der freiwilligen Gerichtsbarkeit zulässig.
(3) Die Wiedereinsetzung kann nicht mehr beantragt werden, nachdem die neue Rangordnung eingetragen oder wenn seit dem Ende der versäumten Frist ein Jahr verstrichen ist.

§ 106. [Aussetzung des Verfahrens]
(1) Ist ein Rechtsstreit anhängig, der die Rangverhältnisse des Grundstücks zum Gegenstand hat, so ist das Verfahren auf Antrag eines Beteiligten bis zur Erledigung des Rechtsstreits auszusetzen.
(2) Das Grundbuchamt kann auch von Amts wegen das Verfahren aussetzen und den Beteiligten oder einzelnen von ihnen unter Bestimmung einer Frist aufgeben, die Entscheidung des Prozeßgerichts herbeizuführen, wenn die Aufstellung einer neuen klaren Rangordnung von der Entscheidung eines Streites über die bestehenden Rangverhältnisse abhängt.

§ 107. [Fortsetzung des Verfahrens]
Ist der Rechtsstreit erledigt, so setzt das Grundbuchamt das Verfahren insoweit fort, als es noch erforderlich ist, um eine klare Rangordnung herbeizuführen.

§ 108. [Feststellung der neuen Rangordnung]
(1) Nach dem Ablauf der Widerspruchsfrist stellt das Grundbuchamt durch Beschluß die neue Rangordnung fest, sofern nicht Anlaß besteht, einen neuen Vorschlag zu machen. Es entscheidet hierbei zugleich über die nicht erledigten Widersprüche; insoweit ist die Entscheidung mit Gründen zu versehen.
(2) Ist über einen Widerspruch entschieden, so ist der Beschluß allen Beteiligten zuzustellen.

§ 109. [Einstellung des Verfahrens]
Das Grundbuchamt kann jederzeit das Verfahren einstellen, wenn es sich von seiner Fortsetzung keinen Erfolg verspricht. Der Einstellungsbeschluß ist unanfechtbar.

§ 110. [Sofortige Beschwerde]
(1) Hat das Grundbuchamt in dem Beschluß, durch den die neue Rangordnung festgestellt wird, über einen Widerspruch entschieden, so ist gegen den Beschluß die sofortige Beschwerde nach den Vorschriften des Reichsgesetzes über die Angelegenheiten der freiwilligen Gerichtsbarkeit zulässig.
(2) Die weitere Beschwerde ist unzulässig.

§ 111. [Umschreibung des Grundbuchs]
Ist die neue Rangordnung rechtskräftig festgestellt, so hat das Grundbuchamt das Grundbuch nach Maßgabe dieser Rangordnung umzuschreiben.

§ 112. [Neue Rangordnung]
Ist die neue Rangordnung (§ 102 Abs. 2, § 111) eingetragen, so tritt sie an die Stelle der bisherigen Rangordnung.

§ 113. [Löschung des Einleitungsvermerks]
Wird die neue Rangordnung eingetragen (§ 102 Abs. 2, § 111) oder wird das Verfahren eingestellt (§ 109), so ist der Einleitungsvermerk zu löschen.

§ 114. [Kostenausgleichung]
Die Kosten des Verfahrens erster Instanz verteilt das Grundbuchamt auf die Beteiligten nach billigem Ermessen.

§ 115. [Kosten eines erledigten Rechtsstreits]
Wird durch das Verfahren ein anhängiger Rechtsstreit erledigt, so trägt jede Partei die ihr entstandenen außergerichtlichen Kosten. Die Gerichtskosten werden niedergeschlagen.

Sechster Abschnitt. Übergangs- und Schlußbestimmungen

§ 116. [Inkrafttreten; Verhältnis zu anderen Gesetzen]
(1) Dieses Gesetz tritt, soweit es die Anlegung des Grundbuchs betrifft, gleichzeitig mit dem Bürgerlichen Gesetzbuch, im übrigen für jeden Grundbuchbezirk mit dem Zeitpunkt in Kraft, in welchem das Grundbuch als angelegt anzusehen ist.
(2) Die Artikel 2 bis 5, 32, 55 des Einführungsgesetzes zum Bürgerlichen Gesetzbuch sind entsprechend anzuwenden.

§ 117. [Vorbehalte für Landesgrundbuchrecht]
Soweit im Einführungsgesetz zum Bürgerlichen Gesetzbuch zugunsten der Landesgesetze Vorbehalte gemacht sind, gelten sie auch für die Vorschriften der Landesgesetze über das Grundbuchwesen.

§ 118. [Vorbehalt für auf Landesrecht beruhende grundstücksgleiche Rechte]
(1) Die Vorschriften des § 20 und des § 22 Abs. 2 über das Erbbaurecht sowie die Vorschrift des § 49 sind auf die in den Artikeln 63, 68 des Einführungsgesetzes zum Bürgerlichen Gesetzbuch bezeichneten Rechte entsprechend anzuwenden.
(2) Ist auf dem Blatt eines Grundstücks ein Recht der in den Artikeln 63 und 68 des Einführungsgesetzes zum Bürgerlichen Gesetzbuch bezeichneten Art eingetragen, so ist auf Antrag für dieses Recht ein besonderes Grundbuchblatt anzulegen. Dies geschieht von Amts wegen, wenn das Recht veräußert oder belastet werden soll. Die Anlegung wird auf dem Blatte des Grundstücks vermerkt.
(3) Die Landesgesetze können bestimmen, daß statt der Vorschriften des Absatzes 2 die Vorschriften der §§ 14 bis 17 der Verordnung über das Erbbaurecht entsprechend anzuwenden sind.

§ 119. [Fortführung bisheriger Bücher]
Die Bücher, die nach den bisherigen Bestimmungen als Grundbücher geführt wurden, gelten als Grundbücher im Sinne dieses Gesetzes.

§ 120. [Mehrere alte Bücher für ein Grundstück]
Werden nach § 119 mehrere Bücher geführt, so muß jedes Grundstück in einem der Bücher eine besondere Stelle haben. An dieser Stelle ist auf die in den andern Büchern befindlichen Eintragungen zu verweisen. Die Stelle des Hauptbuchs und die Stellen, auf welche verwiesen wird, gelten zusammen als das Grundbuchblatt.

§ 121. [Bezeichnung der Grundstücke in bisherigen Büchern]
Sind in einem Buche, das nach § 119 als Grundbuch gilt, die Grundstücke nicht nach Maßgabe des § 2 Abs. 2 bezeichnet, so ist diese Bezeichnung von Amts wegen zu bewirken.

§ 122. [Nachträgliche Anlegung von Grundbuchblättern]
Das Verfahren zum Zwecke der Eintragung von Grundstücken, die bei der Anlegung des Grundbuchs ein Blatt nicht erhalten haben, wird durch Verordnung des *Reichsministers der Justiz* bestimmt.

§ 123. [Wiederherstellung von Grundbüchern]
Die Landesregierungen oder die von ihnen bestimmten obersten Landesbehörden können durch Rechtsverordnung allgemein oder für bestimmte Grundbücher das Verfahren zum Zwecke der Wiederherstellung eines ganz oder teilweise zerstörten oder abhanden gekommenen Grundbuchs sowie zum Zwecke der Wiederbeschaffung zerstörter oder abhanden gekommener Urkunden der in § 10 Abs. 1 bezeichneten Art bestimmen. Sie können dabei auch darüber bestimmen, in welcher Weise bis zur Wiederherstellung des Grundbuchs die zu einer Rechtsänderung erforderliche Eintragung ersetzt werden soll.

§ 124. [Einsicht in Grundakten]
Der *Reichsminister der Justiz* kann, unbeschadet der Vorschriften des § 12, Anordnungen über die Einsicht der Grundakten und die Erteilung von Abschriften treffen.

Verordnung zur Ausführung der Grundbuchordnung (AVGBO)

v. 8. August 1935 (RGBl. I S. 1089)
geändert durch Gesetz v. 20. 12. 1963 (BGBl. I S. 986)
u. V. v. 21. 3. 1974 (BGBl. I S. 771)

I. Sachliche Zuständigkeit der Grundbuchbeamten

§ 1.

(1) Für die Entgegennahme eines auf eine Eintragung gerichteten Antrags oder Ersuchens und die Beurkundung des Zeitpunkts, in welchem der Antrag oder das Ersuchen bei dem Grundbuchamt eingeht, sind nur der mit der Führung des Grundbuchs über das betroffene Grundstück beauftragte *Richter*[1] und der vom Behördenvorstand für das ganze Grundbuchamt oder einzelne Abteilungen bestellte Beamte der Geschäftsstelle zuständig.
(2) Bezieht sich der Antrag oder das Ersuchen auf mehrere Grundstücke in verschiedenen Geschäftsbereichen desselben Grundbuchamts, so ist jeder nach Absatz 1 in Frage kommende Beamte zuständig.

§ 2.

Die Eintragung in das Grundbuch soll der *Richter*[1], regelmäßig unter Angabe des Wortlauts, verfügen und der Urkundsbeamte der Geschäftsstelle veranlassen; sie ist von beiden zu unterschreiben, jedoch kann statt des Urkundsbeamten ein vom Behördenvorstand ermächtigter Justizangestellter unterschreiben.

§ 3.

(1) Die Hypotheken-, Grundschuld- und Rentenschuldbriefe sowie die nachträglich auf sie gesetzten Vermerke sind von dem *Richter*[1] und dem Urkundsbeamten der Geschäftsstelle zu unterschreiben.
(2) Die Hypothekenbriefe über eine Gesamthypothek sowie die nachträglich auf sie gesetzten Vermerke sind, sofern die Grundbücher der belasteten Grundstücke von demselben Grundbuchamt geführt werden, nur von einem *Richter*[1] und von einem Urkundsbeamten der Geschäftsstelle zu unterschreiben.
(3) Statt des Urkundsbeamten der Geschäftsstelle kann ein vom Behördenvorstand ermächtigter Justizangestellter unterschreiben.

1 Jetzt der Rechtspfleger; vgl. § 3 Nr. 1 Buchst. h Rechtspflegergesetz.

§ 4.

(1) Der Urkundsbeamte der Geschäftsstelle entscheidet über:

a) die Erteilung von Abschriften aus dem Grundbuch oder den Grundakten;
b) die Gestattung der Einsicht in das Grundbuch oder die Grundakten;
c) die Erteilung von Auskünften in den gesetzlich vorgesehenen Fällen;
d) die Anträge auf Rückgabe von Urkunden und Versendung von Grundakten an andere Behörden.

(2) Der Urkundsbeamte der Geschäftsstelle ist ferner zuständig für:

a) die Beglaubigung von Abschriften aus dem Grundbuche;
b) die Verfügungen und Eintragungen zur Erhaltung der Übereinstimmung zwischen dem Grundbuch und dem nach § 2 Abs. 2 der Grundbuchordnung für die Bezeichnung der Grundstücke im Grundbuche maßgebenden Verzeichnis oder einem sonstigen hiermit in Verbindung stehenden Verzeichnis, mit Ausnahme der Verfügungen und Eintragungen, die zugleich eine Berichtigung rechtlicher Art oder eine Berichtigung eines Irrtums über das Eigentum betreffen;
c) die Entscheidungen über Ersuchen des Gerichts um Eintragung oder Löschung des Vermerks über die Eröffnung des Konkurses sowie um Eintragung der Einleitung des Zwangsversteigerungs- und Zwangsverwaltungsverfahrens;
d) die Berichtigung der Eintragung des Namens, des Berufs oder des Wohnortes natürlicher Personen im Grundbuche.

(3) In den Fällen des Absatzes 2 Buchstaben b bis d hat außer dem Urkundsbeamten der Geschäftsstelle noch ein zweiter Beamter der Geschäftsstelle oder ein vom Behördenvorstand ermächtigter Justizangestellter die Eintragung zu unterzeichnen. Im Falle des Absatzes 2 Buchstabe a kann statt des Urkundsbeamten der Geschäftsstelle auch ein Justizangestellter die Beglaubigung vornehmen, soweit er hierzu vom Behördenvorstand ermächtigt ist.

(4) a) Die Vorschriften der §§ 6, 7 des Reichsgesetzes über die Angelegenheiten der freiwilligen Gerichtsbarkeit sind auf den Urkundsbeamten der Geschäftsstelle entsprechend anzuwenden.

b) Wird die Änderung einer Entscheidung des Urkundsbeamten der Geschäftsstelle verlangt, so entscheidet, wenn dieser dem Verlangen nicht entspricht, der *Grundbuchrichter*.[2] Die Beschwerde findet erst gegen seine Entscheidung statt.

2 Vgl. dazu § 4 Abs. 2 Nr. 3 Rechtspflegergesetz.

§ 5.
Die Vorschriften darüber, inwieweit Geschäfte des Grundbuchrichters dem Urkundsbeamten der Geschäftsstelle zur selbständigen Wahrnehmung übertragen werden können, bleiben unberührt.

II. Das amtliche Grundstücksverzeichnis

§ 6.
(1) Die bestehenden Vorschriften, welche die Einrichtung des nach § 2 Abs. 2 der Grundbuchordnung zur Bezeichnung der Grundstücke im Grundbuche vorgeschriebenen amtlichen Verzeichnisse bestimmen, bleiben unberührt.
(2) Das gleiche gilt von den Vorschriften zur Erhaltung der Übereinstimmung zwischen dem Grundbuch und dem nach § 2 Abs. 2 der Grundbuchordnung für die Bezeichnung der Grundstücke im Grundbuche maßgebenden Verzeichnis oder einem sonstigen hiermit in Verbindung stehenden Verzeichnis.

III. Die Anlegung von Grundbuchblättern

§ 7.
(1) Für ein Grundstück, das ein Blatt bei der Anlegung des Grundbuchs nicht erhalten hat, wird das Grundbuchblatt unbeschadet des § 3 Abs. 2 und 3 der Grundbuchordnung von Amts wegen angelegt.
(2) Das Verfahren bei der Anlegung des Grundbuchblatts richtet sich nach den Vorschriften der §§ 8 bis 15.

§ 8.
Das Grundbuchamt hat die zuständige Behörde um Übersendung eines beglaubigten Auszugs aus dem nach § 2 Abs. 2 der Grundbuchordnung für die Bezeichnung der Grundstücke im Grundbuche maßgebenden amtlichen Verzeichnis oder, wenn dieses Verzeichnis vom Grundbuchamt selbst geführt wird, um Übersendung der sonstigen für die Kennzeichnung des Grundstücks erforderlichen Unterlagen zu ersuchen.

§ 9.
Zur Feststellung des Eigentums an dem Grundstück hat das Grundbuchamt von Amts wegen die erforderlichen Ermittlungen anzustellen und die geeigneten Beweise zu erheben.

§ 10.
Das Grundbuchamt kann zur Ermittlung des Berechtigten ein Aufgebot nach Maßgabe der §§ 11 und 12 erlassen.

§ 11.
In das Aufgebot sind aufzunehmen:
a) die Ankündigung der bevorstehenden Anlegung des Grundbuchblatts;
b) die Bezeichnung der Lage, der Beschaffenheit und der Größe des Grundstücks gemäß dem nach § 2 Abs. 2 der Grundbuchordnung für die Bezeichnung der Grundstücke im Grundbuche maßgebenden Verzeichnis;
c) die Bezeichnung des Eigenbesitzers, sofern sie dem Grundbuchamte bekannt oder zu ermitteln ist;
d) die Aufforderung an die Personen, welche das Eigentum in Anspruch nehmen, ihr Recht binnen einer vom Grundbuchamt zu bestimmenden Frist von mindestens sechs Wochen anzumelden und glaubhaft zu machen, widrigenfalls ihr Recht bei der Anlegung des Grundbuchs nicht berücksichtigt werde.

§ 12.
(1) Das Aufgebot ist an die für den Aushang von Bekanntmachungen des Grundbuchamts bestimmte Stelle anzuheften und einmal in dem für die amtlichen Bekanntmachungen des Grundbuchamts bestimmten Blatte zu veröffentlichen. Das Grundbuchamt kann anordnen, daß die Veröffentlichung mehrere Male und noch in anderen Blättern zu erfolgen habe oder, falls das Grundstück nur einen geringen Wert hat, daß sie ganz unterbleibe.
(2) Das Aufgebot ist in der Gemeinde, in deren Bezirk das Grundstück liegt, an der für amtliche Bekanntmachungen bestimmten Stelle anzuheften oder in sonstiger ortsüblicher Weise bekanntzumachen.
(3) Es soll den Personen, die das Eigentum in Anspruch nehmen und dem Grundbuchamt bekannt sind, von Amts wegen zugestellt werden.

§ 13.
Das Grundbuchblatt darf, wenn ein Aufgebotsverfahren (§§ 11, 12) nicht stattgefunden hat, erst angelegt werden, nachdem in der Gemeinde, in deren Bezirk das Grundstück liegt, das Bevorstehen der Anlegung und der Name des als Eigentümer Einzutragenden öffentlich bekanntgemacht und seit der Bekanntmachung ein Monat verstrichen ist; die Art der Bekanntmachung bestimmt das Grundbuchamt.

§ 14.
Als Eigentümer ist in das Grundbuch einzutragen:
a) der ermittelte Eigentümer;

b) sonst der Eigenbesitzer, dessen Eigentum dem Grundbuchamt durch Erwerbstitel, Zeitablauf oder sonstige Umstände glaubhaft gemacht ist;
c) äußerstenfalls der, dessen Eigentum nach Lage der Sache dem Grundbuchamt am wahrscheinlichsten erscheint.

§ 15.

(1) Beschränkte dingliche Rechte am Grundstück oder sonstige Eigentumsbeschränkungen werden bei der Anlegung des Grundbuchblatts nur eingetragen, wenn sie bei dem Grundbuchamt angemeldet und entweder durch öffentliche oder öffentlich beglaubigte Urkunden, deren erklärter Inhalt vom Eigentümer stammt, nachgewiesen oder von dem Eigentümer anerkannt sind.
(2) Der Eigentümer ist über die Anerkennung zu vernehmen. Bestreitet er das angemeldete Recht, so wird es, falls es glaubhaft gemacht ist, durch Eintragung eines Widerspruchs gesichert.
(3) Der Rang der Rechte ist gemäß den für sie zur Zeit ihrer Entstehung maßgebenden Gesetzen und, wenn er hiernach nicht bestimmt werden kann, nach der Reihenfolge ihrer Anmeldung einzutragen.

§ 16.

Die Beschwerde gegen die Anlegung des Grundbuchblatts ist unzulässig. Im Wege der Beschwerde kann jedoch verlangt werden, daß das Grundbuchamt angewiesen wird, nach § 53 der Grundbuchordnung einen Widerspruch einzutragen oder eine Löschung vorzunehmen.

§ 17.

Wird im Falle des § 3 Abs. 3 c der Grundbuchordnung ein Grundbuchblatt angelegt, so sind die vorstehenden Vorschriften mit der Maßgabe entsprechend anzuwenden, daß die die Miteigentumsanteile belastenden, aus dem Grundbuch ersichtlichen Eintragungen auf das neue Grundbuchblatt zu übertragen sind. Die die einzelnen Miteigentumsanteile betreffenden Eintragungen (§ 3 Abs. 3 b GBO) sind zu löschen.

IV. Übergangs- und Schlußvorschriften

§ 18.

(1) Abschnitt III, §§ 7 bis 16, dieser Verordnung tritt an dem auf die Verkündung folgenden Tage in Kraft. Im übrigen tritt die Verordnung am 1. April 1936 in Kraft, soweit sich nicht aus den nachfolgenden Vorschriften Abweichendes ergibt. Vorschriften des Landesrechts, welche das von dieser

Verordnung umfaßte Gebiet betreffen, treten mit derselben Maßgabe außer Kraft.

(2) Soweit in Gesetzen (Artikel 2 des Einführungsgesetzes zum Bürgerlichen Gesetzbuch) auf Vorschriften verwiesen ist, die durch diese Verordnung außer Kraft gesetzt werden, treten an ihre Stelle die entsprechenden Vorschriften dieser Verordnung.

§ 19.

Die Vorschriften über die sachliche Zuständigkeit der Grundbuchbeamten (Abschnitt I) treten in Württemberg und Baden in dem durch Artikel 8 der Verordnung zur Änderung des Verfahrens in Grundbuchsachen vom 5. August 1935 (Reichsgesetzbl. I S. 1065) bestimmten Zeitpunkt in Kraft. Dasselbe gilt in Mecklenburg, soweit dort die Grundbücher nicht bereits von den Amtsgerichten geführt werden.

§ 20.

In den Fällen des § 117 der Grundbuchordnung bleiben die bestehenden landesrechtlichen Vorschriften unberührt; jedoch ist Abschnitt I dieser Verordnung unbeschadet der Vorschrift des § 19 auch in diesen Fällen anzuwenden.

Verordnung über die Einführung des Reichskatasters als amtlichen Verzeichnisses der Grundstücke im Sinne des § 2 Abs. 2 der Grundbuchordnung

Vom 23. Januar 1940 (RGBl I S. 240)

Auf Grund des § 1 Abs. 3, § 2 Abs. 2 der Grundbuchordnung ordne ich folgendes an:

In den Bezirken, in denen das Reichskataster fertiggestellt ist, tritt in dem vom *Reichsminister der Justiz* durch Verwaltungsanordnung zu bestimmenden Zeitpunkt das Reichskataster als amtliches Verzeichnis der Grundstücke im Sinne des § 2 Abs. 2 der Grundbuchordnung an die Stelle des bisherigen amtlichen Verzeichnisses.

Allgemeine Verfügung über die Einrichtung und Führung des Grundbuchs (Grundbuchverfügung)

Vom 8. August 1935 (RMBl S. 637)
Geändert durch Allgemeine Verfügung vom 18. 3. 1941 (RMBl S. 175),
Verordnung vom 7. 7. 1959 (BAnz Nr. 137)
Verordnung vom 27. 7. 1960 (BAnz Nr. 145)
Verordnung vom 26. 6. 1961 (BAnz Nr. 124)
Verordnung vom 2. 11. 1964 (BAnz Nr. 209)
Verordnung vom 10. 6. 1969 (BAnz Nr. 105)
Verordnung vom 21. 3. 1974 (BGBl I S. 771)
Verordnung vom 1. 12. 1977 (BGBl I S. 2313)

Auf Grund des § 1 Abs. 3, § 3 Abs. 1 Satz 3, § 10 Abs. 2, § 12 Abs. 3 und § 124 der Grundbuchordnung (GBO) in der Fassung vom 5. August 1935 (Reichsgesetzbl. I S. 1073) und des § 30 des Reichsheimstättengesetzes vom 10. Mai 1920 (Reichsgesetzbl. S. 962) in Verbindung mit § 1 des Zweiten Gesetzes zur Überleitung der Rechtspflege auf das Reich vom 5. Dezember 1934 (Reichsgesetzbl. I S. 1214) bestimme ich folgendes:

I. Das Grundbuch

1. Grundbuchbezirke

§ 1. [Grundbuchbezirke]

(1) Grundbuchbezirke sind die Gemeindebezirke. Soweit mehrere Gemeinden zu einem Verwaltungsbezirk zusammengefaßt sind (Gesamtgemeinden; zusammengesetzte Gemeinden), bilden sie einen Grundbuchbezirk. Jedoch kann ein Gemeindebezirk durch Anordnung des *Reichsministers der Justiz* oder der von ihm bestimmten Stelle in mehrere Grundbuchbezirke geteilt werden.
(2) Wird ein Gemeindebezirk mit einem anderen Gemeindebezirk vereinigt oder wird ein Gemeindebezirk oder ein Verwaltungsbezirk der im Abs. 1 Satz 3 genannten Art in mehrere selbständige Verwaltungsbezirke zerlegt, so können die bisherigen Grundbuchbezirke beibehalten werden.

2. Die äußere Form des Grundbuchs

§ 2. [Grundbuchbände und ihre Bezeichnung]

Die Grundbücher werden in festen Bänden oder nach näherer Anordnung der Landesjustizverwaltungen in Bänden oder Einzelheften mit herausnehmbaren Einlegebogen geführt. Die Bände sollen regelmäßig mehrere Grundbuchblätter umfassen; mehrere Bände desselben Grundbuchbezirks erhalten fortlaufende Nummern. Soweit die Grundbücher in Einzelheften mit herausnehmbaren Einlegebogen geführt werden, sind die Vorschriften, die Grundbuchbände voraussetzen, nicht anzuwenden.

§ 3. [Bezeichnung der Grundbuchblätter]

(1) Sämtliche Grundbuchblätter desselben Grundbuchbezirks erhalten fortlaufende Nummern. Besteht das Grundbuch aus mehreren Bänden, so schließen sich die Blattnummern jedes weiteren Bandes an die des vorhergehenden an.

(2) Von der fortlaufenden Nummernfolge der Grundbuchblätter kann abgewichen werden, wenn das anzulegende Grundbuchblatt einem Bande zugeteilt werden soll, in dem der Umfang der Grundbuchblätter von dem des sonst nach Abs. 1 zu verwendenden Grundbuchblatts verschieden ist.

(3) Wird das Grundbuch in Einzelheften mit herausnehmbaren Einlegebogen geführt, so kann nach Anordnung der Landesjustizverwaltung bei der Numerierung der in Einzelheften anzulegenden Grundbuchblätter eines Grundbuchbezirks neu mit der Nummer 1 oder mit der auf den nächsten freien Tausender folgenden Nummer begonnen werden.

II. Das Grundbuchblatt

§ 4. [Das Grundbuchblatt]

Jedes Grundbuchblatt besteht aus der Aufschrift, dem Bestandsverzeichnis und drei Abteilungen.

§ 5. [Aufschrift]

In der Aufschrift sind das Amtsgericht, der Grundbuchbezirk und die Nummer des Bandes und des Blattes anzugeben. In den Fällen des § 1 Abs. 2 ist durch einen Zusatz auf die Vereinigung oder Teilung des Bezirks hinzuweisen.

§ 6. [Bestandsverzeichnis]

(1) In dem Bestandsverzeichnis ist die Spalte 1 für die Angabe der laufenden Nummer des Grundstücks bestimmt.

(2) In der Spalte 2 sind die bisherigen laufenden Nummern der Grundstücke anzugeben, aus denen das Grundstück durch Vereinigung, Zuschreibung oder Teilung entstanden ist.

(3) a) Die Spalte 3 dient zur Bezeichnung der Grundstücke gemäß dem amtlichen Verzeichnis im Sinne des § 2 Abs. 2 der Grundbuchordnung. Hier sind einzutragen:

1. in Unterspalte a: die Bezeichnung der Gemarkung oder des sonstigen vermessungstechnischen Bezirks, in dem das Grundstück liegt;
2. in Unterspalte b: die vermessungstechnische Bezeichnung des Grundstücks innerhalb des zur Nr. 1 genannten Bezirks nach den Buchstaben oder Nummern der Karte;
3. in Unterspalte c und d: die Bezeichnung des Grundstücks nach den Artikeln oder Nummern der Steuerbücher (Grundsteuermutterrolle, Gebäudesteuerrolle oder ähnliches), sofern solche Bezeichnungen vorhanden sind;
4. in Unterspalte e: die Wirtschaftsart des Grundstücks (z. B. Acker, Wiese, Garten, Wohnhaus mit Hofraum, Wohnhaus mit Garten, unbebauter Hofraum) und die Lage (Straße, Hausnummer oder die sonstige ortsübliche Bezeichnung).

Die für die Bezeichnung des Grundstücks nach der Gebäudesteuerrolle oder einem ähnlichen Buche bestimmte Unterspalte d kann nach näherer Anordnung der Landesjustizverwaltung mit der Maßgabe weggelassen werden, daß die Unterspalte c durch die Buchstaben c/d bezeichnet wird; im Rahmen dieser Änderung kann von den Mustern in der Anlage zu dieser Verfügung abgewichen werden. Ferner kann die Landesjustizverwaltung anordnen, daß die in Nummer 3 bezeichneten Eintragungen unterbleiben.

b) Soweit das Grundbuch in Loseblattform mit einer Vordruckgröße von 210 × 297 mm (DIN A 4) geführt wird, kann die Landesjustizverwaltung abweichend von den Bestimmungen unter Buchstabe a) und von den Mustern in der Anlage zu dieser Verfügung anordnen, daß

1. die Unterspalten a und b der Spalte 3 in der Weise zusammengelegt werden, daß die vermessungstechnische Bezeichnung des Grundstücks unterhalb der Bezeichnung der Gemarkung oder des sonstigen vermessungstechnischen Bezirks einzutragen ist; die Eintragung der Bezeichnung der Gemarkung oder des sonstigen vermessungstechnischen Bezirks kann nach näherer Anordnung der Landesjustizverwaltung unterbleiben, wenn sie mit der des Grundbuchbezirks übereinstimmt;
2. die Unterspalten c und d der Spalte 3 weggelassen werden und die für die Eintragung der Wirtschaftsart des Grundstücks und der Lage bestimmte Unterspalte e der Spalte 3 durch den Buchstaben c bezeichnet wird.

c) Soweit in besonderen Fällen nach den bestehenden gesetzlichen Vorschriften ein Grundstück, das nicht im amtlichen Verzeichnis aufgeführt ist, im Grundbuch eingetragen werden kann, behält es hierbei sein Bewenden.

(4) Besteht ein Grundstück aus mehreren Teilen, die in dem maßgebenden amtlichen Verzeichnis als selbständige Teile aufgeführt sind (z. B. Katasterparzellen), so kann die im Abs. 3 a, Nrn. 2 und 3 vorgeschriebene Angabe unterbleiben, soweit dadurch das Grundbuch nach dem Ermessen des Grundbuchamts unübersichtlich werden würde. In diesem Falle müssen jedoch die fehlenden Angaben in einem bei den Grundakten aufzubewahrenden beglaubigten Auszug aus dem maßgebenden amtlichen Verzeichnis der Grundstücke nachgewiesen werden. Die Behörde, die das Verzeichnis führt, hat auf Ersuchen des Grundbuchamts das Erforderliche zur Herstellung und fortlaufenden Berichtigung dieser Nachweisung zu veranlassen. Sofern das Verzeichnis vom Grundbuchamt selbst geführt wird, hat dieses das Verzeichnis auf dem laufenden zu halten. Statt der im Abs. 3 a Nr. 4 vorgeschriebenen Angabe genügt alsdann die Angabe einer Gesamtbezeichnung (z. B. Landgut).

(5) Die Spalte 4 enthält die Angaben über die Größe des Grundstücks nach dem maßgebenden amtlichen Verzeichnis. Besteht ein Grundstück aus mehreren Teilen, die in diesem Verzeichnis als selbständige Teile aufgeführt sind (z. B. Katasterparzellen), so ist entweder die Gesamtgröße oder die Größe getrennt nach den aus dem Grundbuch ersichtlichen selbständigen Teilen anzugeben; ist das Grundstück nach Maßgabe des Absatzes 4 bezeichnet, so ist die Gesamtgröße anzugeben.

(6) In der Spalte 6 sind einzutragen:

a) der Vermerk über die Eintragung des Bestandes des Blattes bei der Anlegung (Zeit der Eintragung, Nummer des bisherigen Blattes usw.);
b) die Übertragung eines Grundstücks auf das Blatt; soll das Grundstück mit einem auf dem Blatte bereits eingetragenen Grundstück vereinigt oder einem solchen Grundstück als Bestandteil zugeschrieben werden, so ist auch dies anzugeben;
c) die Vereinigung mehrerer auf dem Blatt eingetragener Grundstücke zu einem Grundstück sowie die Zuschreibung eines solchen Grundstücks zu einem anderen als Bestandteil;
d) die Vermerke, durch welche bisherige Grundstücksteile als selbständige Grundstücke eingetragen werden, insbesondere im Falle des § 7 Abs. 1 der Grundbuchordnung, sofern nicht der Teil auf ein anderes Blatt übertragen wird;
e) die Vermerke über Berichtigungen der Bestandsangaben; eines Vermerks in Spalte 6 bedarf es jedoch nicht, wenn lediglich die in Absatz 3 a Nr. 3 für die Unterspalte c vorgeschriebene Angabe nachgetragen oder berichtigt wird.

(7) Die Spalte 8 ist bestimmt für die Abschreibungen, bei denen das Grundstück aus dem Grundbuchblatt ausscheidet.
(8) Bei Eintragungen in den Spalten 6 und 8 ist in den Spalten 5 und 7 auf die laufende Nummer des von der Eintragung betroffenen Grundstücks zu verweisen.

§ 7. [Subjektiv-dingliche Rechte]

(1) Vermerke über Rechte, die dem jeweiligen Eigentümer eines auf dem Blatte verzeichneten Grundstücks zustehen, sind in den Spalten 1, 3 und 4 des Bestandsverzeichnisses einzutragen.
(2) In Spalte 1 ist die laufende Nummer der Eintragung zu vermerken. Dieser ist, durch einen Bruchstrich getrennt, die laufende Nummer des herrschenden Grundstücks mit dem Zusatz „zu" beizufügen (z. B. $\frac{7}{\text{zu } 3}$).
(3) In dem durch die Spalten 3 und 4 gebildeten Raum sind das Recht nach seinem Inhalt sowie Veränderungen des Rechts wiederzugeben. Im Falle der Veränderung ist in der Spalte 2 die bisherige laufende Nummer der Eintragung zu vermerken.
(4) In Spalte 6 ist der Zeitpunkt der Eintragung des Rechts zu vermerken.
(5) In Spalte 8 ist die Abschreibung des Rechts zu vermerken.
(6) Bei Eintragungen in den Spalten 6 und 8 ist in den Spalten 5 und 7 auf die laufende Nummer des von der Eintragung betroffenen Rechts zu verweisen.

§ 8. [Miteigentumsanteile]

Für die Eintragung eines Miteigentumsanteils nach § 3 Abs. 3 b der Grundbuchordnung gilt folgendes:

a) In Spalte 1 ist die laufende Nummer der Eintragung zu vermerken. Dieser ist, durch einen Bruchstrich getrennt, die laufende Nummer des herrschenden Grundstücks mit dem Zusatz „zu" beizufügen;
b) in dem durch die Spalten 3 und 4 gebildeten Raum ist der Anteil der Höhe nach zu bezeichnen. Hierbei ist das gemeinschaftliche Grundstück zu beschreiben;
c) für die Ausfüllung der Spalten 5 bis 8 gilt § 6 Abs. 6 bis 8 entsprechend.

§ 9. [Erste Abteilung]

In der ersten Abteilung sind einzutragen:

a) in Spalte 1: die laufende Nummer der unter b vorgesehenen Eintragung. Mehrere Eigentümer, die in einem Verhältnis der im § 47 der Grundbuchordnung genannten Art stehen, werden unter einer laufenden Nummer eingetragen; jeder Eigentümer ist in diesem Fall unter einem besonderen Buchstaben aufzuführen;

b) in Spalte 2: der Eigentümer, bei mehreren gemeinschaftlichen Eigentümern auch die im § 47 der Grundbuchordnung vorgeschriebene Angabe; besteht zwischen mehreren Eigentümern kein Rechtsverhältnis der im § 47 der Grundbuchordnung genannten Art, so ist bei den Namen der Eigentümer der Inhalt ihres Rechts anzugeben;

c) in Spalte 3: die laufende Nummer der Grundstücke, auf die sich die in Spalte 4 enthaltenen Eintragungen beziehen;

d) in Spalte 4: der Tag der Auflassung oder die anderweitige Grundlage der Eintragung (Erbschein, Testament, Zuschlagsbeschluß, Bewilligung der Berichtigung des Grundbuchs, Ersuchen der zuständigen Behörde, Enteignungsbeschluß usw.), der Verzicht auf das Eigentum an einem Grundstück (§ 928 Abs. 1 BGB) und der Tag der Eintragung.

§ 10. [Zweite Abteilung]

(1) In der zweiten Abteilung werden eingetragen:

a) alle Belastungen des Grundstücks oder eines Anteils am Grundstück, mit Ausnahme von Hypotheken, Grundschulden und Rentenschulden, einschließlich der sich auf diese Belastungen beziehenden Vormerkungen und Widersprüche;

b) die Beschränkung des Verfügungsrechts des Eigentümers sowie die das Eigentum betreffenden Vormerkungen und Widersprüche;

c) die im Enteignungsverfahren, im Verfahren zur Klarstellung der Rangverhältnisse (§§ 90 bis 115 GBO) und in ähnlichen Fällen vorgesehenen, auf diese Verfahren hinweisenden Grundbuchvermerke.

(2) In der Spalte 1 ist die laufende Nummer der in dieser Abteilung erfolgenden Eintragungen anzugeben.

(3) Die Spalte 2 dient zur Angabe der laufenden Nummer, unter der das betroffene Grundstück im Bestandsverzeichnis eingetragen ist.

(4) In der Spalte 3 ist die Belastung, die Verfügungsbeschränkung oder der sonstige Vermerk inhaltlich einzutragen.

(5) a) Die Spalte 5 ist zur Eintragung von Veränderungen der in den Spalten 1 bis 3 eingetragenen Vermerke bestimmt, und zwar einschließlich der Beschränkungen des Berechtigten in der Verfügung über ein in den Spalten 1 bis 3 eingetragenes Recht, auch wenn die Beschränkung nicht erst nachträglich eintritt.

b) In der Spalte 5 ist auch die Eintragung des im § 9 Abs. 1 der Grundbuchordnung vorgesehenen Vermerks ersichtlich zu machen (§ 9 Abs. 3 GBO).

(6) In der Spalte 7 erfolgt die Löschung der in den Spalten 3 und 5 eingetragenen Vermerke.
(7) Bei Eintragungen in den Spalten 5 und 7 ist in den Spalten 4 und 6 die laufende Nummer anzugeben, unter der die betroffene Eintragung in der Spalte 1 vermerkt ist.

§ 11. [Dritte Abteilung]

(1) In der dritten Abteilung werden Hypotheken, Grundschulden und Rentenschulden einschließlich der sich auf diese Rechte beziehenden Vormerkungen und Widersprüche eingetragen.
(2) Die Spalte 1 ist für die laufende Nummer der in dieser Abteilung erfolgenden Eintragungen bestimmt.
(3) In der Spalte 2 ist die laufende Nummer anzugeben, unter der das belastete Grundstück im Bestandsverzeichnis eingetragen ist.
(4) Die Spalte 3 dient zur Angabe des Betrags des Rechts, bei den Rentenschulden der Ablösungssumme.
(5) In der Spalte 4 wird das Recht inhaltlich eingetragen.
(6) In der Spalte 7 erfolgt die Eintragung von Veränderungen der in den Spalten 1 bis 4 vermerkten Rechte, einschließlich der Beschränkungen des Berechtigten in der Verfügung über ein solches Recht, auch wenn die Beschränkung nicht erst nachträglich eintritt.
(7) In der Spalte 10 werden die in den Spalten 3, 4 und 6, 7 eingetragenen Vermerke gelöscht.
(8) Bei Eintragungen in den Spalten 7 und 10 ist in den Spalten 5 und 8 die laufende Nummer, unter der die betroffene Eintragung in der Spalte 1 eingetragen ist, und in den Spalten 6 und 9 der von der Veränderung oder Löschung betroffene Betrag des Rechts anzugeben.

§ 12. [Vormerkung und Widerspruch]

(1) Eine Vormerkung wird eingetragen:
a) wenn die Vormerkung den Anspruch auf Übertragung des Eigentums sichert, in den Spalten 1 bis 3 der zweiten Abteilung;
b) wenn die Vormerkung den Anspruch auf Einräumung eines anderen Rechts an dem Grundstück oder an einem das Grundstück belastenden Rechte sichert, in der für die endgültige Eintragung bestimmten Abteilung und Spalte;
c) in allen übrigen Fällen in der für Veränderungen bestimmten Spalte der Abteilung, in welcher das von der Vormerkung betroffene Recht eingetragen ist.
(2) Diese Vorschriften sind bei der Eintragung eines Widerspruchs entsprechend anzuwenden.

III. Die Eintragungen

§ 13. [Veränderungen im Grundstücksbestand]

(1) Bei der Vereinigung und der Zuschreibung von Grundstücken (§ 6 Abs. 6 b und c) sind die sich auf die beteiligten Grundstücke beziehenden Eintragungen in den Spalten 1 bis 4 rot zu unterstreichen. Das durch die Vereinigung oder Zuschreibung entstehende Grundstück ist unter einer neuen laufenden Nummer einzutragen; neben dieser Nummer ist in der Spalte 2 auf die bisherigen laufenden Nummern der beteiligten Grundstücke zu verweisen, sofern sie schon auf demselben Grundbuchblatt eingetragen waren.
(2) Bisherige Grundstücksteile (§ 6 Abs. 6 d) werden unter neuen laufenden Nummern eingetragen; neben diesen Nummern ist in der Spalte 2 auf die bisherige laufende Nummer des Grundstücks zu verweisen. Die Eintragungen, die sich auf das ursprüngliche Grundstück beziehen, sind in den Spalten 1 bis 4 rot zu unterstreichen.
(3) Wird ein Grundstück ganz abgeschrieben, so sind die Eintragungen in den Spalten 1 bis 6, die sich auf dieses Grundstück beziehen, sowie die Vermerke in den drei Abteilungen, die ausschließlich das abgeschriebene Grundstück betreffen, rot zu unterstreichen. Dasselbe gilt für die nach § 3 Abs. 3 b der Grundbuchordnung eingetragenen Miteigentumsanteile, wenn nach § 3 Abs. 3 c der Grundbuchordnung für das ganze gemeinschaftliche Grundstück ein Blatt angelegt wird.
(4) Wird ein Grundstücksteil abgeschrieben, so ist Absatz 2 entsprechend anzuwenden. Besteht das Grundstück aus mehreren Teilen, die in dem amtlichen Verzeichnis im Sinne des § 2 Abs. 2 der Grundbuchordnung als selbständige Teile aufgeführt sind, und wird ein solcher Teil abgeschrieben, so kann das Grundbuchamt von der Eintragung der bei dem Grundstück verbleibenden Teile unter neuer laufender Nummer absehen; in diesem Fall sind lediglich die Angaben zu dem abgeschriebenen Teil rot zu unterstreichen; ist die Gesamtgröße angegeben, so ist auch diese rot zu unterstreichen und die neue Gesamtgröße in Spalte 4 des Bestandsverzeichnisses anzugeben. Ist das Grundstück nach Maßgabe des § 6 Abs. 4 bezeichnet, so ist auch in dem bei den Grundakten aufzubewahrenden beglaubigten Auszug aus dem maßgebenden amtlichen Verzeichnis der Grundstücke die Abschreibung zu vermerken; eine ganz oder teilweise abgeschriebene Parzelle ist rot zu unterstreichen; eine bei dem Grundstück verbleibende Restparzelle ist am Schluß neu einzutragen.
(5) Die Vorschriften der Absätze 3 und 4 gelten auch für den Fall des Ausscheidens eines Grundstücks oder Grundstücksteils aus dem Grundbuche (§ 3 Abs. 2 b GBO).

§ 14. [Veränderung bei subjektiv-dinglichen Rechten; Rötung]

(1) Wird ein Vermerk über eine Veränderung eines Rechts, das dem jeweiligen Eigentümer eines auf dem Blatte verzeichneten Grundstücks zusteht, eingetragen, so ist der frühere Vermerk in den Spalten 3 und 4 insoweit rot zu unterstreichen, als er durch den Inhalt des Veränderungsvermerks gegenstandslos wird. Ferner ist bei der bisherigen Eintragung in Spalte 1 ein Hinweis auf die laufende Nummer des Veränderungsvermerks einzutragen.

(2) Im Falle der Abschreibung eines solchen Rechts sind in den Spalten 1 bis 6 des Bestandsverzeichnisses die Eintragungen, die sich auf dieses Recht beziehen, rot zu unterstreichen.

§ 15. [Bezeichnung des Berechtigten]

(1) Zur Bezeichnung des Berechtigten sind im Grundbuch anzugeben:

a) bei natürlichen Personen der Name (Vorname und Familienname), der Beruf, der Wohnort sowie nötigenfalls andere die Berechtigten deutlich kennzeichnende Merkmale (zum Beispiel das Geburtsdatum); das Geburtsdatum ist stets anzugeben, wenn es sich aus den Eintragungsunterlagen ergibt; wird das Geburtsdatum angegeben, so bedarf es nicht der Angabe des Berufs;

b) bei juristischen Personen und Handelsgesellschaften der Name oder die Firma und der Sitz.

(2) Bei Eintragungen für den Fiskus, eine Gemeinde oder eine sonstige juristische Person des öffentlichen Rechts kann auf Antrag des Berechtigten der Teil seines Vermögens, zu dem das eingetragene Grundstück oder Recht gehört, oder die Zweckbestimmung des Grundstücks oder des Rechts durch einen dem Namen des Berechtigten in Klammern beizufügenden Zusatz bezeichnet werden.

§ 16. [Rötung bei Eigentumswechsel]

Bei der Eintragung eines neuen Eigentümers sind die Vermerke in den Spalten 1 bis 4 der ersten Abteilung, die sich auf den bisher eingetragenen Eigentümer beziehen, rot zu unterstreichen.

§ 17. [Eintragungen und Löschungen in der zweiten und dritten Abteilung]

(1) Bei Reallasten, Hypotheken, Grundschulden und Rentenschulden sind die in das Grundbuch einzutragenden Geldbeträge (§ 1107, § 1115 Abs. 1, § 1190 Abs. 1, §§ 1192, 1199 BGB) in den Vermerken über die Eintragung des Rechts mit Buchstaben zu schreiben. Das gleiche gilt für die Eintragung einer Veränderung oder einer Löschung bezüglich eines Teilbetrags eines

Rechts sowie im Falle des § 882 des Bürgerlichen Gesetzbuchs für die Eintragung des Höchstbetrags des Wertersatzes.

(2) Wird in der zweiten oder dritten Abteilung eine Eintragung ganz gelöscht, so ist sie rot zu unterstreichen. Dasselbe gilt für Vermerke, die ausschließlich die gelöschte Eintragung betreffen. Die rote Unterstreichung kann dadurch ersetzt werden, daß über der ersten und unter der letzten Zeile der Eintragung oder des Vermerks ein waagerechter roter Strich gezogen wird und beide Striche durch einen von oben links nach unten rechts verlaufenden roten Schrägstrich verbunden werden; erstreckt sich eine Eintragung oder ein Vermerk auf mehr als eine Seite, so ist auf jeder Seite entsprechend zu verfahren. Im Falle der Löschung eines Erbbaurechts unter gleichzeitiger Eintragung der im § 31 Abs. 4 Satz 3 der Verordnung über das Erbbaurecht vom 15. Januar 1919 (Reichsgesetzbl. S. 72) bezeichneten Vormerkung ist auf diese sowie gegebenenfalls auch auf die Reichsheimstätteneigenschaft im Löschungsvermerk hinzuweisen.

(3) Wird in der zweiten oder dritten Abteilung ein Vermerk über eine Veränderung eingetragen, nach dessen aus dem Grundbuch ersichtlichen Inhalt ein früher eingetragener Vermerk ganz oder teilweise gegenstandslos wird, so ist der frühere Vermerk insoweit rot zu unterstreichen. Wird der früher eingetragene Vermerk ganz gegenstandslos, so gilt Absatz 2 Satz 3 entsprechend.

(4) a) Bei Teilabtretungen der in der dritten Abteilung eingetragenen Rechte ist der in Spalte 5 einzutragenden Nummer ein Buchstabe hinzuzufügen.

b) Werden von einem Teilbetrage weitere Teilbeträge abgetreten, so ist der in Spalte 5 einzutragenden Nummer außer dem nach a vorgesehenen Buchstaben eine römische Zahl beizufügen.

(5) Wird eine Hypothek, Grundschuld oder Rentenschuld teilweise gelöscht, so ist in der Spalte 3 der dritten Abteilung der gelöschte Teil von dem Betrage abzuschreiben. Bezieht sich diese Löschung auf einen Teilbetrag (Abs. 2), so ist der gelöschte Teil auch in Spalte 6 von dem Teilbetrag abzuschreiben.

§ 18. [Rangvermerke]

Angaben über den Rang eines eingetragenen Rechts sind bei allen beteiligten Rechten zu vermerken.

§ 19. [Eintragung von Vormerkungen und Widersprüchen]

(1) In den Fällen des § 12 Abs. 1 b und c ist bei Eintragung der Vormerkung die rechte Hälfte der Spalte für die endgültige Eintragung freizulassen. Das

gilt jedoch nicht, wenn es sich um eine Vormerkung handelt, die einen Anspruch auf Aufhebung eines Rechts sichert.
(2) Soweit die Eintragung der Vormerkung durch die endgültige Eintragung ihre Bedeutung verliert, ist sie rot zu unterstreichen.
(3) Diese Vorschriften sind bei der Eintragung eines Widerspruchs entsprechend anzuwenden.

§ 20. [Eintragungen in mehreren Spalten]
Sind bei einer Eintragung mehrere Spalten desselben Abschnitts oder derselben Abteilung auszufüllen, so gelten die sämtlichen Vermerke im Sinne des § 44 der Grundbuchordnung nur als eine Eintragung.

§ 21. [Äußere Form der Eintragung]
(1) Die Eintragungen sind deutlich und ohne Abkürzung zu schreiben. In dem Grundbuche darf nichts radiert oder unleserlich gemacht werden. In besonderen Fällen können die Eintragungen mit Genehmigung des *Reichsministers der Justiz* oder der von ihm bestimmten Stelle gedruckt werden.
(2) Für Eintragungen, die mit gleichlautendem Text in einer größeren Zahl von Grundbuchblättern vorzunehmen sind, ist die Verwendung von Stempeln mit Genehmigung der Landesjustizverwaltung oder der von ihr bestimmten Stelle zulässig.
(3) Die sämtlichen Eintragungen in das Bestandsverzeichnis und in der zweiten und dritten Abteilung sind an der zunächst freien Stelle in unmittelbarem Anschluß an die vorhergehende Eintragung derselben Spalte und ohne Rücksicht darauf, zu welcher Eintragung einer anderen Spalte sie gehören, vorzunehmen.
(4) Sollen bei einem in Loseblattform geführten Grundbuch Eintragungen gedruckt werden, so kann abweichend von Absatz 3 der vor ihnen noch vorhandene freie Eintragungsraum in den Spalten, auf die sich die zu druckende Eintragung erstreckt, nach Maßgabe der folgenden Vorschriften gesperrt werden. Unmittelbar im Anschluß an die letzte Eintragung wird der nicht zu unterzeichnende Hinweis angebracht: »Anschließender Eintragungsraum gesperrt im Hinblick auf nachfolgende Eintragung«; für den Hinweis können Stempel verwendet werden, ohne daß es der Genehmigung nach Absatz 2 bedarf. Sodann werden auf jeder Seite in dem freien Eintragungsraum oben und unten über die ganze Breite der betroffenen Spalten waagerechte Striche gezogen und diese durch einen von oben links nach unten rechts verlaufenden Schrägstrich verbunden. Der obere waagerechte Strich ist unmittelbar im Anschluß an den in Satz 2 genannten Hinweis und, wenn dieser bei einer sich über mehrere Seiten erstreckenden Sperrung auf einer vorhergehenden Seite angebracht ist, außerdem auf jeder folgenden

Seite unmittelbar unter der oberen Begrenzung des Eintragungsraumes, der untere waagerechte Strich unmittelbar über der unteren Begrenzung des zu sperrenden Raumes jeder Seite zu ziehen. Liegen nicht sämtliche betroffenen Spalten auf einer Seite nebeneinander, so ist die Sperrung nach den vorstehenden Vorschriften für die Spalten, die nebeneinanderliegen, jeweils gesondert vorzunehmen.

§ 22. [Eintragungsmuster]
Die nähere Einrichtung und die Ausfüllung des Grundbuchblatts ergibt sich aus dem in Anlage 1 beigefügten Muster. Die darin befindlichen Probeeintragungen sind als Beispiele nicht Teil dieser Verfügung.

§ 23. [Umschreibung bei Raummangel]
(1) Bietet ein Grundbuchblatt für Neueintragungen keinen Raum mehr, so ist es umzuschreiben.
(2) Eine Fortsetzung eines Grundbuchblatts auf einem anderen, auch auf einem geschlossenen Blatte desselben oder eines anderen Bandes ist unzulässig.

IV. Die Grundakten

§ 24. [Aufbewahrung von Urkunden; Handblatt]
(1) Die Urkunden und Abschriften, die nach § 10 der Grundbuchordnung von dem Grundbuchamt aufzubewahren sind, werden zu den Grundakten genommen, und zwar die Bewilligung der Eintragung eines Erbbaurechts zu den Grundakten des Erbbaugrundbuchs.
(2) Betrifft ein Schriftstück der im Abs. 1 bezeichneten Art Eintragungen auf verschiedenen Grundbuchblättern desselben Grundbuchamts, so ist es zu den Grundakten eines der beteiligten Blätter zu nehmen; in den Grundakten der anderen Blätter ist auf diese Grundakten zu verweisen.
(3) Ist ein Schriftstück der im Abs. 1 bezeichneten Art in anderen der Vernichtung nicht unterliegenden Akten des Amtsgerichts enthalten, welches das Grundbuch führt, so genügt eine Verweisung auf die anderen Akten.
(4) Bei den Grundakten ist ein in seiner Einrichtung dem Grundbuchblatt entsprechender Vordruck (Handblatt) zu verwahren, welcher eine wörtliche Wiedergabe des gesamten Inhalts des Grundbuchblatts enthält. Die mit der Führung des Grundbuchs beauftragten Beamten haben für die Übereinstimmung des Handblatts mit dem Grundbuchblatte zu sorgen.

V. Der Zuständigkeitswechsel

§ 25. [Schließung des alten Grundbuchblatts; Neuanlegung]

(1) Geht die Zuständigkeit für die Führung eines Grundbuchblatts auf ein anderes Grundbuchamt über, so ist das bisherige Blatt zu schließen; dem anderen Grundbuchamt sind die Grundakten zu übersenden, nachdem die wörtliche Übereinstimmung des Handblatts mit dem Grundbuchblatt von dem Richter und dem Urkundsbeamten der Geschäftsstelle bescheinigt ist.

(2) a) In der Aufschrift des neuen Blattes ist auf das bisherige Blatt zu verweisen.

b) Gelöschte Eintragungen werden in das neue Blatt insoweit übernommen, als dies zum Verständnis der noch gültigen Eintragungen erforderlich ist. Im übrigen sind nur die laufenden Nummern der Eintragungen mit dem Vermerk „Gelöscht" zu übernehmen. Die Übernahme der Nummern der Eintragungen mit dem Vermerk „Gelöscht" kann unterbleiben und der Bestand an Eintragungen unter neuen laufenden Nummern übernommen werden, wenn Unklarheiten nicht zu besorgen sind.

c) Die Übereinstimmung des Inhalts des neuen Blattes mit dem Inhalt des bisherigen Blattes ist im Bestandsverzeichnis und jeder Abteilung von dem Richter und dem Urkundsbeamten der Geschäftsstelle zu bescheinigen. Die Bescheinigung kann im Bestandsverzeichnis oder einer Abteilung mehrfach erfolgen, wenn die Spalten nicht gleich weit ausgefüllt sind. Befinden sich vor einer Bescheinigung leergebliebene Stellen, so sind sie zu durchkreuzen.

d) Das Grundbuchamt, welches das neue Blatt anlegt, hat dem früher zuständigen Grundbuchamt die Bezeichnung des neuen Blattes mitzuteilen. Diese wird dem Schließungsvermerk (§ 36 Buchstabe b) auf dem alten Blatte hinzugefügt.

(3) a) Geht die Zuständigkeit für die Führung des Grundbuchs über eines von mehreren, auf einem gemeinschaftlichen Blatt eingetragenen Grundstücken oder über einen Grundstücksteil auf ein anderes Grundbuchamt über, so ist das Grundstück oder der Grundstücksteil abzuschreiben. Dem anderen Grundbuchamt sind ein beglaubigter Auszug aus dem Handblatt sowie die Grundakten zwecks Anfertigung von Abschriften und Auszügen der das abgeschriebene Grundstück betreffenden Urkunden zu übersenden.

b) Ist der Übergang der Zuständigkeit von einem vorherigen, die Eintragung des neuen Eigentümers erfordernden Wechsel des Eigentums abhängig, so hat das bisher zuständige Grundbuchamt den neuen Eigentümer auf einem neu anzulegenden Blatte einzutragen; sodann ist nach Abs. 1, 2 zu verfahren. Das bisher zuständige Grundbuchamt kann jedoch auch, wenn der Übergang der Zuständigkeit auf das andere Grundbuchamt durch Verständigung mit diesem gesichert ist, die Eintragung des neuen Eigentümers mit dem Abschreibungsvermerk verbinden und sodann nach Buchstabe a verfahren, falls durch die Verbindung Verwirrung nicht zu besorgen ist und andere gemäß § 16 Abs. 2 der Grundbuchordnung zu berücksichtigende Eintragungsanträge nicht vorliegen. Tritt in diesem Falle der Zuständigkeitswechsel infolge nachträglicher Ablehnung der Übernahme durch das andere Grundbuchamt nicht ein, so hat das Grundbuchamt ein neues Grundbuchblatt anzulegen.

(4) Im Abschreibungsvermerk (Abs. 3 Buchstabe a und 3 Buchstabe b Satz 2) ist die Bezeichnung des Blattes, auf das das Grundstück oder der Grundstücksteil übertragen wird, zunächst offenzulassen. Sie wird auf Grund einer von dem nunmehr zuständigen Grundbuchamt dem früher zuständigen Grundbuchamt zu machenden Mitteilung nachgetragen. Im Falle des Abs. 3 Buchstabe b Satz 3 ist der Abschreibungsvermerk durch Nachtragen des neu angelegten Blattes zu ergänzen.

§ 26. [Zuständigkeitswechsel bei Bezirksänderung]

(1) Geht bei einer Bezirksänderung die Führung des Grundbuchs in Ansehung aller Blätter eines Grundbuchbandes auf ein anderes Grundbuchamt über, so ist der Band an das andere Grundbuchamt abzugeben. Dasselbe gilt, wenn von der Bezirksänderung nicht alle, aber die meisten Blätter eines Bandes betroffen werden und die Abgabe den Umständen nach zweckmäßig ist.

(2) a) Der abzugebende Band ist an das andere Grundbuchamt zu übersenden.

b) Die von der Bezirksänderung nicht betroffenen Grundbuchblätter sind zu schließen. Ihr Inhalt ist auf ein neues Grundbuchblatt zu übertragen. § 25 Abs. 2 a bis c findet entsprechende Anwendung. In dem Schließungsvermerk (§ 36 Buchstabe b) ist die Bezeichnung des neuen Blattes anzugeben.

(3) Die abgegebenen Grundbuchbände und Blätter erhalten nach Maßgabe des § 2 Satz 2 und § 3 neue Bezeichnungen. In der neuen Aufschrift (§ 5) sind in Klammern mit dem Zusatz „früher“ auch der bisherige Bezirk und die bisherigen Band- und Blattnummern anzugeben.

(4) Mit den Grundbuchbänden sind die Grundakten sowie die sonstigen sich auf die darin enthaltenen Grundbuchblätter beziehenden und in Verwahrung des Gerichts befindlichen Schriftstücke abzugeben.

(5) Bei Grundstücken, die kein Grundbuchblatt haben, sind die sich auf sie beziehenden Schriftstücke gleichfalls abzugeben.

(6) Geht die Führung der Grundbuchblätter eines ganzen Grundbuchbezirks

auf ein anderes Grundbuchamt über, so sind auch die Sammelakten und Verzeichnisse (z. B. Katasterurkunden) abzugeben, soweit sie sich auf diesen Bezirk beziehen.
(7) In den Fällen der Absätze 4, 5 und 6 ist über die Abgabe ein Vermerk zurückzubehalten.

§ 27. [Bezirkswechsel im gleichen Grundbuchamt]
Die Vorschriften des § 25 und des § 26 Abs. 1, 2, 3 sind entsprechend anzuwenden, wenn ein Grundstück in einen anderen Grundbuchbezirk desselben Grundbuchamts übergeht.

§ 27 a. [Abgabe von Grundbuchblättern]
(1) Geht die Zuständigkeit für die Führung eines oder mehrerer Grundbuchblätter auf ein anderes Grundbuchamt über und wird bei beiden beteiligten Grundbuchämtern für die in Frage kommenden Bezirke das Grundbuch in Einzelheften mit herausnehmbaren Einlegebogen geführt, so sind die betroffenen Blätter nicht zu schließen, sondern an das nunmehr zuständige Grundbuchamt abzugeben. § 26 Abs. 3, 4, 6 und 7 ist entsprechend anzuwenden. Im Falle des § 27 ist nach Satz 1 und § 26 Abs. 3 zu verfahren.
(2) Wird das Grundbuch in Einzelheften mit herausnehmbaren Einlegebogen nur bei einem der beteiligten Grundbuchämter für den in Frage kommenden Bezirk geführt, so ist nach § 25 Abs. 1 und 2, § 26 Abs. 3, 4, 6 und 7 zu verfahren. Im Falle des § 27 ist nach § 25 Abs. 1 und 2, § 26 Abs. 3 zu verfahren.

VI. Die Umschreibung von Grundbüchern

§ 28. [Voraussetzungen der Umschreibung]
(1) Ein Grundbuchblatt ist, außer dem Falle des § 23 Abs. 1, umzuschreiben, wenn es unübersichtlich geworden ist.
(2) Ein Grundbuchblatt kann umgeschrieben werden:
a) wenn es durch Umschreibung wesentlich vereinfacht wird;
b) wenn außer ihm in demselben Grundbuchband keine oder nur wenige in Gebrauch befindliche Blätter enthalten sind und die Ausscheidung des Bandes angezeigt ist.

§ 29. [Verfahren vor der Umschreibung]
Vor der Umschreibung hat der Grundbuchrichter Eintragungen, die von Amts wegen vorzunehmen sind, zu bewirken (z. B. §§ 4, 53 GBO). Er hat über die Einleitung eines Löschungsverfahrens (§§ 84 bis 89 GBO) oder

eines Verfahrens zur Klarstellung der Rangverhältnisse (§§ 90 bis 115 GBO) zu beschließen und das Verfahren vor der Umschreibung durchzuführen; auch hat er gegebenenfalls die Beteiligten über die Beseitigung unrichtiger Eintragungen sowie über die Vereinigung oder Zuschreibung von Grundstücken zu belehren.

§ 30. [Durchführung der Umschreibung]

(1) Für das neue Blatt gelten die folgenden Bestimmungen:

a) Das Blatt erhält die nächste fortlaufende Nummer; § 3 Abs. 2 ist anzuwenden.

b) In der Aufschrift des neuen Blattes ist auf das bisherige Blatt zu verweisen.

c) Gelöschte Eintragungen werden unter ihrer bisherigen laufenden Nummer in das neue Blatt insoweit übernommen, als dies zum Verständnis der noch gültigen Eintragungen erforderlich ist. Im übrigen sind nur die laufenden Nummern der Eintragungen mit dem Vermerk „Gelöscht" zu übernehmen. Die Übernahme der Nummern der Eintragungen mit dem Vermerk „Gelöscht" kann unterbleiben und der Bestand an Eintragungen unter neuen laufenden Nummern übernommen werden, wenn Unklarheiten nicht zu besorgen sind.

d) Die Eintragungsvermerke sind tunlichst so zusammenzufassen und zu ändern, daß nur ihr gegenwärtiger Inhalt in das neue Blatt übernommen wird.

e) Veränderungen eines Rechts sind tunlichst in den für die Eintragung des Rechts selbst bestimmten Spalten einzutragen; jedoch sind besondere Rechte (z. B. Pfandrechte), Löschungsvormerkungen sowie Vermerke, die sich auf mehrere Rechte gemeinsam beziehen, wieder in den für Veränderungen bestimmten Spalten einzutragen.

f) Eine Bezugnahme darf in einem weiteren Umfang als bisher nicht erfolgen.

g) In der zweiten und dritten Abteilung ist der Tag der ersten Eintragung eines Rechts mit zu übertragen.

h) 1. Jeder übertragene Vermerk, dessen Unterzeichnung erforderlich ist, ist mit dem Zusatz „Umgeschrieben" zu versehen und von dem Richter und dem Urkundsbeamten der Geschäftsstelle zu unterzeichnen.
   2. In Spalte 6 des Bestandsverzeichnisses genügt der Vermerk: „Bei Umschreibung des unübersichtlich gewordenen Blattes . . . als Bestand eingetragen am . . ."; der Vermerk in Spalte 4 der ersten Abteilung hat zu lauten: „Das auf dem unübersichtlich gewordenen Blatt . . . eingetragene Eigentum bei Umschreibung des Blattes hier eingetragen am . . ."

i) In den Fällen des § 30 (§§ 31, 32) des Reichsgesetzes über die Bereinigung der Grundbücher vom 18. Juli 1930 (Reichsgesetzbl. I S. 305) ist nach Möglichkeit an Stelle der Bezugnahme auf das Aufwertungsgesetz ein Widerspruch mit dem im § 30 des Gesetzes über die Bereinigung der Grundbücher bezeichneten Inhalt einzutragen, sofern eine endgültige Klarstellung in einem Verfahren zur Klarstellung der Rangverhältnisse (§§ 90 bis 115 GBO) oder auf andere Weise nicht erreichbar ist.

(2) Das umgeschriebene Blatt ist zu schließen. In dem Schließungsvermerk (§ 36 Buchstabe b) ist die Bezeichnung des neuen Blattes anzugeben.

§ 31. [Muster für Umschreibung]

Die Durchführung der Umschreibung im einzelnen ergibt sich aus den in den Anlagen 2 a und b beigefügten Mustern. § 22 Satz 2 gilt entsprechend.

§ 32. [Grundakten und Handblatt bei Umschreibung]

Die für das geschlossene Grundbuchblatt gehaltenen Grundakten werden unter entsprechender Änderung ihrer Bezeichnung für das neue Blatt weitergeführt. Nach dem umgeschriebenen Blatt ist ein neues Handblatt herzustellen. Das alte Handblatt ist bei den Grundakten zu verwahren; es ist deutlich als Handblatt des wegen Umschreibung geschlossenen Blattes zu kennzeichnen.

§ 33. [Teilweise Unübersichtlichkeit]

(1) Sind nur das Bestandsverzeichnis oder einzelne Abteilungen des Grundbuchblatts unübersichtlich geworden, so können sie für sich allein neu gefaßt werden, falls dieser Teil des Grundbuchblatts hierfür genügend Raum bietet.

(2) a) § 29 ist entsprechend anzuwenden.

b) Der neu zu fassende Teil des Grundbuchblatts ist durch einen quer über beide Seiten zu ziehenden rot-schwarzen Doppelstrich abzuschließen und darunter der Vermerk zu setzen: „Wegen Unübersichtlichkeit neu gefaßt“. Die über dem Doppelstrich stehenden Eintragungen sind rot zu durchkreuzen.

c) § 30 Abs. 1 Buchstaben c, d, e, f, g und i sind entsprechend anzuwenden, Buchstabe c jedoch mit Ausnahme seines Satzes 3.

d) 1. Jeder übertragene Vermerk, dessen Unterzeichnung erforderlich ist, ist mit dem Zusatz: „Bei Neufassung übertragen“ zu versehen und von dem Richter und dem Urkundsbeamten der Geschäftsstelle zu unterzeichnen.

2. In Spalte 6 des Bestandsverzeichnisses genügt der Vermerk: „Bei Neufassung des unübersichtlich gewordenen Bestandsverzeichnisses als Bestand eingetragen am . . .“

e) Die nicht neu gefaßten Teile des Grundbuchblatts bleiben unverändert.

VII. Die Schließung des Grundbuchblatts

§ 34. [Weitere Fälle der Schließung; Voraussetzungen]

Außer den Fällen des § 25 Abs. 1, § 26 Abs. 2, § 27, § 27 a Abs. 2 und § 30 Abs. 2 wird das Grundbuchblatt geschlossen, wenn:

a) alle auf einem Blatt eingetragenen Grundstücke aus dem Grundbuchblatt ausgeschieden sind;

b) an Stelle des Grundstücks die Miteigentumsanteile der Miteigentümer nach § 3 Abs. 3 a und b der Grundbuchordnung im Grundbuch eingetragen werden und weitere Grundstücke nicht eingetragen sind;

c) das Grundstück untergegangen ist.

§ 35. [Nicht nachweisbares Grundstück]

(1) Das Grundbuchblatt wird ferner geschlossen, wenn das Grundstück sich in der Örtlichkeit nicht nachweisen läßt.

(2) Vor der Schließung sind alle, denen ein im Grundbuch eingetragenes Recht an dem Grundstück oder an einem solchen Rechte zusteht, aufzufordern, binner einer vom Grundbuchamt zu bestimmenden angemessenen Frist das Grundstück in der Örtlichkeit nachzuweisen, mit dem Hinweis, daß nach fruchtlosem Ablauf der Frist das Blatt geschlossen werde. Die Aufforderung ist den Berechtigten, soweit ihre Person und ihr Aufenthalt dem Grundbuchamt bekannt ist, zuzustellen. Sie kann nach Ermessen des Grundbuchamts außerdem öffentlich bekanntgemacht werden; dies hat zu geschehen, wenn Person oder Aufenthalt eines Berechtigten dem Grundbuchamt nicht bekannt ist. Die Art der Bekanntmachung bestimmt das Grundbuchamt.

§ 36. [Form der Schließung]

Das Grundbuchblatt wird geschlossen, indem

a) sämtliche Seiten des Blattes, soweit sie Eintragungen enthalten, rot durchkreuzt werden;

b) ein Schließungsvermerk, in dem der Grund der Schließung anzugeben ist, in der Aufschrift eingetragen wird.

§ 37. [Wiederverwendung geschlossener Grundbuchblätter]

(1) Geschlossene Grundbuchblätter dürfen zur Anlegung eines neuen Blattes nicht wieder verwendet werden.

(2) a) Jedoch kann der zuständige Oberlandesgerichtspräsident unter Berücksichtigung der besonderen örtlichen Verhältnisse bei allen oder einzelnen Grundbuchämtern seines Bezirks die Wiederverwendung geschlossener Grundbuchblätter zur Einrichtung eines neuen Blattes desselben Grundbuchbezirks gestatten, sofern dadurch eine nennenswerte Ersparnis

erzielt und die Übersichtlichkeit des Grundbuchs nicht beeinträchtigt wird.

b) Das neue Blatt erhält die Nummer des alten Blattes unter Hinzufügung des Buchstabens „A".

c) Das alte Blatt ist in der Aufschrift, im Bestandsverzeichnis und in den drei Abteilungen, soweit sich darin Eintragungen befinden, durch einen quer über beide Seiten zu ziehenden rot-schwarzen Doppelstrich abzuschließen und darunter mit dem Vermerke zu versehen: „Wieder benutzt als Blatt Nr. ... A". In der Aufschrift ist dieser Vermerk durch Angabe des Amtsgerichts und des Bezirks zu ergänzen. Die neuen Eintragungen haben unter neuen laufenden Nummern zu erfolgen.

(3) Absatz 2 ist nicht anzuwenden, wenn das Grundbuch in Einzelheften mit herausnehmbaren Einlegebogen geführt wird. In diesem Falle kann jedoch nach Anordnung der Landesjustizverwaltung die Nummer eines geschlossenen Grundbuchblatts im Einzelheft für ein neues Blatt desselben Grundbuchbezirks unter Hinzufügung des Buchstabens A (B, C usw.) wiederverwendet werden.

VIII. Die Beseitigung einer Doppelbuchung

§ 38.

(1) Ist ein Grundstück für sich allein auf mehreren Grundbuchblättern eingetragen, so gilt folgendes:

a) Stimmen die Eintragungen auf den Blättern überein, so sind die Blätter bis auf eins zu schließen. Im Schließungsvermerk (§ 36 Buchstabe b) ist die Nummer des nicht geschlossenen Blattes anzugeben.

b) 1. Stimmen die Eintragungen auf den Blättern nicht überein, so sind alle Blätter zu schließen. Für das Grundstück ist ein neues Blatt anzulegen. Im Schließungsvermerk (§ 36 Buchstabe b) ist die Nummer des neuen Blattes anzugeben.

2. Das Grundbuchamt entscheidet darüber, welche Eintragungen aus den geschlossenen Blättern auf das neue Blatt zu übernehmen sind. Nicht übernommene Eintragungen sind durch Eintragung von Widersprüchen zu sichern. Das Grundbuchamt hat vor der Entscheidung, soweit erforderlich und tunlich, die Beteiligten zu hören und eine gütliche Einigung zu versuchen.

c) Die wirkliche Rechtslage bleibt durch die nach a und b vorgenommenen Maßnahmen unberührt.

(2) a) Ist ein Grundstück oder Grundstücksteil auf mehreren Grundbuchblättern eingetragen, und zwar wenigstens auf einem der Grundbuchblätter

zusammen mit anderen Grundstücken oder Grundstücksteilen (§§ 4, 5, 6 GBO), so ist das Grundstück oder der Grundstücksteil von allen Blättern abzuschreiben. Für das Grundstück oder den Grundstücksteil ist ein neues Blatt anzulegen.

b) Für die Anlegung des neuen Blattes gilt Abs. 1 b Nr. 2 entsprechend.

c) Würde das nach den Absätzen a und b anzulegende neue Blatt mit einem der alten Blätter übereinstimmen, so wird dieses fortgeführt und das Grundstück oder der Grundstücksteil nur von den anderen alten Blättern abgeschrieben.

d) Die wirkliche Rechtslage bleibt von den nach a bis c vorgenommenen Maßnahmen unberührt.

IX. Die Bekanntmachung der Eintragungen

§ 39. [Bekanntmachung der Eintragung des Eigentümers, des Verzichts, der Umschreibung an Behörden]

(1) Die Eintragung eines Eigentümers ist außer den im § 55 der Grundbuchordnung bezeichneten Beteiligten der Katasterbehörde oder der sonstigen Behörde, die das nach § 2 Abs. 2 der Grundbuchordnung maßgebende amtliche Verzeichnis führt, bekanntzumachen.

(2) Von der Eintragung des Verzichts auf das Eigentum ist der für die Abgabe der Aneignungserklärung zuständigen Behörde Mitteilung zu machen.

(3) Die Umschreibung eines Grundbuchblatts ist dem Eigentümer, den eingetragenen dinglich Berechtigten und der Katasterbehörde (Flurbuchbehörde, Vermessungsbehörde) bekanntzugeben. Inwieweit hiermit eine Mitteilung von etwaigen Änderungen der Eintragungsvermerke zu verbinden ist, bleibt, unbeschadet der Vorschrift des § 55 der Grundbuchordnung, dem Ermessen des Grundbuchrichters überlassen. Die Änderung der laufenden Nummern von Eintragungen (§ 30 Abs. 1 Buchstabe c Satz 3) ist dem Eigentümer stets, einem eingetragenen dinglich Berechtigten, wenn sich die laufende Nummer seines Rechts ändert oder die Änderung für ihn sonst von Bedeutung ist, bekanntzugeben. Ist über eine Hypothek, Grundschuld oder Rentenschuld ein Brief erteilt, so ist bei der Bekanntgabe der Gläubiger aufzufordern, den Brief zwecks Berichtigung, insbesondere der Nummer des Grundbuchblatts, dem Grundbuchamt alsbald einzureichen.

(4) Die sonstigen Vorschriften, nach welchen noch andere Stellen von Eintragungen in das Grundbuch zu benachrichtigen sind, bleiben unberührt.

§ 40. [Benachrichtigung bei Zuständigkeitswechsel]

(1) Geht die Zuständigkeit für die Führung des Grundbuchblatts infolge einer Bezirksänderung oder auf sonstige Weise auf ein anderes Grundbuchamt über (§§ 25, 26), so hat dieses hiervon den eingetragenen Eigentümer und die aus dem Grundbuch ersichtlichen dinglich Berechtigten unter Mitteilung der künftigen Aufschrift des Grundbuchblatts zu benachrichtigen. Die Vorschriften in § 39 Abs. 3 Sätze 3 und 4 sind entsprechend anzuwenden. Die vorstehenden Bestimmungen gelten nicht, wenn die Änderung der Zuständigkeit sich auf sämtliche Grundstücke eines Grundbuchbezirks erstreckt und die Bezeichnung des Grundbuchbezirks sowie die Band- und Blattnummern unverändert bleiben.

(2) Die Vorschriften des Absatzes 1 Satz 1 und des § 39 Abs. 3 Sätze 3 und 4 sind entsprechend anzuwenden, wenn ein Grundstück in einen anderen Grundbuchbezirk desselben Grundbuchamts übergeht (§ 27).

§ 41. [Benachrichtigung bei Eintragung subjektiv-dinglicher Rechte]

(1) Wird der im § 9 Abs. 1 der Grundbuchordnung vorgesehene Vermerk eingetragen, so hat das Grundbuchamt hiervon dem Grundbuchamte, welches das Blatt des belasteten Grundstücks führt, Nachricht zu geben.

(2) Ist der Vermerk eingetragen, so hat das Grundbuchamt, welches das Grundbuchblatt des belasteten Grundstücks führt, von jeder Änderung oder der Aufhebung des Rechts dem Grundbuchamte des herrschenden Grundstücks Nachricht zu geben.

§ 42. [Inhalt der Benachrichtigungen]

Die Benachrichtigung hat die Eintragung wörtlich wiederzugeben.

X. Grundbucheinsicht und -abschriften

§ 43. [Grundbucheinsicht durch Notare und Behörden; Erteilung von Abschriften]

(1) Beauftragte inländischer öffentlicher Behörden sind befugt, das Grundbuch einzusehen und eine Abschrift zu verlangen, ohne daß es der Darlegung eines berechtigten Interesses bedarf.

(2) Dasselbe gilt für Notare sowie für Rechtsanwälte, die im nachgewiesenen Auftrag eines Notars das Grundbuch einsehen wollen.

§ 44. [Gundbuchabschriften]

(1) Grundbuchabschriften sind auf Antrag zu beglaubigen.

(2) Die Bestätigung oder Ergänzung früher gefertigter Abschriften ist zuläs-

sig. Eine Ergänzung einer früher erteilten Abschrift soll unterbleiben, wenn die Ergänzung gegenüber der Erteilung einer Abschrift durch Ablichtung einen unverhältnismäßigen Arbeitsaufwand, insbesondere erhebliche oder zeitraubende Schreibarbeiten erfordern würde; andere Versagungsgründe bleiben unberührt.
(3) Auf einfachen Abschriften ist der Tag anzugeben, an dem sie gefertigt sind. Der Vermerk ist jedoch nicht zu unterzeichnen.
(4) Von gelöschten Eintragungen wird lediglich die laufende Nummer der Eintragung mit dem Vermerk „Gelöscht" in die Abschrift aufgenommen. Dies gilt nicht, wenn ihre Aufnahme in vollem Wortlaut beantragt ist oder soweit die Abschrift durch Ablichtung hergestellt wird.

§ 45. [Beglaubigte Abschriften von Teilen eines Grundbuchblatts]
(1) Die Erteilung einer beglaubigten Abschrift eines Teils des Grundbuchblatts ist zulässig.
(2) In diesem Falle sind in die Abschrift die Eintragungen aufzunehmen, welche den Gegenstand betreffen, auf den sich die Abschrift beziehen soll. In dem Beglaubigungsvermerk ist der Gegenstand anzugeben und zu bezeugen, daß weitere ihn betreffende Eintragungen in dem Grundbuche nicht enthalten sind.
(3) Im übrigen ist das Grundbuchamt den Beteiligten gegenüber zur Auskunftserteilung nur auf Grund besonderer gesetzlicher Vorschrift verpflichtet. Die Erteilung eines abgekürzten Auszugs aus dem Inhalt des Grundbuchs ist nicht zulässig.

§ 46. [Einsicht in die Grundakten; Erteilung von Abschriften]
(1) Die Einsicht von Grundakten ist jedem gestattet, der ein berechtigtes Interesse darlegt, auch soweit es sich nicht um die im § 12 Abs. 1 Satz 2 der Grundbuchordnung bezeichneten Urkunden handelt.
(2) Die Vorschrift des § 43 ist auf die Einsicht von Grundakten entsprechend anzuwenden.
(3) Soweit die Einsicht gestattet ist, kann eine Abschrift verlangt werden, die auf Antrag auch zu beglaubigen ist.

XI. Hypotheken-, Grundschuld- und Rentenschuldbriefe

§ 47. [Überschrift des Briefes]
Die Hypothekenbriefe sind mit einer Überschrift zu versehen, welche die Worte „Deutscher Hypothekenbrief" und die Bezeichnung der Hypothek

(§ 56 GBO) enthält, über die der Brief erteilt wird. Die laufende Nummer, unter der die Hypothek in der dritten Abteilung des Grundbuchs eingetragen ist, ist dabei in Buchstaben zu wiederholen.

§ 48. [Vermerk bei Teillöschungen und Teilbriefen]

(1) Wird eine Hypothek im Grundbuch teilweise gelöscht, so ist auf dem Briefe der Betrag, für den die Hypothek noch besteht, neben der in der Überschrift enthaltenen Bezeichnung des Rechts durch den Vermerk ersichtlich zu machen: „Noch gültig für (Angabe des Betrags)." Der alte Betrag ist rot zu unterstreichen.

(2) In derselben Weise ist bei der Herstellung von Teilhypothekenbriefen auf dem bisherigen Briefe der Betrag ersichtlich zu machen, auf den sich der Brief noch bezieht.

§ 49. [Nachträgliche Vermerke]

Vermerke über Eintragungen, die nachträglich bei der Hypothek erfolgen, sowie Vermerke über Änderungen der im § 57 der Grundbuchordnung genannten Angaben werden auf dem Brief im Anschluß an den letzten vorhandenen Vermerk oder, wenn hierfür auf dem Brief kein Raum mehr vorhanden ist, auf einen mit dem Briefe zu verbindenden besonderen Bogen gesetzt.

§ 50. [Verbindung durch Schnur und Siegel]

Die im § 58 Abs. 1 und § 59 Abs. 2 der Grundbuchordnung sowie im § 49 dieser Verfügung vorgeschriebene Verbindung erfolgt durch Schnur und Siegel.

§ 51. [Grundschuld- und Rentenschuldbriefe]

Die Vorschriften der §§ 47 bis 50 sind auf Grundschuld- und Rentenschuldbriefe entsprechend anzuwenden. In der Überschrift eines Rentenschuldbriefes ist der Betrag der einzelnen Jahresleistung, nicht der Betrag der Ablösungssumme, anzugeben.

§ 52. [Muster und Vordrucke für Briefe]

(1) Für die Hypotheken-, Grundschuld- und Rentenschuldbriefe dienen die Anlagen 3 bis 8 als Muster.[3]

(2) Für die Ausfertigung der Hypotheken-, Grundschuld- und Rentenschuldbriefe sind die amtlich ausgegebenen, mit laufenden Nummern versehenen Vordrucke nach näherer Anweisung des *Reichsministers der Justiz* zu verwenden.

[3] Anhang I der V vom 1. 12. 1977 (BGBl I S. 2313).

§ 53. [Unbrauchbarmachung]

(1) Ist nach dem Gesetz ein Hypotheken-, Grundschuld- oder Rentenschuldbrief unbrauchbar zu machen, so wird, nachdem die bei dem Rechte bewirkte Grundbucheintragung auf dem Briefe vermerkt ist, der Vermerk über die erste Eintragung des Rechts durchstrichen und der Brief mit Einschnitten versehen.

(2) Ist verfügt worden, daß der Brief unbrauchbar zu machen ist, und ist in den Grundakten ersichtlich gemacht, daß die Verfügung ausgeführt ist, so ist der Brief mit anderen unbrauchbar gemachten Briefen zu Sammelakten zu nehmen. Die Sammelakten sind für das Kalenderjahr anzulegen und am Schluß des folgenden Kalenderjahres zu vernichten. In der Verfügung kann angeordnet werden, daß ein unbrauchbar gemachter Brief während bestimmter Zeit bei den Grundakten aufzubewahren ist.

XII. Das Erbbaugrundbuch

§ 54. [Anwendung der Vorschriften der Grundbuchverfügung]

Auf das für ein Erbbaurecht anzulegende besondere Grundbuchblatt (§ 14 Abs. 1 der Verordnung über das Erbbaurecht vom 15. Januar 1919 – Reichsgesetzbl. S. 72) sind die vorstehenden Vorschriften entsprechend anzuwenden, soweit sich nicht aus den §§ 55 bis 59 Abweichendes ergibt.

§ 55. [Bezeichnung des Erbbaugrundbuchblattes]

(1) Das Erbbaugrundbuchblatt erhält die nächste fortlaufende Nummer des Grundbuchs, in dem das belastete Grundstück verzeichnet ist.

(2) In der Aufschrift ist unter die Blattnummer in Klammern das Wort „Erbbaugrundbuch" zu setzen.

§ 56. [Eintragungen in das Bestandsverzeichnis des Erbbaugrundbuchs]

(1) Im Bestandsverzeichnis sind in dem durch die Spalten 2 bis 4 gebildeten Raum einzutragen:

a) die Bezeichnung „Erbbaurecht" sowie die Bezeichnung des belasteten Grundstücks, wobei der Inhalt der Spalten 3 und 4 des Bestandsverzeichnisses des belasteten Grundstücks in die Spalten 3 und 4 des Erbbaugrundbuchs zu übernehmen ist;

b) der Inhalt des Erbbaurechts;

c) im unmittelbaren Anschluß an die Eintragung unter b der Eigentümer des belasteten Grundstücks;

d) Veränderungen der unter a bis c genannten Vermerke.

(2) Bei Eintragung des Inhalts des Erbbaurechts (Abs. 1 b) ist die Bezug-

nahme auf die Eintragungsbewilligung zulässig; jedoch sind Beschränkungen des Erbbaurechts durch Bedingungen, Befristungen oder Verfügungsbeschränkungen (§ 5 der Erbbaurechtsverordnung) ausdrücklich einzutragen.
(3) In der Spalte 1 ist die laufende Nummer der Eintragung anzugeben.
(4) In der Spalte 6 sind die Vermerke über die Berichtigungen des Bestandes des belasteten Grundstücks, die auf dem Blatte dieses Grundstücks zur Eintragung gelangen (§ 6 Abs. 6 e), einzutragen. In der Spalte 5 ist hierbei auf die laufende Nummer hinzuweisen, unter der die Berichtigung in den Spalten 3 und 4 eingetragen wird.
(5) Verliert durch die Eintragung einer Veränderung nach ihrem aus dem Grundbuch ersichtlichen Inhalt ein früherer Vermerk ganz oder teilweise seine Bedeutung, so ist er insoweit rot zu unterstreichen.
(6) Die Löschung des Erbbaurechts ist in der Spalte 8 zu vermerken.

§ 57. [Eintragungen in den Abteilungen des Erbbaugrundbuchs]
(1) Die erste Abteilung dient zur Eintragung des Erbbauberechtigten.
(2) Im übrigen sind auf die Eintragungen im Bestandsverzeichnisse sowie in den drei Abteilungen die für die Grundbuchblätter über Grundstücke geltenden Vorschriften (Abschnitte II, III) entsprechend anzuwenden.

§ 58. [Muster für Erbbaugrundbuch]
Die nähere Einrichtung und die Ausfüllung des für ein Erbbaurecht anzulegenden besonderen Grundbuchblatts ergibt sich aus dem in der Anlage 9 beigefügten Muster. § 22 Satz 2 ist entsprechend anzuwenden.

§ 59. [Hypotheken-, Grundschuld- und Rentenschuldbriefe bei Erbbaurechten]
Bei der Bildung von Hypotheken-, Grundschuld- und Rentenschuldbriefen ist kenntlich zu machen, daß der belastete Gegenstand ein Erbbaurecht ist.

§ 60. [Grundbuchblatt für bis 21. 1. 1919 begründete Erbbaurechte]
Die vorstehenden Vorschriften sind auf die nach § 8 der Grundbuchordnung anzulegenden Grundbuchblätter mit folgenden Maßgaben entsprechend anzuwenden:
a) In der Aufschrift ist an Stelle des Wortes „Erbbaugrundbuch“ (§ 55 Abs. 2) das Wort „Erbbaurecht“ zu setzen;
b) bei der Eintragung des Inhalts des Erbbaurechts ist die Bezugnahme auf die Eintragungsbewilligung (§ 56 Abs. 2) unzulässig.

XIII. Der Reichsheimstättenvermerk

§ 61. [Vermerk in der Aufschrift]
In der Aufschrift des besonderen Grundbuchblatts, das für die zu einer Reichsheimstätte gehörigen Grundstücke zu führen ist, ist unter die Blattnummer in Klammern das Wort „Reichsheimstätte" zu setzen.

§ 62. [Reichsheimstättenvermerk im Grundbuch]
(1) Die Reichsheimstätteneigenschaft (§ 4 des Reichsheimstättengesetzes [RHG] vom 10. Mai 1920 – Reichsgesetzbl. S. 962) wird in der Spalte 3 der zweiten Abteilung des Grundbuchs vermerkt.
(2) An derselben Stelle sind einzutragen:
a) der Ausgeber der Reichsheimstätte (§ 4 RHG);
b) der Betrag des Entgelts für den Boden (§ 6 RHG);
c) die Verschuldungsgrenze (§ 18 RHG).

§ 63. [Reichsheimstättenvermerk im Erbbaugrundbuch]
(1) Die Vorschriften der §§ 61, 62 gelten auch für die Eintragung des Reichsheimstättenvermerks in das Erbbaugrundbuch (§ 26 RHG).
(2) Erwirbt der erbbauberechtigte Heimstätter das belastete Grundstück, so ist von Amts wegen der Reichsheimstättenvermerk in das Grundbuch des Grundstücks einzutragen.
(3) Geht das Eigentum an dem mit dem Erbbaurecht belasteten Grundstück auf eine Person über, die nicht Ausgeber sein kann, und erlischt infolgedessen nach den dafür maßgebenden Vorschriften (§ 30 Abs. 1 RHG) die Heimstätteneigenschaft, so sind die sie betreffenden Vermerke im Grundbuche des belasteten Grundstücks und im Erbbaugrundbuche von Amts wegen zu löschen.

XIV. Übergangs- und Schlußvorschriften

§ 64. [Inkrafttreten; Außerkrafttreten von Landesrecht]
Diese Verfügung tritt am 1. April 1936 in Kraft, soweit sich nicht aus den nachfolgenden Vorschriften Abweichendes ergibt. Vorschriften des Landesrechts, welche das von dieser Verfügung umfaßte Gebiet betreffen, treten mit derselben Maßgabe außer Kraft.

§ 65. [Frühere Grundbuchbezirke]
Soweit die Grundbücher bisher für andere Bezirke als die im § 1 Abs. 1 Satz 1 und 2 genannten angelegt sind, behält es bis zur Auflösung dieser Bezirke

bei dieser Einrichtung sein Bewenden; jedoch bedarf es zur Änderung dieser Bezirke einer Anordnung des *Reichsministers der Justiz.*

§ 66. [Fortführung bisheriger Grundbuchhefte]
Soweit bisher jedes Grundbuchblatt in einem besonderen Grundbuchheft geführt worden ist, bedarf es der Zusammenfassung zu festen, mehrere Blätter umfassenden Bänden (§ 2) nicht, solange die bisherigen Blätter fortgeführt werden (§§ 67 bis 69).

§ 67. [Umschreibung auf den neuen Vordruck]
(1) Vom Zeitpunkt des Inkrafttretens dieser Verfügung an sind neue Grundbuchblätter nur unter Verwendung des hier vorgeschriebenen Vordrucks (§§ 4 bis 12, 22) anzulegen, soweit nicht für eine Übergangszeit die Weiterverwendung des alten Vordrucks besonders zugelassen wird.
(2) Sämtliche Grundbuchblätter sind nach näherer Anordnung des *Reichsministers der Justiz* unter Verwendung des neuen Vordrucks umzuschreiben, sofern nicht ihre Weiterführung besonders zugelassen wird.

§ 68. [Frühere Vorschriften bei Benutzung alter Vordrucke]
Die bestehenden Vorschriften über die Nummernbezeichnung und die Eintragung im Grundbuche bleiben unberührt, solange die alten Vordrucke weder umgeschrieben sind noch ihre Weiterführung nach § 67 Abs. 2 besonders zugelassen ist. Jedoch ist ein Grundbuchblatt, das für Neueintragungen keinen Raum mehr bietet, in jedem Fall unter Verwendung des neuen Vordrucks umzuschreiben.

§ 69. [Verfahren bei Umschreibung auf neuen Vordruck]
Bei der Umschreibung der bereits angelegten Grundbuchblätter auf den neuen Vordruck sind die §§ 29, 30 sinngemäß anzuwenden. Weitere Anordnungen zur Behebung von hierbei etwa entstehenden Zweifeln bleiben vorbehalten.

§ 70. [Weiterführung und Neuanlegung von Grundakten]
(1) Die bisher für jedes Grundbuchblatt geführten Grundakten können weitergeführt werden.
(2) Sofern bisher Grundakten nicht geführt sind, sind sie für jedes Grundbuchblatt spätestens bei der Neuanlegung (§ 67 Abs. 1) oder bei der Umschreibung des bisherigen Blattes (§ 67 Abs. 2, § 68 Satz 2)anzulegen, und zwar aus sämtlichen das Grundbuchblatt betreffenden Schriftstücken, die nach den für die Führung von Grundakten geltenden allgemeinen Vorschriften zu diesen gehören, auch sofern sie schon vor der Anlegung der Grundak-

ten bei dem Grundbuchamt eingegangen sind. Das gleiche gilt für das Handblatt (§ 24 Abs. 3).

§ 71. *(gegenstandslos)*

§ 72. [Landesrecht]
In den Fällen des § 117 der Grundbuchordnung behält es bei den landesrechtlichen Vorschriften über Einrichtung und Führung von Grundbüchern sein Bewenden.

§ 73. [Erbpacht-, Büdner-, Häusler- und Abbaurechte]
Soweit auf die in den Artikeln 63 und 68 des Einführungsgesetzes zum Bürgerlichen Gesetzbuch bezeichneten Rechte nach den Landesgesetzen die §§ 14 bis 17 der Verordnung über das Erbbaurecht für entsprechend anwendbar erklärt worden sind (§ 118 Abs. 3 GBO), sind die Vorschriften über das Erbbaugrundbuch (Abschnitt XII) entsprechend anzuwenden.

Muster von Grundbucheintragungen

Die in den Anlagen 1 und 2 a, b zur Grundbuchverfügung enthaltenen Grundbuchvordrucke sind nicht mehr aktuell; die Eintragungsmuster sind nicht verbindlich (§ 22 Satz 2 GBVfg), wenig instruktiv und nicht in allen Punkten richtig. Als Vordruck wurde deshalb die in Bayern eingeführte Form des Loseblattgrundbuchs (Schraubbände) gewählt (JMBek vom 20. 6. 1969, JMBl S. 144, geändert durch JMBek vom 2. 8. 1971, JMBl S. 131, und durch JMBek vom 25. 9. 1975, JMBl S. 168).

Das Bestandsverzeichnis dieses Vordrucks weist folgende Besonderheiten auf:

Unterspalten 3 a/b:

Eine Unterteilung der Gemarkungen in Fluren ist in den süddeutschen Ländern nicht gegeben, weshalb die betreffende Unterspalte wegfällt.

Der Name der Gemarkung wird nur bei Abweichungen vom Grundbuchbezirk angegeben.

Die Flurstücke behalten bei Veränderungen in der Begrenzung regelmäßig ihre Nummern.

Unterspalte 3 c:

Siehe § 6 Abs. 3 b Nr. 2 GBVfg. Die Reihenfolge Wirtschaftsart/Lage ist dem Vortrag im Liegenschaftskataster entsprechend umgedreht.

BVNr. = lfd. Nr. im Bestandsverzeichnis Spalte 1

VN = Veränderungsnachweis.

Für den Aufschriftbogen, das Bestandsverzeichnis und jede der drei Abteilungen wird Papier von unterschiedlichem Farbton verwendet.

Am rechten Rand des Aufschriftbogens sind 35 Felder durch Striche abgegrenzt entsprechend der Zahl der Grundbuchblätter, die regelmäßig in einem Band enthalten sind. In einem der Felder wird am rechten Rand jedes Grundbuchblattes (einschließlich aller Einlagebogen) eine halbkreisförmige Kerbe angebracht, beginnend im obersten Feld für das erste Blatt des Bandes. In das gekerbte Feld wird die Blattnummer eingeschrieben. Dadurch daß sich die Einkerbungen innerhalb des Bandes über die einzelnen Grundbuchblätter hinweg stufenförmig untereinander fortsetzen, ist eine Kontrolle gegeben, ob alle Blätter in den Schraubband eingelegt sind.

Die Unterstreichungen beim Eintragungstext sind regelmäßig als Rötungen (Rotunterstreichungen gem. §§ 16, 17 GBVfg) zu lesen.

Blatt Nr.

13 200

Amtsgericht München

Grundbuch

von

Untersendling

Band 453 Blatt 13200

GS 121 Bay. 5. 1969

Verzeichnis der Einlegebogen

– Fortsetzung auf nachzuheftenden Einlegebogen für dieses Verzeichnis –

	E.-Bg.-Nr.	Datum	Unterschrift	E.-Bg.-Nr.	Datum	Unterschrift	E.-Bg.-Nr.	Datum	Unterschrift
Bestands-verzeichnis (weiß)	1	Grundausstattung							
							Fortgesetzt am		
Erste Abteilung (rosa)	1	Grundausstattung							
							Fortgesetzt am		
Zweite Abteilung (hellgelb)	1	Grundausstattung							
							Fortgesetzt am		
Dritte Abteilung (hellgrün)	1	Grundausstattung							
							Fortgesetzt am		

Dieses Grundbuchblatt ist an die Stelle des geschlossenen Blattes .... Band .... Blatt .... getreten. Eingetragen am ....

....
(Unterschriften)

Das Grundbuchblatt enthält soviel Einlegebogen wie in dem obenstehenden Verzeichnis, das auf nachzuheftenden Einlegebogen fortgesetzt wird, durch Eintragung der Nummern sowie durch Datum und Unterschrift des Grundbuchführers bescheinigt sind.

Amtsgericht München
Grundbuch von Untersendling **Band** 453 **Blatt** 13200 **Bestandsverzeichnis** Einlegebogen 1

Lfd. Nr. der Grundstücke	Bisherige lfd. Nr. d. Grundstücke	Bezeichnung der Grundstücke und der mit dem Eigentum verbundenen Rechte: Gemarkung Flurstück a/b	Wirtschaftsart und Lage c	Größe: ha	a	m²
1	2	3		4		
1		2072/11	Paosostraße 51 d, Wohnhaus, Garten	--	03	32
		2072/19	Am Kunzweg, Garage, Hofraum	--	--	32
2 zu 1		1/6 Miteigentumsanteil an Grundstück 2072/12	Beim Kunzweg, Weg	--	--	67
3 zu 1		Geh- und Fahrtrecht eingetragen in Bd.453 Bl.13221 an BVNr.3 in Abt.II/2				
4		Giesing 789/18	An der Grünwalder Straße, Gartenland	--	15	11
5	T.v.4	Giesing 789/18	Grünwalder Straße 18, Wohnhaus,Garten	--	09	11
6	T.v.4	Giesing 789/19	An der Grünwalder Straße, Gartenland	--	06	00
7	5	Giesing 789/18	Grünwalder Straße 18, Wohnhaus,Garten	--	09	16

GS 122 Bay. 5. 1969

Amtsgericht München
Grundbuch von Untersendling Band 453 Blatt 13200 Bestandsverzeichnis Einlegebogen 1 R

Bestand und Zuschreibungen		Abschreibungen	
Zur lfd. Nr. der Grundstücke		Zur lfd. Nr. der Grundstücke	
5	6	7	8
1,2	Übertragen aus Bd.80 Bl.1871 am 9.1. 1975. Herbst Löwe	6	Übertragen nach Giesing Bd. 169 Bl.7050 am 6.5.1975. Stadion Deml
3 zu 1	Vermerkt am 10.2.1975. Herbst Löwe		
4	Übertragen aus Bd.134 Bl.2911 am 27.2.1975. Stadion Deml		
4,5,6	BVNr.4 in BVNr.5, 6 geteilt gemäß VN 310/75 Giesing am 6.5.1975. Stadion Deml		
5,7	5 m^2 (aus Flst.789/15 zu Flst.789/18) übertragen aus Bd.450 Bl.13101 mit BVNr.5 vereinigt; gemäß VN 411/75 Giesing als BVNr.7 eingetragen am 20.5.1976. Stadion Deml		

Fortsetzung auf Einlegebogen

Amtsgericht München
Grundbuch von Untersendling **Band** 453 **Blatt** 13200 **Erste Abteilung** **Einlegebogen** 1

Lfd. Nr. der Eintragungen	Eigentümer	Lfd. Nr. der Grundstücke im Bestandsverzeichnis	Grundlage der Eintragung
1	2	3	4
1a b	K l a u s Dr. Walter, Bankkaufmann, München zu 1/2 Ehefrau Maria, geb. Berg zu 1/2	1,2	Auflassung vom 12.8.1974; eingetragen am 9.1.1975. Herbst Löwe
		3 zu 1	Eingetragen in Bd.453 Bl.13221; hier vermerkt am 10.2.1975. Herbst Löwe
		4	Auflassung vom 7.1.1975; eingetragen am 27.2.1975. Stadion Deml
2a bI II	K l a u s Maria, geb. Berg Hausfrau, München zu 1/2 K l a u s Maria (wie 2a) K l a u s Peter, geb. 1.7.1962, Schüler, München in Erbengemeinschaft zu 1/2	1,2,3,5	2a: Wie vor 1b; 2b: Erbschein vom 1.4.1975 (VI 301/75 AG München); eingetragen am 16.7.1975. Stadion Löwe
		7	Zuflurstück von 5 m^2 aufgelassen am 15.5.1976; eingetragen am 20.5.1976. Stadion Deml

GS 123 Bay. 5. 69

Amtsgericht
Grundbuch von Band Blatt Erste Abteilung Einlegebogen R

Lfd. Nr. der Eintragungen	Eigentümer	Lfd. Nr. der Grundstücke im Bestandsverzeichnis	Grundlage der Eintragung
1	2	3	4

Fortsetzung auf Einlegebogen

Amtsgericht München
Grundbuch von Untersendling **Band** 453 **Blatt** 13200 **Zweite Abteilung** Einlegebogen 1

Lfd.Nr. der Eintragungen	Lfd. Nr. der betroffenen Grundstücke im Bestandsverzeichnis	Lasten und Beschränkungen
1	2	3
1	1	Geh- und Fahrtrecht für jeweilige Eigentümer von Flst.2072/11; gemäß Bewilligung vom 13.6.1974 - URNr.1601/Notar Dr.Hof; eingetragen am 27.7.1974; hierher übertragen am 9.1.1975. Herbst Löwe
2	1	Versorgungsleitungsrecht für Landeshauptstadt München; gemäß Bewilligung vom 2.9.1974 - URNr.2958/Notar Kopf, Berlin; eingetragen am 14.10.1974; hierher übertragen am 9.1.1975. Herbst Löwe
3	1	Bau-, Gewerbebetriebs-, Fassadengestaltungsbeschränkung und Zaunerrichtungsverbot für Interbau GmbH & Co. KG, München; gemäß Bewilligung vom 11.12.1974 - URNr.4003/Notar Dr. Hof; eingetragen am 14.1.1975. Stadion Deml
4	1,2,3	Auflassungsvormerkung für K r a f t Georg, Kraftfahrer, Unterhaching, dessen Ehefrau Marianne, geb. Schwach, je zu 1/2; gemäß Bewilligung vom 11.7.1975 - URNr.1537/Notar Stumm; eingetragen am 16.7.1975. Stadion Löwe
5	7	Tankstellenrecht; befristet; bedingt; für Esso-AG, Hamburg; gemäß Bewilligung vom 5.5.1976 - URNr.101/Notar Dr. Hof; eingetragen am 20.5.1976. Stadion Deml
6	7	Reallast (Rentenrecht) für H u r t i g Walter, Rentner, Schleißheim; löschbar bei Todesnachweis; gemäß Bewilligung vom 13.9.1976 - URNr.2711/Notar Dr. Hof; eingetragen am 4.10.1976. Herbst Deml

GS 124 Bay. 5. 1969

Amtsgericht München
Grundbuch von Untersendling Band 453 Blatt 13200 Zweite Abteilung Einlegebogen 1 R

Veränderungen		Löschungen	
Lfd. Nr. der Spalte 1		Lfd. Nr. der Spalte 1	
4	5	6	7
4	Ansprüche aus Auflassungsvormerkung wegen Darlehensforderung zum Höchstbetrag von fünfunddreißigtausend DM verpfändet an Bayerische Hypotheken- und Wechsel-Bank, München; gemäß Bewilligung vom 15.7.1975 - URNr.387/Notar Dr. Baum; eingetragen am 21.7.1975. Herbst Löwe	6	Gelöscht am 15.12.1976. Stadion Deml
5	Rang nach Abt.III/1; eingetragen am 10.8. 1976. Stadion Löwe		

Fortsetzung auf Einlegebogen

Amtsgericht München
Grundbuch von Untersendling Band 453 Blatt 13200 Dritte Abteilung Einlegebogen 1

Lfd. Nr. der Eintragungen	Lfd. Nr. der belasteten Grundstücke im Bestandsverzeichnis	Betrag	Hypotheken, Grundschulden, Rentenschulden
1	2	3	4
1	7	10 000 DM	Grundschuld zu zehntausen DM; für Raiffeisenkasse Indersdorf eG, Indersdorf; bis 8 % Zinsen jährlich; vollstreckbar nach § 800 ZPO; gemäß Bewilligung vom 22.7.1976; Rang vor Abt.II/5; eingetragen am 10.8.1976. Stadion Löwe
2	1	700,01 DM	Zwangssicherungs-Hypothek zu siebenhundert 1/100 DM; für B a u e r Johann, Kaufmann, Frankfurt/Main; 5 % Zinsen jährlich aus 650,01 DM; gemäß Vollstreckungsbefehl des AG Frankfurt/Main vom 10.8.1976 (10 B 1352/76); eingetragen am 13.9.1976. Stadion Deml

GS 125 Bay. 5. 1969

Amtsgericht München
Grundbuch von Untersendling Band 453 Blatt 13200 Dritte Abteilung Einlegebogen 1 R

Veränderungen			Löschungen		
Lfd. Nr. der Spalte 1	Betrag		Lfd. Nr. der Spalte 1	Betrag	
5	6	7	8	9	10
1	10ooo DM	Abgetreten mit Zinsen seit 15.9.1976 an Niederbayerische Landesbausparkasse Landshut; eingetragen am 1.10.1976. Stadion Deml			

Fortsetzung auf Einlegebogen

Muster aus dem Liegenschaftskataster

1. Bestandsblatt 1171 Gemeinde München, Gemarkung Untersendling
2. Bestandsblatt 1076 Gemeinde München, Gemarkung Giesing
3. Flurbuch Seite 98 Gemeinde München, Gemarkung Untersendling
4. Ausschnitt aus einer Flurkarte 1:1000

Auf den beiden Bestandsblättern sind die im Muster für das Grundbuch wiedergegebenen Flurstücke vorgetragen, in dem Flurbuchauszug lediglich die betreffenden Flurstücke der Gemarkung Untersendling.

Erklärung der Abkürzungen:

A = Ackerland
Gr = Grünland
G = Gartenland
Hf = Hof- und Gebäudeflächen

0 1 2 3 4 5 6 7 8 9 10 11 12 13 14 15 16 17 18 19 20 21 22 23 24 25 26 27 28 29 30 31 32 33 34 35 36 37 38 39 40 41 42 43 44 45 46 47 48 49

Gemeinde München Gemarkung: U n t e r s e n d l i n g GB 453/13200

Bestand Nummer **1171**

Seite 1 bis ......

Eigentümer: ~~K l a u s Walter, Dr., Bankkaufmann u. Ehf. Maria, geb. Berg, München, Feldthurnser Str.7, je zu 1/2 Ant.~~ VL 512/1975: K l a u s Maria, geb. Berg, Hausfrau, München, Feldthurnser Str.7, zu 1/2 Ant., dieselbe, K l a u s Peter, geb. 1.7.1962, Schüler, München, i. ErbG, zu 1/2 Ant.

Anderweitige Grundbuchstelle	Nummer des Flurstücks	Lage Gebäudebesitz	Nutzungsart	Fläche ha	Fläche a	Fläche m²	Ertragsmeßzahl	Gesamtfläche des Flurstücks ha	Gesamtfläche des Flurstücks a	Gesamtfläche des Flurstücks m²	Fortführung VN oder VL Nr./Jahrgang	Bemerkungen Gebäudebesitz fremder Eigentümer
1	2	3	4	5			6	7			8	9
	2072/11	Paosostr. 51 d							3	32	VL 3/1975	
		Wohnhaus, Garten	Hf		3	32						
	hierzu	1/6 Miteigentumsanteil an Flst. 2072/12 (Best.Nr. 973)										
	2072/19	Am Kunzweg								32	VL 3/1975	
		Garage, Hofraum	Hf			32						
		1975			3	64			3	64		

Bestandsblatt

0 1 2 3 4 5 6 7 8 9 10 11 12 13 14 15 16 17 18 19 20 21 22 23 24 25 26 27 28 29 30 31 32 33 34 35 36 37 38 39 40 41 42 43 44 45 46 47 48 49

Gemeinde München Gemarkung: G i e s i n g GB 453/13200 Untersendling

Bestand Nummer 1076

Seite 1 bis ......

Eigentümer: ~~K l a u s Walter, Dr. Bankkaufmann, u.Ehf. Maria, geb. Berg, München, Feldthurnser Str.7, je 1/2 Ant.~~ VL 512/1975: K l a u s Maria, geb. Berg, Hausfrau, München, Feldthurnser Str.7, zu 1/2 Ant., dieselbe, K l a u s Peter, geb. 1.7.1962, Schüler, München, i.ErbG, zu 1/2 Ant.

Anderweitige Grundbuchstelle	Nummer des Flurstücks	Lage Gebäudebesitz	Nutzungsart	Fläche ha	Fläche a	Fläche qm	Ertragsmeßzahl	Gesamtfläche des Flurstücks ha	Gesamtfläche a	Gesamtfläche qm	Fortführung VN oder VL Nr./Jahrgang	Bemerkungen Gebäudebesitz fremder Eigentümer
1	2	3	4	5			6	7			8	9
											VN 310/1975	
	~~789/18~~	~~An der Grünwalder Straße~~	~~G~~		~~15~~	~~11~~	~~831~~		~~15~~	~~11~~	VL 3/1975	
		1975										
											VN 411/1975	
	~~789/18~~	~~Grünwalder Str. 18~~							~~9~~	~~11~~	~~VN 310/1975~~	
		~~Wohnhaus, Garten~~	~~Hf~~		~~9~~	~~11~~						
											VL 480/1975	
	~~789/19~~	~~An der Grünwalder Straße~~	~~G~~		~~6~~	~~00~~	~~330~~		~~6~~	~~00~~	~~VN 310/1975~~	
	789/18	Grünwalder Str. 18							9	16	VN 411/1975	
		Wohnhaus, Garten	Hf		9	16						

Formbl. 505 Titel. Liegenschaftskataster, Bestandsblatt, B.LVA 4303 9. 67

Bestandsblatt

Seite 98

Fortführung Seite	Nummer des Flurstücks	Flurkarte NW	Liegenschaftsbuch, Bestand Nr.	Lage	Nutzungsart	Fläche ha	Fläche a	Fläche qm	Klasse	Wertzahlen	Ertragsmeßzahl	Gesamtfläche des Flurstücks ha	Gesamtfläche des Flurstücks a	Gesamtfläche des Flurstücks qm	Fortführungsrisse u. dgl.
1	2	3	4	5	6	7			8	9	10	11			12
	2071/15	2-12 16	2325	Kunzweg 12	Hf		8	67					8	67	
	2071/16	"	1312	Passostr. 49	Hf		8	69					8	69	
	2071/17	"	475	" 47	Hf		8	50					8	50	
	2071/18	"	36	An der Maria-Eich-Straße	A		10	90	SL 5 Al/V	40/40	436		10	90	
	2072	"	816	"	A		9	00	SL 5 Al/V	40/36	324		94	20	
					Gr		85	20	L II a 3	50/50	4 260				
	2072/1	"	1016	Falkweg	Straße		4	60					4	60	
	2072/2	"	1217	Passostr. 51	Hf		2	52					2	52	
	2072/3	"	2135	An der Passostraße	Hf			49						49	
	2072/4	"	1715	Passostr. 51a	Hf		1	58					1	58	
	2072/5	"	2112	" 51 b	Hf		1	58					1	58	

Flurbuch

2072/6	"	913	" 51c	Hf		2	19				2	19
2072/7	"	1510	An der Passo-straße	Hf			39					39
2072/8	"	34	Bei der Passo-straße	Weg			67					67
2072/9	"	116	Passostr. 51f	Hf		2	86				2	86
2072/10	"	938	" 51e	Hf		1	49				1	49
2072/11	"	1171	" 51d	Hf		3	32				3	32
2072/12	"	973	Beim Kunzweg	Weg			67					67
2072/13	"	870	Kunzweg 14b	Hf		2	26				2	26
2072/14	"	1652	Am Kunzweg	Hf			32					32
2072/15	"	431	"	Hf			33					33
2072/16	"	212	Kunzweg 14a	Hf		1	68				1	68
2072/17	"	1010	" 14	Hf		3	02				3	02
2072/18	"	1736	Am Kunzweg	Hf			32					32

Formbl. 863 b B. LVA 4311 10. 67

Flurbuch

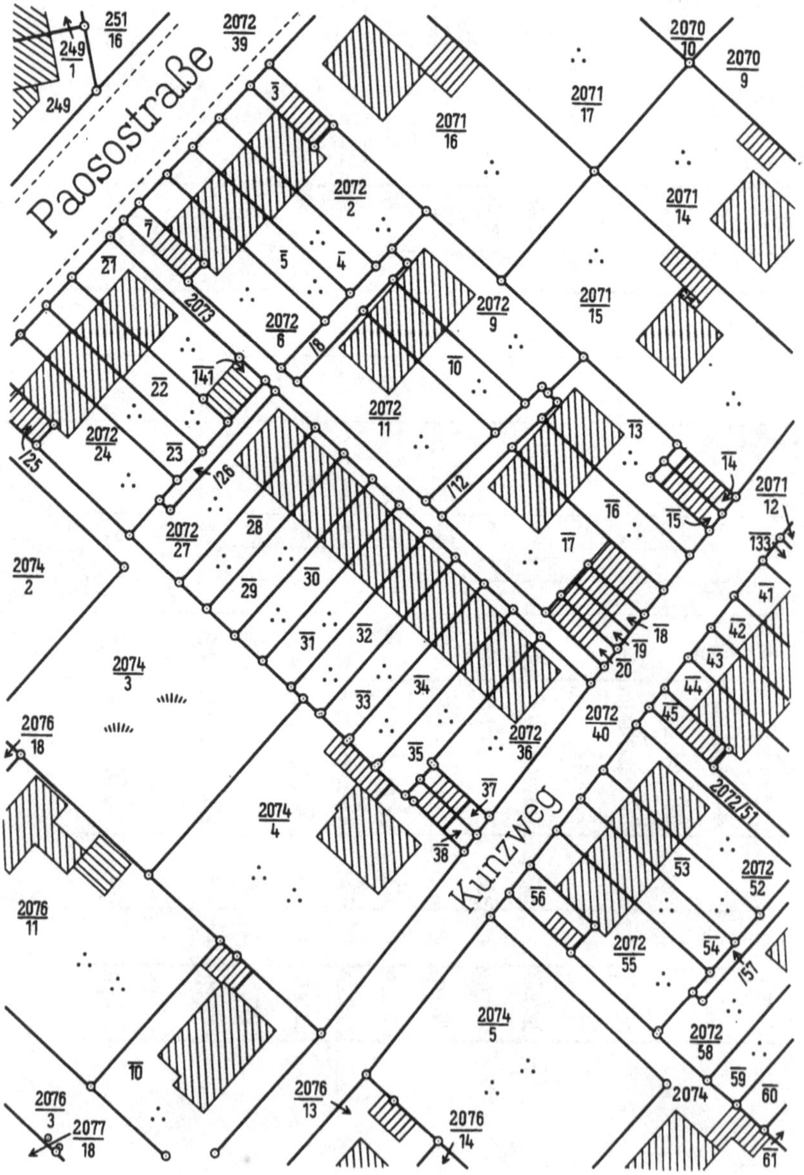

Ausschnitt aus der Flurkarte 1 : 1000

Einführung

I. Allgemeines

A. Geschichtliche Entwicklung

Schon aus dem Altertum, einige Jahrhunderte vor unserer Zeitrechnung, sind 1 insbesondere in Griechenland öffentliche Protokolle über die Begründung dinglicher Rechte an Immobilien bekannt (bspw. die attischen Pfandbücher nach Theophrast, vgl. *Schönbauer*, Beiträge zur Geschichte des Liegenschaftsrechts im Altertum, 1924, S. 113 ff; *Manigk*, Pfandrecht, HWBdRW IV, S. 458). Im römischen Rechtsleben hingegen verschwand das Publizitätssystem, da der rechtsgeschäftliche Verkehr mit Mobilien und Immobilien im wesentlichen nach gleichen Grundsätzen beurteilt wurde. Allerdings stammt aus der römischen Zeit die Voraussetzung für das spätere Grundbuch, die „notitia" oder Beweisurkunde, aus welcher sich im Mittelalter die Dingprotokolle und ersten Grundbücher entwickelten.

Die ersten in Deutschland bekannten Güterverzeichnisse stammen aus 2 dem 8. Jahrhundert (*Aubert*, Beiträge zur Geschichte der deutschen Grundbücher, ZRG Bd. XIV, S. 1 ff). Es folgen, insbesondere sehr stark ausgeprägt in Bayern, die **Traditionsbücher** (um 1000). Diese stellen eine Fortentwicklung des damaligen Urkundenwesens dar. Rechtsakte wurden unmittelbar in ein Buch eingetragen, welches damit zu einem laufend geführten Protokoll über die Rechtshandlungen wurde und die Einzelurkunde (notitia oder carta) verdrängte. Jedoch können diese Traditionsbücher noch nicht als „Grundbücher" bezeichnet werden, da den Eintragungen keine konstitutive Rechtskraft zukam. Für die Wirksamkeit des Rechtsgeschäftes über eine Liegenschaft war nach wie vor maßgebend die Vornahme der deutsch-rechtlichen symbolischen Handlungen (vgl. hierzu *Brunner*, Die Geschichte des Grundbuches in Bayern, S. 54 ff).

Zwingend vorgeschrieben wurde die behördliche öffentliche Protokollie- 3 rung der Rechtsakte an Immobilien wohl zuerst im **Kölner Schreinswesen** (ab 1135). Dieses trägt seinen Namen vom Aufbewahrungsort der Urkunden: In einem truheähnlichen Behälter wurden die Aufzeichnungen über Rechtsvorgänge im Liegenschaftswesen aufbewahrt. Schon in der ersten Hälfte des 13. Jahrhunderts ging man von der ursprünglichen Kartenform auf die Buchform über. Das erste erhaltene „Grundbuch" war wohl in der Sondergemeinde Airsbach für den Unterbezirk „porta sancti pantaleonis" geführt worden (vgl. hierzu *Conrad*, Liegenschaftsübertragung und Grundbucheintragung in Köln während des Mittelalters, 1935, S. 2). Aufbewahrungsort der Schreine war bis ins 15. Jahrhundert die Kirche. Geführt wurden die Bücher von Amtleutegenossenschaften. Diesen gehörten patrizische Bürger der jeweiligen Gemeinde an. Gegen Ende des 12. Jahrhunderts wurden ähnliche Bücher beim städt. Schöffengericht in Andernach und in Metz geführt. Die ältesten erhaltenen Stücke datieren aus den Jahren 1173 bis 1256.

4 In der Folgezeit finden die **„Stadtbücher"** in norddeutschen Städten starke Verbreitung. In Form allgemeiner Ratsprotokolle wurden sie im magdeburgischen Rechtskreis seit 1215 und als eigentliche Bücher im Lübecker Rechtskreis seit 1227 geführt. Die Hamburger „Erbe- und Rentenbücher" (seit 1248) werden stark von Köln beeinflußt. In Bayern erfolgten die Eintragungen im allgemeinen Gerichtsbuch nach dem Landrecht von 1346. Das alte **Münchner Stadtrecht** von 1347 bestimmte in den Art. 31 und 32, daß Eigentumsübertragungen und Verpfändungen von Immobilien durch gerichtliche Auflassung vor den gewöhnlichen Untergerichten vorgenommen und in das Gerichtsprotokoll eingetragen werden müssen. Das Münchner Realfolium aus dem Jahr 1484 ist der Vorläufer des modernen Grundbuches. Jedem Haus ist eine Seite bzw. ein ganzes Blatt gewidmet. Die Überschrift eines jeden Foliums bildet der Name der Straße und des Grundstücks, bezeichnet durch den Namen der Person, die z. Zt. der Anlegung Eigentümer war. Die Eigentümerübertragungen sind vermerkt, ebenso die sich auf das „Ewiggeld" beziehenden Rechtshandlungen.

Während sich das kölnische Schreinswesen bis 1798 hält, ohne sich zu einem echten Realfolium weiterzuentwickeln, wurden solche zuerst vermutlich in Danzig (1357, genannt „Erbbuch") angelegt und zwar als Verzeichnis über die Häuser, nach Gassen zugeordnet, auf einer Spalte untereinander aufgereiht, jeweils darunter die Eigentümer aufgeführt. In der zweiten Spalte stand für jedes Haus der entsprechende Grundzins.

5 Die Schaffung von Verlautbarungsbüchern war die logische Konsequenz aus den alt-deutschen Rechtsansichten über den Grundstücksverkehr. Denn der Grundstücksverkehr nach deutschem Recht war seit jeher im Gegensatz zum römischen Recht unter dem Prinzip der Publizität gestanden. Die Übereignung von Grund und Boden geschah nach ältestem Recht auf dem Grundstück unter Hinzuziehung einer bestimmten Anzahl von Zeugen selbst. Der zweiteilige Vorgang bestand aus der Erklärung des Übereignungswillens („sale") und dem Vollzug der Übereignung (Gewere, „investitura"). Später wurde die Auflassung über den Salmann vermittelt. Unter **„Auflassung"** ist die rechtsförmliche Aufgabe der „Gewere" als der tatsächlichen Herrschaft (wirtschaftliche Nutzung = leibliche Gewere) verbunden mit der ideellen Rechtsherrschaft (= unkörperliche Gewere) zu verstehen. Sie erfolgte durch eine symbolische Verzichts- oder Räumungshandlung des Veräußerers (bspw. Wurf eines Stabes oder Halmes beim Herausgehen aus dem Grundstück; vgl. *Brunner*, Die Geschichte des Grundbuches in Bayern, S. 30).

6 Seit dem 11. Jahrhundert werden Grundstücksübereignungen wegen der gesteigerten Publizität nur unter Mitwirkung des Gerichtes vorgenommen

und zwar in Art eines Prozesses, der mit einem Urteil endete, in welchem das Gericht die Eigentumsübertragung bestätigte. Mit dem Eindringen des römischen Rechts im Mittelalter verfiel jedoch der altdeutsche Brauch der Auflassung. Es genügten fortan formlose, d. h. bestimmte, private Verträge, für die nach PreußLR Schriftform vorgeschrieben war. Allenfalls wurden ihre Bestätigung durch die Gerichte und die Eintragung in die Kontraktenbücher gefordert, der Reihe nach so, wie sie eben zeitlich nacheinander anfielen; später wurden daneben zur leichteren Auffindbarkeit und zum gesicherten Nachweis eigene Register eingerichtet (*C. Steppes*, Das Grundbuch im Entwurf eines bürgerlichen Gesetzbuches, Stuttgart 1892, S. 10).

Zur Eigentumsentstehung aber waren diese Eintragungen nicht erforderlich. Verjährung, nach heutigem Sprachgebrauch Ersitzung, eines Grundstücks trat ohne Vertrag ein, wenn dieses eine gewisse Zeit in redlichem Besitz gestanden hatte. Gingen die schriftlichen Verträge verloren, so war es im Falle von Eigentumsanfechtungen oft schwer, häufig unmöglich, das Eigentum durch Zeugen nachzuweisen (vgl. zur altrechtlichen Ersitzung § 22 RdNrn. 64 ff).

Dieser Umstand schädigte auch den Realkredit. Zu dessen Hebung wurde 7
zuerst das Bedürfnis lebendig, den Weg zurück zu den öffentlichen Büchern zu beschreiten. Das führte zu den **Hypothekenbüchern**, in die nur jene Grundstücke einzutragen waren, die mit Pfändern belastet wurden. Bahnbrechend war die „Allgemeine Hypothekenordnung für die gesamten königlichen Staaten vom 20. Dez. 1783" in Preußen. Hier wurde die Führung von Hypothekenbüchern nach dem Realfoliensystem vorgesehen. Die Eintragung im Hypothekenbuch war rechtsbegründend. Das Eigentum hingegen wurde an Liegenschaften gem. dem Allgemeinen Preußischen Landrecht von 1794 noch durch Tradition und ohne Bucheintragung erworben. In der linksrheinischen Pfalz galt das unübersichtliche und komplizierte Hypothekensystem der franz. Hypothekenverfassung, das im 18. Titel des code civile von 1803 enthalten war. Im rechtsrheinischen Bayern wurden Hypothekenbücher durch das Hypothekengesetz vom 1. 6. 1822 eingeführt. Dieses Gesetzbuch lehnte sich stark an die preußische Hypothekenordnung von 1783 an, wich jedoch vom preußischen Tabellarsystem ab.

Dem Hypothekenbuch beizufügen (§ 128 Hypothekengesetz) waren ein alphabetisches Register „nach den Namen der Besitzer" und ein Register „nach der Benennung der Güter" (Sachregister). Nach der Aufstellung des Grundsteuerkatasters (1857 für das gesamte Staatsgebiet vorhanden) wurden die Liegenschaften im Hypothekenbuch nach dem Grundsteuerkataster bezeichnet. Das Sachregister der Grundstücke wurde zu einem Flurbuch ausgebaut, das steuergemeindeweise für alle Grundstücke in der Reihenfolge der Plannummern Fläche, Benennung und Kulturart nachwies und außerdem die Fundstelle im Hypothekenbuch, soweit die Grundstücke eingetragen waren (JMBek vom 20. 8. 1863, JMBl S. 85, vom 17. 10. 1868, JMBl S. 243, vom

18. 7. 1898, JMBl S. 225). Über die Bedeutung des Sachregisters für das Grundbuch siehe § 2 RdNr. 43.

8 Das Hypothekengesetz ließ die Frage, wie Eigentum an Grundbesitz übertragen wird, offen. Eigentum wurde so weitgehend nach gemeinrechtlichen Grundsätzen durch **Vertrag** und **Übergabe** (wie das Eigentum an beweglichen Gegenständen) übertragen. In einigen kleineren Gebieten konnten sich jedoch Rechtsregeln, die sich für die Auflassung herausgebildet hatten, weiterhin behaupten. So schrieb z. B. das Landrecht für die Oberpfalz bei Kaufverträgen unter nicht siegelmäßigen Personen obrigkeitliche Errichtung vor, „anders nit kräftig und gültig sein sollen" (Oberpfälzer Landrecht I, 8; Teil IV Kap. III § 26 BayLR). Von den anderen Statutarrechten, in denen sich der deutschrechtliche Grundsatz der öffentlichen Beurkundung durch die Gemeindebehörde oder ein Gericht erhalten hat, seien hier genannt: Stadt und Bistum Augsburg, die Städte Kaufbeuren und Kempten. Nach dem Münchener Stadtrecht hingegen war neben das Gebot der Verbriefung das Erfordernis der Grundbucheintragung getreten, die die örtliche Besitzübertragung ersetzte.

9 Die öffentliche Beurkundung der Rechtsgeschäfte über Grundstücke durch Gerichtsbehörden blieb aber auch dort die Regel, wo sie durch das Zivilrecht nicht vorgeschrieben war. Nach den bayerischen Taxordnungen von 1810 und 1852 bestand nämlich die gesetzliche Verpflichtung, über alle Verträge, die das Eigentum oder dingliche Rechte an Grundstücken zum Gegenstand haben, öffentliche Urkunden (gebührenpflichtige Briefprotokolle bei den Gerichten) zu erstellen. Für die Gültigkeit des Rechtsgeschäfts blieb eine Nichtbeachtung dieser Vorschrift freilich ohne Folgen. Die Verbriefungen wurden auch manchmal unterlassen, um die Gebühren nicht bezahlen zu müssen. Die erhaltenen Briefprotokolle werden in den Staatsarchiven verwahrt. Um sicherzustellen, daß die Eigentumsübertragung auch im Grundsteuerkataster[1] nachgetragen wurde, verpflichtete § 71 des Grundsteuerge-

[1] Unter **„Grundsteuerkataster"** werden die Grundstückskataster (in Österreich „Grundkataster" genannt) verstanden, die zur Erhebung der Grundsteuer im vorigen Jahrhundert in den verschiedenen deutschen Ländern auf Grund von Parzellarvermessungen erstellt worden sind. In Verbindung mit dem Kataster der Grundstükke wurden regelmäßig auch ein Gebäudekataster (in Bayern „Haussteuerkataster", in Preußen „Gebäudesteuerrolle") und u. U. weitere Nebenkataster angelegt.
Das **„Reichskataster"** sollte auf der Grundlage der überkommenen Grundsteuerkataster in einer für die Katasterbücher einheitlichen Form unter Übernahme und Aufbereitung der Ergebnisse der Reichsbodenschätzung nach Vorschriften des RMdI (BodSchätzÜbernErl) für das ganze damalige Reichsgebiet einheitlich aufgestellt werden. In Bayern war bei Kriegsende erst für knapp 1 v. H. des Landesgebiets das Reichskataster eingerichtet (siehe auch § 2 RdNr. 38).
Das **„Liegenschaftskataster"** (auch neues Liegenschaftskataster) wurde nach dem

setzes vom 15. August 1828 den Eigentümer, das in Aussicht genommene Rechtsgeschäft vorweg beim Rentamt anzuzeigen. Das Rentamt nahm hierüber ein (Umschreib-) Anmeldungsprotokoll auf (steuergemeindeweise geführt) und stellte dem Anmeldenden unentgeltlich ein „Anmeldungs-Certificat" aus (§§ 73 ff der Instruction vom 19. 1. 1830, RegBl S. 301). Die Gerichte waren gehalten, Verbriefungen nur gegen Vorlage des Certificats vorzunehmen. Nach der Verbriefung wurden die Certificate dem Rentamt mit entsprechenden Vermerken über das Zustandekommen (Consignation) oder Nichtzustandekommen des Rechtsgeschäfts zurückgesandt. Daraufhin vollzog das Rentamt die Eintragungen im Grundsteuerkataster. In Art. 23 Abs. 2 des Taxgesetzes vom 28. Mai 1852 war allen Behörden untersagt, eine Umschreibung in den Steuerbüchern, Hypothekenbüchern usw. vorzunehmen, bevor die Taxen für den Vertrag bezahlt waren. Die Grundeigentümer waren im übrigen verpflichtet, ihre Katasterauszüge zur Ergänzung (kostenfrei) dem Rentamt vorzulegen (§ 78 Grundsteuergesetz 1828 = § 81 i. d. F. von 1910).

Durch das Notariatsgesetz vom 10. November 1861 wurden mit Wirkung vom 1. Juli 1862 die in einzelnen Landesteilen Bayerns bestehenden statutarischen Bestimmungen über die Auflassung beseitigt und für Immobiliarverträge der allgemeine Verbriefungszwang in Form der **notariellen Beurkundung** eingeführt. Der Eigentumsübergang vollzog sich hinfort durch die notarielle Urkunde und die Besitzübergabe. Um die Laufendhaltung des Grundsteuerkatasters zu sichern, war nun keine Anmeldung beim Rentamt mehr nötig, sondern der Notar wurde unter Strafandrohung verpflichtet, die Beurkundungen in einem „Umschreibverzeichnis" dem Rentamt monatlich mitzuteilen (Bek. vom 15. 6. 1862, RegBl S. 1445; § 72 Abs. 2 des Grundsteuergesetzes i. d. F. der Bek. vom 19. 5. 1881, GVBl S. 657). 10

Ein Entwurf eines bürgerlichen Gesetzbuchs für das Königreich Bayern vom Jahre 1864, der bereits den Übergang vom Pfandbuch- zum Grundbuchsystem vorgesehen hatte, gelangte nicht zur Verwirklichung. Dagegen war der deutsche Norden durch die preußischen Gesetze über den Eigentumserwerb und die dingliche Belastung der Grundstücke sowie über die Grundbuchordnung vom 10. 11. 1872 zum Grundbuchsystem zurückgekehrt. Auf die Dauer hatte es als ein unmöglicher Zustand empfunden werden müssen, den Belastungen der Grundstücke einen höheren Schutz zu bieten als dem Eigentum, bzw. den belasteten Grundstücken diesen Schutz nur um der 11

Kriege aufgestellt, wobei die Länder die Form des Reichskatasters und die Vorschriften hierzu im wesentlichen beibehielten, in Details aber etwas voneinander abweichen.
Als „automatisiertes Liegenschaftskataster" wird ein Liegenschaftskataster bezeichnet, das mit Hilfe elektronischer Datenverarbeitung geführt wird (siehe Anhang).

Belastungen willen, den unbelasteten Grundstücken aber überhaupt keinen Schutz zu gewähren.
Der Sinn dieses Grundbuchsystems besteht darin, daß irgendeine Rechtsänderung grundsätzlich nur durch die Eintragung dieser Änderung in das öffentliche Buch, das Grundbuch, neben der Einigung der Beteiligten entstehen kann.

Durch das einheitliche deutsche Recht, das **Bürgerliche Gesetzbuch**, wurde die Grundbucheinrichtung mit der Jahrhhundertwende auf alle Bundesstaaten des Reiches ausgedehnt (GBO vom 24. 3. 1897, RGBl I S. 139, für Bayern Ausführungsgesetz vom 9. 6. 1899, GVBl S. 125).

12 **In verschiedenen Ländern konnten vorhandene öffentliche Register zu** Grundbüchern ausgestaltet werden. In Bayern wurde das Hypothekenbuch durch Eintragung der bisher „folienfreien" Grundstücke (Eintragungsverfahren) und der bisher im Hypothekenbuch nicht eingetragenen Rechte (Anmeldungsverfahren) zum Grundbuch (siehe G vom 18. 6. 1898, GVBl S. 361 und V vom 23. 7. 1898, GVBl S. 493). Im bayer. Hypothekenbuch waren von insgesamt 15 591 788 Grundstücken 5 735 401 Grundstücke noch nicht gebucht und mußten im Eintragungsverfahren nachgetragen werden (vgl. *Henle,* Zur Geschichte der Anlegung des Grundbuchs in Bayern, Zeitschr. für Rechtspflege in Bayern 1910, Nr. 18 u. 19).

Lediglich Grunddienstbarkeiten waren von der Eintragungspflicht ausgenommen (Art. 187 EGBGB), konnten jedoch auf besonderen Antrag ebenfalls eingetragen werden. Art. 10 bayÜGBGB sieht vor, daß auch für die Grunddienstbarkeiten zur Erhaltung der Wirksamkeit gegenüber dem öffentlichen Glauben des Grundbuchs die Eintragung bis zu einem noch zu bestimmenden Zeitpunkt nachzuholen sei. Der Zeitpunkt ist bisher nicht festgesetzt worden, so daß auch die altrechtlichen Grunddienstbarkeiten (überwiegend Geh- und Fahrtrechte) ohne Verlautbarung im Grundbuch weiterbestehen (Art. 184 EGBGB; siehe auch *Meisner-Ring* § 28 I).

In Württemberg war das in jeder Gemeinde geführte, als Personalfolium angelegte Güterbuch die Grundlage des Grundbuchs.

In Bayern erstreckte sich die Zeit der Anlegung bis 1. 10. 1910 (vgl. näher § 116 RdNr. 1 ff). Es gab jedoch auch Länder (Thüringen), wo sich die Anlegung bis in die Zeit des 2. Weltkrieges hinzog.

13 Mit der Einführung des Grundbuchs ging in Bayern die früher dem Notar obliegende **Mitteilungsverpflichtung** auf die Grundbuchämter über (§§ 578, 579 GBÄDA). Bei Änderungen, deren Wirksamkeit nicht erst durch Eintragung im Grundbuch gegeben war (Erbfall, Zwangsversteigerung usw.), bestand weiterhin die Anmeldepflicht durch die mit der Sache befaßten Notare, Gerichte und Behörden; bei Vermessungen oblag der Vermessungsbehörde die Anmeldung, im übrigen den Parteien (Art. 73 Grundsteuergesetz i. d. F.

von 1910, GVBl S. 1029). Hierüber waren beim Rentamt weiterhin Umschreibprotokolle (nach Steuergemeinden geordnet) aufzunehmen (§ 35 der FMBek, die Fortführung des Grundsteuerkatasters betr., vom 23. 2. 1905, FMBl S. 39, BayBSVFin II S. 418), bis ihre Führung auf Weisung des RMdF vom 22. August 1938 Nr. S 3300 Kat – 4 III eingestellt wurde, und die Umschreibung dem Grundbuchamt mitzuteilen (§ 20 der o. a. FMBek, § 580 GBÄDA). Im **Liegenschaftskataster** ist an die Stelle des Umschreibverzeichnisses die Veränderungsliste getreten.

Die am 1. 1. 1900 für das damalige Deutsche Reich in Kraft getretene 14
Grundbuchordnung wurde durch Verordnung vom 5. August 1935 geändert (in Kraft seit 1. 4. 1936), durch Bekanntmachung vom gleichen Tag neu gefaßt (RGBl I S. 1073) und durch die Allgemeine Verfügung über die Einrichtung und Führung des Grundbuchs (Grundbuchverfügung) vom 8. 8. 1935 (RGBl I S. 637) ergänzt.

Die **Grundbuchverfügung** (GBVfg) brachte eine einheitliche Regelung für den Rubrikenbau und die Form der Eintragungen im Grundbuch. Die Grundbücher wurden in der Folgezeit auf das Muster der GBVfg umgeschrieben, in Bayern (JMBek vom 8. 4. 1952, JMBl S. 105, BayBSVJu III S. 107) zu einem guten Teil bei der Zurückführung des Grundbuchs auf das Liegenschaftskataster nach dessen Aufstellung. Zum Sachregister (RdNr. 7) im bayerischen und im neuen Grundbuch siehe § 2 RdNr. 42.

Auch nach der Grundbuchreform von 1935 wurden noch zahlreiche Gesetze und Verordnungen erlassen, die die GBO änderten oder ergänzten. Aus der Vielzahl seien genannt:

1. Die Verordnung über die Einführung des Reichskatasters als amtlichen Verzeichnisses der Grundstücke i. S. des § 2 Abs. 2 der Grundbuchordnung vom 23. 1. 1940 (RGBl I S. 240)
2. die Verordnung zur Vereinfachung des Grundbuchverfahrens vom 5. 10. 1942 (RGBl I S. 1573)
3. das Gesetz über Maßnahmen auf dem Gebiet des Grundbuchwesens vom 20. 12. 1963 (BGBl I S. 986)
4. die Verfügung des BMJ über die geschäftsmäßige Behandlung der Wohnungseigentumssachen vom 1. 8. 1951 (BAnz Nr. 152).

Formellrechtlich von Bedeutung sind für das Grundbuchrecht insbesondere auch das Beurkundungsgesetz vom 28. 8. 1969 (BGBl I S. 1512) und das Rechtspflegergesetz vom 5. 11. 1969 (BGBl I S. 2065).

Die vorerst letzte Entwicklungsstufe erreichte die äußere Form des Grundbuchs mit der Zulassung der **Loseblatt-Form** durch die V des BMJ vom 26. 6. 1961 (BAnz Nr. 124; in Nordrhein-Westfalen seit 1964, in Baden-Württemberg seit 1966, für Bayern siehe JMBek vom 20. 6. 1969, JMBl S. 144).

Zeittafel zum Grundbuchwesen

Altes Recht

ab 1135	Kölner Schreinsakten = Urkundensammlung über Verträge an Grundstücken im 15. Jahrhundert wird die Eintragung rechtserzeugend
ab 1484	Münchener Grundbuch (Realfolium), zunächst vor allem zum Eintrag der Ewiggelder (eine Art Rentenschuld), Leibgedinge, persönlichen Servitute. Seit 1572 ist auch für den Eigentumserwerb die Verbriefung und Eintragung im Grundbuch rechtliche Voraussetzung.
1610	Drittes Landrecht in Württemberg
21. 1. 1756	Bayerisches Landrecht (Neufassung des Landrechts von 1616)
ab 1758	Ordnung des Hypothekenwesens in Österreich auf der Grundlage eines Buchsystems
20. 12. 1783	Preußische Hypothekenordnung (Hypothekenbuch) (vorausgegangen: Hypothekenordnungen von 1722 und 1750)
5. 2. 1794	Allgemeines Landrecht für die preußischen Staaten (1795 in den Markgrafschaften Ansbach und Bayreuth eingeführt)
1809	Badisches Landrecht
1. 6. 1822	bayerisches Hypothekengesetz (Hypothekenbuch, GBl Sp. 17) Ergänzung der Hypothekenbücher durch Sachregister (= Grundstücksverzeichnis nach dem Grundsteuerkataster) gemäß JME vom 20. 8. 1863 (JMBl S. 85) in der bayerischen Pfalz Hypothekenregister durch Gesetz von 6. 4. 1888 eingeführt
15. 4. 1825	württembergisches Pfandgesetz (Hypothekenbuch)
6. 11. 1843	Grund- und Hypothekenbuch in Sachsen (Realfolium, erstes neuzeitliches Grundbuch in Verbindung mit der Katastervermessung)
10. 11. 1861	bayerisches Notariatsgesetz, in Kraft 1. 7. 1862, in der bayerischen Pfalz ab 1879
ab 1864	bayerischer Entwurf eines Sachenrechts mit öffentlichem Buch der Grundstücke, 1874 Arbeiten wegen BGB-Kommission des Bundesrats eingestellt
25. 7. 1871	österreichisches allgemeines Grundbuchgesetz, abgelöst am 2. 2. 1955 durch das Grundbuchgesetz
5. 5. 1872	preußische Grundbuchordnung, in Kraft 1. 10. 1872
2. 9. 1872	Ausführungsverfügung hierzu (JMBl S. 178)
10. 5. 1893	Hypothekengesetz in Rheinhessen

BGB

18. 8. 1896	Bürgerliches Gesetzbuch (RGBl S. 195), in Kraft 1. 1. 1900; für Eigentumserwerb und Bestellung eines Rechts an einem Grundstück in Kraft mit Anlegung des Grundbuchs
18. 8. 1896	Einführungsgesetz zum Bürgerlichen Gesetzbuch (RGBl S. 604)
9. 6. 1899	bayerisches Ausführungsgesetz zum Bürgerlichen Gesetzbuch (Beilage zum GVBl Nr. 28, BayBS III S. 89)
15. 1. 1919	Verordnung über das Erbbaurecht (RGBl S. 72, 122)
15. 3. 1951	Gesetz über das Wohnungseigentum und das Dauerwohnrecht (Wohnungseigentumsgesetz) (BGBl I S. 175)

GBO

24. 3. 1897	Grundbuchordnung (RGBl S. 139)
9. 6. 1899	bayer. Ausführungsgesetz zu der Grundbuchordnung und zu dem Gesetz über die Zwangsversteigerung und die Zwangsverwaltung (GVBl S. 125, BayBS III S. 127)
27. 2. 1905	Bekanntmachung, die Dienstanweisung für die Grundbuchämter in den Landesteilen rechts des Rheins betr.
1. 5. 1905	Grundbuch angelegt in Oberbayern, Niederbayern, Oberpfalz
bis 1906	Grundbuch angelegt in der Rheinpfalz
1. 5. 1909	Grundbuch angelegt in Schwaben, Mittel- und Oberfranken
1. 10. 1910	Grundbuch angelegt in Unterfranken
22. 10. 1910	Grundbuchordnung in der Schweiz
15. 12. 1910	Verordnung betr. die Grundbuchordnung in der Schweiz
5. 8. 1935	Neufassung der Grundbuchordnung (RGBl I S. 1073), in Kraft 1. 4. 1936
8. 8. 1935	Verordnung zur Ausführung der Grundbuchordnung Allgemeine Verfügung über die Einrichtung und Führung des Grundbuchs (Grundbuchverfügung)
23. 1. 1941	Verordnung über die Einführung des Reichskatasters als amtlichen Verzeichnisses der Grundstücke im Sinne des § 2 Abs. 2 der Grundbuchordnung (RGBl I S. 240)
24. 2. 1961	Bundesnotarordnung (BGBl I S. 98)
26. 6. 1961	Grundbuchführung in Loseblattform zugelassen (V des BMJ vom 26. 6. 1961, BAnz Nr. 124) – in Bayern 1969 allgemein eingeführt
28. 8. 1969	Beurkundungsgesetz (BGBl I S. 1513)

B. Materielles und formelles Grundbuchrecht

1. Begriffe

15 Das Grundbuchrecht ist wie das gesamte deutsche Recht von der Zwei-Teilung in **materielles** und **formelles Recht** geprägt. Das materielle (sachliche) Recht regelt die Beziehungen zwischen Mensch und Mensch und die Zuordnungen zwischen Sache und Mensch. Normen, welche das Verfahren der Durchsetzung oder Klarstellung von materiellen Rechten regeln, werden formelles oder Verfahrensrecht genannt.

Das materielle Grundbuchrecht ist hauptsächlich im **Sachenrecht des BGB** enthalten. Während der Gegenstand der dinglichen Rechte, die Sachen, begrifflich im allgemeinen Teil in den §§ 90–103 BGB geregelt werden, bestimmen die §§ 854–1296 BGB die dinglichen Rechtsgeschäfte und dinglichen Ansprüche. Dieses die Güter zuordnende Recht ist insbesondere gekennzeichnet durch die abstrakte Natur der Verfügungsgeschäfte und den Typenzwang (weil andere als gesetzlich zugelassene dingliche Rechte nicht begründet werden können).

2. Das Rechtsobjekt: die Sache

16 Im allgemeinen Teil des BGB sind die das gesamte Sachenrecht durchziehenden Definitionen enthalten. Unter **Sache** im Sinne des BGB ist nur ein körperlicher Gegenstand zu verstehen (§ 90 BGB). Die Sachen werden selbst ihrer Art nach unterschieden in bewegliche Sachen (Mobilien, Fahrnis) also alle Sachen, die nicht Grundstücke sind, und unbewegliche Sachen (Immobilien). Solche sind Grundstücke (räumlich begrenzte Teile der Erdoberfläche), und ihnen gleichgestellt das Erbbaurecht sowie Schiffe, die in das Schiffsregister eingetragen sind. Die Unterscheidung zwischen beweglichen und unbeweglichen Sachen ist von großer Bedeutung wegen der unterschiedlichen Regelung hinsichtlich des rechtsgeschäftlichen Verkehrs:

- **Grundstücke** und grundstücksgleiche Rechte werden durch **Einigung und Eintragung** im Grundbuch veräußert oder belastet (§ 873 i. V. m. §§ 925, 1090, 1094, 1105, 1113 BGB).
- **Bewegliche Sachen** werden durch **Einigung und Übergabe** übertragen (§§ 929, 1030, 1204 BGB).

17 **Bestandteile** sind durch mechanische Zerlegung (bei Grundstücken durch räumliche Abtrennung) zu gewinnende Teile einer Sache. Nach § 93 BGB sind **wesentliche Bestandteile** diejenigen Teile einer Sache, die voneinander nicht getrennt werden können, ohne daß der eine oder der andere zerstört oder in seinem Wesen verändert wird. Maßgebend ist hier die wirtschaftliche Betrachtungsweise. Unwesentliche Bestandteile einer Sache sind alle anderen Bestandteile.

§ 94 BGB trifft umfangreiche Sonderbestimmungen für Grundstücke. Danach sind wesentliche Bestandteile eines Grundstückes

- die mit Grund und Boden fest verbundenen Sachen, insbesondere Gebäude (bspw. Mauer, eingemauerte Maschinen)
- die Erzeugnisse eines Grundstückes, solange sie mit dem Boden zusammenhängen (bspw. Pflanzen, nicht aber Früchte, vgl. § 99 BGB)
- Sachen, die zur Herstellung des auf dem Grundstück stehenden Gebäudes eingefügt sind (bspw. fest eingebaute Heizungsanlagen mit Heizkörpern, Fahrstühle, Bade- und WC-Einrichtungen, elektrische Licht- und Klingelanlagen; nicht aber bspw. Heizkörperverkleidung, oder Öfen, die jederzeit abtransportiert werden können).

Keine Grundstücksteile, sondern selbständige bewegliche Gegenstände sind folgende mit einem Grundstück verbundene Sachen gem. § 95 BGB:

- Gebäude oder sonstige Sachen, die nur zu einem vorübergehenden Zweck mit dem Grundstück verbunden werden (bspw. Pflanzenbestände einer Baumschule, für Ausstellungszwecke errichtete Hallen)
- Gebäude und andere Werke, die in Ausübung eines dinglichen Rechts an einem Grundstück von einem Berechtigten mit dem Grundstück verbunden werden (bspw. das vom Nießbraucher für sich errichtete Haus)
- Sachen, die nur zu einem vorübergehenden Zwecke in das Gebäude eingefügt sind (bspw. Schilder, Rolläden, die der Mieter für seine persönlichen Zwecke anbringen läßt).

Die Veräußerung der voraufgeführten selbständigen beweglichen Sachen richtet sich nach den für bewegliche Gegenstände geltenden Vorschriften, also nach §§ 929 ff BGB.

Wesentliche Bestandteile können **nicht** Gegenstand besonderer dinglicher Rechte sein. Sie können also nicht für sich allein, sondern nur zusammen mit der Hauptsache veräußert oder belastet werden. Rein schuldrechtliche Verträge über wesentliche Bestandteile sind hingegen möglich: bspw. der Verkauf eines Hauses auf Abbruch, Pfändung der Früchte „auf dem Halm". Eigentum kann jedoch der Käufer hieran nur erwerben, wenn die wesentlichen Bestandteile durch Abtrennung vom Grundstück selbständige Sachen geworden sind.

Die (wesentlichen oder unwesentlichen) Bestandteile eines Grundstücks (vgl. § 1120 BGB) haften für Grundpfandrechte. Auch **Rechte** können Bestandteile sein (§ 96 BGB); so haftet bspw. auch eine Reallast, die dem jeweiligen Grundstückseigentümer zusteht, für eine Hypothek, mit der das Grundstück belastet ist. Zu beachten sind jedoch die Vorschriften über die Verbindung und Vermischung (§§ 946 ff BGB).

Die **Zubehöreigenschaft** ist in § 97 BGB geregelt. Sie ist an vier Voraussetzungen geknüpft: 18

- Nur bewegliche Sachen, die keine Bestandteile sind, können Zubehör sein (bspw. kann ein Grundstück niemals Zubehör eines anderen Grundstücks werden).
- Es muß ein wirtschaftliches Unterordnungsverhältnis zwischen Hauptsache und

Zubehör bestehen, d. h. das Zubehör muß den wirtschaftlichen Zwecken der Hauptsache dienen. (Die Zweckbestimmung muß dauernd sein; vorübergehende Benutzung einer Sache für den wirtschaftlichen Zweck einer anderen begründet nicht Zubehöreigenschaft. Vorübergehende Trennung eines Zubehörstückes von der Hauptsache hebt die Zubehöreigenschaft nicht auf).
Zwingend sind Zubehör gem. § 98 BGB dann Sachen, wenn
- das Zubehör in einem räumlichen Verhältnis zur Hauptsache steht (bspw. wird die Maschine erst dann Zubehör, wenn sie in der Fabrik aufgestellt ist)
- im Verkehr die Sache als Zubehör angesehen wird.

Die Frage, ob Zubehör oder nicht, hat besondere Bedeutung für schuldrechtliche Verträge, die auf Veräußerung oder Belastung einer Sache gehen. Diese erstrecken sich im Zweifel auch auf das Zubehör (vgl. § 314 BGB). Weiterhin erlangt der Erwerber bei Veräußerung eines Grundstücks mit dem Eigentum am Grundstück das Eigentum an den zur Zeit des Erwerbs vorhandenen Zubehörstücken ohne besondere Übergabe dieser beweglichen Sachen (§ 926 Abs. 1 BGB), wenn der Veräußerer Eigentümer der Zubehörstücke ist und wenn sich die Veräußerung auf das Zubehör erstreckt, was im Zweifel anzunehmen ist. Im Unterschied zum Bestandteil folgt das Zubehör nur vermutlich dem Schicksal der Hauptsache, der Bestandteil hingegen zwingend.

Weiterhin erstreckt sich die Hypothek an einem Grundstück auch auf das Zubehör dieses Grundstückes, soweit dieses dem Grundstückseigentümer gehört (§ 1120 BGB).

3. Das Sachenrecht

19 Das Sachenrecht des BGB ist geprägt von der **absoluten** Wirkung der **Zuordnung**. Diese gebietet die **Offenkundigkeit**, der zu dienen insbesondere das Grundbuch bestimmt ist. Wesentliches Kennzeichen der (dinglichen) Verfügungsgeschäfte ist deren **abstrakte Natur**. Dies bedeutet, daß als Voraussetzung des sachenrechtlichen Verfügungstatbestandes kein schuldrechtlicher Rechtsgrund notwendig ist. Die Rechtsgrundunabhängigkeit des Verfügungstatbestandes verhindert jedoch nicht, daß von den Parteien die Gültigkeit eines schuldrechtlichen Grundgeschäftes zur Bedingung der Verfügung gemacht wird (soweit nicht das Verfügungsgeschäft bedingungsfeindlich ist, wie bspw. die Auflassung gem. § 925 BGB).

Die dinglichen Rechte sind im Sachenrecht **erschöpfend** aufgezählt. Dem Umfang des Rechtsinhalts nach stehen sich das Eigentum als das Recht mit umfassender Zuordnung des Gegenstandes und die anderen Rechte mit irgendwie eingeschränktem Inhalt (beschränkte dingliche Rechte) gegenüber (*Westermann*, Sachenrecht, § 5 II).

20 Hauptgrundsatz des materiellen Grundstücksrechtes ist, daß der **rechtsgeschäftliche Erwerb**, die **Belastung** eines Grundstückes mit einem Rechte

sowie die **Übertragung** oder **Belastung** eines solchen Rechtes durch **Einigung und Eintragung** im Grundbuch erfolgt (§ 873 Abs. 1 BGB). Gemäß § 877 BGB gilt § 873 BGB entsprechend für die Inhaltsänderung von Grundstücksbelastungen. Die Rechtsänderung wird also durch den Doppeltatbestand der Einigung und Eintragung herbeigeführt.

Die **Einigung** selbst ist ein vom Schuldgrund losgelöster, auf die dingliche Rechtsänderung gerichteter Vertrag und stellt in dem Doppeltatbestand das Willensmoment dar. Sie ist grundsätzlich formfrei, ausgenommen die Auflassung gem. § 925 BGB und beinhaltet die Verfügung über das betroffene Recht. Die bedingungs- und befristungsfeindliche Einigung führt alleine die Rechtsänderung nicht herbei und gibt auch keinen Anspruch auf Erfüllung, auch nicht bei eingetretener Bindungswirkung. Die **Bindung** an die Einigung tritt immer mit der Eintragung des Rechtes ein, jedoch schon früher, wenn die Erklärungen notariell beurkundet oder vor dem Grundbuchamt abgegeben oder bei diesem eingereicht sind oder wenn der Berechtigte dem anderen Teil eine der GBO entsprechende Eintragungsbewilligung ausgehändigt hat (§ 873 Abs. 2 BGB).

Die **Eintragung** als Verlautbarung des Rechts im Grundbuch alleine führt ebenfalls niemals die materielle Rechtsänderung herbei. Sie ist neben der Einigung ein selbständiges Erfordernis zum Eintritt der Rechtsänderung. Jedoch tritt ohne die Eintragung die Rechtsänderung nicht ein. Die Eintragung hat als Hoheitsakt der freiwilligen Gerichtsbarkeit **konstitutive Wirkung.**

Als Rechtsgrundlagen kommen neben dem Sachenrecht des BGB diejeni- 21
gen privatrechtlichen Vorschriften der Landesgesetze in Betracht, die insoweit durch das Inkrafttreten des BGB nicht außer Kraft getreten sind, als das BGB selbst oder das EGBGB (Art. 56–152) Vorbehalte enthält. Das EGBGB gestattet der Landesgesetzgebung, innerhalb bestimmter Grenzen vom BGB abweichende Vorschriften zu treffen und auf Gebieten, die das BGB in seinen Bereich gezogen hat, besondere Einrichtungen aufrecht zu erhalten oder neu einzuführen. Hiervon haben die Länder durch Erlaß von Ausführungsgesetzen zum BGB Gebrauch gemacht (AGBGB, vgl. bspw. das bayAGBGB vom 9. Juni 1899).

Materielles Liegenschaftsrecht wird weiterhin geregelt in der **Verordnung über das Erbbaurecht** vom 15. 1. 1919, zuletzt geändert durch Gesetz vom 8. 1. 1974 (BGBl I S. 41) und durch das **Gesetz über das Wohnungseigentum und das Dauerwohnrecht** (Wohnungseigentumsgesetz) vom 15. März 1951 (BGBl I S. 175).

Zu den grundstücksgleichen Rechten vgl. §§ 3,4 RdNrn. 2 ff.

II. Die Grundsätze des Grundbuchrechts

22 Im materiellen und formellen Grundbuchrecht gelten durch Rechtsprechung und Literatur anerkannte, untereinander eng zusammenhängende und damit nicht immer gegenständlich scharf abgrenzbare, sondern ineinander teilweise übergehende Prinzipien:

A. der Einigungsgrundsatz (Konsensprinzip)
B. der Eintragungsgrundsatz
C. der Antragsgrundsatz
D. der Prüfungsgrundsatz (Legalitätsprinzip)
E. der Öffentlichkeitsgrundsatz (Publizitätsprinzip)
F. der Bestimmtheitsgrundsatz (Spezialitätsprinzip)
G. der Vorrangsgrundsatz (Prioritätsprinzip)

A. Der Einigungsgrundsatz (Konsensprinzip)

1. Das materielle Konsensprinzip

23 Der materielle Eintragungsgrundsatz (= Konsensprinzip) beruht auf § 873 Abs. 1 BGB, welcher besagt, daß grundsätzlich jede auf Rechtsgeschäft, d. h. auf dem Willen der bisher Berechtigten, beruhende Rechtsänderung hinsichtlich Rechten an Grundstücken (Eigentumsübertragung, Belastung des Eigentums mit dinglichen Rechten, Übertragung und Belastung der dinglichen Rechte) zu ihrer rechtlichen Gültigkeit zweier gleichwertiger Elemente bedarf:

a) der Einigung des bisher Berechtigten und des künftig Berechtigten über den Eintritt der Rechtsänderung **(dinglicher Vertrag)**
b) der Eintragung der Rechtsänderung im Grundbuch.

In dieser grundlegenden Bestimmung, die für Änderungen des Inhalts eines Rechtes an einem Grundstück durch § 877 BGB entsprechend ergänzt wird, ist also das erste wichtige Prinzip im Grundbuchrecht, das materielle Konsensprinzip enthalten.

24 Die **Einigung** über die dingliche Rechtsänderung beruht in der Regel auf einem schuldrechtlichen Grundgeschäft (dem. sog. Kausalgeschäft, § 313 Satz 1 BGB), auch obligatorischer oder Schuldvertrag genannt. In diesem Vertrag wird die schuldrechtliche Verpflichtung zur Vornahme einer dinglichen Rechtsänderung (z. B. des Kaufs oder der Schenkung eines Grundstükkes, der Einräumung einer Dienstbarkeit) eingegangen. Der obligatorische Vertrag bewirkt lediglich die persönliche Verpflichtung zu einer gesondert zu erbringenden Leistung, zur Erfüllungshandlung. Das eigentliche Leistungsge-

schäft ist die Einigung, der dingliche Vertrag, mit welchem die zuvor im schuldrechtlichen Vertrag eingegangene Verpflichtung erfüllt wird.

Die Einigung als **Verfügungsgeschäft** ist rechtsgrundunabhängig, also **abstrakt**. Dies wird im Gesetz dadurch ausgedrückt, daß der Rechtsgrund nicht als Voraussetzung des Verfügungstatbestandes gefordert wird; das Gesetz begnügt sich überall mit der Einigung und dem evtl. Vollziehungstatbestand (vgl. *Westermann*, Sachenrecht § 4 I 1). Durch das Abstraktionsprinzip wird also das Grundgeschäft (schuldrechtlicher Vertrag) streng vom Erfüllungsgeschäft (Verfügung) getrennt und ein dem Laien einheitlich erscheinender Vorgang in zwei selbständige Geschäfte zerlegt. 25

Fehlt der Rechtsgrund für das Verfügungsgeschäft, also bspw. ein wirksames schuldrechtliches Verpflichtungsgeschäft, so kann zufolge des Abstraktionsprinzipes das Verfügungsgeschäft wirksam sein und gleichwohl der dingliche Rechtserfolg eintreten (vgl. zum Verhältnis schuldrechtliches-dingliches Rechtsgeschäft *Jahr*, AcP 168, 1). Allerdings wird ausnahmsweise dann das dingliche Geschäft die Ungültigkeit des schuldrechtlichen Vertrages teilen, wenn ein Mangel des Grundgeschäfts auch das Erfüllungsgeschäft erfaßt (bspw. Irrtum über Kaufgegenstand oder die Person, ausnahmsweise auch bei Vorliegen des Tatbestandes nach § 138 Abs. 1 BGB, oder bei Dissens §§ 154, 155 BGB). Streitig ist, inwieweit die Bestimmung des § 139 BGB (Teilnichtigkeit) unmittelbar oder entsprechend angewendet werden kann. Mit der h. M. ist hier davon auszugehen, daß bei der Auflassung als bedingungsfeindlichem Geschäft den Parteien ein wegen Gesetzesumgehung (Bedingungsverbot!) zur Unwirksamkeit der Auflassung führender Wille (Bedingung, daß Auflassung auch ohne das unwirksame Grundgeschäft gewollt ist) nicht unterstellt werden kann (BayObLG Rpfleger 1969, 48). Wenn die Unwirksamkeit des schuldrechtlichen Vertrages nicht den dinglichen Vertrag erfaßt, dann entstehen Bereicherungsansprüche, durch welche dem Verfügungsempfänger schuldrechtlich das wieder genommen wird, was ihm durch Verfügung zugewendet wurde (§§ 812 ff BGB treten also an die Stelle des Eigentumsanspruches aus § 985 BGB, vgl. *Westermann*, Sachenrecht § 4 II 2).

Zweck dieses Abstraktionsprinzipes ist, bei den absolut wirkenden Verfügungsgeschäften **Rechtssicherheit** und **Klarheit** zu schaffen. Der abstrakte Vertrag, die Einigung, bewirkt mithin die Rechtsänderung (gemeinsam mit dem privatrechtsgestaltenden Staatsakt der Eintragung im Grundbuch, wenn der Gesetzgeber diesen mit als Entstehungsvoraussetzung bestimmt hat). Dieses Prinzip ist das materielle Konsensprinzip.

Ausnahmen vom materiellen Konsensprinzip sind diejenigen Fälle, in denen sich der Rechtserwerb unabhängig vom Willen der Beteiligten vollzieht (bspw. im Wege der Gesamtrechtsnachfolge – Erbfolge, Zuschlag im 26

Zwangsversteigerungsverfahren, Erlöschen von Rechten kraft Gesetzes) oder durch eine einseitige Erklärung des Berechtigten zur Herbeiführung der Rechtsänderung (wie bspw. bei Eigentumsaufgabe, § 928 BGB, oder Aufhebung eines Rechts durch einseitige Aufgabeerklärung, §§ 875, 876 BGB).

2. Die Auflassung

27 Die Einigung des Veräußerers und des Erwerbers über den Eigentumsübergang an Grundstücken bedarf gem. § 925 Abs. 1 BGB einer besonderen Form. Sie führt den Namen „Auflassung" (vgl. Einf RdNr. 5).

Gemäß ihrem abstrakten, vom Motiv und Grundgeschäft gänzlich losgelösten Charakter will sie lediglich zum Ausdruck bringen, einerseits: „Ich will aufhören, Eigentümer zu sein", andererseits: „Ich will Eigentümer werden."

Durch die Hereinnahme der Auflassung in das Deutsche Recht wurde die in den alten Landesrechten geforderte „Übergabe" als Kriterium für das Zustandekommen des Eigentumsüberganges bei Grundstücken abgeschafft (vgl. Einf RdNrn. 4 ff).

Formverstöße bei Abschluß des Kaufvertrages werden durch die Auflassung und Eintragung im Grundbuch **geheilt** (§ 313 Satz 2 BGB). Hierbei erstreckt sich die Heilung auf den gesamten Inhalt des Vertrages einschließlich aller mündlichen und schriftlichen Nebenabreden, jedoch ohne Rückwirkung; vielmehr tritt die Wirkung erst mit Vorliegen der Heilungsvoraussetzung ein.

28 § 925 BGB stellt für die Auflassung strengere Formen als § 873 BGB auf, indem gleichzeitige Anwesenheit beider Parteien vor der zuständigen Stelle (Notar) gefordert wird.

Unter diese Formvorschriften fällt auch die rechtsgeschäftliche Übertragung der älteren Erbbaurechte (§ 1017 BGB), nicht jedoch gilt § 925 BGB für neue Erbbaurechte (§ 11 ErbbauV).

3. Obligatorischer Vertrag

29 § 98 GBO alter Fassung enthielt eine Ermächtigungsgrundlage für den Landesgesetzgeber, gesetzlich zu bestimmen, daß das Grundbuchamt die Erklärung der Auflassung nur entgegennehmen solle, wenn die nach § 313 BGB erforderliche Urkunde, d. i. der obligatorische Vertrag (Kaufvertrag, Schenkung), vorgelegt wird. Bayern hatte von dieser Befugnis Gebrauch gemacht (Art. 12 AGGBOZVG). Der Veräußerungsvertrag mußte, wenn er in Bayern geschlossen wurde, von einem bayerischen Notar beurkundet werden (Art. 15 Abs. 2 AGGVG a. F.). Er konnte durch ein rechtskräftiges Urteil oder durch einen gerichtlichen Vergleich ersetzt werden. Auch der Notar sollte, wenn er die Auflassung entgegennahm, sich die Veräußerungsurkunde vorlegen lassen, sofern er sie nicht selbst aufgenommen hatte oder gleichzeitig mit der Beurkundung der Auflassung aufnahm.

Dieser § 98 ist in der neuen Fassung der GBO nicht mehr enthalten. Er war schon vorher durch § 2 der 1. V über Auflassung von Grundstücken vor deutschen Notaren vom 11. 5. 1934 (RGBl I S. 378) ersetzt worden, der die im Vorigen besprochenen bayerischen Bestimmungen des Art. 12 AGGBOZVG für das Reich übernahm, nachdem zuvor schon Preußen dem bayerischen Beispiel gefolgt war (Ges. vom 13. 5. 1918 u. 11. 1. 1929, vgl. *Hause*, Die GbUmschreibungen usw., ZfV 18/36, S. 580).

Die vorerwähnte AuflassungsV wurde in der Folgezeit aufgehoben und ersetzt durch § 925a BGB, der durch Gesetz vom 5. 3. 1953 (BGBl I S. 33) in das BGB eingefügt wurde. § 925a BGB bestimmt als Ordnungsvorschrift, daß die Erklärung der Auflassung nur entgegengenommen werden soll, wenn die nach § 313 Satz 1 BGB erforderliche Urkunde über den Vertrag vorgelegt bzw. gleichzeitig errichtet wird. Ein Verstoß gegen diese Ordnungsvorschrift bewirkt nicht die Ungültigkeit der Auflassung. Andererseits stellt sie auch ihre Anwendung nicht in das Ermessen des zur Beurkundung zuständigen Notars. Vielmehr wurde die Form der „Soll"-Vorschrift nur deshalb gewählt, um damit klarzustellen, daß die Nichtbeachtung die Gültigkeit der Auflassung nicht berührt (h. M., KG DNotZ 1934, 862; *Meikel-Imhof-Riedel* § 20 Bem 74).

Die Bestimmung des § 925a BGB wendet sich nur an den zur Erklärung der Auflassung Zuständigen, also den Notar (§ 20 BNotO), den nach Maßgabe des Konsulargesetzes vom 11. 9. 74 (BGBl I S. 2317) zuständigen Konsularbeamten sowie alle ordentlichen und besonderen Gerichte auf dem Gebiet der streitigen und freiwilligen Gerichtsbarkeit im Wege des gerichtlichen Vergleiches.

4. Das formelle Konsensprinzip 30

§ 19 GBO stellt für das formelle Grundbuchrecht den Grundsatz der einseitigen, formbedürftigen Bewilligung, das sog. formelle Konsensprinzip (auch Bewilligungsgrundsatz genannt) auf. Damit ist die Grundlage einer Eintragung im Grundbuch nicht der Nachweis des materiellrechtlichen Rechtsentstehungstatbestandes, sondern, um den Grundbuchverkehr zu erleichtern, grundsätzlich die **einseitige Erklärung** des durch die Eintragung Betroffenen. Bei rechtsgeschäftlichen Rechtsänderungen muß also die materiell erforderliche Einigung dem Grundbuchamt nicht nachgewiesen werden.

Neben der einseitigen Eintragungsbewilligung des Betroffenen sind für die 30
Eintragung zusätzlich erforderlich der **Antrag** (§ 13) und die **Voreintragung des Betroffenen** (§ 39), bei Briefrechten die Vorlegung des Briefs (§ 41).

Die bedeutendste **Ausnahme** vom formellen Konsensprinzip beinhaltet § 20 GBO, wonach im Fall der Auflassung des Grundstücks sowie im Fall der Bestellung, Änderung des Inhalts oder Übertragung eines vor dem 22. 1. 1919 begründeten Erbbaurechts die Eintragung nur erfolgen kann, wenn die entsprechende Einigung der Beteiligten erklärt ist. Hier wird das formelle Konsensprinzip zugunsten des materiellen Konsensprinzipes durchbrochen, um ein Auseinanderfallen zwischen formeller und materieller Rechtslage zu verhindern.

Die §§ 21, 22 und 25 GBO enthalten weitere Ausnahmen vom formellen Konsensprinzip.

B. Der Eintragungsgrundsatz

1. Das materielle Eintragungsprinzip

32 Die **Eintragung** als Verlautbarung des Rechts im Grundbuch hat materiellrechtlich bei rechtsgeschäftlichen Begründungen oder Änderungen von Rechten **konstitutive** Wirkung. Ohne die Eintragung als Hoheitsakt der freiwilligen Gerichtsbarkeit tritt die materielle Rechtsänderung nicht ein.

Der materielle Einigungsgrundsatz besagt also, daß eine Einigung ohne Eintragung ebensowenig Recht zeugt wie eine Eintragung ohne Einigung, und bezweckt damit, daß wichtige dingliche Rechtsänderungen eben nicht eintreten, wenn sie nicht aus dem Grundbuch erkennbar sind. Allerdings muß für die Wirksamkeit der Eintragung nicht zwingend die Reihenfolge Einigung und Eintragung eingehalten werden. Die beiden Rechtsentstehungskriterien sind untereinander zeitlich verschiebbar. Die Einigung kann der Eintragung auch nachfolgen; dadurch kann eine ungültige und zunächst unwirksame Eintragung auch nachträglich rechtswirksam werden. Das materielle Eintragungsprinzip ergibt sich aus § 873 Abs. 1 BGB (Eigentumsübertragung), § 877 BGB (Änderung des Inhalts eines Rechts), § 880 Satz 2 BGB (Rangänderung), § 927 Abs. 2 BGB (Erwerb durch Ausschlußurteil und Eintragung).

2. Das formelle Eintragungsprinzip

33 Die Eintragungen im Grundbuch, die im zweiten Abschnitt der GBO geregelt sind (§§ 13–55), haben nicht alle rechtsbegründende Bedeutung, sondern teilweise nur deklaratorischen Charakter. Denn nur die auf rechtsgeschäftlicher Grundlage beruhenden Rechtsänderungen bedürfen zur Erlangung der Rechtskraft der Eintragung, also nicht z. B. der Erwerb durch Erbschaft oder durch Zuschlag in der Zwangsversteigerung. Insofern ist das Eintragungsprinzip nicht konsequent durchgeführt. Wo, wie in den erwähnten Beispielen, eine Rechtsänderung außerhalb des Grundbuchs vor sich ging, ist das Grundbuch falsch geworden; es bedarf der „Berichtigung", also einer Eintragung, die den Widerspruch zwischen dem wirklichen (materiellen) Rechtszustand und dem Buchinhalt beseitigt.

Der materiell-rechtliche Berichtigungsanspruch folgt aus § 894 BGB; die entsprechende formell-rechtliche Bestimmung enthält § 22 GBO.

Wegen des begrifflichen Unterschieds von Berichtigungen im Grundbuch und im Liegenschaftskataster wird auf § 22 RdNrn. 111 ff verwiesen.

3. Endgültige und vorläufige Eintragungen

34 Die konstitutiven und auch die deklaratorischen Eintragungen haben regelmäßig endgültigen Charakter. Es gibt jedoch auch lediglich vorläufige Eintragungen, und zwar die Vormerkung und den Widerspruch.

Die **Vormerkung** dient gem. § 883 Abs. 1 BGB der Sicherung eines schuldrechtlichen, auf Einräumung, Änderung oder Aufhebung eines dinglichen Rechts gerichteten Anspruchs, auch wenn dieser bedingt oder künftig ist. Sie bewirkt, daß Verfügungen soweit sie den gesicherten Anspruch beeinträchtigen, gegenüber dem Anspruchsberechtigten unwirksam sind und wahrt den Rang des geschützten Rechtes. Die Vormerkung als materielles Sicherungsmittel ist **abhängig** vom Bestand des gesicherten persönlichen Anspruchs, begründet jedoch kein dingliches Recht an einem Grundstück. Als Beispiele für durch Vormerkung absicherungsfähige Ansprüche auf dingliche Rechtsänderung seien aufgeführt: Anspruch des Grundstückskäufers auf Eigentumsübergang (die „Auflassungsvormerkung“, vgl. Einf RdNr. 68); der Anspruch des Vermächtnisnehmers nach Anfall des Vermächtnisses auf Vermächtniserfüllung. 35

Der **Widerspruch** ist ebenfalls ein Sicherungsmittel eigener Art, wodurch kein Recht am Grundstück begründet, jedoch gutgläubiger Erwerb gem. §§ 892 Abs. 1 Satz 1, 893 BGB verhindert wird. Unterschieden wird zwischen dem Widerspruch nach § 899 BGB, der zur Sicherung eines Berichtigungsanspruchs aus § 894 BGB dient, und den sonstigen Widersprüchen, wie dem Amtswiderspruch nach § 53 Abs. 1 Satz 1 und § 76 GBO und nach sonstigen Gesetzen, z. B. § 23 Abs. 3 BBauG (Nichterteilung der Bodenverkehrsgenehmigung). 36

C. Der Antragsgrundsatz

§ 13 GBO legt den Grundsatz fest, daß das Grundbuchamt in der Regel nur auf Antrag tätig werden soll. Dieser Antragsgrundsatz gilt nur für Eintragungen im Sinne des 2. Abschnitts der GBO (§§ 13–55) und stellt ein Ordnungsprinzip dar. Dies besagt, daß der Antrag kein Erfordernis für den Eintritt der Rechtsänderung ist. Auch ist der Antragsgrundsatz in der Grundbuchordnung nicht streng durchgeführt. Schon die Grundbuchordnung von 1897 sah Ausnahmen von diesem Grundsatz vor zugunsten der Erhaltung der Übereinstimmung des Grundbuchs mit der Rechtslage und mit dem Grundsteuerkataster. 37

Dies gilt insbesondere für offensichtliche Versehen und für unzulässige Eintragungen, die von Amts wegen zu berichtigen bzw. zu löschen sind, und für fehlerhafte Eintragungen, gegen die ein Widerspruch einzutragen ist. Es handelt sich hier vor allem um Vorkehrungen gegen schädliche Folgen unrichtiger Buchführung (vgl. § 53 RdNrn. 2 ff) und um das später in die Grundbuchordnung eingefügte Verfahren zur Löschung gegenstandsloser Eintragungen (§ 84 ff GBO). 38
Der Antragsgrundsatz, der nur für die Eintragungen im Sinne des 2. Abschnitts der Grundbuchordnung gilt, erfaßt also nicht das Anlegungsverfahren gem. § 3 GBO, §§ 7 ff AusfV und diejenigen Eintragungen, die sich allein auf die Rechtsverhältnisse

beziehen (Eintragungen tatsächlicher Art wie die Angaben der Eigenschaft eines Grundstücks als Haus, Acker, Wiese) oder die Berichtigung einer falschen Bezeichnung des Berechtigten (*Horber* § 13 Erl. 2 A).

39 Die Tätigkeit von Amts wegen zur Erhaltung der Übereinstimmung mit dem Kataster erstreckt sich vor allem auf die Unterrichtung der Katasterbehörde über die für das Kataster wichtigen Änderungen im Grundbuch über das Eigentum am Grundstück einerseits und auf die Übernahme der im Kataster vollzogenen Änderungen im Bestand, der Lagebezeichnung, der Nutzungsart und in den Flächenangaben der Grundstücke im Grundbuch andererseits (§§ 39 ff GBVfg).

D. Der Prüfungsgrundsatz (Legalitätsprinzip)

40 Das Prüfungsrecht sowie die Prüfungspflicht des Grundbuchamts hinsichtlich der eingehenden Anträge auf Eintragungen im Grundbuch nennt man Legalitätsprinzip. Durch diesen Grundsatz werden Eintragungen verhütet, die eine Unrichtigkeit des Grundbuchs bewirken könnten, und damit bezweckt, daß man sich auf die Eintragungen im Grundbuch verlassen kann. Allerdings erstreckt sich die **Prüfungspflicht** des Grundbuchamtes grundsätzlich nicht auf das materielle Recht, sondern lediglich auf das formelle Grundbuchrecht, also bspw. darauf, ob bei Anträgen die Antragsberechtigung und die Antragserfordernisse vorliegen (§§ 13 ff GBO). Das Legalitätsprinzip ist auch im Grundbuchberichtigungszwangsverfahren nach §§ 82 ff GBO sowie beim Verfahren über die Löschung von gegenstandslosen Eintragungen ausgeprägt.

41 Eine **Ausnahme** vom Prüfungsgrundsatz im formellen Grundbuchrecht bildet § 20 GBO, wonach bei der Auflassung der Nachweis der materiellrechtlichen dinglichen Einigung dem Grundbuchbeamten erbracht werden muß.

Auch erstreckt sich die Prüfungspflicht darauf, ob die Eintragung rechtlich zulässig ist, also nicht gegen Gesetz und Recht verstößt, ob das einzutragende Recht grundbuchfähig ist (vgl. Vorb 2 § 13) und ob die allgemeinen Voraussetzungen insbesondere im Hinblick auf die Personenidentität, Vertretungsnachweis und Geschäftsfähigkeit gegeben sind.

E. Der Öffentlichkeitsgrundsatz (Publizitätsprinzip)

1. Allgemeines

42 Gem. §§ 892, 893 BGB gilt der Inhalt des Grundbuches als richtig zugunsten dessen, welcher ein Recht an einem Grundstück oder ein Recht an einem solchen Recht durch Rechtsgeschäft erwirbt, sofern kein Widerspruch gegen die Richtigkeit im Grundbuch eingetragen ist und dem Erwerber die Unrichtigkeit nicht bekannt ist. Diese Gutglaubensschutzregelung begründet den

öffentlichen Glauben des Grundbuchs und verwirklicht so den materiellen Öffentlichkeitsgrundsatz (Publizitätsprinzip). Durch die Fiktion, daß das Grundbuch für den rechtsgeschäftlichen redlichen Erwerber schlechthin als wahr gilt, hat der im Grundbuch Eingetragene die Rechtsmacht, zugunsten eines gutgläubigen Erwerbers über das Recht des nichteingetragenen wahren Rechtsinhabers als Nichtberechtigter wirksam so zu verfügen, als ob materiell das Recht auch bestünde (*Palandt* § 892 Anm. 1).

Die Rechtsscheinwirkung bei Unrichtigkeit bzw. Unvollständigkeit des Registers gilt nicht nur im Grundbuchrecht, sondern auch gem. § 16 SchiffsregG für das Schiffsregister, § 16 LuftfahrzeugregisterG für das Pfandrechtsregister; öffentlicher Glaube kommt jedoch nicht bspw. dem Güterrechtsregister zu (vgl. §§ 1558 ff BGB). 43

Die gesetzgeberische Motivation für die Einführung des öffentlichen Glaubens des Grundbuchs ist in dem Verkehrsinteresse begründet, sich bei den erheblichen Werten, um die es sich bei Grundstücksgeschäften in der Regel handelt, auf die hinter dem Grundbuch stehende staatliche Autorität und auf die besondere Sorgfalt der Grundbuchführung verlassen zu können. 44

2. Voraussetzungen des Gutglaubensschutzes

a) Der Gutglaubensschutz setzt zunächst voraus, daß Grundbuch und dingliche Rechtslage sich widersprechen, das Grundbuch also die dingliche Rechtslage nicht richtig wiedergibt. Der öffentliche Glaube erfaßt außerdem **nur** Rechte, die eingetragen sein müssen, um gegen Dritte zu wirken, schützt also nicht vor nicht ersichtlichen öffentlichen Lasten (vgl. § 54 GBO) oder vor Fehlen persönlicher Voraussetzungen wie Geschäftsfähigkeit, Vollmacht und Identität des Verfügenden mit dem Eingetragenen im Grundbuch. 45

Da nur **Rechts-** und **nicht Tatsacheneintragungen** den erforderlichen Rechtsschein erzeugen, sind rein tatsächliche Angaben wie Größe, Bebauung und Lage des Grundstückes nicht geschützt (BGH Betrieb 1969, 1458). Diese Umstände muß der Erwerber eines Grundstückes so hinnehmen wie sie sind, ohne daß der gute Glaube daran etwas ändern kann (*Westermann,* Sachenrecht § 85 II 1 a). Andererseits erfaßt jedoch der öffentliche Glaube die Bestandsangaben im Grundbuch insoweit, als dadurch eine bestimmte Bodenfläche als Gegenstand der eingetragenen Rechte nachgewiesen wird (RG 73, 129). Demgemäß nimmt die **Flurkarte** am öffentlichen Glauben des Grundbuchs teil, was bedeutet, daß das Grundstück nicht nur als Gegenstand nach seiner Nummer, sondern auch hinsichtlich seines Bestandes und seiner Begrenzung unter dem Gutglaubensschutz steht. Danach gilt auch die kartenmäßige Grenze als richtig, die im Zeitpunkt des Rechtsgeschäfts falsch eingetragen war, sofern nur die Einigung sich auf das Grundstück in seinem grundbuchmäßigen Um- 46 fang erstreckte und der Erwerber auf die Richtigkeit dessen, was im Grundbuch eingetragen war, vertraut hatte (siehe weiter § 22 Anh RdNrn. 26 ff).

47 Eine **Ausnahme** vom Gutglaubensprinzip bestimmt Art. 187 EGBGB für altrechtliche Grunddienstbarkeiten, die dem gutgläubigen Erwerber gegenüber dann bestehen, wenn sie aus dem Grundbuch nicht ersichtlich sind (hierzu allgem. *Fischer*, Die altrechtlichen Dienstbarkeiten in Bayern, Agrarrecht 1975, 132; *Kamlah* MittBayNot 1972, 221).

48 b) Der Gutglaubensschutz gilt **nur** bei **rechtsgeschäftlichem Erwerb,** und zwar hier nur bei Verkehrsgeschäften. Die §§ 892, 893 BGB finden daher keine Anwendung in den Fällen des Erwerbs kraft Gesetzes, im Falle des Erwerbs durch Gesamtrechtsnachfolge oder bei Erwerb durch Zuschlag in der Zwangsversteigerung. Bei Enteignung und Zuschlag in der Zwangsversteigerung erwirbt der Ersteher durch den Hoheitsakt, so daß insoweit für die Anwendung des § 892 BGB kein Raum ist. Dieser Staatsakt wirkt ohne Rücksicht darauf, wer Eigentümer des Grundstücks ist.

Nach dem ZVG kommt diejenige Grundfläche zur Versteigerung, die als belastetes Eigentum des Schuldners im Grundbuch eingetragen ist. Das Recht muß genau bezeichnet sein und nach § 37 Abs. 5 ZVG als zur Zwangsversteigerung stehend öffentlich bekannt gemacht werden. Die so beschriebene und bekanntgemachte Fläche wird nach §§ 90, 91 ZVG ohne Rücksicht auf den guten Glauben des Erwerbers durch den Zuschlag dessen Eigentum, auch wenn sie nicht oder nicht so, wie sie im Grundbuch eingetragen war, dem Schuldner zum Eigentum gehörte.

49 Da nur Verkehrsgeschäfte, also Geschäfte mit neu hinzutretenden Dritten geschützt werden, entfällt der Gutglaubensschutz bei typischen Eigengeschäften (Bestellung einer Eigentümergrundschuld) oder bei Umwandlungen von Gemeinschaftsverhältnissen in andere Gemeinschaftsverhältnisse, wenn dieselben Personen beteiligt sind.

3. Gutgläubigkeit des Erwerbers

50 Gutgläubiger Erwerb ist dann ausgeschlossen, wenn entweder ein **Widerspruch** gem. § 899 BGB wirksam eingetragen und begründet ist oder die **Unrichtigkeit** des Grundbuchs dem Erwerber **positiv** bekannt ist. Grobfahrlässige Unkenntnis ist bedeutungslos und unschädlich.

Der Widerspruch nach § 899 BGB begründet kein Recht an dem Grundstück, bei dem er eingetragen wurde, sondern stellt ein Sicherungsmittel eigener Art dar, mit dem ein Grundbuchberichtigungsanspruch gem. § 894 BGB provisorisch abgesichert wird. Ein Anspruch aus § 894 BGB kommt immer in Betracht, wenn ein Gegensatz zwischen dem Inhalt des Grundbuchs und der wirklichen Rechtslage besteht, und diese Unrichtigkeit entweder nachgewiesen wird oder der Betroffene eine entsprechende Bewilligungserklärung (§ 22 GBO) abgegeben hat. Da die Bewilligung des Betroffenen meist nicht ohne weiteres zu erlangen sein wird, gründet sich die Eintragung des Widerspruchs meist auf richterliche Verfügung (einstweilige Verfügung). Hierzu ist der Berichtigungsanspruch dem Gericht gegenüber glaubhaft zu machen (§§ 936, 920 ZPO).

Gründe für die Unrichtigkeit des Grundbuches können bspw. Eintragungsfehler beim Grundbuchamt sein, oder das Fehlen erforderlicher behördlicher Genehmigungen zu Privatrechtsgeschäften oder Eintritt von Gesamtrechtsnachfolge, Anwachsung (§ 738 Abs. 1 Satz 1 BGB).

Der Widerspruch nach §§ 894, 899 BGB verhindert gutgläubigen Erwerb, bewirkt jedoch kein Veräußerungsverbot oder eine Verfügungsbeschränkung.

Zum Amtswiderspruch vgl. § 53.

F. Der Bestimmheitsgrundsatz (Spezialitätsprinzip)

1. Allgemeines

Der Bestimmtheitsgrundsatz (Spezialitätsprinzip) verlangt in formaler Hinsicht **(formelles Prinzip),** daß der Gegenstand des Rechtsverkehrs im Grundbuch **klar** und **unzweideutig** ausgewiesen wird. Dieses Prinzip, das wesensnotwendig das gesamte Sachenrecht durchzieht, jedoch im Schuldrecht nicht gilt, besagt für den Grundstücksverkehr, daß in das Grundbuch alles gehört, was für die Erkennbarkeit des Rechts nach Inhalt und Umfang von Bedeutung ist. Demzufolge muß insbesondere das Grundstück, das den Gegenstand der Rechtsbeziehungen darstellt, klar bestimmt sein, um eingetragen werden zu können. Weiterhin muß **Übereinstimmung** mit den entsprechenden **Katastereintragungen** bestehen und schließlich müssen auch die Rechte, die sich auf das eingetragene Grundstück beziehen, bestimmt sein. Der Bestimmtheitsgrundsatz ist insbesondere in den §§ 2, 3, 28 ff GBO ausgeprägt. 51

Dieser Grundsatz konnte ebenso wie das Öffentlichkeitsprinzip nur durchgeführt werden durch ein Vermessungswerk, das jedes einzelne Grundstück mit Nummern oder Buchstaben bezeichnet und seinen Umfang zuverlässig erkennen läßt, so daß jedes Grundstück im Grundbuch so genau beschrieben werden kann, daß es aufgrund der Angaben in der Örtlichkeit aufgefunden wird. Bereits der Entwurf zum Sachenrecht des BGB ging vom Grundsatz aus, daß jedes Grundstück gegen das Nachbargrundstück eine objektiv sichere, stets auffindbare geometrische Grenze haben muß. In der GBO von 1897 fand dieses Prinzip zunächst kaum Ausdruck. 52

Erst durch die Neufassung der GBO von 1935 wurde in § 2 Abs. 3 GBO die Katasterkarte in das Grundbuchrecht eingeführt und verlangt, sofern überhaupt eine behördliche Karte geführt wird, bei Abschreibung eines Grundstücksteils eine solche vorzulegen, die die Lage und die Größe des Teils ersichtlich macht.

Dem Bestimmtheitsprinzip entspricht es, daß **nur ganze Grundstücke** im Grundbuch eingetragen werden, nicht auch Teile von Grundstücken. Als Teile gelten auch solche einzelne ganze Flurstücke, die für sich allein keine 53 selbständigen Grundbuchgrundstücke bilden, sondern im Verband mit anderen Grundstücken zusammenstehen. Man spricht hier von **realen** Teilen von Grundstücken, in Unterscheidung zu **ideellen** Anteilen (Miteigentumsbruchteilen) an Grundstücken. Der Grundbuchschutz kann immer nur das Grundstück in seiner Gesamtheit erfassen; eine **Grenze** zwischen zwei Flurstücken, die zusammen ein Grundstück bilden, kann somit nicht vom öffentlichen Glauben erfaßt werden. Die Grenzen der Flurstücke (Katastergrundstücke) nehmen nur insoweit an der Vermutung und am öffentlichen Glauben des Grundbuches teil, als sie Grundbuchgrundstücksgrenzen sind. Soll ein **realer Teil,** sei er bereits durch eine eigene Flurstücksnummer bezeichnet oder nicht, für sich selbständig im Grundbuch eingetragen werden, so muß er zuvor vom Ganzen abgeschrieben werden: Das Grundstück muß geteilt werden.

54 Nach dem materiellen Liegenschaftsrecht des BGB bestehen keine Einschränkungen für die reale Teilung von Grundstücken, bei Gebäuden auch keinerlei materiellrechtlichen Einschränkungen für die Teilung nach vertikalen Flächen (Wänden). Für die Teilungen bestehen jedoch insbesondere öffentlich-rechtliche Genehmigungsvorbehalte (BBauG, vgl. § 2 RdNrn. 58 ff). Durch das Gesetz über das Wohnungseigentum und das Dauerwohnrecht (§§ 3, 8 WEG) vom 15. 3. 1951 (BGBl I S. 209) wurde unter bestimmten Voraussetzungen die Möglichkeit der horizontalen Teilung geschaffen (vgl. Anh § 3 RdNrn. 1 ff).

Bereits vor Inkrafttreten des BGB gab es die horizontale Teilung nach übereinanderliegenden Schichten im bayerischen und französischen Stockwerkseigentum. Die zur Zeit des Inkrafttretens des BGB bestehenden Stockwerkseigentumsrechte galten seit diesem Zeitpunkt gem. Art. 42 ÜGBGB im rechtsrheinischen Bayern als Miteigentum am Grundstück, wobei jedem Eigentümer die ausschließliche Benutzung jener Gebäudeteile zusteht, die ihm damals gehörten. Dem Stockwerkseigentum gleichartig geregelt wurden die ihm verwandten Herbergsrechte (§ 17 der VO vom 23. 7. 1898 GVBl S. 377; § 73 der JMBek. vom 1. 10. 1898).

55 Der materielle Bestimmtheitsgrundsatz hat seine besondere Ausprägung insbesondere auch bei den Belastungen des Grundstücks wie bspw. im Erfordernis der genauen Angabe, wer Gläubiger des Grundpfandrechts ist, für welche Forderung und in welcher Höhe das Grundpfandrecht haftet (vgl. §§ 1013, 1015, 1190 BGB). Ausnahmen vom Bestimmtheitsgrundsatz ergaben sich bzw. ergeben sich in Zeiten der Geldentwertung und Währungsumstellung (vgl. *Staudinger–Seufert* BGB § 873 Vorbem. 17).

56 2. Einzelfragen

Von besonderer Bedeutung ist das Spezialitätsprinzip bei der Frage, welche Anforderungen an **Kaufverträge** und **Auflassungserklärungen** hinsichtlich der Bestimmtheit des Vertragsobjekts (Grundstück bzw. Teilflächen von Grundstücken) zu stellen sind.

Hier verlangt zunächst das gesetzliche Beurkundungserfordernis gem. §§ 313, 125 BGB bei einem zur Übereignung von Grund und Boden verpflichtenden Vertrag, daß das den Verpflichtungsgegenstand bildende Gelände hinreichend genau bezeichnet ist.

a) Veräußerung ganzer Grundstücke

aa) Schuldrechtlicher Vertrag

Unproblematisch ist die Veräußerung eines **ganzen Grundstückes** im Rechts- 57
sinne. Hier genügt nach herrschender Rechtsprechung die Angabe der einschlägigen Grundbuchstelle (BGH MDR 1969, 126 = BB 1969, 382). Schwierigkeiten tauchen nur dann auf, wenn die Grundstücke unrichtig bezeichnet werden (Parzellenverwechslung, Irrtum und Dissens, vgl. hierzu § 22 Anh RdNrn. 12 ff). Die Frage, ob für den Eigentumsübergang die grundbuchmäßigen oder die tatsächlichlichen, augenblicklichen Grenzen maßgebend sein sollen, stellt sich insbesondere dann, wenn in notariellen Verträgen die Formulierung **„wie es liegt und steht"** oder **„wie es an Ort und Stelle besichtigt wurde"** verwendet wird (vgl. hierzu *Richter* DNotZ 1953, 386 ff und *Ring* DNotZ 1953, 389 ff). In der Praxis wird sich der Erwerber eines Grundstücks regelmäßig an den natürlichen Bestand, an die Beschaffenheit und an die Abgrenzung des Vertragsobjekts, wie es in der Örtlichkeit liegt, halten. An die Probleme, die sich bei Auseinanderfallen zwischen dem vorgefundenen Grundstücksbestand mit der Flurkarte und dem Grundbuch ergeben können, wird kaum gedacht. Wenn nun, was selten der Fall sein dürfte, zwischen Grundbuch und Wirklichkeit eine Diskrepanz vorliegt, so setzen sich die Vertragsparteien, die sich lediglich auf die Angaben in der Flurkarte und im Grundbuch verlassen und diese zur Vertragsgrundlage machen, der Gefahr aus, die Folgen einer später aufgedeckten Unrichtigkeit des Grundbuchs auf sich nehmen zu müssen (*Ring* DNotZ 1953, 391).

Damit erfährt die Bedeutung der Formulierung „wie es an Ort und Stelle besichtigt ist" eine doch nicht unerhebliche Bedeutung in der notariellen Praxis. Sie macht eben deutlich, daß das Grundstück in erster Linie nach seinen tatsächlichen Abmessungen veräußert werden sollte (vgl. auch LG Braunschweig MittBayNot 1971, 308). Aus solchen Kaufverträgen entsteht dann für den Käufer der Anspruch auf Eigentumsverschaffung der tatsächlich verkauften Grundstücke. Sofern dies wegen noch erforderlicher Zu- oder Wegmessungen nicht durch Auflassung geschehen kann, hat der Verkäufer seine Verpflichtungen aus § 433 Abs. 1 BGB noch nicht erfüllt. Die Rechtsfolgen richten sich in solchen Fällen nach den allgemeinen Regeln des Bürgerlichen Gesetzbuchs (vgl. hierzu auch *Richter* DNotZ 1953, 386 ff und insbes. *Meisner-Ring* § 6 III, 5, 6).

bb) Auflassung

58 Nicht nur der schuldrechtliche Teil, sondern gerade die **Auflassung,** das dingliche Erfüllungsgeschäft, bedarf aufgrund des Bestimmtheitsprinzips einer genauen Bezeichnung des Grundstücks. Zwar ist auch die Auflassung eines Grundstücks **auslegungsfähig,** und die fehlende Bezeichnung des Auflassungsgegenstandes kann vom Käufer auch alleine im Eintragungsantrag nachgeholt werden, aber die Auflassungserklärung kann vom Grundbuchamt nicht entgegen dem Wortlaut der beurkundeten Eintragungsunterlagen ausgelegt werden, solange der Wortlaut nicht offensichtlich oder zwingend unrichtig oder unvollkommen ist (BayObLG MDR 1974, 589 = MittBayNot 1975, 16).

59 Der Grundbuchverkehr erfordert zufolge des Bestimmtheitsgrundsatzes klare und ausdrückliche Erklärungen, die den Willen des Erklärenden unzweideutig erkennen lassen. Außerhalb der Eintragungsunterlagen liegende Umstände können nur dann berücksichtigt werden, wenn sie offenkundig sind (vgl. hierzu auch LG Würzburg, MittBayNot 1974, 151 und BayObLG MittBayNot 1969, 130).

60 Voraussetzung für eine wirksame Auflassungserklärung ist nicht, daß bei Teilflächen bereits die amtliche Vermessung durchgeführt ist. Anders als bei dem grundbuchmäßigen Vollzug (Eintragung), für den Bestimmtheit notwendig ist, genügt für die Auflassungserklärung nach § 925 BGB die zweifelsfreie Bestimmbarkeit des Trennstückes (h. Rspr. vgl. RG DR 1941, 2196; BayObLG 1962, 362; *Palandt* § 925 Anm. 5 a).

b) Vermessung von Teilflächen

61 Das Spezialitätsprinzip hat besondere Bedeutung, wenn aus einem Grundstück noch nicht vermessene **Teilflächen** veräußert werden. Diese Teilflächen müssen so genau bezeichnet sein, daß sich aus der Urkunde ergibt, welches nun die veräußerte Sache, der Vertragsgegenstand, ist. Die Flächenangabe allein reicht bei Verkauf einer Teilfläche nicht aus (RG HRR 1935, 656; BGH NJW 1969, 313), auch wenn tatsächlich die Vertragsparteien sich über den Vertragsgegenstand einig waren (OLG Schleswig MittBayNot 1973, 80 = JurBüro 1973, 164).

62 Allerdings ist weder die möglichst genaue noch die absolut richtige Bezeichnung der Teilfläche erforderlich; vielmehr genügt eine solche Bezeichnung, daß im konkreten Fall ein **vernünftiger Zweifel über die Identität** des Vertragsgegenstandes **ausgeschlossen** ist (*Müller,* Die Bezeichnung nichtvermessener Grundstücksflächen im notariellen Veräußerungsvertrag, DNotZ 1966, 77).

In Rechtsprechung und Literatur haben sich folgende Kriterien herausentwickelt:

aa) Beschreibung der Teilfläche

Bei der Umschreibung der veräußerten Teilfläche kann auf allgemein zugängliche Beweismittel (Metermaß, Winkel, Bäume, Hausgrenzen, Verbindungslinien zwischen Markierungspunkten oder Umschreibung der geometrischen Form und Größenangabe) zurückgegriffen werden. Die Beschreibung muß so genau sein, daß das Vermessungsamt ohne weiteres in der Lage ist, die veräußerte Fläche ohne Zuhilfenahme eines weiteren Hilfsmittels zu vermessen (vgl. *Müller* aaO DNotZ 1966, 79). 63

Weitaus häufiger in der Praxis wird der einfachere Weg des **Lageplans,** der der notariellen Urkunde beigeheftet wird, gewählt.

Von Vorteil erweisen sich hier die **amtlichen** Lagepläne, weil diese ohne besondere Prüfung als richtig zugrunde gelegt werden können. Es genügen jedoch auch **selbstgefertigte** Zeichnungen, die möglichst maßstabgetreu und unter Einbeziehung der angrenzenden Grundstücke oder besonders markanter Punkte abgefaßt werden. 64

Soweit die Zeichnung gleichzeitig Beschreibungen, Zahlen oder Maße enthält, kann diese Zeichnung als Anlage i. S. des § 9 BeurkG und damit als öffentliche Urkunde angesehen werden (*Keidel-Winkler* FG § 9 BeurkG RdNr. 25). Im übrigen sind reine Karten und Pläne keine „Schriftstücke" i. S. des § 9 BeurkG und daher auch keine Bestandteile der notariellen Urkunde, auch wenn die Beteiligten in der Urkunde hierauf Bezug nehmen.

Anderes gilt, wenn Zeichnungen, Pläne oder Karten mit einer öffentlich beglaubigten Erklärung gem. § 40 BeurkG verbunden werden, was häufig bei Dienstbarkeiten der Fall ist. Hier kann der Plan Bestandteil der beglaubigten Erklärung sein, weil jedes Erklärungsmittel (nicht nur „Schriftstück", wie in § 9 BeurkG für die öffentliche Urkunde bestimmt ist) zulässig ist und lediglich der Beglaubigungsvermerk öffentliche Urkunde ist (*Keidel-Winkler* FG § 40 BeurkG RdNrn. 17 ff).

Für die Frage der Bestimmtheit des Vertragsgegenstandes ist jedoch diese beurkundungsrechtliche Problematik unbeachtlich.

bb) Auslegungsfähigkeit der Beschreibung

Die ständige Rechtsprechung des RG und des BGH läßt von den voraufgeführten Anforderungen an die Bestimmtheit der Angabe des Vertragsobjekts in der Urkunde bestimmte Einschränkungen zu: 65

Das Vertragsobjekt kann über den Wortlaut des Urkundentexts hinaus durch **Auslegung** ermittelt werden.

Zwar sind der Auslegung einer Willenserklärung im Grundbucheintragungsverfahren, eben bedingt durch den Bestimmtheitsgrundsatz und durch das Erfordernis urkundlich belegter Eintragungsunterlagen, Grenzen gesetzt. Stillschweigende oder schlüssige Willenserklärungen genügen im Grundbuchverkehr nur dann ausnahmsweise, wenn sie ohne Widerspruch zum Inhalt der beurkundeten Erklärung einen unbedingt zwingenden und eindeutigen Schluß zulassen (BayObLG 1969, 97; BayObLG MittBayNot 1975, 16). Hier ist allerdings zu differenzieren zwischen der Auslegung der Auflassungserklärung im notariellen Vertrag und der Ermittlung des Urkundeninhalts hinsichtlich des schuldrechtlichen Verpflichtungsgeschäfts. Im zweiten Falle wird der Auslegung selbst ein weiterer Rahmen gesteckt werden; hier wird die Beurkundungsform als gewahrt angesehen sogar für Auslegungsergebnisse, die dem Urkundentext widersprechen, nämlich in den Fällen der sog. falsa demonstratio (vgl. BGH NJW 1969, 132, vgl. hierzu § 22 Anh RdnNrn. 12 ff).

cc) Bestimmungsrecht

66 Das Bestimmtheitsprinzip ist auch dann eingehalten, wenn die Bestimmung des Vertragsinhalts, hier des Vertragsobjekts, einem **Dritten** (§ 317 BGB) oder einem **Vertragsbeteiligten** (§ 315 BGB) überlassen wird (BGH NJW 1969, 132 = BB 1969, 332 = MDR 1969, 126). Bei Bestimmung durch einen Vertragsbeteiligten darf allerdings das Bestimmungsrecht nicht absolut der Willkür des Berechtigten überlassen werden. Vielmehr müssen im Vertrag ein gewisser objektiver Maßstab und damit Grenzen des freien Bestimmungsrechts festgesetzt sein (vgl. *Müller* aaO DNotZ 1966, 85; RG, Entsch. v. 3. 5. 1913, Gruchot 57, 948, wonach die Angabe des Stammgrundstücks und das Flächenmaß der Trennfläche ausreichend für die Bestimmung des Vertragsobjekts sind).

67 Wird die Grundstücksbestimmung hingegen gem. § 317 BGB einem Dritten überlassen, so ist die **Festlegung eines Bestimmungsrahmens** wie bei dem Bestimmungsrecht durch eine Vertragspartei nicht erforderlich (h. M. vgl. *Müller* aaO DNotZ 1966, 85 m. w. Nachw.).

Die **Ausübung** des Bestimmungsrechtes kann privatschriftlich erfolgen. Nach h. M. handelt es sich hierbei nicht um einen gem. §§ 313, 125 BGB beurkundungspflichtigen Nachtrag, sondern lediglich um eine bereits im Vertrag vorgesehene, privatschriftlich zulässige Ergänzung des Vertrages (RG, Urt. v. 3. 5. 1913 Gruchot 57, 948; RGZ 165, 161; OGH NJW 1950, 463). Unberührt hiervon bleibt allerdings die Formvorschrift des § 29 GBO.

In beiden Fällen muß aus dem Vertragstext klar erkennbar sein, daß und welcher Person ein Bestimmungsrecht eingeräumt wird. Nicht genügt, daß der Urkundenwortlaut die Bestimmung des Grundstücks oder der Teilfläche durch eine Vertragspartei oder einen (nicht benannten) Dritten ermöglicht (BGH NJW 1969, 132).

c) Bestimmtheit einer Auflassungsvormerkung

68 Das Bestimmtheitsprinzip im Grundbuchrecht erfaßt auch die Eintragung einer **Vormerkung** gem. § 883 BGB.

Die Auflassungsvormerkung ist ein materielles Sicherungsmittel eigener Art, mit welchem ein persönlicher Anspruch auf Übertragung des Eigentums an einem Grundstück, einem realen Teil oder einem ideellen Miteigentumsanteil durch Eintragung in Abt. II des Grundbuchs geschützt wird, ohne daß diese Vormerkung ein dingliches Recht am Grundstück begründen würde. Vielmehr ist die Vormerkung abhängig vom **Bestand** des gesicherten **persönlichen** Anspruchs.

Gesichert werden kann durch Vormerkung **nur** ein **schuldrechtlicher Anspruch,** gleich, ob der Schuldgrund auf Vertrag, einseitigem Rechtsgeschäft oder auf Gesetz beruht. Der zu sichernde Anspruch muß nach Inhalt und Gegenstand mindestens bestimmbar sein (§ 241 BGB; RG Gruchot 58, 1016, 1017). 69

Das grundbuchrechtliche Bestimmtheitsprinzip stellt für die Eintragung der Vormerkung keine über dieses schuldrechtliche Bestimmbarkeitsprinzip hinausgehenden Anforderungen auf. Denn der Vorschrift des § 28 Satz 1 GBO wird dadurch genügt, daß das Grundstück, an dem die Vormerkung eingetragen werden soll, in der jeweiligen Eintragungsbewilligung genau bezeichnet ist. Grundsätzlich gebietet § 883 BGB nicht, hinsichtlich der Bestimmtheit des Inhalts der Vormerkung strengere Anforderungen zu stellen als an die Bestimmtheit des zu sichernden Anspruchs (RG Gruchot 58, 1016, 1017). Ist beispielsweise die Lage der dem Auflassungsanspruch unterliegenden Teilfläche in der Örtlichkeit im Zeitpunkt der Eintragung der Vormerkung zwar noch unbestimmt, jedoch schuldrechtlich zulässig bestimmbar, so kann für die Eintragung der Vormerkung nicht gefordert werden, daß die Lage der Teilfläche bereits bestimmt ist (BayObLG MittBayNot 1973, 369). Anders hingegen ist die Rechtslage, wenn bereits Gegenstand des schuldrechtlichen Vertrages ein bestimmter Grundstücksteil ist; in diesem Falle ist auch in der Bewilligung der Auflassungsvormerkung der Teil so **genau** zu bezeichnen, daß sich seine Größe und Lage in einer dem Verkehrsbedürfnis entsprechenden Weise **zweifelsfrei** ergibt (BGH NJW 1972, 2270; BayObLG MittBayNot 1973, 370; BayObLGZ 1956, 408). Dieses Erfordernis folgt letztlich daraus, daß sich Art und Umfang des gesicherten schuldrechtlichen Anspruchs aus dem Eintragungsvermerk oder der Eintragungsbewilligung für jeden Dritten ergeben müssen (RGRK § 883 BGB RdNr. 51; BayObLG MittBayNot 1972, 226).

Wenn eine Auflassungsvormerkung für einen bereits vermessenen Grundstücksteil in das Grundbuch eingetragen werden soll, ist grundsätzlich die Vorlage des betreffenden **Veränderungsnachweises** beim Grundbuchamt geboten. Der Nachweis, daß dem Bestimmtheitsgrundsatz des Liegenschaftsrechtes entsprochen ist, kann aber auch in der Weise erbracht werden, daß der Veränderungsnachweis dem Notar vorgelegt wird und der Notar in der 70

Kaufurkunde auf den Veränderungsnachweis und die dort gegebene Beschreibung des Trennstückes Bezug nimmt. Der Notar ist nach § 20 Abs. 1 BNotO zu derartigen Tatsachenfeststellungen befugt.

71 Nicht verlangt werden kann vom Grundbuchamt, daß bereits die entsprechende **Messungsanerkennung** (zum Begriff vgl. § 22 Anh RdNr. 28) vorgelegt wird. Dies gilt auch für die Löschung einer Auflassungsvormerkung, die zunächst bei einem Kauf einer noch nicht vermessenen Teilfläche am Gesamtgrundstück eingetragen wurde und nunmehr, nach Vorliegen des amtlichen Veränderungsnachweises, sofort an den nicht gekauften Flächen zur Löschung beantragt wird (LG Memmingen MittBayNot 1976, 140). Auch bei einem Anspruch auf Erwerb eines Wohnungseigentums muß für die Eintragung der Vormerkung der Miteigentumsanteil in seiner Größe zumindest bestimmbar sein. Es genügt nicht die Überreichung einer Bauzeichnung für die konkrete Wohnung mit Angabe der Stockwerkshöhe zusammen mit einem ihr entsprechenden Miteigentumsanteil am Grundstück (LG Hannover Beschl. v. 15. 11. 1974; vgl. *Schmedes* Rpfleger 1975, 284). Auch der Anspruch eines Erwerbers auf Abtrennung eines Raums oder Raumteils aus einem bestehenden Wohnungseigentum zielt auf eine inhaltliche Änderung eines Rechts an einem Grundstück und ist, auch ohne daß bereits die neue Abgeschlossenheitsbescheinigung vorläge, durch Vormerkung absicherungsfähig (OLG Celle NJW 1974, 1909; AG Würzburg MittBayNot 1976, 173 m. Anm. *Kirchner*).

G. Der Vorrangsgrundsatz (Prioritätsprinzip)

72 Das Prioritätsprinzip, auch Vorranggrundsatz genannt, besagt, daß bei Rechten in derselben Abteilung des Grundbuchs die Reihenfolge der Eintragung entscheidet. Bei Eintragungen in verschiedenen Abteilungen des Buches gewährt das ältere Datum den Vorrang. Rechte, die unter gleichem Datum eingetragen werden, haben gleichen Rang (§ 879 BGB, § 45 GBO). Rangverschiebungen sind aufgrund rechtsgeschäftlicher Vereinbarung (§ 880 BGB) oder aufgrund gesetzlicher Vorschriften (§ 1119 BGB) möglich.

Die Grundbuchordnung

Erster Abschnitt, Allgemeine Vorschriften

§ 1 Grundbuchamt, sachliche und örtliche Zuständigkeit

(1) Die Grundbücher werden von den Amtsgerichten geführt (Grundbuchämter). Diese sind für die in ihrem Bezirk liegenden Grundstücke zuständig.
(2) Liegt ein Grundstück in dem Bezirk mehrerer Grundbuchämter, so ist das zuständige Grundbuchamt nach § 5 des Reichsgesetzes über die Angelegenheiten der freiwilligen Gerichtsbarkeit zu bestimmen.
(3) Die sachliche Zuständigkeit der Grundbuchbeamten, die Einrichtung und die Führung der Grundbücher bestimmen sich, soweit sie nicht in diesem Gesetz geregelt sind, nach den Anordnungen des *Reichsministers der Justiz.*

I. Organe des Grundbuchwesens

A. Grundbuchamt

Die Grundbuchordnung von 1897 hatte nur bestimmt, daß die Grundbücher von den Grundbuchämtern geführt werden müssen. Die Bildung von Grundbuchämtern sowie die Zuständigkeit der Grundbuchämter waren dem Landesrecht überlassen worden. Die Neuanlage von Grundbüchern wurde nicht unbedingt verlangt. § 87 gestattete, daß durch landesrechtliche Verordnung bisher geführte Bücher zum Grundbuch erklärt werden konnten. So wurden in Bayern die Hypothekenbücher von den Amtsgerichten geführt, zu Grundbüchern ausgebaut und als solche fortgeführt (vgl. hierzu ausführlich *v. Henle*, Die Anlegung des Grundbuchs in den Landesteilen rechts des Rheins, 1902; *Hammer*, Die Geschichte des Grundbuches in Bayern, Heft 13 Bayerische Heimatforschung). 1

§ 1 ist durch GBOÄndV von 1935 dergestalt neu gefaßt worden, daß grundsätzlich nunmehr im gesamten Bundesgebiet die **Amtsgerichte** für das Grundbuchverfahren erster Instanz und für alle bei Erledigung von Eintragungsanträgen sich ergebenden Geschäfte zuständig sind. Die Bezeichnung der Diensstelle ist „Amtsgericht“ (§ 1 Abs. 1 GeschO); die Beifügung „Grundbuchamt“ geschieht aus Zweckmäßigkeitsgründen.

Eine **Ausnahme** von dem Grundsatz, daß das Grundbuchamt beim Amtsgericht geführt wird, gilt in den ehemaligen Ländern Baden und Württemberg, wo in den Gemeinden staatliche Grundbuchämter eingerichtet sind (Art. 8 GBOÄndV). Zufolge der landesrechtlichen Vorbehalte ist im früheren Landesteil Württemberg der Bezirksnotar (ein Staatsbeamter des geho- 2 benen Justizdienstes mit besonderer Ausbildung) Grundbuchbeamter. In der Regel ist er für mehrere Gemeinden zuständig. Im Verhinderungsfalle wird er durch den Ratschreiber der jeweiligen Gemeinde (Gemeindebeamte des gehobenen Dienstes) vertreten (§ 32 BadWürttLFGG). In jeder Gemeinde besteht ein Grundbuchamt.

Im früheren Landesteil Baden sind die zum Richteramt befähigten und beamteten Notare Grundbuchbeamte geblieben; die örtlichen staatlichen Grundbuchämter bei den Gemeinden werden von ihnen regelmäßig besucht.

Zum Aufgabenbereich des badischen und württembergischen Ratschreibers sowie des badischen Grundbuchhilfsbeamten vgl. *Kehrer – Bühler – Tröster,* Notar und Grundbuch, Bd. I, § 1 H; *Haegele* RdNr. 16.

B. Notar

3 Der **Notar** als **unabhängiger (Landes-)Amtsträger eines öffentlichen Amtes** erfüllt einen Teil der staatlichen Rechtspflegeaufgaben, insbesondere durch Beurkundung von Rechtsvorgängen. Obwohl der Notar nicht Beamter i. S. der Beamtengesetze ist, rückt er durch die Eigenart der ihm übertragenen Aufgaben, der Regelung seiner Amtsbefugnisse und der Ausgestaltung seines Berufsrechts in die nächste Nähe des öffentlichen Dienstes, insbesondere des Richters (vgl. BVerfGE 17, 371 = DNotZ 1964, 424). Die Errichtung eines Notariats steht gem. Art. 84 Abs. 1 GG dem einzelnen Land zu. Alleine dem Staat (Land) obliegt die Entscheidung, ob und wieviele Ämter an welchen Orten geschaffen werden. Ein Anspruch auf Zuteilung eines oder eines bestimmten Notaramts steht dem Bewerber nicht zu (vgl. *Seybold-Hornig* § 1 RdNr. 11). In der Bundesnotarordnung vom 24. 2. 1961 (BGBl I S. 97) sind die Grundlagen des Berufsrechts der Notare enthalten.

4 Die geltende Notariatsverfassung kennt mehrere Notariatsformen: das Nurnotariat, das Anwaltsnotariat und noch das beamtete Notariat.

Das **Nurnotariat** besteht in Bayern, Hamburg, Rheinland-Pfalz, Saarland, im OLG-Bezirk Köln, im OLG-Bezirk Düsseldorf (ausgenommen die LG-Bezirke Emmerich und Duisburg) und im OLG-Bezirk Stuttgart (neben dem Anwalts- und beamteten Notariat). Es ist insbesondere dadurch gekennzeichnet, daß der auf Lebenszeit bestellte Notar sein Amt hauptberuflich ausübt, also die Verbindung insbesondere mit dem Anwaltsberuf nicht gestattet ist. Die BNotO bestimmt in § 3 Abs. 1, daß das Nurnotariat die Regel bildet.

5 Das **Anwaltsnotariat** ist in denjenigen Bezirken gestattet, in denen bei Inkrafttreten der BNotO (1. April 1961) das Amt des Notars nur im Nebenberuf ausgeübt wird, besteht also insbesondere in Berlin, Bremen,

Hessen, Niedersachsen, Schleswig-Holstein und den Teilen Nordrhein-Westfalens, in denen das Nurnotariat nicht vorhanden ist.

Der Anwaltsnotar wird nur für die Dauer seiner Zulassung bei einem bestimmten Gericht berufen. Der Anwaltsnotar übt das Notaramt neben der Tätigkeit als Anwalt aus; es werden also zwei verschiedene Funktionen in einer Person vereinigt.

In Baden-Württemberg gibt es **staatliche Notariate**, die mit verbeamteten 6
Notaren besetzt sind und neben den Tätigkeiten als Notar auch staatliche Aufgaben im Grundbuchwesen sowie Vormundschafts- und Nachlaßrecht erfüllen (vgl. hierzu §§ 13 ff BadWürttLFGG).

Das **Beurkundungsgesetz** vom 28. 8. 1969 (BGBl I S. 1513) konzentrierte 7
die Beurkundungszuständigkeit unter Beseitigung des früher zersplitterten Rechtszustandes und unter weitgehender Aufhebung der bisherigen amtsgerichtlichen Zuständigkeiten auf das Urkundsamt, den Notar. Das Beurkundungsverfahren wurde durch dieses Gesetz vereinheitlicht und vereinfacht. Ergänzt werden BNotO und BeurkG durch die bundeseinheitlich von den Landesjustizverwaltungen beschlossenen Dienstanweisungen (Dienstordnung für Notare, DONot).

Das Grundbuchamt (Amtsgericht) ist seit Inkrafttreten des BeurkG zur 8
Vornahme von Beurkundungen und Unterschriftsbeglaubigungen nicht mehr zuständig (§ 57 Abs. 6, 7 BeurkG). Unberührt hiervon bleibt die Befugnis, reine (formlose) Anträge zur Niederschrift aufzunehmen.

C. Vermessungsbehörden

§ 61 Abs. 1 Nr. 6 BeurkG läßt die Rechtsvorschriften über die Beurkun- 9
dungs- und Beglaubigungsbefugnis der Vermessungsbehörden unberührt, weil diese Befugnis mit den Aufgaben der Vermessungsbehörden eng zusammenhängt (*Keidel-Winkler* FG § 61 BeurkG RdNrn. 10, siehe auch §§ 5, 6 RdNr. 23 ff).

Weiter bleiben über § 61 Abs. 1 Nr. 8 BeurkG Vorschriften über die Beurkundung von Tatbeständen, die am Grund und Boden durch vermessungstechnische Ermittlungen festgestellt werden, durch Behörden, öffentlich bestellte Vermessungsingenieure oder Markscheider unberührt. Insoweit sind die Länder befugt, vom BeurkG abweichende Vorschriften zu erlassen zum alten Recht vgl. *Keidel* FGG 9. Aufl., § 167 Vorb. 40; *Mecke,* Der Entwurf eines Beurkundungsgesetzes, DNotZ 1968, 616).

II. Zuständigkeiten

A. Sachliche Zuständigkeit

10 Der sachliche Aufgabenkreis des Grundbuchamtes umfaßt zunächst die ausschließliche Zuständigkeit in Grundbuchsachen, also die Führung der Grundbücher und die damit zusammenhängenden Aufgaben. Über diese **ausschließliche** Zuständigkeit hinaus erfüllt das Grundbuchamt weitere Aufgaben zufolge besonderer gesetzlicher Zuweisung. Hierunter sind insbesondere die Fälle zu verstehen, in denen sachlich-rechtliche Erklärungen gegenüber dem Grundbuchamt abzugeben sind (vgl. mit weiteren Nachweisen *Meikel-Imhof-Riedel* § 1 Bem 33; *Kunze-Ertl-Herrmann-Eickmann* § 1 RdNr. 2).

Die Verteilung der sachlichen Aufgaben des Grundbuchamtes auf die Grundbuchbeamten und die Hilfskräfte bestimmen gem. § 1 Abs. 3 die Grundbuchordnung sowie die Anordnungen des Reichsjustiz- bzw. Bundesjustizministers. Für die Regelungen der Geschäftsordnungen sind nunmehr die Länder zuständig.

11 Gemäß §§ 1 ff AVGBO umfaßt der Begriff „Grundbuchbeamter" den **Amtsrichter** als Grundbuchrichter, den **Rechtspfleger**, den für das Grundbuchamt oder einzelne Abteilungen bestellten Beamten der Geschäftsstelle, den Urkundsbeamten und 2. Beamten der Geschäftsstelle sowie den anstelle des 2. Beamten der Geschäftsstelle vom Behördenvorstand ermächtigten Justizangestellten. Dem Rechtspfleger, der bei seinen Entscheidungen nur dem Gesetz unterworfen ist, sind gem. § 3 Nr. 1 h RpflG die nach den gesetzlichen Vorschriften vom Richter wahrzunehmenden Aufgaben des Amtsgerichts in Grundbuchsachen in vollem Umfang übertragen worden. Ihm obliegen alle Geschäfte, die das Grundbuchamt mit Wirkung nach außen zu erledigen hat und für die nicht eine besondere Regelung getroffen ist (*Horber* § 1 Erl. 2 b; *Kuntze-Ertl-Herrmann-Eickmann* § 1 RdNr. 12). Grundsätzlich entscheidet der Rechtspfleger selbständig (§ 9 RpflG). Er hat jedoch dann, wenn er von einer ihm bekannten Stellungnahme des Grundbuchrichters abweichen will, sich bei der Bearbeitung der Sache rechtliche Schwierigkeiten ergeben oder die Anwendung von nicht im Geltungsbereich des Rechtspflegergesetzes liegendem Recht in Betracht kommt, die Sache dem Richter zur Entscheidung vorzulegen (§ 5 Abs. 1 Nr. 1, 3 RpflG).

Die Aufgaben des **Urkundsbeamten** ergeben sich aus den §§ 2, 3, 4 AVGBO. Er hat primär die vom Grundbuchrichter bzw. Rechtspfleger verfügten Eintragungen zu veranlassen und die erfolgten Eintragungen mit zu unterschreiben (umfassend werden die Funktionen des Urkundsbeamten aufgeführt bei *Meikel-Imhof-Riedel* § 1 Bem 47 und *Kuntze-Ertl-Herrmann-Eickmann* § 1 RdNr. 13).

B. Örtliche Zuständigkeit

Die örtliche Zuständigkeit eines Grundbuchamts erfaßt alle Grundstücke, die in seinem Bezirk liegen. Im Regelfalle ist der Bezirk des Grundbuchamts identisch mit dem Bezirk des Amtsgerichts (wegen Ausnahmen vgl. § 2 RdNrn. 1 ff). Die Bezirke der **Amtsgerichte** werden durch Gesetz festgelegt. Sie sind in Bayern gebietsgleich mit den Landkreisen. Ändert sich das Gebiet eines Landkreises, so ändert sich damit als rechtliche Folge die Begrenzung des Amtsgerichtsbezirks. 12

Ausnahmen von dem Grundsatz, daß das Grundbuchamt nur für Grundstücke seines Bezirks zuständig ist, können sich dann ergeben, wenn ein Grundstück in den Bezirken mehrerer Grundbuchämter liegt oder im Falle der Vereinigung oder Zuschreibung von Grundstücken, wenn diese in verschiedenen Grundbuchamtsbezirken liegen. Liegt ein Grundstück in den Bezirken mehrerer Grundbuchämter, so wird über die Zuständigkeit durch das gemeinschaftliche obere Gericht gem. § 5 FGG entschieden.

Eine Verletzung der Regeln über die örtliche Zuständigkeit führt nicht schon aus diesem Grunde zur Unwirksamkeit der Handlung (§ 7 FGG, *Meikel-Imhof-Riedel* § 1 Bem 64; *Kuntze-Ertl-Herrmann-Eickmann* § 1 RdNr. 8; *Haegele* RdNr. 21). 13

III. Verfahren

Das Verfahren in Grundbuchsachen ist ein **Verfahren der freiwilligen Gerichtsbarkeit**, für das grundsätzlich das Gesetz über die Angelegenheiten der freiwilligen Gerichtsbarkeit vom 17. 5. 1898 (RGBl S. 189) gilt, soweit nicht die Grundbuchordnung selbst unmittelbar andere Regelungen trifft oder die Anwendung des Gesetzes über die Angelegenheiten der freiwilligen Gerichtsbarkeit mit dem Wesen des Grundbuchverfahrens unvereinbar ist. 14

Zusammengefaßt gelten folgende Grundsätze: 15

1. Da gemäß § 8 FGG, § 184 GVG die **Gerichtssprache** deutsch ist, müssen die Urkunden und Schriftstücke, welche die Erklärungen der Beteiligten gegenüber dem Grundbuchamt enthalten, in deutscher Sprache abgefaßt sein. Bei Tätigkeiten von amtswegen sind fremdsprachliche Erklärungen und Urkunden zu berücksichtigen. Beweisurkunden (bspw. Bescheinigungen aus Registern oder Verfügungen von Todes wegen sowie Vollmachten) können in der Originalsprache eingereicht werden. Eine Übersetzung durch einen Dolmetscher ist dann nicht notwendig, wenn der Richter der Fremdsprache mächtig ist (*Meikel-Imhof-Riedel* § 1 Bem 10).
2. Der Grundsatz der Öffentlichkeit gilt im Verfahren der freiwilligen Ge- 16

richtsbarkeit **nicht**. Mithin sind die §§ 169 ff GVG nicht anwendbar, und andere als unmittelbar beteiligte Personen bzw. deren Vertreter dürfen ohne Zustimmung der Beteiligten regelmäßig nicht anwesend sein. Hingegen ist die Sitzungspolizei gem. §§ 176–178 GVG zur Aufrechterhaltung der Ordnung bei den Verhandlungen auszuüben. (Verhandlungen finden in Grundbuchsachen nur selten statt, so bspw. im Klarstellungsverfahren bezüglich der Rangverhältnisse gem. §§ 90 ff GBO).

17 Gemäß § 13 FGG kann sich jeder Beteiligte durch einen Bevollmächtigten vertreten lassen. Anwaltszwang besteht lediglich bei Einwilligung einer weiteren Beschwerde gem. § 80 Abs. 1 Satz 2 GBO. Formvorschriften für die Vollmacht bestehen regelmäßig nicht. Ausnahmen ergeben sich aus den Formvorschriften der §§ 29, 31 GBO. Der Notar, der die zur Eintragung erforderlichen Erklärungen beurkundet oder beglaubigt hat, gilt im Rahmen des § 15 GBO als ermächtigt.

18 4. Im Antragsverfahren ist gem. § 29 GBO (mit Ausnahme des § 35 Abs. 3) nur der Urkundenbeweis zulässig. § 15 FGG, wonach die Vorschriften der ZPO über Beweis durch Augenschein, Zeugenbeweis u. a. entsprechend anzuwenden sind, gilt nur im Amtsverfahren vor dem GBA und in der Beschwerdeinstanz (vgl. *Meikel-Imhof-Riedel* § 1 Bem 18 a; *Horber* § 1 Erl. 5 H).

19 5. § 16 FGG bestimmt, daß gerichtliche Verfügungen erst mit der Bekanntmachung wirksam werden. Auf Eintragungen im Grundbuch ist § 16 FGG hingegen nicht anwendbar: Eintragungen werden mit ihrer Vollendung (Unterzeichnung der Eintragung durch die zuständigen Beamten, vgl. § 44 RdNr. 1) wirksam. Im übrigen gilt jedoch für die weiteren Verfügungen des Grundbuchamtes § 16 FGG.

IV. Aktenführung beim Grundbuchamt

Neben dem Grundbuch (vgl. hierzu §§ 3, 4 RdNrn. 1 ff) werden beim Grundbuchamt geführt:

20 *1. Die Grundakten*

Gem. § 24 GBVfg sind die Urkunden und Abschriften, die gem. § 10 GBO vom Grundbuchamt aufzubewahren sind, zu den Grundakten zu nehmen. Die Grundakten werden also aus den Schriften zu den einzelnen Grundbuchblättern gebildet (§ 21 Abs. 1 Satz 1 AktO). Hierbei ist für jedes einzelne Grundbuchblatt ein gesondertes Grundaktenstück anzulegen. Die äußere Einrichtung der Grundakten bestimmt § 3 AktO und zwar erfolgt die Ordnung nach dem Tag des Einganges. Ein Aktenregister im

Sinne des § 1 AktO wird für die Grundakten nicht geführt, da sich die Ordnung der Akten aus der Ordnung des Grundbuches ergibt. Jedoch erhält jedes Schriftstück innerhalb eines Grundaktenstücks eine eigene Ordnungsnummer in der Reihenfolge seines Eingangs und jedes Aktenstück erhält ein Aktenzeichen, unter dem alle dazugehörigen Schriftstücke zu führen sind (§ 4 Abs. 4 Halbsatz 1 AktO). Die Grundakten selbst bleiben im Regelfall in den Geschäftsräumen des Grundbuchamts und dürfen nur nach Maßgabe des § 17 Abs. 2 GeschO herausgegeben werden.

2. Handblatt 21

Das Handblatt stellt eine wortgetreue Wiedergabe des Grundbuchblatts dar (§ 24 Abs. 4 GBVfg). Es befindet sich bei den Grundakten und erleichtert so dem Grundbuchbeamten die Bearbeitung der Grundbuchsachen. Gemäß § 24 Abs. 4 Satz 2 GBVfg hat der Grundbuchführer dafür Sorge zu tragen, daß das Handblatt mit dem Grundbuch übereinstimmt. Das Handblatt ist also nach erfolgten Eintragungen im Grundbuch zu vervollständigen. Das Handblatt selbst genießt nicht den öffentlichen Glauben des Grundbuchs. Wenn Grundbuch und Handblatt nicht übereinstimmen, so ist ausschließlich die Eintragung im Grundbuch maßgebend. § 44 Satz 2 GBO, wonach die Eintragungen im Grundbuch vom Rechtspfleger und Urkundsbeamten der Geschäftsstelle gemeinsam unterschrieben sein müssen, gilt für die Eintragungen im Handblatt nicht.

3. Wohnungsblatt 22

Das Wohnungsblatt, dessen Anlage und Führung der Geschäftsstelle obliegt, enthält die Anschriften, Wohnung und Wohnort der im Grundbuch eingetragenen Beteiligten (Eigentümer, Miteigentümer, Gläubiger, sonstige dinglich Berechtigte). Es ist nur dann anzulegen, wenn ein Bedürfnis besteht.

4. Tagebuch 23

Nach § 21 Abs. 6 AktO ist von jeder Abteilung der Geschäftsstelle über die Eintragungen im Grundbuch ein Tagebuch nach Muster 10 der AktO zu führen, wobei der Vorstand des Amtsgerichts bestimmen kann, daß für mehrere Abteilungen ein gemeinsames Tagebuch geführt wird (§ 21 Abs. 6 Satz 1 AktO). Zweck des Tagebuchs ist, zu statistischen Zwecken eine Übersicht über die Eintragungstätigkeit des Grundbuchamts zu erhalten. Aus diesem Grunde werden im Tagebuch auch nur Eintragungsverfügungen und Zurückweisungen aufgenommen. Der Urkundsbeamte der Geschäftsstelle hat die Eintragungen im Tagebuch dann vorzunehmen, wenn ihm die Eintragungsverfügung oder Rückweisungsverfügung zugeht.

Neben dem Tagebuch kann auf Anordnung des OLG-Präsidenten auch eine Eingangsliste geführt werden (§ 21 Abs. 6 Satz 2 AktO).

24 *5. Eigentümerverzeichnis*

Das Eigentümerverzeichnis, das grundsätzlich für den Bezirk des Grundbuchamts geführt wird (§ 28 Abs. 8 a AktO), enthält in alphabetischer Reihenfolge jeden Grundstückseigentümer mit Vor- und Zunamen, Beruf und Wohnort sowie den Hinweisen auf das Grundbuchblatt und den Grundbuchband.

Zu den voraufgeführten beim Grundbuchamt geführten Listen und Registern vgl. insbesondere *Meikel-Imhof-Riedel* § 2 Bem 6 ff und *Haegele* RdNrn. 24 ff.

§ 2 Grundbuchbezirk, Bezeichnung der Grundstücke, Abschreibung von Grundstücksteilen

(1) Die Grundbücher sind für Bezirke einzurichten.

(2) Die Grundstücke werden in den Büchern nach einem amtlichen Verzeichnis benannt, in dem sie unter Nummern oder Buchstaben aufgeführt sind. Der *Reichsminister der Justiz* bestimmt die Einrichtung des Verzeichnisses.

(3) a) Ein Teil eines Grundstücks soll von diesem nur abgeschrieben werden, wenn ein beglaubigter Auszug aus dem amtlichen Verzeichnis und, sofern eine Karte geführt wird, eine von der zuständigen Behörde beglaubigte Karte vorgelegt wird, aus denen die Größe und die Lage des Teils ersichtlich sind; der Teil muß im amtlichen Verzeichnis unter einer besonderen Nummer oder einem besonderen Buchstaben verzeichnet sein, es sei denn, daß nach dem Ermessen der zur Führung der Karte zuständigen Behörde die Nummer in der Karte nicht deutlich dargestellt werden kann. Eine Karte braucht nicht vorgelegt zu werden, wenn bei der Abschreibung die Karte sich nicht verändert und die zuständige Behörde bescheinigt, daß der abzuschreibende Teil von dem übrigen Teil des Grundstücks räumlich getrennt liegt. Ändert sich die Karte bei der Abschreibung nicht und liegt der abzuschreibende Teil von dem übrigen Teil des Grundstücks nicht räumlich getrennt, so hat die zur Führung der Karte zuständige Behörde auf der Karte zu bescheinigen, daß die kartenmäßige und die örtliche Grenze zwischen dem abzuschreibenden Teil und dem übrigen Teil des Grundstücks übereinstimmen.

b) Der Auszug und die Karte brauchen nicht vorgelegt zu werden bei Abschreibungen, die auf Ersuchen einer Auseinandersetzungsbehörde auf Grund eines von ihr bestätigten Rezesses (Feldbereinigungsurkunde, Endbescheid des Flurbereinigungsamts und ähnliches) oder auf Ersuchen der zuständigen Behörde auf Grund eines Enteignungsbeschlusses erfolgen sollen.

c) Sofern das amtliche Verzeichnis vom Grundbuchamt selbst geführt wird, tritt an die Stelle des unter a genannten beglaubigten Auszugs ein von der zuständigen Behörde beglaubigter, zur Berichtigung des amtlichen Verzeichnisses geeigneter Auszug.

I. Grundbuchbezirk

A. Regel

Die Grundstücke müssen im Grundbuch auffindbar sein. Dies wird durch die von der GBO vorgeschriebene Gliederung des Grundbuchs in Bezirke, die Grundbuchbezirke, erleichtert. 1

§ 1 Abs. 1 GBVfg stellt als Regel auf, daß die Grundbuchbezirke der politischen Gliederung des Staatsgebiets in Gemeindegebiete und ggf. gemeindefreie Gebiete (Bezirke) folgen sollen, wobei jedoch große Gemeindegebiete in mehrere Grundbuchbezirke unterteilt sein können. Andrerseits können Gesamtgemeinden und Verwaltungsgemeinden gemeinschaftlich einen Grundbuchbezirk bilden. Der Umfang des Grundbuchbezirks folgt damit im Regelfall der politischen Einteilung des Staatsgebiets.

B. Sonderregelung

Soweit die Grundbücher bei Inkrafttreten der Grundbuchverfügung (1. 4. 1936) nach anderen Bezirken aufgestellt waren, konnte ihre Einrichtung beibehalten werden (§ 65 GBVfg). In Bayern waren die Grundbücher nach Katasterbezirken, den sog. **Steuergemeinden** (für größere gemeindefreie Gebiete: Forstbezirke und Seebezirke), gegliedert (§ 1 der JMBek vom 12. 11. 1898, die Hypothekenbuchbezirke und die Einrichtung der Hypothekenbücher betreffend, JMBl S. 650). An die Stelle der Bezeichnung Steuergemeinde ist inzwischen die außerhalb des Katasters häufig unrichtig gebrauchte (siehe z. B. § 105 BBauG) Bezeichnung „Gemarkung" getreten (eingeführt 1936 durch Nr. 4 BodSchätzÜbernErl für das Reichskataster; durch FMBek vom 17. 3. 1944, GVBl S. 19, auch für den Bereich des Grundsteuerkatasters übernommen). 2

Für die Automatisierung des Grundbuchs unter Integration mit dem Liegenschaftskataster ist die Identität von Grundbuchbezirk und Gemarkung unabdingbare Voraussetzung. 3

Zum Bergwerksgrundbuch und Eisenbahngrundbuch siehe § 3,4 RdNrn. 32,33. 4

C. Die Gemarkung

5 Die Gemarkung ist ein Bezirk des Katasters, der eine örtlich zusammenhängende Gruppe von Grundstücken umfaßt. In den Gebieten, in denen die Grundsteuerkataster mit Rahmenkarten[1] ausgestattet wurden (Süddeutschland), sind die Grundstücke (Flurstücke, RdNrn. 19 ff) innerhalb der Gemarkungen numeriert. In den Gebieten, wo das Kataster mit Inselkarten[2] angelegt wurde, sind die Grundstücke (Flurstücke) innerhalb jedes Kartenblatts (= Flur) numeriert; eine Gemarkung besteht dann aus mehreren Fluren. Die Fluren werden innerhalb einer Gemarkung durch Nummern unterschieden.

6 Die **Gebietsgleichheit** von Gemarkung und Gemeinde – früher außerhalb der Großstadtgemeinden das erklärte Ziel – ist in den Großgemeinden von heute nicht mehr die Regel. Die Mehrzahl der Gemeindegebiete besteht nunmehr aus mehreren Gemarkungen. Eine Gemarkung kann jedoch auch zu verschiedenen Gemeindegebieten gehören. Kleinere Abweichungen der Gemarkungsgrenzen von den Gemeindegrenzen werden regelmäßig durch Verlegung der Gemarkungsgrenze bereinigt. Im übrigen sollten die Gemarkungen möglichst nicht verändert werden; denn mit der Änderung des Bezirks erhalten die Flurstücke eine neue Bezeichnung, wodurch Probleme in der Identifizierung der Grundstücke und beträchtliche Arbeit für die Umtragung in den Registern, Nachweisen und Urkunden entstehen können.

7 Als **Benennungen** werden für die Gemarkungen die Namen von Gemeinden oder Gemeindeteilen, in gemeindefreien (ausmärkischen) Gebieten die Namen von Wäldern oder Seen verwendet.

Die Benennung der Gemarkung ist regelmäßig auch die Benennung des Grundbuchbezirks.

II. Änderung der Grundbuchbezirke und Gemarkungen

8 Die Zuständigkeit zur Bildung, Änderung und Aufhebung von Grundbuchbezirken übertrug der RJM mit AV vom 4. September 1939 (DJ S. 1463, BayBSVJu III S. 120) an die Oberlandesgerichtspräsidenten.

9 Für die Länder wie Bayern, in denen nicht die Gemeindegebiete, sondern die „Vermessungsbezirke" (Gemarkungen) die Grundbuchbezirke bildeten, war diese Ermächtigung schon mit der AV vom 21. Mai 1937 (DJ S. 799) ausgesprochen

[1] Karten, deren Abgrenzung durch Gitterlinien des Landeskoordinatensystems festgelegt ist.

[2] Karten, auf denen in sich geschlossene Teile der Erdoberfläche (= Flur) mit unregelmäßiger Begrenzung unter Fortlassung angrenzender Nachbarbezirke dargestellt sind.

worden. Für Bayern siehe ferner die Verfügung des RJM vom 10. 2. 1937 Nr. 3851 – IV 3034, Entschließung des FM vom 2. 9. 1937 Nr. 25 189.

Nunmehr ist das Verfahren zur Änderung der Grundbuchbezirke für Bayern in der JMBek vom 3. März 1975 (JMBl S. 25, FMBl S. 280) mit den Gemarkungsänderungen gekoppelt. Mit Änderungen in der Benennung, im Bestand (Neubildung, Zusammenlegung) und in der Begrenzung der Gemarkungen treten ohne weitere Verfügung die entsprechenden Änderungen auch bei den betroffenen Grundbuchbezirken ein. 10

Das Verfahren bei Gemarkungsänderungen ist für Bayern in der Bek vom 3. 11. 1969 (FMBl S. 409) geregelt. Bei der Vorbereitung einer Gemarkungsänderung wird wegen der Auswirkungen auf die Grundbuchführung seit jeher der Landgerichtspräsident gehört. Die Umbenennung, Neubildung und Auflösung von Gemarkungen ist der obersten Dienstbehörde vorbehalten. Änderungen in der Begrenzung der Gemarkungen werden von den Mittelbehörden der Vermessungsverwaltung verfügt. An Gemarkungsgrenzen, die durch Gemeindegrenzen bestimmt sind, tritt mit einer Änderung der Gemeindegrenze auch die entsprechende Gemarkungsänderung ein, falls nichts anderes verfügt wird. Zwischen zwei zur gleichen Gemeinde gehörenden Gemarkungen kann die Grenze ohne Verfügung aus katastertechnischen Gründen in einem Veränderungsnachweis verlegt werden, wenn die betroffene Fläche nicht mehr als zwei Hektar beträgt. In der Flurbereinigung werden die Gemarkungsgrenzen durch den Flurbereinigungsplan neu festgesetzt (§ 58 Abs. 2 FlurbG). 11

III. Das Grundstück

Mit dem Wort „Grundstück" wird zwar stets ein abgegrenzter Teil der Erdoberfläche bezeichnet, aber der engere Wortsinn ist verschiedenartig je nach dem Zusammenhang, in den das Wort gestellt ist. 12

A. Grundstück im Verkehrssinn

Der gewöhnliche Sprachgebrauch verbindet mit dem Wort Grundstück die Vorstellung einer örtlich zusammenhängenden, wirtschaftlich und rechtlich einheitlichen Bodenfläche ohne Rücksicht darauf, ob die Teile der Fläche unterschiedlich genutzt sind, z. B. Haus mit Hof oder Garten. In der östlichen Hälfte Deutschlands bezeichnete der Sprachgebrauch die Gesamtheit der Nutzflächen eines landwirtschaftlichen Betriebs als ein Grundstück, auch wenn die Flächen getrennt lagen (*Kurandt,* Grundbuch und Liegenschaftskataster, Nr. 9). 13

B. Grundstück im Rechtssinn oder im Sinn des Grundbuchs

Der Begriff Grundstück im Rechtssinn oder besser im Sinn des Grundbuchs ist nicht im BGB oder in der GBO, wohl aber in der Rechtsprechung definiert 14 worden. Hiernach ist unter einem Grundstück *„ein räumlich abgegrenzter Teil der Erdoberfläche zu verstehen, der auf einem besonderen Grundbuchblatt oder auf einem gemeinschaftlichen Grundbuchblatt unter einer besonderen Nummer im Verzeichnis der Grundstücke gebucht ist"* (RGZ 84, 270). Eine andere, differenziertere Definition bezieht die Verbindung mit dem Liegenschaftskataster mit ein: *„Grundstück im Rechtssinn ist eine aus einem oder mehreren Flurstücken bestehende Fläche, die im Grundbuch eine besondere Stelle hat und damit in selbständiger Weise gebucht ist. Diese besondere Stelle ist entweder ein eigenes Grundbuchblatt (§ 3 Abs. 1 GBO) oder, wenn gemäß § 4 GBO ein gemeinschaftliches Grundbuchblatt über mehrere Grundstücke geführt wird (Zusammenschreibung, Personalfolium), die besondere Nummer, unter der im Reichsvordruck das Grundstück im Bestandsverzeichnis dieses Grundbuchblatts gemäß § 6 Grundbuchverfügung geführt wird"* (RGZ 84, 270; KGJ 53, 171; BayObLGZ 1954, 262; 1956, 473).

15 Die für den Grundstücksbegriff im Sinne des Grundbuchs entwickelte Rechtsprechung hatte sich nur mit der Bodenfläche, nicht mit dem Raum oberhalb und unterhalb zu befassen. Nach § 905 BGB erstreckt sich jedoch das Recht des Eigentümers eines Grundstücks auch „auf den Raum über der Oberfläche und auf den Erdkörper unter der Oberfläche". Der zum Grundstück gehörende Körper wird somit durch mathematische Flächen begrenzt, die durch die Lotlinien in den Grenzpunkten bestimmt sind. Nähert man die Erdgestalt durch eine Kugel an, so laufen diese Begrenzungsflächen im Erdmittelpunkt zusammen. (Ausführlich in *Meisner-Ring* § 1).

C. Grundstück im Liegenschaftskataster

16 Hierzu siehe RdNrn. 19 ff.

D. Grundstücksbegriff anderer Rechtsgebiete

17 Eine Anzahl von Gesetzen enthält für den Begriff Grundstück eine besondere Definition. So bildet z. B. nach § 70 Abs. 1 des Bewertungsgesetzes 1965 „jede wirtschaftliche Einheit des Grundvermögens ein Grundstück" im Sinne des Bewertungsgesetzes, wobei auch Gebäude, die auf fremdem Grund und Boden errichtet sind, als Grundstücke bezeichnet werden. Die Bayerische Bauordnung definiert in Art. 2 Abs. 1 das Baugrundstück als Grundstück, das nach den öffentlich-rechtlichen Vorschriften mit Gebäuden bebaubar oder bebaut ist. Weitere Beispiele: Grunderwerbsteuergesetz, Reichssiedlungsgesetz.

Andere Gesetze stellen bei Verwendung des Wortes Grundstück auf den Grundstücksbegriff des Grundbuchs ab, so z. B. das Bundesbaugesetz, das

Grundstücksverkehrsgesetz, das Bayer. Wassergesetz. Damit sich aber beim Vollzug dieser Gesetze keine Schwierigkeiten ergeben, ist jeweils ausdrücklich bestimmt, daß die für Grundstücke geltenden Vorschriften auch auf Grundstücksteile anzuwenden sind.

Wenn die bayerische Gemeindeordnung in Art. 10 Abs. 1 Satz 2 das Gemeindegebiet als die Gesamtheit der „Grundstücke" definiert, die zum Gemeindegebiet gehören, so ist hier für eine praktikable Anwendung der Begriff „Grundstück" mit dem Grundstück des Liegenschaftskatasters, dem Flurstück, gleichzusetzen. Denn Grundstücke im Sinne des Grundbuchs können Flächen aus verschiedenen Gemeinden enthalten. 18

IV. Das Flurstück

A. Das Flurstück als Buchungseinheit des Katasters

Die Buchungseinheit für die Beschreibung und Darstellung der Bodenflächen im Liegenschaftskataster ist das **„Flurstück"**, abgekürzt **„Flst."**. 19

Das preußische Grundsteuerkataster (ebenso Anhalt, Bremen und Lübeck sowie Württemberg für die sog. Feldgüter) bezeichnete die Katastergrundstücke als „Parzellen"; das bayerische Grundsteuerkataster bediente sich des Ausdrucks „Grundstück Plannummer . . .", auch einfach „Plannummer . . .". Die Bezeichnung Flurstück ist mit dem Runderlaß des Reichsministers des Innern zur Übernahme der Bodenschätzungsergebnisse in die Liegenschaftskataster (BodSchätzÜbernErl.) vom 23. 9. 1936 – VI A 13352/6833 (*Rösch-Kurandt* S. 155) für das ganze Reichsgebiet verbindlich eingeführt und seither in allen Ländervorschriften beibehalten worden.[1] Im allgemeinen Sprachgebrauch hat sich diese Wortbildung nicht einbürgern können, und soweit es in die neueren Wörterbücher überhaupt aufgenommen wurde, erfuhr es dort eine unrichtige Interpretation. 20

Nach Nr. 9 obigen Erlasses ist unter einem Flurstück ein zusammenhängender Teil der Erdoberfläche zu verstehen, der in der Flurkarte unter einer besonderen Nummer aufgeführt ist. Der räumliche Zusammenhang wird auch als gegeben angesehen, wenn ein Flurstück von einem Weg oder kleineren Wasserlauf durchschnitten wird. In Bayern können darüber hinaus beiderseits von Straßen und Eisenbahnen gelegene Flächen zu einem Flurstück zusammengefaßt werden, wenn die Übersichtlichkeit der Karte hier- 21

[1] In das bayerische Grundsteuerkataster wurde die Bezeichnung „Flurstück" aufgenommen durch die 7. Änderung der Dienstanweisung für die Vermessungsämter, Bek vom 10. 5. 1943 (GVBl S. 83).

durch nicht beeinträchtigt wird (2.11 Katasterordnung). Die Zusammengehörigkeit getrennt liegender Flächen eines Flurstücks wird in der Karte durch einen Zugehörigkeitshaken ersichtlich gemacht.

22 Die Nummern für die Flurstücke werden in Baden-Württemberg, Bayern und Hamburg innerhalb des Katasterbezirks, der Gemarkung, in den übrigen Ländern innerhalb der Fluren fortlaufend vergeben (RdNr. 5). Die Bezeichnung eines Flurstücks besteht somit aus der Benennung der Gemarkung, ggf. der Nummer der Flur und der Flurstücksnummer.

23 Ein Flurstück kann Flächen unterschiedlicher Nutzungsart oder verschiedener Bodengüte umfassen und entsprechend in Abschnitte untergliedert werden. Die Angaben über die Nutzungsart (= Wirtschaftsart), Fläche, Lage, Bebauung usw. sind tatsächlicher Art und nicht in den Schutz des guten Glaubens mit einbezogen (§ 22 Anh RdNr. 2).

24 Kulturparzellen (Preußen), Buchstaben-Plannummern (Bayern)

Das preußische Grundsteuergesetz vom 21. 5. 1861 hat die Einschätzung der Liegenschaften nach ihrer Ertragsfähigkeit getrennt nach den Kulturarten (Acker, Wiese, Weide, Garten, Holzung, Ödland) erforderlich gemacht. Nach französischem Vorbild (recueil méthodique 1811) und nach dem System der Schätzung konnte eine Katasterparzelle nur Flächen derselben Kulturart enthalten (geändert aufgrund des Erl. des RMdI vom 3. 10. 1935 VI C 11550/6801, *Rösch-Kurandt* S. 196). Diese Handhabung wurde zum Anlaß für § 2 Abs. 3 GBO, worauf an späterer Stelle noch eingegangen wird. Auch im österreichischen Grundkataster konnte vor dem Erlaß des Vermessungsgesetzes (1969) ein Grundstück nur Flächen einer und derselben Kulturart enthalten.

25 Hingegen bildete in den süddeutschen Ländern seit jeher ein örtlich zusammenhängendes Besitzstück jeweils ein Katastergrundstück. In Bayern wurden Grundstücksteile verschiedener Kulturart oder Bonität mit eigener Fläche ausgewiesen und durch Buchstabenzusätze bei der Plannummer unterschieden, z. B. PlNr. 65a Hofstelle, PlNr. 65b der an die Hofstelle angrenzende Wurzgarten, PlNr. 65c ein anschließender Gras- und Baumgarten (FMBek vom 24. 10. 1901, FMBl S. 525, JMBl S. 642; § 59 MessÄDA, § 171 GBÄDA). In der Katasterkarte waren die Buchstaben-Plannummern gegeneinander mit gestrichelten Linien abgegrenzt. Ein mit einem Buchstaben bezeichneter Grundstücksteil konnte nicht ohne Vermessung für sich veräußert werden. Soweit eine Veräußerung ohne Vermessung vorgenommen worden ist, mußte die Vermessung der Teilungsgrenze nachgeholt werden. Hingegen sind Buchstaben-Plannummern gelegentlich für sich mit Dienstbarkeiten oder Reallasten belastet worden. Die Buchstaben-Plannummern sind durch Entschließung vom 14. 5. 1938 (FMBl S. 71) abgeschafft und im Zuge der Aufstellung des Liegenschaftskatasters durch Weglassen der Buchstaben beseitigt worden.

26 In einigen Gegenden Bayerns sind gelegentlich auch Teile eines Besitzstücks, die eine verschiedene Nutzung aufwiesen, entgegen der Regel nicht mit Buchstaben-Plannummern, sondern mit regelrechten Plannummern bezeichnet worden. Die Plannummerngrenzen innerhalb des Besitzstücks wurden dann nicht ausgezogen, sondern gestrichelt. Bei der Aufstellung des Liegenschaftskatasters wurde diese Kennung beseitigt, die Begrenzungen wurden ausgezogen. Sind derartige Kulturartgrenzen

durch eine Veräußerung zu Eigentumsgrenzen geworden, so stellen sie für die Grenzermittlung mitunter ein besonderes Problem dar. Der Nachweis des Katasters kann u. U. versagen. Liegt ein Erwerb nach der Örtlichkeit vor, so werden bei der Grenzermittlung die örtlichen Grenzen anzuhalten sein. Bei einem rechtsgeschäftlichen Erwerb, der sich ausschließlich auf den Ausweis des Grundbuchs stützte, wird die Grundbuchgrenze in die Örtlichkeit zu übertragen sein.

Ein Flurstück kann im Katasterbuch nur an **einer** Stelle vorgetragen sein. 27

Stern-Plannummern 28

Für zwei bestimmte Fälle war im bayerischen Grundsteuerkataster – und in entsprechender Weise für das bayerische Grundbuch – zugelassen, daß eine Plannummer wiederholt bei verschiedenen Eigentümern verbucht wurde. Auf diesen Umstand wurde durch einen Stern bei der Nummer des mehrmals vorgetragenen Grundstücks, z. B. 66*, hingewiesen (Stern-Plannummer, Bekanntmachung vom 4. 12. 1902, FMBl S. 415, JMBl 1903 S. 2; § 61 MessÄDA, §§ 172–174, 296, 297 GBÄDA). Stern-Plannummern konnten für Grundstücke gebildet werden, die in **gemeinschaftlichem Eigentum** zu Bruchteilen einer nicht zu großen Zahl von Miteigentümern standen. Das Grundstück wurde in diesem Fall auf dem Katasterblatt eines jeden der Miteigentümer vorgetragen und dabei die Fläche ausgewiesen, die bei einer Aufteilung entsprechend der Größe des Anteils auf den einzelnen Miteigentümer getroffen hätte. Entsprechend wurde beim Stockwerkseigentum verfahren. Stern-Plannummern wurden zum anderen bei der **Überbauung** fremder Grundstücke verwendet. Stand das Gebäude **ganz** auf fremdem Grund und Boden, so wurden Grundfläche und Gebäude mit der gleichen Stern-Plannummer auf den Katasterblättern des Grundeigentümers und des Gebäudebesitzers (bei diesem unter Leerführung der Flächenspalte) eingetragen. War ein Gebäude über die Grenze gebaut, so wurde die gleiche Stern-Plannummer einmal für das Grundstück des Gebäudeeigentümers (Flächenangabe für das eigene Grundstück, Nachweis der gesamten Bebauung) und ein zweites Mal für die auf fremdem Grund überbaute Fläche vergeben. Stand das Gebäude auf **zwei** fremden Grundstücken oder war von dem Grundstück des Gebäudeeigentümers aus auf zwei Nachbargrundstücke übergebaut, so trat die Stern-Plannummer dreimal auf.

Aus dem steuerlichen Zweck der Stern-Plannummern erhellt, daß Stern-Plannummern nicht für persönliche Rechtsverhältnisse (Miete, Pacht) gebildet wurden.

Stern-Plannummern sind zumindest für den Ausweis von Miteigentum schon in der ersten Periode der Katastrierung verwendet worden; eine Regelung findet sich in § 34 Nr. 6 der Instruktion zur Herstellung der Grund- und Lagerbücher vom 23. 5. 1821.

Für superfiziarische Rechte haben sich Stern-Plannummern in der Praxis unter Duldung der Katasterkommission durchgesetzt (siehe auch *Henle-Dandl*, Die Anlegung des Grundbuchs in den Landesteilen rechts des Rheins, 2. Aufl. 1902 S. 77 ff).

Die Stern-Plannummern wurden regelmäßig auch in das Grundbuch übernommen (siehe die o. a. §§ der GBÄDA). Für ein Gebäude, das ganz auf fremdem Grund und Boden stand, wurde jedoch ein Grundbuchblatt (Stern-Plannummer) nur angelegt, wenn ein grundstücksgleiches Recht vorlag. Neben dem Erbbaurecht nach dem BGB (siehe § 8) und nach der ErbbauV konnte dieses Recht eine altrechtliche (gemeinrechtliche) Superficies (Platzrecht) sein (BayObLG, Beschl. vom 29. 12. 1976, MittBayNot 1977, 18). Sie blieb mit dem nach Inkrafttreten des BGB aus dem alten Recht sich ergebenden Inhalt und Rang bestehen (Art. 184 Satz 1 EGBGB). Wenn sonach im bayerischen Grundbuch ein Gebäude mit einer Stern-Plannummer eingetragen war, für das kein Erbbaurecht bestellt war, so ist regelmäßig das Bestehen eines alten superficiarischen Rechts zu vermuten.

Die Stern-Plannummern wurden mit der in RdNr. 25 bereits angeführten Entschließung vom 14. 5. 1938 (FMBl S. 71) abgeschafft und vor Aufstellung des Liegenschaftskatasters in Veränderungsnachweisen (Messungsverzeichnissen) beseitigt.

29 N-Plannummern

Eine andere Besonderheit des bayerischen Grundsteuerkatasters bildeten die sog. N-Plannummern. Ein N hinter der Plannummer, z. B. 67 N, bedeutete, daß bei dem betreffenden Grundstück eine Grenze bei einer Neuvermessung, einer Fortführungs- oder Flurbereinigungsvermessung entgegen der grundsätzlichen Abmarkungspflicht nicht abgemarkt worden und die Abmarkung bei einer Veräußerung nachzuholen war. Dieser Fall konnte auftreten bei benachbarten, einheitlich bewirtschafteten Grundstücken, die im Alleineigentum zweier Ehegatten standen, oder die im gleichen Eigentum standen, aber wegen verschiedenartiger Belastung nicht verschmolzen werden konnten (§§ 20, 60 MessÄDA; nähere Regelung in Bekanntmachung vom 13. 7. 1926, GVBl S. 373). Die N-Plannummern wurden durch Bekanntmachung vom 30. 6. 1943 (GVBl S. 134) abgeschafft und gemäß Entschließung vom 16. 7. 1943 Nr. IV 9231 durch einfaches Weglassen beseitigt.

Bei der Abteilung eines Grundstücks wegen unterschiedlicher Dominikal-, Zehnt- und Eigentumsverhältnisse wurden an die Stammnummer die Brüche $^1/_2$, $^1/_3$, $^1/_4$ usw. angefügt.

B. Flurstück und Grundstück

30 Ein Flurstück kann regelmäßig nicht Flächen aus verschiedenen Grundstücken im Rechtssinn enthalten. Lediglich für Wege, Gräben und Wasserläufe, die kein selbständiges Grundstück bilden, sondern Bestandteile der Grundstücke sind, über die sie führen, bzw. zwischen denen sie hindurchfließen, bestehen Flurstücke, die Teile verschiedener Grundstücke enthalten (Anliegerwege, -gräben und -wasserläufe). Näheres hierüber §§ 3, 4 RdNrn. 20 ff.

31 Ein Grundstück kann ein oder mehrere Flurstücke, jedoch nicht Flurstücksteile – ausgenommen Teile von Anliegerwegen, -gräben und -wasserläufen – umfassen. Aus mehreren Flurstücken zusammengesetzte Grundstücke entstehen entweder durch Vereinigung von Grundstücken (siehe §§ 5, 6 RdNrn. 1 ff), wenn die betreffenden Flurstücke nicht verschmolzen werden, oder durch Zerlegung von Flurstücken, wenn nicht gleichzeitig das Grundstück entsprechend geteilt wird (siehe RdNrn. 73 ff).

32 Das Auseinanderfallen des Katastergrundstücks und des Grundstücks im Rechtssinn war nicht die erklärte Absicht der Schöpfer des Bürgerlichen Gesetzbuchs. In den süddeutschen Ländern ging das Grundbuchsystem ursprünglich von der Identität von Kataster- und Grundbuchgrundstück aus. Für das bayerische Grundbuch definierten demgemäß *Henle-Schmitt* in Das Grundbuchwesen in Bayern, 1910 Bem. 2 zu § 2 GBO das Grundstück wie folgt: „Im Sinne des bayerischen Grundbuchrechts ist ein Grundstück eine auf dem Katasterplane mit ausgezogenen Linien abgegrenzte, mit

eigener Plan-Nr. versehene Grundfläche."[1] Im früheren sächsischen Grundbuch bestand die Bezeichnung des Grundstücks lediglich aus der Flurstücksnummer. Erhalten geblieben ist die Identität von Grundbuch- und Katastergrundstück im Grundbuch von Baden.

In Bayern wurden gelegentlich der Grundbuchumschreibung zahlreiche Grundstücksvereinigungen auf Anregung der Grundbuchbehörden aufgehoben, um die Grundbuchführung zu erleichtern.

Die Identität von Grundstück und Flurstück wäre für die Integration von Grundbuch und Kataster in einer Grundstücksdatenbank (siehe Anhang) sehr förderlich. Sie wird aber in der nächsten Zeit noch nicht voll zu erreichen sein. 33

V. Amtliches Verzeichnis

A. Wesen

Im Bestandsverzeichnis des Grundbuchs werden die Grundstücke nach dem „amtlichen Verzeichnis" benannt. Die Grundbuchordnung setzt voraus, daß die Grundstücke in diesem Verzeichnis unter Nummern oder Buchstaben aufgeführt sind. Diese Forderung entspricht dem Bestimmtheitsgrundsatz. Eine Eintragung kann also nicht etwa summarisch lauten: „Anwesen HsNr. 25 in Anhausen", sondern die einzelnen Flächen, aus denen sich der Besitz zusammensetzt, müssen genau bezeichnet sein. Nach den Motiven zum ersten Entwurf der GBO ist die Bezeichnung des Grundstücks „auch eine Angabe des Grundbuchs, deren Richtigkeit nach Maßgabe der §§ 837, 838 (= §§ 872, 873) BGB zugunsten eines gutgläubigen Erwerbers garantiert wird" (*Mugdan* III S. 119). 34

Das amtliche Verzeichnis muß zumindest die Lage des Grundstücks eindeutig erkennen lassen, so daß das Grundstück nicht mit einem anderen verwechselt werden kann. Die Rechtssicherheit fordert jedoch von einem neuzeitlichen Verzeichnis darüber hinaus, daß auch die Grenzen der Grundstücke mit ausreichender Genauigkeit vermessungstechnisch gesichert und bei Verdunkelung wieder herstellbar sind. 35

Ein Grundstück kann somit grundsätzlich erst dann in das Grundbuch eingetragen werden, wenn die Flurstücke, aus denen es besteht, zuvor in das amtliche Verzeichnis aufgenommen worden sind (zur Bezeichnung von Grundstücksteilen siehe RdNrn. 83 ff).

Eine Ausnahme ist für die Siedlungsgrundstücke im Sinne des Reichssiedlungsgesetzes zugelassen: Wenn für Siedlungszwecke neue Grundstücke gebildet werden, die mit Grundpfandrechten oder Reallasten belastet sind, so genügen zur Eintragung in das

[1] Entsprechend *Henle-Dandl*, Die Anlegung des Grundbuchs . . ., 2. Aufl., München 1902, S. 67 ff.

Grundbuch vorübergehend die Feststellungen der Siedlungsbehörde über Lage und Größe der Grundstücke, ergänzt durch eine nach der Katasterkarte angefertigte Zeichnung (§ 2 Abs. 1 und 2 des Ges. zur Ergänzung des RSG vom 4. 1. 1935, RGBl I S. 1). Die vorläufigen Bestandsangaben des Grundbuchs müssen aber nach der Vermessung und der katastertechnischen Behandlung der neugebildeten Grundstücke mit den Angaben des Liegenschaftskatasters in Übereinstimmung gebracht werden. Nach *Dziegalowski* (JW 1935 S. 3204) war diese Verfahrensweise bei ihrer Einführung nur als vorläufig angenommen worden. Sie sollte wohl vornehmlich die Aufteilung von Gütern und die Bildung von Rentengütern in den östlichen Provinzen des seinerzeitigen Landes Preußen erleichtern. Die Vorschrift hat heute kaum mehr einen Anwendungsbereich und sollte deshalb im Zuge einer Rechtsbereinigung beseitigt werden. *Kriegel* (Grundstücksteilungen und -vereinigungen, Dümmlerbuch 7870, 1967, S. 247) hält die Regelung in vermessungs- und katastertechnischer Hinsicht wie auch unter dem Gesichtspunkt der Rechtssicherheit für unbefriedigend.

Eine ähnliche Vorschrift enthält im übrigen § 8 Abs. 3 der Verordnung zu beschleunigten Förderung des Baues von Heuerlings- und Werkswohnungen sowie von Eigenheimen für ländliche Arbeiter und Handwerker vom 10. 3. 1937 (RGBl I S. 292). Zur Errichtung derartiger Eigenheime können Grundstücksteile in das Grundbuch eingetragen werden, auch wenn diese „in dem amtlichen Verzeichnis noch nicht ausgewiesen sind. Für die Bezeichnung der Grundstücksteile sind in diesem Fall die Feststellungen der Durchführungsbehörde über Lage und Größe sowie eine nach den Vorschriften der Katasterverwaltung gefertigte vorläufige Zeichnung maßgebend". Nach der amtlichen Vermessung ist das Grundbuch erforderlichenfalls zu berichtigen. Auch diese Vorschrift erscheint heute entbehrlich.

B. Das Liegenschaftskataster als amtliches Verzeichnis der Grundstücke

37 Die an das amtliche Verzeichnis zu stellenden Anforderungen können nur von einem Parzellarkataster erfüllt werden. Der BayVGH (Urt. vom 10. 12. 1962, MittDVWLVBay 1963 S. 81) sieht im Kataster (damals noch Grundsteuerkataster) ein öffentliches Buch, das *„den Grundbesitz des Eigentümers ausweist und für Umfang und Gestalt jedes einzelnen Grundstücks rechtlich maßgebend ist"*. Diejenigen Angaben des Liegenschaftskatasters, durch die der Gegenstand des eingetragenen Eigentums begrenzt wird, gehören zum Inhalt des Grundbuchs (im Hinblick auf § 892 BGB – Urt. des OLG Nürnberg vom 13. 1. 1976, MDR 1976, 666 = MittBayNot 1976, 137).

38 Die Verordnung des Reichsministers der Justiz vom 23. 1. 1940 (RGBl I S. 240) schrieb vor, daß in den Bezirken, in denen das Reichskataster fertiggestellt ist, dieses als amtliches Verzeichnis der Grundstücke im Sinne des § 2 Abs. 2 GBO an die Stelle des bisherigen Verzeichnisses zu treten habe. Diese Vorschrift behielt nach dem Kriege ihre Gültigkeit für das neue Liegenschaftskataster. Nach der AV des RJM vom 28. 4. 1941 (DJ S. 548) wird das neue Liegenschaftskataster am Tage nach Ablauf der Offenlegung amtliches Verzeichnis der Grundstücke für das Grundbuch. Da die Bücher des Liegenschaftskatasters nach Gemeinden gegliedert sind, erfolgt auch die Offenlegung nach Gemeindegebieten, bei sehr großen Gemeinden, bei denen sich die Aufstellung über längere Zeiträume hinzieht, nach Gemarkungen (= Gemeindetei-

len). Für das Reichskataster waren durch Erlasse des Reichsministers des Innern die Aufstellung angeordnet sowie Form und Inhalt festgelegt worden (siehe insbes. die Runderlasse über die Übernahme der Bodenschätzungsergebnisse in die Liegenschaftskataster – BodSchätzÜbernErl. – vom 23. 9. 1936, Teil II vom 22. 2. 1938, *Rösch-Kurandt* S. 155 ff). Die Zuständigkeit hierzu war dem RMdI durch das Gesetz über die Neuordnung des Vermessungswesens vom 3. 7. 1935 (RGBl I S. 534) zugefallen. Das Reichskataster war bei Kriegsende nur für kleine Gebietsteile fertiggestellt. Die Länder haben die Arbeiten in Form des neuen Liegenschaftskatasters weitergeführt und haben hierfür die Vorschriften für das Reichskataster im wesentlichen übernommen. Das neue Liegenschaftskataster ist in den meisten Ländern der Bundesrepublik ganz oder nahezu ganz aufgestellt. Lediglich die Länder Baden-Würtemberg, Rheinland-Pfalz und Saarland sind mit einem Viertel bis einem Drittel ihres Gebiets noch im Rückstand (Stand 1976).

Das Bestandsverzeichnis des Grundbuchs wird nach der Offenlegung des neuen 39
Liegenschaftskatasters auf dieses zurückgeführt, d. h. die Bezeichnung und Beschreibung der Flurstücke wird insoweit geändert, als das Liegenschaftskataster hierfür neue Ausweise eingeführt hat (AV des RJM vom 20. 1. 1940, DJ S. 212; in Bayern JMBek vom 31. 3. 1952, JMBl S. 101, BayBSVJu III S. 99). Zur Zurückführung des Grundbuchs auf das Liegenschaftskataster dienen Durchschriften oder Kopien der Bestandsblätter des Liegenschaftsbuchs.

Beim preußischen Grundsteuerkataster waren für den gleichen Zweck Abschriften der Flurbücher und der Gebäudesteuerrolen verwendet worden. Beim Liegenschaftskataster bot sich das Liegenschaftsbuch deshalb an, weil dieses mit der Schreibmaschine erstellt wird und hierbei Durchschriften für das Grundbuch im gleichen Arbeitsgang mitgefertigt werden können. Während sonach im Bereich des preußischen Grundsteuerkatasters Flurbuch und Gebäudesteuerrolle[1] amtliches Verzeichnis der Grundstücke im Sinne von § 2 Abs. 2 GBO waren, ist diese Eigenschaft im Bereich des neuen Liegenschaftskatasters dem Liegenschaftsbuch zuzuerkennen. (*Reist* hält in „Vermessungsrecht für Baden-Württemberg“, 1972, S. 41 am Flurbuch als amtlichem Verzeichnis fest.)

Über das Bestandsverzeichnis siehe §§ 3, 4 RdNrn. 14 ff

C. Umlegungsplan und Flurbereinigungsplan als amtliches Verzeichnis

Bei einer städtebaulichen Umlegung nach dem Vierten Teil des Bundesbaugesetzes bildet vom Eintritt des neuen Rechtzustands an (§ 72 Abs. 1 BBauG) bis zur Ergänzung des Liegenschaftskatasters der Umlegungsplan 40

[1] In den östlichen Provinzen Preußens waren die bebauten Grundstücke mit den Hofräumen und Hausgärten innerhalb geschlossener Baugebiete nicht vermessen worden, sie bildeten „ungetrennte Hofräume“. Diese Grundstücke waren im Kataster nur durch die Nummer der Gebäudesteuerrolle bezeichnet. Diese Nummer diente mangels einer anderen Bezeichnung zur Definition des Grundstücks im Grundbuch. Die Feststellung der Fläche dieser Parzellen erschien im steuerlichen Interesse nicht geboten, weil die Grundsteuer von bebauten Hofflächen nicht erhoben wurde, bei der Veranlagung der Gebäudesteuer aber der Nutzwert der bebauten Hofflächen gegenüber dem Gebäudewert als unerheblich angesehen wurde (siehe auch *Reiß,* Grenzrecht und Grenzprozeß, Berlin 1914, S. 70).

das amtliche Verzeichnis der Grundstücke (§ 74 Abs. 2 BBauG). Bei einer Flurbereinigung gilt dies für den Flurbereinigungsplan entsprechend (§ 81 Abs. 1 FlurbG). Für die Fortführung ist die Flurbereinigungsbehörde nur solange zuständig, bis sie die für die Fortführung des Liegenschaftskatasters erforderlichen Unterlagen an die Katasterbehörde abgegeben hat (§ 81 Abs. 2 FlurbG).

41 Werden gegen den Umlegungsplan Rechtsmittel eingelegt, die nur einzelne Grundstücke betreffen, so kann die Umlegungsstelle den Umlegungsplan für die von dem Rechtsbehelf nicht betroffenen Grundstücke schon vor der Entscheidung über die Rechtsbehelfe in Kraft setzen (§ 71 Abs. 2 BBauG). Die an dem Verfahren Beteiligten sollen nicht durch Einsprüche einzelner über Gebühr lange hingehalten werden. Andrerseits kann für einen einzelnen Beteiligten ein besonders vordringliches Interesse vorliegen, noch vor der Aufstellung des Umlegungsplans (§ 66 Abs. 1 BBauG) Eigentümer des Zuteilungsgrundstücks zu werden, z. B. weil er das Grundstück bebauen will. Für diesen Fall können mit Einverständnis der betroffenen Rechtsinhaber die Eigentums- und sonstigen Rechtsverhältnisse für die betroffenen Grundstükke vorweg geregelt werden (§ 76 BBauG, Vorwegnahme der Entscheidung). Sowohl bei der Herausnahme eines Grundstücks aus der Inkraftsetzung als auch bei der Vorwegnahme der Entscheidung muß darauf geachtet werden, daß in Kataster und Grundbuch kein Flächenstück zwei verschiedenen Grundstücken zugeteilt sein darf. Im ersten Fall müssen die von dem Rechtsmittel betroffenen Zuteilungsflächen im Umlegungsplan vorerst ausgenommen werden, im zweiten Fall müssen die zur Bildung des vorweg zugeteilten Grundstücks herangezogenen Flächen der alten Grundstücke von diesen abgeschrieben werden. Bei **Flurbereinigungen** kann die Ausführung des Flurbereinigungsplans beim Vorliegen von Beschwerden vorzeitig, und zwar für alle Grundstücke angeordnet werden (§ 63 Abs. 1 FlurbG, vorzeitige Ausführungsanordnung), wenn angenommen werden darf, daß es zu keinen einschneidenden Änderungen des Flurbereinigungsplans mehr kommen wird. Rechtskräftig und damit in die öffentlichen Bücher zu übernehmen (§ 79 Abs. 1 FlurbG) sind jedoch nur diejenigen Festsetzungen, für die der Flurbereinigungsplan unanfechtbar geworden ist (§ 61 FlurbG). Der Eintritt des neuen Rechtszustands wird in der Ausführungsanordnung festgelegt (§ 61 Satz 2, § 62 Abs. 1 FlurbG).

D. Das amtliche Verzeichnis nach früherem Landesrecht

42 § 2 Abs. 2 Satz 2 der GBO vom 24. 3. 1897 hatte „landesherrlicher Verordnung" überlassen, die Einrichtung des amtlichen Verzeichnisses zu bestimmen.

In *Preußen* bildeten von Anfang an die von den Katasterämtern geführten Grund-

und Gebäudesteuerbücher das amtliche Verzeichnis. Das Grundbuch war nach der preußischen GBO vom 5. 5. 1872 auf das Kataster zurückgeführt worden. Siehe auch oben unter RdNr. 39.

In *Bayern* war bei der Anlegung des Grundbuchs das Sachregister zum amtlichen Verzeichnis erklärt worden (V vom 25. 2. 1905, GVBl S. 57). Die Sachregister waren für das bayerische Hypothekenbuch aufgestellt worden (siehe Einf RdNr. 7). Sie bestanden aus einem Verzeichnis aller Grundstücke einer Steuergemeinde (= Grundbuchbezirk) in laufender Folge der Plannummern mit den beschreibenden Angaben der Grundstücke nach dem Grundsteuerkataster und mit der Fundstelle im Grundbuch. In einem Anhang zum Sachregister waren die grundstücksgleichen Rechte und die Anteile an den einer größeren Personengemeinschaft gehörenden Grundstücken verzeichnet. Das Sachregister wurde in Übereinstimmung mit dem Grundsteuerkataster gehalten. Dazu hatte das Rentamt (Finanzamt) dem Grundbuchamt alle Veränderungen an den Grundstücken in sog. Umschreibprotokollen, die Messungsbehörde in Messungsverzeichnissen mitzuteilen. Das Sachregister verlor nach Aufstellung des Liegenschaftskatasters seine Bedeutung. Es wird jedoch unter der bisherigen Bezeichnung als Verzeichnis der Flurstücksnummern mit Angabe der Grundbuchstellen weitergeführt, um für jedes Flurstück die Buchungsstelle auffinden zu können. 43

E. Fortführung des amtlichen Verzeichnisses

Die Darstellung und Beschreibung der Liegenschaften im amtlichen Verzeichnis muß den Veränderungen tatsächlicher und rechtlicher Art Rechnung tragen. Unrichtige Nachweise müssen nach Aufdeckung des Fehlers berichtigt werden. 44

Zur Bezeichnung und gegenseitigen Abgrenzung der verschiedenen Veränderungen und Berichtigungen sind Begriffe entwickelt und Schemata entworfen worden (siehe z. B. Nr. 2 bis 9 FortfErl., 1.3 und 1.4 KatFEA, *Kriegel* Heft 4 Abschn. 1). Als wichtigste Typen wären zu nennen: Veränderungen in der Bezeichnung der Flurstücke (Gemarkung, Flur, Flurstücksnummer), Veränderungen im Bestand und in der Begrenzung der Flurstücke, Veränderungen in der Nutzungsart und in den Angaben über die Eigenschaften des Bodens (Ergebnisse der Bodenschätzung), Veränderungen in der Lagebezeichnung (z. B. Änderung des Straßennamens oder der Hausnummer). Die Veränderungen können durch behördliche Maßnahmen (z. B. Änderung der kommunalen Gebietsgliederung, Änderung der Bodenschätzungsergebnisse, Umbenennung von Straßen und Vergabe von Hausnummern), durch beabsichtigte oder schon vollzogene Maßnahmen des Eigentümers (z. B. Teilung eines Grundstücks, Änderung der Nutzung), durch natürliche Ereignisse (z. B. natürliche Veränderungen an Gewässern) oder aus katastertechnischen Gesichtspunkten (z. B. Verschmelzung von Flurstücken) veranlaßt sein. 45

Die Veränderungen werden in den Katasterbüchern teils als Nachträge am Ende der bisherigen Vorträge (insbesondere neue Flurstücke), teils auch durch Darüberschreiben (z. B. neue Hausnummer) vollzogen. 46

F. Der Veränderungsnachweis

47 Als Grundlage für die Eintragung von Veränderungen und Berichtigungen von Flurstücksangaben in die Katasterbücher dient der Veränderungsnachweis. Der Veränderungsnachweis ist 1940 durch den Forführungserlaß (FortfErl.) für das ganze damalige Reichsgebiet nach einheitlichem Muster eingeführt worden. In der Weiterentwicklung der Katastervorschriften sind die Länder zum Teil von der ursprünglichen Form abgewichen.

In Hamburg, Niedersachsen und Schleswig-Holstein ist bei Veränderungen an den Flurstücksgrenzen an die Stelle des Veränderungsnachweises die Flächenberechnung (Flächenberechnungsheft) getreten, eine Ausarbeitung, die ursprünglich ihrerseits die Unterlage für die Erstellung des Veränderungsnachweises darstellte. Für die Übernahme der Flurstückszerlegung in das Grundbuch dient die „Abschreibungsunterlage"; sie wird vom Notar, vom Eigentümer oder vom Erwerber dem Grundbuchamt vorgelegt (*Kriegel* Heft 9 Abschn. 6).

47 In einem Veränderungsnachweis werden für einen Veränderungsfall, z. B. Aufteilung von Bauland in Bauplätze, oder für eine Veränderungsart, z. B. Gebäudeveränderungen, die Flurstücke, deren Angaben verändert werden, sowie die neu entstehenden und die wegfallenden Flurstücke aufgelistet. Bei Veränderungen im Bestand und in der Begrenzung der Flurstücke wird diesem „Neuen Bestand" der „Alte Bestand" der Flurstücke (in Bayern in verkürzter Form) gegenübergestellt.

48 Rechtlich gesehen stellt sich der Veränderungsnachweis als eine Maßnahme dar, die von einer Verwaltungsbehörde zur Regelung eines Einzelfalles auf dem Gebiet des öffentlichen Rechts getroffen wird (BVerwGE 3, 258). Er ändert die Rechtslage nicht unmittelbar, er bildet jedoch in bestimmten Fällen eine bindende Voraussetzung für eine gestaltende Änderung der Rechtslage und gehört damit zur Gruppe der feststellenden Verwaltungsakte. Aufgrund des Auszugs aus dem Veränderungsnachweis ändert das Grundbuchamt die Bestandsangaben des Grundbuchs. Ist die Veränderung zugleich rechtlicher Art, so entscheidet das Grundbuchamt über die Aufnahme in das Grundbuch (BVerwG, Urt. v. 5. 11. 1965, DÖV 1966, 569 = NJW 1966, 609 = Rpfleger 1966, 108).

49 Allerdings wird nur selten ein Rechtsschutzbedürfnis erkennbar sein. So das OVG Lüneburg (DÖV 1962 S. 275): Für die Klage, mit der ein „Antrag" auf Berichtigung von Amts wegen einer zwischen den beteiligten Eigentümern umstrittenen Grundstücksgrenze im Kataster verfolgt wird, besteht schon deshalb regelmäßig kein Rechtsschutzbedürfnis, da der Kläger die Möglichkeit hat, durch förmlichen Antrag bei den Katasterbehörden eine Nachprüfung des Katasternachweises herbeizuführen.

50 Die Qualität des Veränderungsnachweises als Verwaltungsakt dürfte sich für diejenigen Fälle nicht bestreiten lassen, in denen eine rechtliche Ände-

rung oder eine Feststellung zum Bestand oder zur Begrenzung von Grundstücken beabsichtigt ist. Dasselbe gilt für die Zuteilung einer Flurstücksnummer, weil damit eine für den Rechtsverkehr verbindliche Bezeichnung vergeben wird. Nicht so eindeutig ist dies bei Angaben über die Nutzungsart. Das OVG Berlin hat die Übernahme der Nutzungsart „Hof- und Gebäudefläche" anstelle von bisher „Gartenland" als beurkundenden Verwaltungsakt gewertet (Urt. vom 17. 1. 1957 – VI B 114.56 –), ohne sich darauf festzulegen, daß diese Eigenschaft **allen** Katastereintragungen zukomme. Hingegen sieht das VG Koblenz (Urt. vom 1. 12. 1970, Nachrichtenblatt der Verm- u. KatVerwaltung Rheinland-Pfalz 1972 S. 27) in der katastertechnischen Beschreibung eines Flurstücks als Hof- und Gebäudefläche – im Gegensatz etwa zu den Angaben über Nummer und Größe – keine Rechtserheblichkeit und somit keinen Verwaltungsakt. Es sei nicht Aufgabe des Katasters, verläßliche Angaben über die Eigenschaften eines Grundstücks zu machen. Damit sei eine Verpflichtungsklage nach § 42 VwGO nicht zulässig. Auch eine allgemeine Leistungsklage sei nicht gegeben, weil irgendeine Rechtsnorm, die zugunsten des von der Eintragung Betroffenen sprechen könnte, nicht ersichtlich sei.

Tatsächlich sind aber die Angaben über die Nutzungsart für den Liegenschaftsverkehr von nicht zu unterschätzender Bedeutung, so daß für den Eigentümer ein berechtigtes Interesse an diesen Angaben besteht. Das Verwaltungsgericht wird diese Angaben möglicherweise auf die Gleichmäßigkeit der Rechtsanwendung, nicht aber auf sachliche Richtigkeit prüfen können. Diese Prüfung auf Richtigkeit wird regelmäßig der Aufsichtsbehörde zufallen. Die Praxis einiger Länder, dem Veränderungsnachweis in jedem Fall eine Rechtsbehelfsbelehrung beizugeben, erscheint zumindest als übertriebene Vorsorge. 51

Da der Veränderungsnachweis das Bindeglied zwischen dem alten und dem neuen Zustand der Flurstücke darstellt, wird er als aufbewahrungspflichtiger Bestandteil des Liegenschaftskatasters angesehen. Bei Veränderungen, deren Übernahme in die Katasterbücher bis zur entsprechenden Eintragung im Grundbuch zurückgestellt wird, ist er für die betreffenden Grundstücke solange das maßgebende amtliche Verzeichnis. 52

In Bayern fertigen die Vermessungsämter auch Veränderungsnachweise für die Beschreibung der Fischereirechte im Grundbuch. Die seinerzeit von den Finanzämtern geführten Fischwasser-Steuerkataster sind nicht wie die Grundsteuerkataster an die Archive abgegeben worden, sondern werden bei den Vermessungsämtern verwahrt (Bek vom 14. 5. 1954, BayBSVFin II S. 438). Bei der Teilung eines Fischereirechts verfaßt das Vermessungsamt regelmäßig die Beschreibung der neuen Rechte und stellt diese Beschreibung in einem Veränderungsnachweis für die Eintragung im Grundbuch bereit. (Siehe auch die Verfügungen der OLG-Präsidenten München vom 9. 12. 1941 und Nürnberg vom 6. 12. 1941). 53

G. Die Veränderungsliste

54 Im Liegenschaftskataster werden nachrichtlich auch die Eigentümer mit Angabe der Grundbuchstellen geführt. Dieser Nachweis muß mit dem Grundbuch in Übereinstimmung gehalten werden. Hierzu teilt das Grundbuchamt der Katasterbehörde laufend oder monatlich alle Veränderungen in den Eigentumsverhältnissen in Veränderungslisten mit (XVIII/1 der Anordnung über Mitteilungen in Zivilsachen – MiZi – vom 1. 10. 1967, JMBl S. 127, geändert durch Bek vom 1. 10. 1968, JMBl S. 104 und durch Bek vom 28. 6. 1976 JMBl S. 251, für Bayern ferner JMBek vom 28. 11. 1969, JMBl S. 211, geändert durch Bek vom 20. 2. 1975, JMBl S. 25, Bek vom 25. 9. 1975, JMBl S. 168 und Bek vom 27. 12. 1976, JMBl 1977 S. 7). Die Form der Veränderungslisten richtet sich jetzt nach Landesrecht. Zumeist werden wie für die Benachrichtigung der Berechtigten (§ 55 GBO) Durchschriften oder Ablichtungen des Eintragungstextes verwendet.

55 Da bei einer Flurbereinigung nach Eintritt des neuen Rechtszustands bis zur Abgabe der Berichtigungsunterlagen an die Katasterbehörde die *Flurbereinigungsbehörde* das amtliche Verzeichnis der Grundstücke im Sinne von § 2 Abs. 2 GBO führt (siehe RdNr. 40), werden für diesen Zeitraum die Mitteilungen (Veränderungslisten) an die Flurbereinigungsbehörde gerichtet (XVIII/1 Abs. 4 MiZi); bei städtebaulichen Umlegungen wären sie entsprechend an die Umlegungsstelle zu senden (vgl. § 74 Abs. 2 BBauG). Siehe auch § 55 RdNr. 8.

56 Mitteilungspflichtig sind nach MiZi aaO folgende Veränderungen:

1. die Eintragung eines Eigentümers und eines Erbbauberechtigten sowie die Neuanlegung eines Grundbuchblattes;
2. Veränderungen in der grundbuchmäßigen Bezeichnung eines Grundstücks, soweit hiervon der Nachweis im Liegenschaftskataster berührt ist (Grundbuchband und -blatt; lfd. Nr. im Bestandsverzeichnis, falls diese im Liegenschaftskataster vorgetragen ist);
3. die Löschung von Miteigentumsanteilen (§ 17 AVGBO);
4. die Ausbuchung eines Grundstücks oder Grundstücksteils;
5. die Eintragung eines von Buchungszwang befreiten Grundstücks (§ 3 Abs. 2 Buchst. a GBO) auf ein bereits bestehendes Grundbuchblatt;
6. die Schließung eines Grundbuchblattes, wenn das Grundstück sich in der Örtlichkeit nicht nachweisen läßt (§ 35 GBVfg).

57 Veränderungen im Eigentum werden regelmäßig erst nach der betreffenden Eintragung im Grundbuch in das Liegenschaftskataster übernommen. Bei Eigentumsveränderungen jedoch, die aufgrund besonderer Rechtsvorschriften ohne Eintragung im Grundbuch wirksam werden, z. B. Flurbereinigung, Übergang der Baulast an Straßen, kann der neue Eigentümer aufgrund

einer Mitteilung der in Betracht kommenden Behörde **vor** der Berichtigung des Grundbuchs in das Liegenschaftskataster übernommen werden.

VI. Grundstücksteilungen

A. Teilung und Teilungsgenehmigung

Im BGB ist der Begriff Grundstücksteilung nicht zu finden. Die rechtliche 58
Befugnis des Eigentümers, sein Grundstück in neue, rechtlich getrennte und selbständige Gebilde zu zerlegen, ergibt sich aus der Verfügungsgewalt des Eigentümers: nach § 903 kann der Eigentümer mit der ihm gehörenden Sache nach Belieben verfahren, soweit nicht das Gesetz oder Rechte Dritter entgegenstehen.

Rechte Dritter können von einer Grundstücksteilung berührt sein, wenn Dritte ein dingliches Recht an dem Grundstück innehaben, z. B. eine Hypothek oder Grundschuld, ein Erbbaurecht (siehe § 8 RdNrn. 10 ff) oder eine Dienstbarkeit. Für die Teilung ist in solchen Fällen die Mitwirkung der Berechtigten erforderlich.

Bedeutsamer sind heute die zahlreichen Fälle, in denen das Gesetz eine 59
Teilung von einem behördlichen Genehmigungsverfahren abhängig macht. Durch das Genehmigungsverfahren soll der Grundstücksverkehr überwacht werden, um unerwünschte Entwicklungen und Veränderungen, die dem öffentlichen Interesse zuwiderlaufen würden, schon im Ansatz zu verhindern.

Bundesbaugesetz 60
Genehmigungspflichtig ist die Teilung eines Grundstücks im „räumlichen Geltungsbereich" eines Bebauungsplans und wenn kein Bebauungsplan vorliegt, „innerhalb der im Zusammenhang bebauten Ortsteile" (§ 19 Abs. 1 BBauG). Außerhalb dieser Bereiche ist die Teilung genehmigungspflichtig, wenn das Grundstück bebaut oder die Bebauung genehmigt ist, oder wenn die Teilung zur Bebauung oder kleingärtnerischen Nutzung vorgenommen werden soll (§ 19 Abs. 2 Nr. 2 BBauG). Durch Verordnung der obersten Landesbehörde wird jeweils bestimmt, in welchen Gemeinden diese Genehmigungspflicht besteht oder in welchen Gemeinden sie nicht besteht.

Unter Teilung eines Grundstücks ist gemäß § 19 Abs. 3 BBauG die dem Grundbuchamt gegenüber abgegebene oder sonstwie erkennbar gemachte Erklärung des Eigentümers zu verstehen, daß ein Grundstücksteil grundbuchmäßig abgeschrieben und als selbständiges Grundstück oder als ein Grundstück zusammen mit anderen Grundstücken oder mit Teilen anderer Grundstücke eingetragen werden soll. Das Genehmigungsverfahren wird somit durch die Erklärung des Eigentümers in Gang gesetzt. Als sonstwie erkennbar gemachte Erklärung ist auch der Antrag auf Teilungsvermessung bei der Vermessungsbehörde zu werten, wenn die Zerlegung des Flurstücks auf eine rechtliche Teilung des Grundstücks abzielt (OVG Lüneburg, Entsch. vom 29./30. 11. 1961 I OVG – A 69/60; *Pietzonka* NJW 1961 S. 1425; Entschl. d. BayStMI vom 27. 7. 1962, MABl S. 491, FMBl S. 1602). Der Antragseingang bei der Vermessungsbehörde setzt jedoch keine mit dem Genehmigungsverfahren verbundene Frist in Lauf. Auch im Genehmigungsantrag an die Genehmigungsbehörde, der u. a. auch in der Mitteilung des Verpflichtungsgeschäfts oder der Auflassung mit der Bitte um Genehmigung bestehen kann, ist eine Teilungserklärung zu sehen. Eine Grundstücksteilung im Sinne des § 19 BBauG ist schließlich auch die Aufhebung der Vereinigung von Grundstücken (BayObLG Beschl. vom 31. 5. 1974 NJW 1974, 2004 = BayVBl 1974, 543). Antragsberechtigt ist auch der Käufer eines Grundstücksteils (BVerwG BayVBl 1976, 470, 473).

Grundstücke, die in eine Umlegung nach dem Vierten Teil des Bundesbaugesetzes einbezogen sind, dürfen gemäß § 51 Abs. 1 Nr. 1 BBauG nur mit schriftlicher Genehmigung der Umlegungsstelle geteilt werden. Bei Grundstücken, für die ein Enteignungsverfahren nach dem Fünften Teil des Bundesbaugesetzes eingeleitet ist, bedarf die Teilung gemäß § 109 a Abs. 1 BBauG der Genehmigung der Enteignungsbehörde.

61 Städtebauförderungsgesetz

Im förmlich festgelegten Sanierungsgebiet bedarf eine Grundstücksteilung zu ihrer Wirksamkeit der schriftlichen Genehmigung (§ 15 Abs. 1 Nr. 5 StBauFG). Dasselbe gilt für städtebauliche Entwicklungsbereiche im Sinne des StBauFG (§ 57 Abs. 1 Nr. 3 StBauFG).

62 Bayerisches Waldgesetz

Die Teilung von Waldgrundstücken bedarf in Bayern grundsätzlich der Erlaubnis (Art. 17 Abs. 1 des Waldgesetzes für Bayern (BayWaldG) vom 22. Oktober 1974, GVBl S. 551). Eine Erlaubnis ist nicht erforderlich, wenn und soweit für Teile von Waldgrundstücken eine Rodungserlaubnis vorliegt sowie wenn die Teilung im Flurbereinigungsverfahren durchgeführt wird (Art. 17 Abs. 4 aaO).

63 Sonstige Vorschriften

Andere Vorschriften machen zwar nicht die Teilung, aber die Veräußerung eines Grundstücks in ihrer Wirksamkeit von einer Genehmigung abhängig. Wenn also der Grundeigentümer einen Grundstücksteil veräußern will, so ist es zwar rechtlich möglich, aber nicht sinnvoll, die Teilung vorzunehmen, ohne daß die Genehmigung für die Veräußerung erteilt oder mit Sicherheit zu erwarten ist. Als Beispiel für die Genehmigungspflicht bei der Veräußerung von Grundstücken wäre vor allem zu nennen § 2 Abs. 1 des Gesetzes über Maßnahmen zur Verbesserung der Agrarstruktur und zur Sicherung land- und forstwirtschaftlicher Betriebe (Grundstücksverkehrsgesetz – GrdstVG) vom 28. 7. 1961(BGBl I S. 1091). Nach dieser Vorschrift bedürfen die rechtsgeschäftliche Veräußerung und der schuldrechtliche Vertrag hierüber der Genehmigung. Die Länder können bestimmen, daß Geschäfte bis zu einer bestimmten Größe genehmigungsfrei sind (Beispiel: Bayern bis zu 1 ha gemäß Art. 2 Abs. 1 des Gesetzes zur Ausführung des Grundstücksverkehrsgesetzes – AGGrdstVG – vom 21. 12. 1961, GVBl S. 259).

Weitere Beispiele: Verkleinerung oder Vergrößerung einer Heimstätte – §§ 9 und 10 Reichsheimstättengesetz i. d. F. vom 25. 11. 1937 (RGBl I S. 1291) und Veräußerung von Almgrundstücken – Gesetz über den Schutz der Almen und die Förderung der Almwirtschaft – Almgesetz – vom 28. 4. 1932 (BayBS IV S. 359).

Vermessung genehmigungspflichtiger Teilungen 64

Eine Grundstücksvermessung, die eine genehmigungspflichtige Teilung vorbereiten soll (zur Teilungsvermessung siehe RdNrn. 73 ff), ist in der Regel nur sinnvoll, wenn die Genehmigung erteilt oder mit Sicherheit zu erwarten ist. Nach den neueren Vermessungsgesetzen der Länder werden deshalb derartige Teilungsvermessungen erst vorgenommen werden, wenn die Teilungsgenehmigung vorliegt (Bayern: Art. 8 Abs. 6 VermKatG). Außerdem soll die Vermessung grundsätzlich nach Maßgabe und nach den Auflagen der Teilungsgenehmigung ausgeführt werden. Entsprechend wäre zu verfahren, wenn von einem Grundstück ein Teil veräußert werden soll und nicht die Teilung selbst, wohl aber die Veräußerung genehmigungspflichtig ist. Eine Flurstückszerlegung, für die nicht eine entsprechende rechtliche Teilung in Aussicht steht, sollte auch auf Drängen des Eigentümers nicht ausgeführt werden, sofern nicht katastertechnische Gründe für die Zerlegung sprechen.

Von diesen Grundsätzen sollte nur aus triftigem Grund abgewichen wer- 65
den. Ein derartiger Fall kann bei der Einmessung einer Überbauung gegeben sein: Wenn gelegentlich einer Gebäudeeinmessung eine Überbauung festgestellt wurde und sich die Grundstücksnachbarn noch beim Vermessungstermin dahingehend einigen, daß die überbaute Fläche an den Gebäudeeigentümer aufgelassen werden soll, wird in der Regel die Teilungsvermessung gleich mit erledigt. Die katastertechnische Bearbeitung des Falles wird jedoch erst nach Vorliegen der Teilungsgenehmigung in Angriff zu nehmen sein.

Ähnlich verhält es sich, wenn sich bei der Vermessung herausstellt, daß der 66
vorgesehene und genehmigte Grenzverlauf offensichtlich unzweckmäßig

wäre oder die Beteiligten aus anderen Gründen eine Änderung wünschen, die ein neues Genehmigungsverfahren erfordert. In diesen Fällen wird der Vermessungsbeamte zu entscheiden haben, ob die Vermessung abgebrochen oder entsprechend der neuen Sachlage zu Ende gebracht wird.

Jedoch kann eine Verurteilung, auf Grund einer Verpflichtung zur Übereignung eines Grundstücksteils den Antrag auf Wegmessung dieses Teils beim Vermessungsamt zu stellen, **vor** der nach § 19 Abs. 3 BBauG für die Wirksamkeit der Teilung erforderlichen Genehmigung erfolgen (BGH Urt. vom 29. 3. 1974, NJW 1974, 1654).

Sonderfall widerrechtlicher Teilung

67 Die Bauordnungen der Länder schreiben bestimmte Abstandsflächen vor, die zwischen einem Gebäude und der Grundstücksgrenze vorhanden sein müssen. Beispiel: Art. 6 und 7 BayBO. Diese Flächen dürfen auch bei der Teilung eines bebauten Grundstücks nicht unterschritten oder überbaut werden (Art. 7 Abs. 8 BayBO). Grenzänderungen, die gegen diese Vorschriften verstoßen, sind – in unmittelbarer oder entsprechender – Anwendung von § 134 BGB nichtig, auch wenn sie in das Grundbuch eingetragen worden sind. In Gemeinden, wo der Bodenverkehr der Überwachung nach § 19 BBauG unterliegt, wird dieser Sachverhalt jeweils im Genehmigungsverfahren geprüft und die Genehmigung versagt, wenn die Teilung rechtswidrig ist. In den übrigen Gemeinden werden die Vermessungs- und Grundbuchbehörden bei derartigen Teilungen die Stellungnahme der Bauaufsichtsbehörde einholen, bevor sie tätig werden.

B. Abschreibung eines Grundstücksteils im Grundbuch (Teilung)

68 1. Fallunterscheidung

Die Vorschrift des § 2 Abs. 3 a GBO meint mit „Abschreibung“ eines Teils eines Grundstücks eigentlich die „Grundstücksteilung“ überhaupt (*Weber*, Das mißverstandene „Zuflurstück“, DNotZ 1960, 229, 233). Die Teilabschreibung kommt in Betracht

- als Teilung eines Grundstücks ohne Eigentumsänderung, z. B. Parzellierung eines Geländes in Bauplätze
- im Zusammenhang mit der Veräußerung einer oder mehrerer Teilflächen eines Grundstücks
- wegen der Belastung eines Grundstücksteils (§ 7 Abs. 1 GBO).

69 2. Vorgang der Teilung

Die rechtliche Teilung eines Grundstücks wird in der Weise bewirkt, daß im Grundbuch die betreffende Teilfläche oder die betreffenden Teilflächen von dem zu teilenden Grundstück abgeschrieben und diese sowie das Restgrundstück auf dem gleichen Blatt oder anderen Blättern neu eingetragen werden. In gleicher Weise ist auch dann zu verfahren, wenn eine Fläche von weniger als einem halben Quadratmeter abgeschrieben wird und sich somit die Flächenangabe (Quadratmeter) des Restgrundstücks bei der Abschreibung nicht ändert. Derart kleine Flächenübergänge, die im Liegenschaftskataster meist als Zuflurstücke (siehe RdNrn. 88 ff) ausgewiesen werden, kommen insbesondere bei Grenzbegradigungen und bei der Beseitigung von Grenzüberbauungen vor. Sie können bei Grundstücken, für die einwandfreie Messungszahlen vorliegen, nicht etwa mit dem Hinweis auf die begrenzte Genauigkeit der Meßmethoden vernachlässigt werden (½ m^2 ist die Fläche eines gleichschenklig-rechtwinkligen Dreiecks mit einer Höhe von 7 dm oder eines Rechtecks mit Seitenlängen von 1 dm und 5 m). Bei Spitzenwerten des Bodens ist die wirtschaftliche Bedeutung auch für sehr kleine Flächen nicht mehr zu übersehen.

Zur Neubildung und Erweiterung von Grundstücken für Straßen (Straßengrundabtretungen) hingegen sollten derart kleine Teilflächen möglichst nicht mit herangezogen werden, weil der Aufwand für die Rechtsänderungen in keinem rechten Verhältnis zum Wert der betreffenden Flächen steht und weil wegen des damit gegebenen Desinteresses der Beteiligten die erforderlichen Erklärungen meist schwer beizubringen sind.

Die Abschreibung erfolgt auf Antrag des Eigentümers (§ 13 GBO). Dazu 70
muß seine Bewilligung (§ 19 GBO) in Form einer öffentlichen Urkunde (§ 29 GBO) vorliegen. Ersetzt oder beinhaltet der Eintragungsantrag die Teilungserklärung, so ist der Antrag in Form einer öffentlichen Urkunde zu stellen (§ 30 i. V. mit § 29 GBO).

Zur Beurkundungsbefugnis der Vermessungs- und Katasterbehörden siehe §§ 5, 6 RdNrn. 56 ff.

Die Teilung der Grundstücke wird mit der Abschreibung des Grundstücks- 71
teils (der Grundstücksteile) im Grundbuch rechtlich wirksam. Eine Teilung kann aber auch kraft Gesetzes oder durch Hoheitsakt außerhalb des Grundbuchs zustandekommen, z. B. bei der Einbeziehung eines Grundstücksteils in eine Flurbereinigung; Näheres hierzu RdNr. 103.

3. Abschreibung von Amts wegen 72

Wenn die Grenze eines Grundbuchbezirks so geändert wird, daß von der neuen Grenze ein Grundstück durchschnitten wird, so ist der in den anderen Grundbuchbezirk übergehende Grundstücksteil abzuschreiben; siehe § 27 i. V. mit § 25 Abs. 3 GBVfg. Der Grundstücksteil muß vorher katastertechnisch verselbständigt sein.

C. Aufteilung eines Flurstücks

73 1. Katastertechnischer Vorgang

Die katastertechnische Aufteilung eines Flurstücks in mehrere selbständige Flurstücke sowie die Abtrennung eines Flurstücksteils unter zeitweiliger Verselbständigung dieses Teils (Zuflurstück, siehe RdNrn. 88 ff) wird in den meisten Katastervorschriften als **Zerlegung** bezeichnet (für Bayern siehe 1.331 und 1.332 KatFEA). Für die Zerlegung eines Flurstücks ist in der Regel die vorherige Vermessung der Teilungslinie erforderlich. Ausnahmen siehe RdNrn. 81, 82. In den Ländern, in denen eine öffentlich-rechtliche **Abmarkungspflicht besteht, muß die neue Grenze abgemarkt werden** (z. B. Bayern: Art. 1 Abs. 1 Nr. 3 AbmG). Die katastertechnische Zerlegung geht der rechtlichen Teilung voraus.

Zerlegungen werden jedoch gelegentlich auch ohne die Absicht, das Grundstück zu teilen, aus katastertechnischen Gründen vorgenommen. Dabei entstehen Grundstücke, die aus mehreren Flurstücken zusammengesetzt sind. In Bayern wird bei einer solchen Zerlegung im Veränderungsnachweis vorsorglich für das Grundbuchamt vermerkt: *„Die Flurstücke . . . sollen im Grundbuch als* **ein** *Grundstück eingetragen bleiben"*. (2.538 KatFEA)

74 Da die Zerlegung an sich eine rein katastertechnische Maßnahme ohne jegliche rechtliche Wirkung darstellt, bedarf sie grundsätzlich nicht der Zustimmung des Eigentümers. Selbstverständlich darf hierbei nicht willkürlich und nicht gegen die wohlverstandenen Interessen der Berechtigten verfahren werden.

75 Soll ein Teil eines Grundstücks (im Grundbuchsinn) umgemeindet werden (Grundstück im Sinn des Kommunalrechts siehe RdNr. 18), so kann der Grundeigentümer dies nicht etwa dadurch verhindern, daß er die rechtliche Teilung seines Grundstücks verweigert. Die betreffende Zerlegung des Flurstücks, die für die Durchführung des Umgemeindungsverfahrens erforderlich ist, kann ohne seine Einwilligung und ohne rechtliche Teilung des Grundstücks vorgenommen werden.

76 Veranlassung für eine Zerlegung von Flurstücken können nach obigem im wesentlichen sein

- katastertechnische Gründe: Anpassung der Flurstücke nach Veränderungen in der Bebauung, Nutzung, Unterteilung der Straßenzüge usw., um die Übereinstimmung mit topographischen und wirtschaftlichen Einheiten wieder herzustellen;
- rechtliche Gründe: Teilung der betreffenden Grundstücke, sei es durch Willenserklärung des Eigentümers oder kraft eines Gesetzes (ex lege), z. B. Umstufung eines Straßenteils;
- kommunalrechtliche Gründe: Umgemeindung eines Flurstücksteils.

Über Zerlegungen werden Veränderungsnachweise angefertigt (RdNrn. 47 ff).

Ist für eine Flurstückszerlegung eine bestimmte Sollfläche oder ein bestimmtes Teilungsverhältnis, z. B. Hälfteteilung, vorgegeben, so wird die Sollfläche in das Liegenschaftskataster übernommen, wenn die an die Vermessung sich anschließende Kontrollberechnung der Trennflächen eine Übereinstimmung mit der Sollfläche innerhalb der Fehlergrenzen ausweist (Nr. 59 Abs. 3 FortfErl, 2.565 KatFEA). 77

Bei der Zerlegung eines Flurstücks behält das Restflurstück in den süddeutschen Ländern seine Nummer bei, in den anderen Ländern wird es umnumeriert (siehe auch §§ 5, 6 RdNr. 20). 78

2. Vorläufige und endgültige Zerlegung

Die Zerlegung kann 79
entweder vorläufiger Natur
oder endgültiger Natur
sein.

Die **Zerlegung vorläufiger Natur** wird im Veränderungsnachweis einiger Länder als „Teilungsentwurf" gekennzeichnet. Sie wird angewandt, wenn die Zerlegung eine rechtliche Teilung vorbereitet. Die Zerlegung wird im Veränderungsnachweis dargestellt, in die Katasterbücher (endgültig) aber erst nach der Eintragung im Grundbuch übernommen (Zurückstellung der Übernahme). Die Katasterkarten werden in den süddeutschen Ländern noch vor dem Grundbucheintrag nachgeführt (anders: Nr. 67 Abs. 2, Nr. 85 Abs. 1 FortfErl.). Der sofortige Karteneintrag kommt den Wünschen der meisten Kartenbenützer entgegen; sie finden in der Karte den aktuellen Stand nach der Örtlichkeit. Kommt die rechtliche Regelung nicht zustande, werden Vermessung, Veränderungsnachweis und gegebenenfalls der Karteneintrag rückgängig gemacht und der alte Zustand wieder hergestellt.

Bei der **Zerlegung endgültiger Natur** werden Katasterbücher und -karte sogleich fortgeführt und die Änderung in das Bestandsverzeichnis des Grundbuchs übernommen. Das Grundbuchgrundstück kann hierbei in seinem Umfang unverändert bleiben. 80

Nach Umstellung des Liegenschaftskatasters auf elektronische Datenverarbeitung wird die Zerlegung stets in der endgültigen Form vorgenommen werden müssen. Die Länder Niedersachsen, Nordrhein-Westfalen und Schleswig-Holstein sind auch für das konventionelle Kataster von der Zerlegung vorläufiger Natur bereits abgegangen (siehe auch *Kriegel* Heft 4 Nr. 2.1.2.2). In Bayern wurde nach dem Landesrecht, das bis zur vollen Vereinheitlichung des Grundbuchrechts (1. 4. 1936) galt, die Teilung eines Katastergrundstücks (Plannummer), die mit rechtlichen Veränderungen zusammenhing, in das Grundsteuerkataster erst übernommmen, nachdem die Veränderungen in das Grundbuch eingetragen waren (§ 178 Abs. 1 GBÄDA). Bei der Teilung eines Katastergrundstücks im eigenen Besitz hingegen wurde das Kataster sogleich fortgeführt und die entsprechende Teilung des Grundbuchgrundstücks ohne öffentlich beurkundete Teilungserklärung im Grundbuch vorgenommen (§ 178 Abs. 2 Nr. 1 GBÄDA).

3. Zerlegung ohne Vermessung

81 Ein Flurstück kann **ohne** örtliche Vermessung in zwei Flurstücke zerlegt werden,

- wenn die Teilungsgrenze örtlich und in der Karte schon vorhanden ist, nämlich wenn ein Flurstück aus zwei getrennt liegenden Teilen besteht und in diese Teile zerlegt wird, ferner
- **wenn die das bisherige Flurstück durchschneidende neue Teilungsgrenze** zwei bereits vermessene Grenzpunkte dieses Flurstücks geradlinig verbindet.

Diese Art der Zerlegung wird in den Katastervorschriften der norddeutschen Länder als **»Sonderung nach dem Katasternachweis«** bezeichnet.

Eine Zerlegung rein nach der Karte ist auch möglich, wenn Flurstücke, die für Straßen oder Wasserläufe gebildet sind, in der Querrichtung unterteilt werden.

82 Bei umfangreichen Grundstücksteilungen für Siedlungsunternehmen wird mitunter gefordert, daß die neuen Grundstücke möglichst rasch gebildet werden, um Grundpfandrechte in das Grundbuch eintragen zu können und damit kostspielige Zwischenfinanzierungen zu umgehen. Dazu wird in besonderen Fällen die amtliche Vermessung der neuen Grenzen zurückgestellt. (In den norddeutschen Ländern: **„Sonderung nach einem Ausführungsplan“, „... verbindlichen Plan“, „... Bebauungsplan“** – u. ä.). Die Katasterbehörde nimmt die Zerlegung der Flurstücke und die Bildung der Baugrundstücke anhand eines ihr vorgelegten Aufteilungsplans vor. Hierbei werden die neuen Grenzen in ihrer Soll-Lage durch Zahlen genau festgelegt. Für diese Berechnungen können auch Messungszahlen verwendet werden, die der Planfertiger beibringt. Für die Übereinstimmung der örtlichen Grenzen mit diesen Zahlen hat der Antragsteller Vorsorge zu treffen. Die Katasterbehörde holt die ausgesetzte Vermessung in der Regel erst nach, wenn die Bauarbeiten abgeschlossen sind. Hierbei werden die genannten Festlegungsmaße angehalten. Nach h. M. hat die Übertragung der von der Katasterbehörde ohne Vermessung festgelegten Grenze in die Örtlichkeit mit derselben Genauigkeit zu erfolgen, wie die Aufmessung einer örtlich abgesteckten Grenze. Abweichungen der örtlichen Besitzgrenzen von den durch die Messungszahlen festgelegten Eigentumsgrenzen werden aufgedeckt und den Beteiligten eröffnet. Die Behebung der Abweichung wird sich nach Lage des Falles gestalten; sie ist jedoch **nicht** etwa im Wege einer einfachen Berichtigung von Kataster und Grundbuch möglich.

D. Vorschriften über die Abschreibung eines Grundstücksteils

Voraussetzung für die Abschreibung eines Grundstücksteils ist gemäß § 2 Abs. 3a GBO, daß ein beglaubigter Auszug aus dem amtlichen Verzeichnis und, sofern eine Karte geführt wird, eine von der zuständigen Behörde beglaubigte Karte vorgelegt wird. Diese Vorschrift ist als Soll-Vorschrift zwar verpflichtend für das Grundbuchamt. Eine Verletzung der Vorschrift stellt jedoch die Gültigkeit der Eintragung nicht in Frage. 83

Die Formvorschriften für die Teilabschreibung sind sinnvoll nur für **rechtsbegründende** Eintragungen. Ihr Zweck ist, die Übereinstimmung zwischen Wirklichkeit und Grundbuch im Falle der Teilung eines Grundstücks aufrecht zu erhalten und die Übersichtlichkeit des Grundbuchs zu sichern (*Meikel-Imhof-Riedel* § 2 Bem 1). Ändert sich das Eigentum an einem Grundstücksteil **außerhalb des Grundbuchs**, d. h. ohne Eintragung, so ist eine Berichtigung im Sinne des § 22 GBO (nachträgliche Unrichtigkeit), nicht aber eine Teilabschreibung im Sinne von § 2 Abs. 3 a GBO veranlaßt. Dies gilt allgemein, nicht nur für Änderungen nach dem Surrogationsprinzip (Flurbereinigung usw.). Siehe auch RdNrn. 103 ff.

1. Auszug aus dem amtlichen Verzeichnis

Als Auszug aus dem amtlichen Verzeichnis dient der Auszug aus dem Veränderungsnachweis. Der Auszug ist im übrigen meist völlig inhaltsgleich mit dem Original des Veränderungsnachweises. Die einzelnen Blätter eines Auszugs (= Ausfertigung) müssen sorgfältig miteinander verbunden werden; § 44 BeurkG, wonach die Blätter einer Urkunde mit Schnur und Prägesiegel verbunden werden sollen, ist jedoch nicht anzuwenden (für das hess. FGG siehe LG Frankfurt a. Main DNotZ 1965, 688). 84

Soll der abzuschreibende Grundstücksteil ein selbständiges Grundstück werden, so muß für ihn ein Flurstück gebildet werden; soll er mit einem anderen Grundstück vereinigt werden (vorübergehende Verselbständigung), so kann er in die Form eines Zuflurstücks gekleidet werden (siehe RdNrn. 88 ff). Besteht das Grundstück aus mehreren Flurstücken (zusammengesetztes Grundstück) und sollen einzelne Flurstücke abgeschrieben werden, so bedarf es der Vorlage eines Auszugs aus dem amtlichen Verzeichnis nicht, weil der abzuschreibende Grundstücksteil im Bestandverzeichnis des Grundbuchs bereits eindeutig beschrieben ist (BayObLGZ 1960, 182 = MittBayNot 1960, 147 = MittDVWLVBay 1960, 177).

Hier sind jedoch zwei Fälle gesondert zu betrachten:

Bei einer Buchung nach § 6 Abs. 4 GBVfg findet sich im Bestandsverzeichnis für das zusammengesetzte Grundstück lediglich eine Gesamtbezeichnung, z. B. Landgut. Die fehlenden Angaben über die einzelnen Flurstücke sind in einem beglaubigten Auszug aus dem Liegenschaftskataster aufgeführt, der bei den Grundakten zu verwahren und bei jeder Veränderung von der Katasterbehörde zu ergänzen ist. Bei der Abschreibung eines Grundstücksteils muß demnach, auch wenn der abzuschreibende Teil ein Flurstück darstellt, die Katasterbehörde tätig werden. Wegen der Aufwendigkeit dieser Verfahrensweise wird von ihr zumindest in Bayern wenig Gebrauch gemacht.

Bei einem zusammengesetzten Flurstück sind zwar, falls nicht obige Buchungsform gewählt wird, die Angaben über die einzelnen Flurstücke in das Bestandsverzeichnis aufzunehmen. Die Angaben über die Flächen können (früher mußten) jedoch gemäß § 6 Abs. 5 Satz 2 GBVfg durch die Angabe der Gesamtfläche des Grundstücks ersetzt werden. Falls von dieser scheinbaren Vereinfachung Gebrauch gemacht worden ist, was zumindest in der bayerischen Grundbuchpraxis nicht üblich war, muß das Grundbuchamt für die Abschreibung eines Flurstücks aus dem zusammengesetzten Grundstück erst die Fläche dieses Flurstücks entweder aus eigenen Unterlagen oder aber über einen Auszug aus dem Liegenschaftskataster ermitteln.

2. Beglaubigte Karte

85 Eine von der Katasterbehörde geführte amtliche Karte ist für sämtliche Grundstücke vorhanden. Aus dem bei der Abschreibung eines Grundstücksteils dem Grundbuchamt vorzulegenden Ausschnitt aus der Karte müssen die Lage und die Größe des abzuschreibenden Grundstücksteils ersichtlich sein. Die neuen Grenzen werden regelmäßig rot dargestellt. In Bayern wird die Karte mit dem Auszug aus dem Veränderungsnachweis fest verbunden oder diesem in einer Tasche beigelegt.

Satz 2 des **§ 2 Abs. 3 a GBO** befreit von der Vorlage einer Karte, wenn von einem zusammengesetzten Grundstück ein Teil abgeschrieben werden soll, der von dem übrigen Teil des Grundstücks **getrennt** liegt, und wenn sich durch die Teilung die Karte nicht ändert. Mit einfacheren Worten heißt dies, daß eine Karte nicht erforderlich ist, wenn der abzuschreibende Grundstücksteil ein Flurstück ist, das von dem Restteil getrennt liegt. Die etwas gewunden anmutende Ausdrucksweise der GBO mag daher rühren, daß durchwegs vermieden ist, das Kataster und das Katastergrundstück anzusprechen, weil seinerzeit nicht in allen Ländern das Kataster unmittelbar amtliches Verzeichnis der Grundstücke im Sinne der GBO war (vgl. RdNrn. 42, 43). Die Vorschrift verlangt jedoch über das Vorliegen der genannten Voraussetzungen eine **Bescheinigung** der zuständigen Behörde, das heißt der Katasterbehörde. Die Praxis dürfte über diese Forderung weitgehend hinweggegangen sein; der überwiegende Teil der Grundbuchämter in Bayern hat davon Abstand genommen, von der Vorlage dieser Bescheinigung die Eintragung abhängig zu machen.

Satz 3 des **§ 2 Abs. 3 a GBO** regelt den Fall, daß der abzuschreibende Grundstücksteil ein Flurstück bildet, das aber mit dem übrigen Grundstücksteil räumlich **zusammenhängt.** In diesem Fall hätte die Vermessungsbehörde auf der Karte zu **bescheinigen,** daß die kartenmäßige und die örtliche Grenze zwischen dem abzuschreibenden Teil und dem übrigen Teil des Grundstücks übereinstimmen. Eine derartige Bescheinigung kann nur dann ausgestellt werden, wenn die betreffende Grenze erst in allerjüngster Zeit vermessen worden ist. In den meisten Fällen wird eine örtliche Untersuchung notwendig sein, für die der Antragsteller die Kosten tragen muß. Diese Forderung ist wohl ursprünglich wörtlich genommen worden. Bald sind jedoch gegen ihre generelle Anwendung Bedenken aufgekommen. Schließlich hat sich das Bayerische Oberste Landesgericht nach einer eingehenden Untersuchung von Sinn und Zweck der Ordnungsvorschrift, deren Befolgung nicht zum Selbstzweck werden darf, gegen eine wörtliche Auslegung ausgesprochen. Aus dem Beschluß vom 29. 4. 1960 (MittBayNot 1960, 147) ergibt sich der folgende Rechtssatz: „*Von der Vorlage der in § 2 Abs. 3 GBO vorgeschriebenen Nachweise kann bei der Abschreibung einer unveränderten früheren Plannummer von einem zusammengesetzten Grundstück abgesehen werden, wenn die Tatsache der rechtlichen Vereinigung sowie der Flächeninhalt des Trennstücks aus dem Grundbuch einwandfrei ersichtlich sind und die Beteiligten die Übereinstimmung der Kartenmaße und der örtlichen Grenzen des Trennstücks nicht festgestellt wissen wollen*«. Wenn nun die Grundbuchämter keine amtliche Bescheinigung über die Übereinstimmung von örtlicher und Grundbuchgrenze einverlangen, wie das in Bayern überwiegend der Fall ist, so werden sich die Grundeigentümer und Erwerber selbst die Frage vorlegen müssen, ob die Eigentumsgrenze genügend gesichert ist, oder ob sie zur Feststellung des rechtlichen Grenzverlaufs die Hilfe der Vermessungsbehörde in Anspruch nehmen sollten. Die Notare werden eine wichtige Aufgabe darin sehen müssen, die Vertragsparteien entsprechend zu belehren. 86

3. Herkunft und Zweck des § 2 Abs. 3 a GBO

Das o. a. Urteil des BayObLG zu § 2 Abs. 3 a Satz 3 GBO stellt auf das bayerische Kataster ab. Hier konnten, wie in RdNr. 25 bereits ausgeführt, Flächen ungleicher Nutzungsart und unterschiedlicher Bonität, wenn sie zusammenhingen und dem gleichen Eigentümer gehörten, ein Katastergrundstück (in Buchstaben-Plannummern unterteilt) bilden. Hingegen waren im preußischen Kataster in diesen Fällen gesonderte Parzellen (Kulturparzellen) auszuweisen. Nun kann aber das Kataster bei der Veränderlichkeit einer Kulturartgrenze, die einmal zur Abgrenzung zweier Kulturparzellen eines Eigentümers gedient hat, nicht über längere Zeit hinweg eine Gewähr für die Übereinstimmung zwischen Karte und Örtlichkeit übernehmen (siehe auch *Kurandt,* Grundbuch und Liegenschaftskataster, Nr. 177). Aus dieser Erkenntnis heraus ist eine dem heutigen § 2 Abs. 3 a GBO entsprechende Bestimmung durch AV des Preußischen Justizministers vom 17. 5. 1923 in § 30 der AV zur Ausführung der GBO 87 vom 20. 11. 1899 (JMBl S. 349) eingefügt worden, die sich dann in § 32 der preußischen Grundbuchverfügung wiederfindet (AV vom 19. 11. 1931, JMBl S. 373), um schließlich in der Neufassung der GBO vom 5. 8. 1935 für das ganze Reichsgebiet verbindlich zu werden.

Während der Geltung der GBO alter Fassung war die Vorschriftengebung über die Abschreibung von Grundstücksteilen durch § 96 GBO den Ländern überlassen. Auch unter der Herrschaft des alten Rechts konnten Grundstücksteile, die katastertechnisch nicht selbständige Einheiten darstellten, allgemein nur nach amtlicher Vermessung abgeschrieben werden.

Mit obiger Vorschrift sollte verhindert werden, daß bei der Veräußerung eines von zwei nebeneinander liegenden Flurstücken eines Eigentümers nicht von einer örtlichen Grenze ausgegangen wird, die sich etwa wegen der bisher gemeinsamen Bewirtschaftung der beiden Flurstücke nicht mehr mit der Katastergrenze deckt. (Sind im übrigen die beiden Flurstücke selbständige Grundstücke, so kann die beabsichtigte Schutzwirkung nicht eintreten.) Die zu schützenden Fälle sind jedoch heute nicht so häufig wie die Fälle, in denen aus der vermeintlichen »Wohltat Plage wird«: Wenn z. B. ein Flurstück (definitiv) zerlegt wird und die entsprechende rechtliche Teilung des Grundstücks erst später nachfolgt, wie dies zumindest bei Straßengrundabtretungen die Regel ist, so müßte bei wörtlicher Auslegung der Vorschrift trotz der vorangegangenen Vermessung eine Karte vorgelegt werden mit der Bescheinigung, daß die örtliche und die Katastergrenze übereinstimmen. Dies erscheint absurd. Es dürfte auch kaum möglich sein, durch eine Vorschrift abzugrenzen, in welchen Fällen es sinnvoll ist, die Bescheinigung der Übereinstimmung von örtlicher und Katastergrenze zu verlangen. Die Vorschrift des § 2 Abs. 3 a GBO ist in der Literatur verschiedentlich einer harten Kritik unterzogen worden (z. B. *Weber* in DNotZ 1958, 408 „mißlungen“; *Kurandt,* Grundbuch und Liegenschaftskataster Nr. 182).

4. Zuflurstück (Zu-Nummer)

88 Wurde unter der Herrschaft des früheren Grundbuchrechts in Bayern von einem Grundstück ein Teil abgetrennt und einem benachbarten Grundstück einverleibt, so wurde die übergehende Fläche bei dem abgebenden Grundstück in der Bemerkungsspalte des „Messungsverzeichnisses“ vermerkt und in der Flächenspalte bei dem aufnehmenden Grundstück aufaddiert. Diese einfache Praxis war nach der Novellierung der Grundbuchordnung seit 1936 nicht mehr möglich, weil seither der abzuschreibende Grundstücksteil *„im amtlichen Verzeichnis unter einer besonderen Nummer oder einem besonderen Buchstaben verzeichnet sein muß, es sei denn, daß nach dem Ermessen der zur Führung zuständigen Behörde die Nummer in der Karte nicht deutlich dargestellt werden kann.“*

89 Die letztere Einschränkung kann heute keine Bedeutung mehr haben, weil die Karte in jedem Fall mit vertretbarem Aufwand so vergrößert werden kann, daß die deutliche Darstellung eines noch so kleinen Grundstücksteils möglich ist. An die Stelle der einfachen Flächenangaben des Grundstücksteils aber trat nach Nr. 21 des seinerzeitigen (Reichs-)Fortführungserlasses (FortfErl.) vom 30. September 1940 das „Zuflurstück“. Der übergehende

Flurstücksteil erhält dabei eine Bezeichnung, die einerseits einen Hinweis auf das Flurstück, zu dem der Teil übergeht, enthält, z. B. Zu 26/3, und andrerseits einen Hinweis auf das Flurstück, von dem der Teil angetrennt wird, z. B. aus 25/2. Die Gesamtbezeichnung heißt in dem vorliegenden Fall Zu 26/3 (aus 25/2).

Das Zuflurstück hat seinen Vorläufer in der Zuparzelle des preußischen Katasters. Als Zuparzellen waren nach der Verf. des PrFinMin vom 13. 12. 1899 (abgedruckt in *Kurandt,* Liegenschaftskataster und Grundbuch S. 221) Absplisse zu bezeichnen, die in der Karte nicht deutlich genug darstellbar waren. Da beim Ausbleiben der rechtlichen Regelung die Zuparzellen im Kataster bestehen blieben und die Übersichtlichkeit des Katasters beeinträchtigten, wurde die Bildung durch Nr. 75 der Ergänzungsvorschriften vom 21. 2. 1913 untersagt.

Die Einrichtung des Zuflurstücks stellt eine vorübergehende **katastertechnische Bezeichnung** und nicht etwa eine Verselbständigung von Flurstücksteilen im Kataster dar. Das Zuflurstück wird nur im Veränderungsnachweis vorgetragen, aber nicht in das Liegenschaftskataster übernommen. In einem Kartenauszug, der in Bayern regelmäßig mit dem Veränderungsnachweis verbunden ist, wird zwar die Veränderung in der Begrenzung der Flurstücke dargestellt, nicht aber die Bezeichnung des Zuflurstücks ersichtlich gemacht. 90

Der wichtigste Anwendungsfall für das Zuflurstück ist die Flurstückszerlegung vorläufiger Natur (RdNr. 79). Da in einem automatisierten Liegenschaftskataster nur Zerlegungen endgültiger Natur vorgenommen werden (RdNr. 80), ist hier für das Zuflurstück kein Raum mehr.

Für Zwecke der **Grundbuchführung** bewirkt das Zuflurstück eine vorübergehende rechtliche Selbständigkeit eines Grundstücksteils. Dies gilt aber nur für die Abtrennung des Zuflurstücks von seinem Stammgrundstück und die Vereinigung mit einem anderen Grundbuchgrundstück, nicht in anderer Beziehung. Das Zuflurstück ist also ein Grundstück im Rechtssinn nur während des einheitlichen Eintragungsvorgangs seiner Abschreibung und der Vereinigung im Grundbuch (BayObLG Beschl. v. 22. 1. 1974, JMBl 1974 S. 48 = MittBayNot 1974, 18). In das Grundbuch können Zuflurstücke jedoch nicht als selbständige Grundstücke eingetragen werden (BayObLG Beschl. v. 3. 11. 1954, ES 1954, 258; OLG Frankfurt a. Main 6 ZS, Beschl. v. 9. 9. 1959, Rpfleger 1960, 127); sie ermöglichen aber die Abschreibung von Grundstücksteilen, die unmittelbar darauf einem anderen Grundstück einverleibt oder als Bestandteil zugeschrieben werden. Für die Größe eines Zuflurstücks ist weder aus katastertechnischen noch aus grundbuchrechtlichen Gründen eine Grenze gesetzt (BayObLG Beschl. v. 3. 11. 1954, ES 1954, 258). 91

Die Bildung eines Zuflurstücks bedeutet keine Entscheidung darüber, ob eine Vereinigung oder Bestandteilszuschreibung vorgenommen werden soll.

Die Eigentümer haben insoweit freie Gestaltungsmöglichkeit (siehe §§ 5,6 RdNrn. 5, 11).

92 Das Zuflurstück verdankt seine Entstehung zwar der neuen Form des § 2 Abs. 3 a GBO. Es ist aber auch für Veränderungen von Flurstücksgrenzen **innerhalb** eines Grundstücks verwendbar, also bei Veränderungen ohne Änderung des Grundstücks im Rechtssinn.

Stellt das Zuflurstück einen abzuschreibenden Grundstücksteil dar, so wird die Fortführung des Liegenschaftskatasters zurückgestellt, bis die Eintragung im Grundbuch erfolgt ist.

93 Zuflurstücke sollen **nicht** gebildet werden, wenn die Veränderungen an den Grundstücken zweckmäßiger durch Verschmelzung und Wiederaufteilung der Fläche bewerkstelligt werden können, oder wenn die angestrebte Grundstücksvereinigung wegen rechtlicher Hindernisse für einzelne der Trennstükke nicht mit Sicherheit in angemessener Zeit zu erwarten ist. So soll bei Straßengrundabtretungen regelmäßig die Zerlegung in selbständige Flurstükke vorgenommen werden (2.254 KatFEA). Allerdings gestaltet sich die Grundbucheintragung hierbei aufwendiger, weil eine Eintragung *mehr* anfällt als bei der Abschreibung eines Zuflurstücks.

94 Ein Trennstück kann nicht die Form eines Zuflurstücks annehmen, wenn das Stammflurstück nicht im Grundbuch ausgewiesen ist (z. B. das Flurstück eines Anliegerwegs), das Trennstück aber mit einem im Grundbuch eingetragenen Grundstück vereinigt oder einem solchen als Bestandteil zugeschrieben werden soll. Muß in einem anderweitigen Fall für die Veränderung in der Begrenzung der Flurstücke der Flächenübergang dargestellt werden, so ist die katastertechnische Verselbständigung der Übergangsfläche erforderlich.

Zuflurstücke werden im besonderen **nicht** gebildet (2.255 KatFEA)

- für Trennstücke aus Anliegerwegen, -gräben und -wasserläufen
- für Straßenteile bei Veränderungen aufgrund der Straßengesetze
- bei städtebaulichen Umlegungen und bei Flurbereinigungen (einschl. freiwilliger Landtausch nach dem FlurbG)
- bei Veränderungen der Katastergrenze aufgrund eines Gerichtsurteils oder gerichtlichen Vergleichs
- bei Berichtigungen des Liegenschaftskatasters.

Es erschiene an sich sinnvoll, auch bei Grenzregelungen nach dem Bundesbaugesetz die Flächenänderungen **nicht** in Form von abzuschreibenden Grundstücksteilen auszuweisen (siehe RdNr. 83).

95 Die Vorteile des Zuflurstücks sind vor allem folgende:

1. Kleine Flächen brauchen in der Karte nicht bezeichnet zu werden.
2. Die Buchungsvorgänge in Kataster und Grundbuch werden vereinfacht.
3. Es werden weniger Flurstücksnummern verbraucht als bei der endgültigen Zerlegung.

4. Falls die mit der Zerlegung vorbereitete Teilung nicht zustande kommt, wird die Zerlegung nicht in das Kataster übernommen.
   Lit.: *Kriegel,* Heft 5 Abschn. 1.5.2, Heft 9 Abschn. 5.2.2
Rösch, Zuflurstücke, ZfV 1952, 225
Weber, Das mißverstandene Zuflurstück, DNotZ 1960, 229
weitere Lit. ZfV 1963, 132

5. Sicherung des Anspruchs auf Übertragung des Eigentums

Beim Erwerb eines Grundstücks oder Grundstücksteils können nach dem Abschluß des Grundgeschäfts (Kaufvertrag) bis zur Eintragung im Grundbuch aus verschiedenen Gründen Verzögerungen eintreten, insbesondere durch die Vermessung, durch das Erholen von Genehmigungen, Bescheinigungen usw. Für diese Zeit kann der aus dem obligatorischen Geschäft entspringende Anspruch auf Übertragung des Eigentums an dem Grundstücksteil durch eine Vormerkung im Grundbuch gesichert werden (Auflassungsvormerkung, § 883 BGB), so daß ein Dritter nicht gutgläubig Eigentümer werden kann. Der Anspruch des Erwerbers kann im Grundbuch auch dann noch vorgemerkt werden, wenn die Auflassung schon erklärt ist (*Palandt-Bassenge* § 883 Anm. 3) 96

Der Anspruch auf Übertragung des Eigentums an einem Grundstück oder Grundstücksteil kann weiter abgetreten werden. Materiellrechtlich ist hierfür **keine** bestimmte Form vorgeschrieben, insbesondere nicht eine notarielle Beurkundung. (§ 313 BGB ist nicht anwendbar). Die Abtretung wird ohne Einschreibung in das Grundbuch rechtlich voll wirksam. Für die Berichtigung des Grundbuchs ist die notariell beurkundete oder beglaubigte Bewilligung (§§ 19, 29 GBO) ausreichend, was selbstredend nicht ausschließt, statt dessen die materiellrechtliche Entstehung in der Form des § 29 GBO nachzuweisen (vgl. allg. *Ertl* DNotZ 1976, 68 ff u. DNotZ 1977, 81). 97

Der Anspruch auf Eigentumsübertragung kann verpfändet werden. Auch die Verpfändung eines Auflassungsanspruchs bedarf (materiellrechtlich) zu ihrer Wirksamkeit nicht der notariellen Beurkundung (BayObLG Beschl. vom 22. 7. 1976, JMBl S. 296). Statt dieses Anspruchs kann nach der Erklärung der Auflassung wahlweise auch das aus der Auflassung folgende Anwartschaftsrecht auf Erwerb des Eigentums am Grundstück verpfändet werden. Wenn der Anspruch auf Eigentumsübertragung im Grundbuch vorgemerkt ist, kann ein Pfandrecht an dieser Vormerkung im Grundbuch vermerkt werden. Dieser Vermerk ist zwar der **dinglichen** Sicherung einer Schuld nicht völlig gleichzustellen, kommt ihr aber nahe. Die Verpfändung des Anspruchs ist nur wirksam, wenn der Anspruchsberechtigte sie dem Verpflichteten (Grundeigentümer) anzeigt (§ 1280 BGB). Im übrigen sind auf die Bestellung des Pfandrechts die für die Übertragung des Anspruchs 98 geltenden Vorschriften anzuwenden (§ 1274 BGB), also die im vorhergehenden Absatz aufgezeigten Grundsätze. Wird jedoch nach Erklärung der Auflassung **nicht** (nicht nur) der **schuldrechtliche** Anspruch auf Eigentumsübertragung, sondern (sondern auch) das **dingliche** Anwartschaftsrecht des Auflassungsempfängers verpfändet, so sind die Formvorschriften der Auflassung zu beachten, also Einigung bei gleichzeitiger Anwesenheit beider Teile vor dem Notar (§ 925 BGB).

99 Der Anspruch auf Übertragung des Eigentums an einem Grundstück (Grundstücksteil) kann nicht nur als ganzes, sondern auch – zumindest im Einverständnis mit dem Grundstückseigentümer – bezogen auf reale Teile des Grundstücks (Grundstücksteile), z. B. bezogen auf die noch zu bildenden Bauplätze eines Baugeländes, also „gestückelt" abgetreten werden. Auch diese Ansprüche können durch eine Vormerkung im Grundbuch gesichert und verpfändet werden.

100 Der Bestimmtheitsgrundsatz des Grundbuchrechts erfordert für die Vormerkung eines Anspruchs auf Eigentumsübertragung zwar eine so genaue Beschreibung des Grundstücksteils, daß sich daraus Lage und Größe in einer den Verkehrsbedürfnissen entsprechenden Weise ergeben (*Meikel-Imhof-Riedel* § 7 Bem 55 mit weiteren Fundstellen); eine amtliche Vermessung des Grundstücksteils ist jedoch nicht notwendig. Ist aber eine Vermessung bereits vorgenommen worden, so ist grundsätzlich die Vorlage des Auszugs aus dem amtlichen Verzeichnis (Veränderungsnachweis) geboten. Es genügt jedoch auch, daß der Veränderungsnachweis dem Notar vorgelegt wird und der Notar in der Kaufurkunde auf den Veränderungsnachweis und die dort gegebene Beschreibung des Trennstücks Bezug nimmt (Beschl. des BayObLG vom 11. 7. 1969, MittBayNot 1969, 185).

101 Mit der Eintragung des Erwerbers in das Grundbuch geht das Pfandrecht, das an dem Anspruch auf Eigentumsübertragung bzw. an dem Anwartschaftsrecht bestellt und durch eine Vormerkung im Grundbuch gesichert ist, kraft Gesetzes in eine Sicherungshypothek über (§ 1287 Satz 2 BGB). Regelmäßig wird jedoch die Sicherungshypothek in eine Verkehrshypothek oder Grundschuld umgewandelt (§§ 1186, 1198 BGB).

Bei Hypothekenbanken steht einer nur durch eine Auflassungsvormerkung gesicherten Darlehensgewährung das Hypothekenbankgesetz entgegen, weil ein Darlehen, das durch die Ausgabe von Pfandbriefen refinanziert werden soll, nur gegen Eintragung einer Hypothek auf dem Grundstück gewährt werden darf. Übernimmt allerdings eine Anstalt oder Körperschaft des öffentlichen Rechts für Darlehensnehmer die Bürgschaft, so kann die Hypothekenbank das Darlehen als Kommunalkredit gewähren.

6. Grundstücksteilung während einer Umlegung oder Flurbereinigung

Bei Grundstücksteilungen (Flurstückszerlegungen) während einer Umlegung oder Flurbereinigung muß jeweils mit der Umlegungsstelle bzw. Flurbereinigungsbehörde ins Benehmen getreten werden. Zur Genehmigungspflicht der Teilung während einer Umlegung siehe RdNr. 60. 102

Sollen während einer Flurbereinigung **vor** dem Eintritt des **neuen Rechtszustandes** (§ 61 FlurbG) Rechte an Grundstücken begründet oder übertragen werden, so können diese Geschäfte u. U. schon auf die Ersatzgrundstükke (Zuteilungsgrundstücke) abgestellt sein. Die Teilnehmer können aber in diesem Zeitraum nur über die Einlagegrundstücke und noch nicht über die Ersatzgrundstücke rechtswirksam verfügen. Die Rechtsgeschäfte müssen deshalb auf Einlagegrundstücke bezogen werden; es empfiehlt sich jedoch, in den Urkunden auch die betreffenden Ersatzgrundstücke zu benennen. Für die Rechtsänderung wird ein wertgleiches Einlagegrundstück des Veräußerers herangezogen. Ist ein entsprechendes Einlagegrundstück nicht vorhanden, so kann dadurch geholfen werden, daß an einem Einlagegrundstück des Veräußerers ein dem Wert des zu veräußernden Ersatzgrundstücks entsprechendes Miteigentumsverhältnis begründet und der entsprechende Miteigentumsanteil auf den Erwerber übertragen wird. Erscheint dies nicht tunlich, so wird ein geeignetes Einlagegrundstück des Veräußerers so geteilt, daß ein dem zu veräußernden Ersatzgrundstück wertgleiches Einlagegrundstück entsteht. Dieses wird dann Gegenstand des Rechtsgeschäfts. Die Zerlegung des Einlageflurstücks wird in diesem Fall ohne Vermessung nur in der Karte vorgenommen.

Soll nach der vorläufigen Besitzeinweisung (§§ 65 ff FlurbG), aber vor dem Eintritt des neuen Rechtszustands (§ 61 FlurbG) ein **Teil** eines **Ersatzgrundstücks** (Zuteilungsgrundstücks) veräußert werden, so wird die Teilung des Ersatzgrundstücks im Flurbereinigungsplan durch die Flurbereinigungsbehörde vorgenommen.

7. Ausnahme von den Erfordernissen des § 2 Abs. 3 a GBO (zu § 2 Abs. 3b GBO)

§ 2 Abs. 3 Buchst. a GBO ist eine Ordnungsvorschrift, deren Beachtung nicht Selbstzweck werden darf. Zur Kritik an Satz 3 siehe RdNrn. 85 bis 87. 103

Die Vorschrift ist nur sinnvoll für Grundstücksteilungen, bei denen die Rechtsänderung mit der Eintragung in das Grundbuch wirksam wird. Ist die Teilung aufgrund eines Gesetzes oder Hoheitsakts eingetreten und wird das Grundbuch nur berichtigt, so ist für diese Formstrenge kein zwingender Grund zu erkennen, zumal die Teilflächen häufig nicht als selbständige Grundstücke bestehen bleiben, sondern sogleich in anderen Grundstücken aufgehen. Nach § 2 Abs. 3 b GBO wird deshalb von der Forderung nach einem Auszug aus dem amtlichen Verzeichnis und aus der Flurkarte abgesehen bei

- Verfahren nach dem Flurbereinigungsgesetz (Einbeziehung eines Grundstücksteils) und
- Enteignungen (Enteignung eines Grundstücksteils).

Statt dessen dient der Flurbereinigungsplan bzw. der Enteignungsbeschluß als Eintragungsgrundlage, die Vorlage einer Karte ist nicht vorgesehen. Bei Verfahren nach dem **Flurbereinigungsgesetz** stellen die Verfahrensausarbeitungen den einbezogenen Grundstücksteil und den Restteil dar. Bei **Enteignungen** muß der Grundstücksteil derart bezeichnet sein, daß seine Übernahme in das Bestandsverzeichnis nach den allgemeinen grundbuchrechtlichen Vorschriften möglich ist (*Horber* § 2 Erl. 7 B b); in der Regel wird dies ein Veränderungsnachweis der Vermessungsbehörde sein, der sich ggf. an den Festsetzungen einer förmlichen Planfeststellung auszurichten hat. Siehe auch RdNr. 36.

104 In Analogie zu Flurbereinigung und Enteignung wird die Vorlage der in § 2 Abs. 3 a GBO vorgeschriebenen Unterlagen auch bei folgenden Vorgängen ersetzt durch die entsprechenden Verfahrensausarbeitungen oder Veränderungsnachweise, in denen die neuen Grundstücke ausreichend bestimmbar beschrieben sein müssen:

- bei Ausübung eines öffentlich-rechtlichen Vorkaufsrechts (privatrechtsgestaltender Verwaltungsakt)
- bei städtebaulichen Umlegungen nach dem Vierten Teil des BBauG
- bei Grenzregelungen nach dem Vierten Teil des BBauG
- bei Eigentumsänderungen aufgrund des Straßenrechts (§ 6 FStrG, Art. 11 BayStrWG)
- bei Eigentumsveränderungen aufgrund wasserrechtlicher Vorschriften (Überflutung Art. 7 BayWG, natürliche Verlandung Art. 8 BayWG).

Dem Erfordernis nach Bestimmtheit ist dadurch Genüge geleistet, daß die bisherigen Grundstücke mit ihrer grundbuchmäßigen Beschreibung und der neue Grundstücksbestand einander gegenübergestellt werden. In manchen Fällen werden ohnehin nicht die bei der Grenzänderung sich ergebenden Übergangsflächen, sondern die veränderten Grundstücke als solche vermessen. Zu Unrecht fordern manche Grundbuchämter gleichwohl bei Grenzregelungen nach dem BBauG für die Berichtigung des Grundbuchs den Ausweis der Übergangsflächen (siehe auch *Waibel* in Rpfleger 1976, 347).

105 Die Auslegung einer Vorschrift hat sich vom Sinn des Gesetzes leiten zu lassen. Sie ist auch gegen den Wortlaut des Gesetzes zulässig, „*wenn der zur Entscheidung stehende Interessenkonflikt bei Erlaß des Gesetzes noch nicht ins Auge gefaßt werden konnte, weil er erst durch eine nach diesem Zeitpunkt eingetretene Änderung in Erscheinung getreten ist*“. (BGHZ 18, 49).

§ 3 Das Grundbuchblatt; buchungsfreie Grundstücke; Buchung von Miteigentumsanteilen

(1) Jedes Grundstück erhält im Grundbuch eine besondere Stelle (Grundbuchblatt). Das Grundbuchblatt ist für das Grundstück als das Grundbuch im Sinne des Bürgerlichen Gesetzbuchs anzusehen. Das Verfahren zur Beseitigung einer Doppelbuchung bestimmt der *Reichsminister der Justiz.*

(2) a) Die Grundstücke *des Reichs,* der Länder, der Gemeinden und anderer Kommunalverbände, der Kirchen, Klöster und Schulen, die Wasserläufe, die öffentlichen Wege, sowie die Grundstücke, welche einem dem öffentlichen Verkehr dienenden Bahnunternehmen gewidmet sind, erhalten ein Grundbuchblatt nur auf Antrag des Eigentümers oder eines Berechtigten.

b) Ein Grundstück ist auf Antrag des Eigentümers aus dem Grundbuch auszuscheiden, wenn der Eigentümer nach Absatz 2 a von der Verpflichtung zur Eintragung befreit und eine Eintragung, von der das Recht des Eigentümers betroffen wird, nicht vorhanden ist.

(3) a) Das Grundbuchamt kann, sofern dies zur Erleichterung des Rechtsverkehrs angezeigt und hiervon Verwirrung nicht zu besorgen ist, von der Führung eines Grundbuchblatts für ein Grundstück absehen, wenn das Grundstück für sich allein nur von geringer wirtschaftlicher Bedeutung, aber den wirtschaftlichen Zwecken mehrerer anderer Grundstücke zu dienen bestimmt ist, zu diesen in einem dieser Bestimmung entsprechenden räumlichen Verhältnis und im Miteigentum der Eigentümer dieser Grundstücke steht.

b) In diesem Falle müssen an Stelle des ganzen Grundstücks die den Eigentümern zustehenden einzelnen Miteigentumsanteile an dem dienenden Grundstück auf dem Grundbuchblatt des dem einzelnen Eigentümer gehörenden Grundstücks eingetragen werden. Diese Eintragung gilt als Grundbuch für den einzelnen Miteigentumsanteil.

c) Soll über das dienende Grundstück als Ganzes verfügt werden, so ist ein Grundbuchblatt anzulegen. Dasselbe gilt, wenn die Anteile an dem dienenden Grundstück nicht mehr den Eigentümern der herrschenden Grundstücke zustehen.

§ 4 Zusammenschreibung (Personalfolium)

(1) Über mehrere Grundstücke desselben Eigentümers, deren Grundbücher von demselben Grundbuchamt geführt werden, kann ein gemeinschaftliches Grundbuchblatt geführt werden, solange hiervon Verwirrung nicht zu besorgen ist.

(2) Dasselbe gilt, wenn die Grundstücke zu einer Reichsheimstätte, *einem Erbhof oder einem Familienfideikommiß* gehören oder in ähnlicher Weise rechtlich miteinander verbunden sind (z. B. *Waldgut,* Schutzforst), auch

wenn ihre Grundbücher von verschiedenen Grundbuchämtern geführt werden. In diesen Fällen ist, wenn es sich um eine Reichsheimstätte *oder einen Erbhof* handelt, das Grundbuchamt zuständig, welches das Grundbuch über die Hofstelle führt; im übrigen ist das zuständige Grundbuchamt nach § 5 des Reichsgesetzes über die Angelegenheiten der freiwilligen Gerichtsbarkeit zu bestimmen.

I. Allgemeines

A. Äußere Gestaltung

1 Das Wesen des Grundbuchs erfordert, daß grundsätzlich jedes Grundstück eingetragen wird. Die besondere Stelle des Grundstücks im Grundbuch ist das „Grundbuchblatt". Die GBO geht mit dieser Vorschrift vom Grundsatz des Realfoliums aus.

2 Neben den Grundstücken erhalten auch die **grundstücksgleichen Rechte** ein Grundbuchblatt. Grundstücksgleiche Rechte sind Rechte, auf die kraft Gesetzes die für Grundstücke geltenden Vorschriften anzuwenden sind. Hierzu rechnen nach Bundesrecht:
- **das Erbbaurecht**

  nach Landesrecht in Bayern:
- das **Bergwerkseigentum** (Art. 67 EGBGB, Art. 17 AGGBOZVG, Art. 44 BergG) – siehe auch RdNr. 32
- die **selbständigen Fischereirechte**
- die **nicht radizierten Realgewerbeberechtigungen**[1]

[1] Realgewerbeberechtigungen (Realgewerberechte), besonders in Bayern vor Einführung der Gewerbefreiheit etwa seit Beginn des 18. Jahrhunderts ausgebildet = frei veräußerliche und vererbliche Befugnisse zum Betrieb eines bestimmten Gewerbes (landesherrlicher Vorbehalt nach Art. 74 EGBGB); BayObLGZ 57, 60; 28, 804/806.
Das Gemeine Recht unterschied radizierte und nicht radizierte Realgewerbeberechtigungen. Radizierte R. waren mit dem Besitz einer Liegenschaft fest verbunden und nur ausnahmsweise mit Genehmigung der Verwaltungsbehörde auf ein anderes Grundstück zu übertragen; Beispiele: Brauerei-, Brennerei-, Gasthausgerechtsame, manchmal mit Bann- und Zwangsrechten verbunden, d. h. ausschließliches Gewerberecht gegenüber anderen Gewerbetreibenden oder Benutzungszwang (Mühlenzwang) für bestimmten Kundenkreis. Nicht radizierte R. (reale oder walzende Gewerbeberechtigungen) waren nicht an ein bestimmtes Grundstück gebunden und somit ohne Grundstück veräußerlich; Beispiele: Gastwirtschafts-, Apotheken-, Wasenmeister-, Kaminkehrer-, Lebzeltergerechtsame. Die Konzession konnte dem Berechtigten nur nach 30jähriger Nichtausübung entzogen, die Betriebsbewilligung bei Vorliegen der persönlichen Voraussetzungen nicht versagt werden.

– **gewisse Nutzungsrechte** des alten Rechts (Realgemeinden nach Art. 164 AGBGB; siehe *Henle-Schmitt*, Das Grundbuchwesen in Bayern, Art. 17 AG Anm. 5).[1]

Von Amts wegen erhält das Erbbaurecht neuer Art ein Grundbuchblatt (Erbbaugrundbuch, § 14 ErbbauV), das Bergwerkseigentum ein Blatt im Bergwerksgrundbuch (Art. 17 Abs. 1 AGGBOZVG). Für das Erbbaurecht alter Art (vor 1919) und die sonstigen grundstücksgleichen Rechte wird ein Blatt nur **auf Antrag** angelegt, oder wenn das Recht veräußert oder belastet wird (Art. 17 Abs. 2 AGGBOZVG). Siehe auch § 8 RdNr. 9.

Ein grundstücksgleiches Recht war auch das **Erbpachtrecht** (Erbzinsleihe, Emphyteuse); das ist das vererbliche und mit grundherrlichem Konsens, der ohne triftigen Grund nicht verweigert werden konnte, auch veräußerbare und verpfändbare Nutzungsrecht an einem Grundstück, regelmäßig an einem bäuerlichen Anwesen. Das Erbpachtrecht wurde in den meisten deutschen Ländern im vorigen Jahrhundert abgeschafft oder umgewandelt. Es wurde als Repräsentant des „geteilten Eigentums" und als Symbol einer „ewigen Rente" angesehen und damit als Gefahr einer neuen „Bodenknechtschaft" (*Hedemann*, Die Fortschritte des Zivilrechts im XIX. Jahrhundert 2,2 S. 25). 3

Wenn das BGB das Erbpachtrecht unberührt ließ und Art. 63 EGBGB dieses Institut dem Landesrecht zurechnete, so geschah dies mit Rücksicht auf das Land Mecklenburg. In Bayern war durch Gesetz vom 4. 6. 1848 über die Aufhebung der standes- und gutsherrlichen Gerichtsbarkeit, dann die Aufhebung, Fixierung und Ablösung der Grundlasten die Erbpacht ablösbar geworden (gegen 1½ Laudemien). Nicht abgelöste Erbpacht konnte bestehen bleiben, obgleich der Erbpächter Volleigentümer wurde. Falls nach 1900 noch Erbpachtrechte in Bayern bestanden haben sollten, können sie das Jahr 1918 kaum überdauert haben. Vorsorglich hat Art. III Abs. 2 des Kontrollratsgesetzes Nr. 45 (GVBl 1947 S. 105) alle aus dem früheren gutsherrlichen Eigentum etwa noch verbliebenen Bindungen für nicht mehr bestehend erklärt.

Die Einrichtung der Grundbücher war zunächst durch § 1 Abs. 2 der GBO von 1897 den Landesjustizverwaltungen überlassen worden. In Bayern rechts des Rheins wurde das Hypothekenbuch, das seit 1822 angelegt worden war, (siehe Einf RdNrn. 7 ff) zum Grundbuch ergänzt. 4

Das bayerische Grundbuch umfaßte den Titel und drei Abteilungen. Der Titel entsprach in etwa dem jetzigen Bestandsverzeichnis. Bei der Anlegung des Grundbuchs in Bayern rechts des Rheins waren für 9 856 387 von insgesamt 15 591 788 Grundstücken Hypothekenbuchblätter bereits vorhanden.[2]

Neubegründung untersagt durch Art. 7 Abs. 2 des Gesetzes, das Gewerbswesen betr. vom 30. 1. 1868 (GBl. Spalte 309, BayBS IV S. 6) – jetzt Art. 1 Abs. 1 des Gesetzes über Realgewerbeberechtigungen und den Ausschank eigener Erzeugnisse (Fassung gemäß § 16 2.StrBerAnpG vom 24. 7. 1974, GVBl S. 354/364), ferner § 11 Abs. 2 Reichs-Gewerbeordnung 1869. Die „dingliche Eigenschaft" der seinerzeitigen „realen und radizierten Gewerbe" blieb jedoch bestehen. Die Realgewerberechte können durch Stellvertreter ausgeübt oder verpachtet werden (Art. 1 Abs. 2 des o. a. Gesetzes über Realgewerbeberechtigungen).

[1] Siehe ferner die frühere Stern-Plannummer für altrechtliche Superficies in Bayern § 2 RdNr. 28.

[2] *Henle*, Zur Geschichte der Anlegung des Grundbuchs in Bayern, Zeitschr. für Rechtspflege in Bayern 1910 Nr. 18 und 19.

5 Nach § 1 Abs. 3 der neuen Grundbuchordnung ist nunmehr die Vorschriftengebung über die Einrichtung und Führung des Grundbuchs dem Bundesminister der Justiz übertragen. Die maßgeblichen Vorschriften sind in der Grundbuchverfügung enthalten.[1] Das Grundbuchblatt besteht aus der Aufschrift, dem Bestandsverzeichnis und drei Abteilungen. In der Aufschrift werden der Amtsbezirk, der Grundbuchbezirk und die Nummern von Band und Blatt nachgewiesen. Im Bestandsverzeichnis sind die Grundstücke nach dem amtlichen Verzeichnis eingetragen (vgl. § 2 RdNrn. 34 ff). In der Ersten Abteilung sind die Eigentümer, in der Zweiten Abteilung die Belastungen mit Ausnahme der Grundpfandrechte sowie die Verfügungsbeschränkungen, in der Dritten Abteilung schließlich die Grundpfandrechte und die sich auf diese beziehenden Vormerkungen und Widersprüche eingetragen.

B. Buchungsgrundsätze

6 Als Grundbuch im Sinne des BGB gilt für ein Grundstück das Blatt, auf dem das Grundstück eingetragen ist. Der Inhalt des Grundbuchs als solcher bestimmt sich dabei nicht nach der Eintragung in einer einzelnen Abteilung oder Spalte, sondern nach dem Zusammenhang der Eintragungen in allen Abteilungen. Auf dem Blatt müssen die Rechtsänderungen der in § 873 BGB aufgeführten Art eingetragen werden, wenn sie materiell wirksam werden sollen.

7 Das Grundbuch soll vor einer Überfüllung durch umfangreiche Beschreibungen des Inhalts eines Rechts bewahrt werden. Deshalb läßt § 874 BGB zu, daß zur näheren Bezeichnung des Inhalts auf die Eintragungsbewilligung Bezug genommen wird. Die Urkunde wird in diesem Fall Bestandteil des Grundbuchs, sie ist bei den Grundakten aufzubewahren.

8 Grundsätzlich kann ein Grundstück **nicht** auf **mehreren** Blättern eingetragen (Ausnahmen § 3 Abs. 3 GBO) oder gar auf einem Blatt mehrfach gebucht sein. Doppelbuchungen sind von Amts wegen zu beseitigen (§ 38 GBVfg). Widersprechen sich bei einer Doppelbuchung die beiden Eintragungen, ist z. B. ein Grundstück bei verschiedenen Eigentümern eingetragen, dann kann keine der beiden Eintragungen öffentlichen Glauben beanspruchen; die Vermutung der Richtigkeit nach § 891 BGB ist nicht gegeben, ein Erwerber kann sich nicht auf Gutgläubigkeit nach § 892 BGB berufen. Das Grundbuch vermag nichts auszusagen (RGZ 11, 278). Der wirkliche Eigentümer muß sein Eigentum außerhalb des Grundbuchs beweisen. Dieser

[1] Für Württemberg wurde die Weiterverwendung des bisherigen landesrechtlichen Vordrucks zugelassen (AV des RJM vom 25. 2. 1936, DJ S. 409). Auch in Baden wurde der landesrechtliche Vordruck beibehalten.

Grundsatz ist zwar durchaus folgerichtig; für den in das Grundbuch Einsicht Nehmenden wird aber nicht ohne weiteres zu erkennen sein, wenn ein Grundstück noch auf einem weiteren Grundbuchblatt eingetragen ist. Zur Doppelbuchung siehe auch § 22 RdNrn. 32 und 33.

II. Realfolium und Personalfolium

Zur Registrierung der Rechte an Grund und Boden kann von dem Rechtsgegenstand, dem Grundstück, oder aber von dem Berechtigten ausgegangen werden. An dem ersten Prinzip orientiert sich das **Realfolium,** an dem zweiten das **Personalfolium.** 9

Wird das Grundbuch nach dem Prinzip des **Realfoliums** geführt, so erhält jedes Grundstück ein besonderes Blatt. Die an dem Grundstück bestehenden Rechte werden auf dem Blatt eingetragen. Diese Buchungsform war auf die östlichen Provinzen Preußens abgestellt, wo regelmäßig der wirtschaftlich verbundene Grundbesitz eines Eigentümers als ein Grundstück angesehen und auch als „Grundstück" bezeichnet wurde.[1] Außerdem war sie in Sachsen beheimatet.

Bei der Form des **Personalfoliums** wäre das Grundbuchblatt für den Berechtigten, hier den Eigentümer, eingerichtet. Bei dem Eigentümer sind alle ihm gehörenden Grundstücke des betreffenden Bezirks eingetragen. Vertreter des Personalfoliums sind das württembergische und das frühere pfälzische Grundbuch.

Das Grundbuch hat das **Realfolium** zum Prinzip erhoben mit dem Grundsatz, daß *„jedes Grundstück im Grundbuch eine besondere Stelle (Grundbuchblatt)"* erhält (§ 3 Abs. 1 Satz 1 GBO). Folgerichtig werden auf dem Grundbuchblatt zuerst das Grundstück und dann erst der Eigentümer und die sonstigen Berechtigten vorgetragen. Da aber Eigentümer, denen mehrere Grundstücke gehören, diese Grundstücke regelmäßig nicht zu einem Grundstück vereinigen lassen, wäre die gesonderte Buchung jedes Grundstücks sehr aufwendig. Die Grundbuchordnung läßt deshalb zu, daß über mehrere Grundstücke eines Eigentümers, die im gleichen Amtsgerichtsbezirk liegen, *„ein gemeinschaftliches Grundbuchblatt geführt wird, solange hiervon Verwirrung nicht zu besorgen ist"* (§ 4 Abs. 1 GBO). Von der Möglichkeit der Zusammenschreibung machen die Grundbuchämter in geeigneten Fällen 10

[1] Das preußische Grundbuch wurde nach der Grundbuchordnung von 1872 im Norden und Osten des Landes auf dem „Formular I" als eine Art Realfolium, im westlichen Preußen und überwiegend auch im mittleren Landesteil auf „Formular II" als eine Art Personalfolium geführt.

regelmäßig Gebrauch, gelegentlich selbst dann wenn die Grundstücke in verschiedenen Grundbuchbezirken **eines** Grundbuchamtsbezirks liegen. **Mehrere** Blätter werden hingegen regelmäßig für die Eigentümer von besonders zahlreichen Grundstücken angelegt, z. B. für die Gemeinden und ihren umfangreichen Straßenbesitz.

Auf dem bayerischen Grundbuchvordruck konnten nur Grundstücke zusammengeschrieben werden, die nicht oder in gleicher Weise mit Grundpfandrechten belastet waren. Das erklärt sich aus dem Spaltenbau des vormaligen Hypothekenbuchblattes, das – wie 1872 in Preußen – als Grundbuchblatt weitergeführt worden ist (§ 24 der Verordnung vom 13. 7. 1898, GVBl S. 493). So konnte es vorkommen, daß für einzelne Eigentümer im gleichen Grundbuchbezirk an die 20 Blätter angelegt waren.

11 Unter der **Zusammenschreibung** ist die Buchung mehrerer Grundstücke auf einem gemeinsamen Grundbuchblatt unter Wahrung der rechtlichen Selbständigkeit der Einzelgrundstücke zu verstehen. Dieser Vorgang ist rein buchungstechnischer Natur, hat keinerlei rechtliche Bedeutung und muß von dem materiellrechtlichen Vorgang der Vereinigung und Bestandteilszuschreibung streng unterschieden werden.

12 Grundstücke, die zu einer Heimstätte im Sinne des Reichsheimstättengesetzes oder zu einem Anerbengut im Sinne der Höfeordnungen in einem Land der ehemaligen britischen Besatzungszone gehören, können auch dann auf einem Blatt zusammengeschrieben werden, wenn sie in den Bezirken verschiedener Grundbuchämter liegen (§ 4 Abs. 2 GBO). Diese Vorschrift kann nicht allgemein auf landwirtschaftliche Betriebe ausgedehnt werden (BayObLG Entsch. v. 30. 1. 1974, JMBl 1974 S. 48).

In einem automatisierten Grundbuch werden Buchungen außerhalb des Belegenheitsbezirks kaum mehr durchführbar sein.

13 Um die Eintragungen in den drei Abteilungen des Grundbuchs den verschiedenen Grundstücken im Bestandsverzeichnis zuordnen zu können, werden die Grundstücke im Bestandsverzeichnis laufend numeriert. Name des Grundbuchbezirks, Nummer des Grundbuchblatts und laufende Nummer im Bestandsverzeichnis des Blattes bilden somit zusammen das Grundbuchkennzeichen eines Grundstücks.

Unter einer laufenden Nummer im Bestandsverzeichnis können im übrigen nicht nur Grundstücke, sondern auch ideelle Miteigentumsanteile an Grundstücken (§ 3 Abs. 3 GBO vgl. RdNr. 28) sowie Herrschvermerke bei Grunddienstbarkeiten (§ 9 RdNrn. 2 ff) eingetragen sein.

III. Bestandsverzeichnis

14 Im Bestandsverzeichnis werden unter einer laufenden Nummer (Spalte 1) vorgetragen

in Spalte 2 die bisherigen laufenden Nummern, unter denen die betreffende Fläche ggf. bisher schon auf dem Blatt eingetragen war,

in Spalte 3 der Name der Gemarkung, in der das Flurstück liegt – der Name kann im Loseblatt-Grundbuch weggelassen werden, wenn das Flurstück nach seiner Belegenheit eingetragen wird (§ 2 JMBek vom 25. 9. 1975, JMBl S. 168),
gegebenenfalls die Nummer der Flur (nicht in Süddeutschland),
die Nummern der Flurstücke, die das Grundstück bilden,
– die Nummer des Bestandsblatts wird in Bayern weder im Loseblatt-Grundbuch (JMBek vom 20. 6. 1969, JMBl S. 144) noch im festgebundenen Grundbuch (§ 1 JMBek vom 25. 9. 1975, JMBl S. 168) mehr geführt (siehe auch Art. 1 Abs. 1 zur Änderung des § 6 der GBVfg vom 10. 7. 1969, BAnz Nr. 105); die früher geforderte Angabe der Nummer des Blatts im Gebäudebuch ist ohnehin gegenstandslos geworden –
die Lage des Grundstücks – eine Angabe, die der Lagebezeichnung im Liegenschaftskataster entspricht, – und die Wirtschaftsart – im Liegenschaftskataster Nutzungsart –, bei bebauten Grundstücken in Bayern die Gebäudebeschreibung des Liegenschaftskatasters, z. B. Donaustraße 5, Wohnhaus, Nebengebäude, Hofraum, Garten; ferner Vermerke über Gebäude fremder Eigentümer;

in Spalte 4 die Fläche des Grundstücks; bei Grundstücken, die aus mehreren Flurstücken zusammengesetzt sind, die Gesamtfläche oder die Einzelflächen.

Die Fläche wird wie die Angaben in Spalte 3 dem Liegenschaftskataster 15
entnommen. Die Flächenangabe ist gegliedert in Hektar, Ar und Quadratmeter. Als kleinste Fläche wird im bayerischen Liegenschaftskataster 1 Quadratmeter gesetzt (2.31 KatO), auch wenn die Fläche weniger als ½ Quadratmeter beträgt. Die Angabe 0 Quadratmeter würde vom unbefangenen Benützer als Grundstück **ohne** Fläche gedeutet werden, was einen Widerspruch gegen den Grundstücksbegriff bedeuten würde. Bei Katasterflächen von 1 Quadratmeter wird jedoch nebenher noch die Fläche auf zehntel Quadratmeter vermerkt; z. B. „*1 m^2 – genaue Fläche 0,4 m^2*".

Die Genauigkeit der Flächenangabe hängt von dem Berechnungsverfahren ab, nämlich davon, ob die Fläche mittels örtlich gemessener Maße berechnet oder an Hand der Karte graphisch ermittelt ist.

Ein graphisches Verfahren wurde zur Ermittlung der Grundstücksflächen für das bayerische Grundsteuerkataster angewandt. Hierzu wurden die Grundstücke auf einem Abdruck der Katasterkarte in Rechenfiguren, vornehmlich Dreiecke und Trapeze, unterteilt und die Bestimmungsgrößen für die Figuren, z. B. Grundlinie und Höhe eines Dreiecks, abgegriffen. Bei dem Regelmaßstab von 1:5000 war natürlich keine sehr hohe, aber immerhin eine für die steuerliche Veranlagung der Grundstücke ausreichende Genauigkeit zu erzielen. Erst allmählich löste sich die Flächenermittlung von der Karte, um die in der Örtlichkeit gemessenen Maße der Grundstücke oder daraus abgeleitete Koordinaten zu verwenden. Dies bedeutete gegenüber der graphischen Methode beim Kartenmaßstab 1:5000 eine Genauigkeitssteigerung um etwa das Zehnfache.

Den aus älteren Berechnungen gleich welchen Genauigkeitsgrades herrührenden Flächenangaben kann im übrigen auch noch eine durch Rundungen verursachte Ungenauigkeit anhaften. Denn für den Nachweis im Grundsteuerkataster wurden bis zur Einführung des metrischen Maßes die Flächen auf Hundertstel des Tagwerks, in Teilen von Franken auf Tausendstel des Tagwerks gerundet (1 Tagwerk = 3407 m^2). Bei der Umrechnung in das metrische Maß (1872–1878) wurden die Flächen auf Tausendstel des Hektars angegeben. In dieser Schreibweise sind sie in den früheren bayerischen Grundbuchvordruck eingegangen. Mit dem neuen Grundbuchvordruck und dem neuen Liegenschaftskataster (Nr. 24 BodSchätzÜbernErl.) wurde 1936 der Flächennachweis in Quadratmetern eingeführt. Für Flächenberechnungen im Bereich des seinerzeitigen bayerischen Grundsteuerkatasters wurde 1937 eine entsprechende Regelung getroffen (Bek vom 4. 5. 1937, FMBl S. 11). Die bisher nicht mitgeführte Einerstelle des Quadratmeters wurde bei der Übernahme alter Flächen in das neue Liegenschaftskataster mit einer Null aufgefüllt. Die Ungenauigkeit in der Angabe von ursprünglich in Tagwerk berechneten Flächen kann somit im äußersten Fall bis zu 21 m^2 betragen, was insbesondere bei kleineren Flächen eine untragbare Unrichtigkeit bedeuten kann. Beispiel: wahre Fläche 221 m^2 – bei der Urberechnung wurde diese Fläche richtig mit 0,06 Tgw. ausgewiesen, bei der Umwandlung ins metrische Maß wurden hieraus 0,020 ha, im neuen Liegenschaftskataster 2a 00 m^2. Die Differenz zwischen dem amtlichen Ausweis (200 m^2) und der wirklichen Fläche (221 m^2) beträgt hiernach rund 10 v. H. der Fläche.

Wird die im Kataster ausgewiesene Fläche eines Flurstücks ein weiteres Mal berechnet, so wird die bisherige Fläche regelmäßig beibehalten, falls die Differenz zur Neuberechnung innerhalb bestimmter Grenzen bleibt (siehe Nr. 59 FortfErl., Bayern 2.572 KatFEA).

16 Besteht ein Grundstück aus vielen Flurstücken, z. B. ein landwirtschaftliches Anwesen, dessen Grundstücke zu einem Grundstück im Grundbuchsinn vereinigt sind, so kann die Einzelaufzählung der Flurstücke unterbleiben, *„soweit dadurch das Grundbuch nach dem Ermessen des Grundbuchamts unübersichtlich werden würde“* (§ 6 Abs. 4 Satz 1 GBVfg). In diesem Fall kann das zusammengesetzte Grundstück unter einer allgemeinen Bezeichnung mit Angabe der Gesamtfläche in das Grundbuch eingetragen werden, z. B. *„Anwesen HsNr. 25 in Anhausen 25 ha 12 a 23 m^2“*. Die Einzelangaben über das Grundstück müssen jedoch in einem beglaubigten Auszug aus dem Liegenschaftskataster nachgewiesen werden. Der Auszug ist bei den Grundakten aufzubewahren. Die Katasterbehörde muß diesen Auszug bei Veränderungen jeweils ergänzen.

IV. Buchungszwang und Buchungsfreiheit

A. Buchungszwang

§ 3 Abs. 1 Satz 1 GBO geht von einem allgemeinen Buchungszwang aus, demzufolge bei der Anlegung des Grundbuchs jedes Grundstück von Amts wegen ein Blatt zu erhalten hatte. Wurde die Anlegung des Grundbuchblattes für ein Grundstück unterlassen, so ist diese gemäß § 7 AVGBO nachzuholen; das Grundbuchamt hat den Eigentümer zu ermitteln (§ 9 aaO). Entsprechend ist zu verfahren, wenn durch eine Änderung der Landesgrenze Flächen gewonnen werden. 17

B. Buchungsfreiheit

Das Grundbuch dient der Sicherung der Rechte an Grundstücken. Für Grundstücke, die am Liegenschaftsverkehr nicht oder nur höchst selten teilnehmen, besteht sonach keine zwingende Notwendigkeit, ein Grundbuch zu führen. Aus diesem Grunde sind bestimmte Kategorien von Grundstücken vom Buchungszwang befreit; ein Blatt wird für sie nicht von Amts wegen, aber auf besonderen Antrag hin angelegt. Befreit vom Buchungszwang sind die Grundstücke der Bundesrepublik, der Länder, der Gemeinden und anderer Kommunalverbände, der Kirchen, Klöster und Schulen, die Wasserläufe, die öffentlichen Wege sowie die zu öffentlichen Eisenbahnen gehörenden Grundstücke (§ 3 Abs. 2 Buchst. a GBO). Aber auch diese Grundstücke sind auf Antrag des Eigentümers überwiegend im Grundbuch eingetragen.[1] 18

Den Eintragungsantrag kann im übrigen auch stellen, wer an dem Grundstück ein eintragungsfähiges dingliches Recht besitzt oder auf Grund einer Eintragungsbewilligung des Eigentümers eintragen lassen kann. Ein buchungsfreies, aber gebuchtes Grundstück wird auf Antrag des Eigentümers ausgebucht, wenn keine das Recht des Eigentümers belastenden Eintragungen vorhanden sind (§ 3 Abs. 2 Buchst. b GBO).

Nach Erhebungen im Jahre 1974 erreicht die Zahl der nichtgebuchten Grundstücke in Bayern, wenn die nicht buchungsfähigen Flurstücke für Anliegerwege, -gräben und -wasserläufe nicht als Grundstücke gerechnet werden, etwa 0,6 v. H. In den anderen Bundesländern beläuft sich dieser Anteil auf 1 bis 5 v. H., in den Stadtstaaten ist er etwas höher. In Hamburg (8,7 v. H.) erklärt sich dies damit, daß dieses Land als einziges den Rechtsbegriff „öffentliches Gut“ eingeführt hat, und zwar für die öffentli-

[1] In Bayern hatten aufgrund von Weisungen der einzelnen Staatsministerien die staatlichen Behörden die ihrer Verwaltung unterstehenden Grundstücke zur Eintragung anzumelden. Entsprechend war bei den Grundstücken der Gemeinden, Kirchen und Stiftungen zu verfahren (*Henle,* Die Anlegung des Grundbuchs in den Landesteilen rechts des Rheins, 2. Aufl., München 1902, S. 23 Fußn. 27).

chen Wege und Straßen und für die Deiche. Diese Grundstücke sind dem Rechtsverkehr entzogen, unterstehen nicht den Vorschriften des Liegenschaftsrechts und können sonach auch nicht in das Grundbuch eingetragen werden.

Über die Eintragung grundstücksgleicher Rechte in das Grundbuch siehe RdNrn. 2,3.

19 Ein nicht gebuchtes Grundstück ist in das Grundbuch einzutragen, wenn das Eigentum übertragen oder ein dingliches Recht an ihm bestellt werden soll. Gewisse Ausnahmen von diesem aus § 873 BGB folgenden Grundsatz können jedoch gemäß Art. 127, 128 EGBGB durch Landesrecht zugelassen werden. So hat Bayern in Art. 83 AGBGB eine Regelung für den Übergang des Eigentums an nicht gebuchten Grundstücken getroffen, wenn die Grundstücke auch **nach** dem Eigentumsübergang buchungsfrei sind; nach dieser Vorschrift genügt die Einigung des Veräußerers und des Erwerbers und die öffentliche Beurkundung ihrer Erklärungen. Bei der Begründung einer Dienstbarkeit ist gemäß Art. 84 AGBGB die Einigung des Bestellers und des Erwerbers und die öffentliche Beglaubigung der Erklärung des Bestellers, bei der Aufhebung einer Dienstbarkeit die öffentlich beglaubigte Erklärung des Berechtigten erforderlich.

Mit besonderer Sorgfalt ist in Bayern vorzugehen, wenn ein bisher nicht gebuchter Weg in das Grundbuch eingetragen werden soll, der ursprünglich im Grundsteuerkataster unter „½ Steuergemeinde", „Unsteuerbare Gegenstände" oder „Gemeinde nebst unsteuerbaren Gegenständen" vorgetragen war.[1] Bei der Katastererneuerung wurde dieser Vortrag oftmals zu Unrecht in „Gemeinde" umgewandelt.

Über die Eigentumsverhältnisse bei der Katasteraufstellung geben häufig die bei der Besitzfeststellung angelegten Liquidationsprotokolle und Liquidationspläne, das Urkaster oder die Grundakten Aufschluß. Die Urkataster befinden sich in den staatlichen Archiven, die anderen Behelfe bei den Vermessungsbehörden.

Nicht gebuchte Grundstücke sind identisch mit den Flurstücken. Eine Unterscheidung zwischen katastertechnischer Zerlegung und rechtlicher Teilung ist hier nicht sinnvoll.

C. Nicht buchungsfähige Flurstücke

20 a) Anliegerwasserläufe

Das Wasserrecht verschiedener Länder kennt Wasserläufe, die – obwohl wasserwirtschaftlich eine Einheit – kein selbständiges Grundstück im Rechtssinn bilden (für Bayern siehe Art. 6 BayWG). Die Wasserfläche ist vielmehr Bestandteil des jeweiligen Ufergrundstücks und zerfällt damit rechtlich in

[1] Siehe *Schmitt,* Zur Feststellung des Eigentums an Wegen, Zeitschr. f. Rechtspflege in Bayern 1911 Nr. 3 bis 5 u. bayZfV 1912, 94.
Schopf, Über die Behandlung der Wege und fließenden Gewässer bei der bayer. Landesvermessung, ZfV 1930, 274, 378, 441, 474, 508.

mehr oder weniger zahlreiche Abschnitte. Diese Gewässerabschnitte teilen rechtlich das Schicksal des Ufergrundstücks; d. h. daß sich die Rechte an dem Ufergrundstück auf die Gewässerfläche, die zu dem Ufergrundstück gehört, erstrecken.

b) Anliegerwege und -gräben 21

In ähnlicher Weise bestehen Wege und Gräben, die rechtlich Bestandteile der Grundstücke bilden, über die sie führen. Inwieweit die Anliegerwege öffentliche Wege sind, ergibt sich nunmehr aus dem Bestandsverzeichnis der Gemeinde (Art. 3 Abs. 2 BayStrWG). Auch bei reinen Privatwegen darf jedoch der Eigentümer einer Wegfläche nicht gegen den Willen derjenigen, die nach Herkommen diesen Weg benützen, durch irgendwelche Maßnahmen den Weg sperren oder unbenutzbar machen. Ob dieses Verbot als Dienstbarkeit aufzufassen ist, kann dahingestellt bleiben.

c) Kataster- und Grundbuchvorschriften 22

Sowohl für die Anliegerwasserläufe als auch für die Anliegerwege und -gräben sind im Liegenschaftskataster regelmäßig ohne Rücksicht auf die Eigentumsgrenzen Flurstücke gebildet. Die überkommenen Anliegerwege und -gräben nehmen jedoch stetig ab, weil sie jeweils bei Flurbereinigungen beseitigt werden. Die Bildung von Flurstücken für neu entstehende Anliegerwege und -gräben ist untersagt, die Wegteilflächen (Grabenteilflächen) sind jeweils in die Flurstücke einzubeziehen, über die die Wege (Gräben) führen (2.13 Satz 5 KatO).[1]

Da an den Flurstücken für Anliegerwege, -gräben und -wasserläufe kein einheitliches Eigentumsverhältnis besteht, können sie nicht in das Grundbuch eingetragen werden. 23

Im früheren bayerischen Grundbuch waren jedoch für Anliegerwege und -gräben regelmäßig sog. Schutzblätter angelegt, auf denen vermerkt war, zu welchen Grundstücken die Flächen gehörten (§ 300 Abs. 2 GBÄDA). Den Schutzblättern kommt nicht die rechtliche Bedeutung von Grundbuchblättern zu; sie wurden bei der Umschreibung auf den neuen Grundbuchvordruck geschlossen.

Bei den Flurstücken, über die der Weg oder Graben führt, wurde im bayerischen Grundbuch, nicht jedoch im früheren Grundsteuerkataster folgender Vermerk angebracht: *„hierzu die zum Weg PlNr. . . . (Flst. Nr. . . .) gezogene Teilfläche“*. Bei der Anlegung des Liegenschaftskatasters wurden die Vermerke nach sorgfältiger Prüfung in das Liegenschaftsbuch übernommen.[2] 24

[1] Siehe auch FME vom 20. 5. 1937 Nr. IV 10 236 – H 147 201; entsprechend für Anliegerwasserläufe FME vom 4. 9. 1937 Nr. IV 25 425 – H 147, 201, sowie 7. Änderung der MessÄDA, § 72 Abs. 3 Satz 3 (GVBl 1943 S. 83).

[2] Schreiben des RuPrMdI vom 10. 3. 1938 Nr. VI A 13 847/6833.

Über die Eigentumsgrenze an Anliegerwasserläufen sowie Anliegerwegen und -gräben siehe § 22 RdNrn. 44 ff.

Im bayerischen Kataster sind gelegentlich in Analogie zu den Anliegerwegen auch für andere Flächen, die nach realen, örtlich bestimmbaren Anteilen zu den anliegenden Grundstücken gehören, Plannummern gebildet worden; Beispiel: Steinriegel entlang der Grenze zwischen Weinbergsgrundstücken in Franken, „Schütt- und Landmauern".

Manche Länder bringen bei den Uferflurstücken Hinweise auf die Zugehörigkeit von Teilflächen aus Anliegerwasserläufen an (z. B. *„Anteil am Gewässer Flurstück . . ."*), was für den in das Kataster oder Grundbuch Einsicht Nehmenden unter Umständen eine wertvolle Information bedeuten kann. Wenn in Bayern nicht so verfahren wird, so wird dies regelmäßig damit begründet, daß die Eigentumsgrenzen an Gewässern nicht in Kataster und Grundbuch verbindlich beschrieben und klargestellt sind, sondern sich nach den Vorschriften des Wasserrechts bestimmen.

25 Der Ausübung der aus dem Eigentum entspringenden Rechte sind bei Anliegerwegen, -gräben und -wasserläufen zwar privatrechtliche Beschränkungen auferlegt, indem Veränderungen an diesen Flächen nicht zu Ungunsten der anderen Eigentümer vorgenommen werden dürfen. Rechtsgeschäftlich kann der Eigentümer jedoch über seinen Anteil grundsätzlich nach Belieben verfügen. Das heißt, er kann den Weg- oder Gewässerteil nach entsprechender katastertechnischer Aufbereitung als selbständiges Grundstück in das Grundbuch eintragen lassen. Dies ist erforderlich, wenn die Fläche eines Anliegerweges, -grabens oder -wasserlaufs ohne das Grundstück, dessen Bestandteil die Fläche ist, für sich veräußert werden soll. Beispiel: Erwerb durch die Gemeinde oder einen Wasser- und Bodenverband.

D. Herrenlose Grundstücke

26 Der Eigentümer eines Grundstücks kann das Eigentum aufgeben. Solche Verzichtleistungen kommen gelegentlich vor, wenn das Eigentum zur Belastung wird, z. B. bei einem ruinösen Gebäude oder bei einem Hanggrundstück, von dem Steinschlaggefahr ausgeht und für das kostspielige Sanierungen erforderlich wären. Die Aufgabe des Eigentums erfolgt in der Form, daß der Eigentümer den Verzicht dem Grundbuchamt gegenüber erklärt und der Verzicht in das Grundbuch eingetragen wird (§ 928 Abs. 1 BGB). Die Erklärung muß von einem Notar beurkundet oder beglaubigt sein (§ 29 GBO).

27 Mit der Eintragung des Verzichts im Grundbuch wird das Grundstück herrenlos und bleibt als solches eingetragen. Das Land, in dem das Grundstück liegt, kann sich das herrenlose Grundstück aneignen und seinem Fiskus

zuführen, soweit das Recht zur Aneignung nicht durch Landesrecht einer bestimmten anderen Person zugesprochen ist (Art. 129 EGBGB). Von dem Vorbehalt ist wenig Gebrauch gemacht worden (nicht in Bayern). Das Grundbuchamt teilt der für die Aneignung zuständigen Behörde (in Bayern Bezirksfinanzdirektion) die Eintragung des Verzichts auf das Eigentum mit (XVIII/2 der Anordnung über Mitteilungen in Zivilsachen – MiZi – vom 1. 10. 1967, JMBl S. 127, § 39 Abs. 2 GBVfg). Der Eigentumserwerb durch den Fiskus vollzieht sich durch Eintragung im Grundbuch (§ 928 Abs. 2 BGB). Zur Eintragung genügt ein formloser Antrag (*Meikel-Imhof-Riedel* § 19 Bem 49 Nr. 2).[1]

Für den Fiskus besteht nicht in jedem Fall ein Interesse, sich herrenlos gewordene Grundstücke anzueignen, insbesondere wenn aus dem Grundstück Belastungen, z. B. Sicherungsmaßnahmen, und keine nennenswerten Erträge zu erwarten sind. Verzichtet der Fiskus durch Erklärung gegenüber dem Grundbuchamt auf sein Aneignungsrecht, so kann sich der Eigenbesitzer, das ist derjenige, der das Grundstück als Eigentum in Besitz genommen hat, das Grundstück fristlos und ohne Aufgebot aneignen (LG Hamburg Beschl vom 29. 4. 1966, DNotZ 1967, 34 = MittBayNot 1967, 53). Der Fiskus kann das Aneignungsrecht dem Eigenbesitzer auch ausdrücklich abtreten (*Palandt* § 928 Anm. 5 c). Der Eigenbesitzer erwirbt das Eigentum mit der Eintragung im Grundbuch.

E. Buchung eines Miteigentumsanteils auf dem Blatt des herrschenden Grundstücks

Ein Grundstück, das im ideellen Miteigentum nach Bruchteilen steht, erhält in der Regel ein eigenes Grundbuchblatt. § 3 Abs. 3 GBO läßt von dieser Regel unter folgenden Bedingungen eine Ausnahme zu: Das im Miteigentum stehende Grundstück hat für sich allein keine eigene wirtschaftliche Bedeutung, sondern dient den Zwecken anderer Grundstücke, steht zu ihnen in einem der Zweckbestimmung entsprechenden räumlichen Verhältnis und im Miteigentum der Eigentümer der herrschenden Grundstücke. Typische Beispiele waren bisher gemeinschaftliche Wege und Hofräume; neuerdings sind die gemeinsamen Garagenhöfe vor Einzelgaragen verschiedener Eigentümer hinzugetreten. 28

[1] Nach BayLR und PreußLR erwarb mit der Aufgabe des Eigentums durch den bisherigen Eigentümer (Dereliktion) der Fiskus das Eigentum **ohne** besonderes Zutun, das Grundstück wurde nicht „herrenlos" (*Roth*, Bayrisches Civilrecht, 2. Teil § 140; *Henle-Dandl*, Die Anlegung des Grundbuchs, 2. Aufl. München 1902, S. 108).

29 Die einzelnen Miteigentumsanteile können, wenn Verwirrung nicht zu besorgen ist, auf den Blättern der herrschenden Grundstücke unter besonderen Nummern im Bestandsverzeichnis mit Angabe der Größe des Bruchteils gebucht werden. Die weitere Voraussetzung *„Erleichterung des Rechtsverkehrs"* ist gegeben, wenn der Anteil an dem dienenden Grundstück mit dem Eigentum an dem herrschendem Grundstück auf unabsehbare Dauer verbunden bleiben wird. Auf die besondere Buchungsform des § 3 Abs. 3 GBO besteht kein Rechtsanspruch. Die Anwendung steht im freien Ermessen des Rechtspflegers. Wegen der Form der Eintragung siehe lfd. Nr. 2 im Bestandsverzeichnis auf dem Grundbuchblatt, das als Muster im Anschluß an die Grundbuchverfügung abgedruckt ist.

30 Die Eintragung gilt als Grundbuch für den betreffenden Miteigentumsanteil. Diese Form der Buchung ist aufzuheben, wenn über das dienende Grundstück als Ganzes verfügt werden soll oder wenn die Beziehung zwischen dem dienenden Grundstück und den herrschenden Grundstücken aufgelöst wird, wenn z. B. eines der herrschenden Grundstücke – sei es bewußt oder versehentlich – ohne den Miteigentumsanteil an dem dienenden Grundstück veräußert worden ist. Die besondere Buchungsform scheint zwar eine gewisse Vereinfachung in der Buchung zu bringen und das Eigentum des einzelnen durch die Zusammenschreibung auf ein Blatt besser überschaubar zu machen. Sie hat sich aber in der Praxis als besonders fehleranfällig gezeigt; so weicht die Summe der Anteile im Grundbuch gelegentlich von 1 ab. Außerdem ist der Buchungsaufwand dann, wenn das Gemeinschaftseigentum aufgelöst wird, z. B. bei Überführung der gemeinschaftlichen Wegfläche oder des Garagenhofs in das Eigentum der Gemeinde, jeweils erheblich. Deshalb ist schon der Vorschlag gemacht worden, von dieser Buchungsform gänzlich abzugehen.

Miteigentumsanteile an Grundstücken können nicht mit den herrschenden Grundstücken vereinigt oder diesen als Bestandteile zugeschrieben werden; siehe §§ 5, 6 RdNr. 3.

F. Gebäudenachweis

31 Im bayerischen Grundbuch waren die Gebäude nach dem Grundsteuerkataster einzeln nachgewiesen worden. In den preußischen Landesteilen, wo die Verbindung zwischen Grundbuch und Kataster enger war, enthielt das Grundbuch die Angabe des Blattes der Gebäudesteuerrolle. Später trat an dessen Stelle die Nummer des Gebäudeblatts des Liegenschaftskatasters. Da die Länder nunmehr allesamt die Führung des Gebäudebuchs aufgegeben haben[1], ist lediglich aus der Wirtschaftsart = Nutzungsart zu erkennen, ob

[1] Näheres hierzu siehe *Kriegel*, Heft 7 Abschn. 2.5.

ein Grundstück den Hof- und Gebäudeflächen zugerechnet worden ist. In den süddeutschen Ländern, die als erste dem Gebäudebuch entsagt hatten, hat sich eine zusammenfassende Beschreibung der Gebäude eines Flurstücks im Kataster und Grundbuch erhalten, z. B. *„Wohngebäude, Wirtschaftsgebäude"* für ein landwirtschaftliches Anwesen, oder *„Fabrikgebäude"*, *„Kasernengebäude"*. In Bayern werden darüber hinaus auch die besonderen Verhältnisse bei Grenzüberbauungen und Gebäuden auf fremdem Boden vermerkt.

Die Angaben über Nutzungsart und Gebäude sind im Grundbuch nur als Beschreibungen tatsächlicher Art zu werten, die nicht am öffentlichen Glauben des Grundbuchs teilnehmen. Der Staat ist jedoch deshalb nicht frei von der Haftung für Schäden, die durch unrichtige Angaben verursacht worden sind (RGZ Entsch. vom 14. 10. 1935, III 1/35[1]).

V. Bergwerksgrundbuch, Eisenbahngrundbuch

A. Bergwerksgrundbuch (siehe auch RdNr. 2)

Nicht mit erfaßt vom Eigentum an Grund und Boden sind diejenigen im 32
Boden enthaltenen Mineralien, die im Berggesetz des betreffenden Landes[2] aufgeführt sind. Auch Erdöl und Erdgas rechnen hierzu. Die *„vorbehaltenen"* Mineralien sind somit dem Grundeigentümer entzogen und bis zu ihrer Aneignung herrenlos. Die Gewinnung und damit die Aneignung eines Minerals steht demjenigen zu, dem das Oberbergamt das Bergwerkseigentum in dem betreffenden Feld verliehen hat. Mit der Verleihung entsteht Bergwerkseigentum.

Über das Bergwerkseigentum und die unbeweglichen Kuxe (= Miteigentumsanteile an Bergwerken) wird ein besonderes Grundbuch (Bergwerksgrundbuch) geführt. Die Vorschriften hierüber sind nach § 117 GBO (siehe auch § 72 GBVfg) in Verbindung mit Art. 67 EGBGB dem Landesrecht zugeteilt; für Bayern siehe Art. 17 Abs. 1 AGGBOZVG, für das ehemalige Preußen Art. 37 Abs. 1 AGBGB. Für die Führung des Grundbuchs über „Bergwerke und unbewegliche Kuxe" wird in Bayern die im Zuge der Vorschriftenbereinigung an sich außer Kraft getretene GBÄDA (§§ 213, 591 ff) weiterhin angehalten. Das Bergwerksgrundbuch wird jeweils für den gesamten Amtsgerichtsbezirk angelegt. Die Eintragung in das Grundbuch,

[1] Vgl. *Timm,* Eine neue Entscheidung . . . ZfV 1937, 89; *Richter,* Katasterangaben und Gutglaubensschutz, ZfV 1939, 438.

[2] Das Bergrecht ist gemäß Art. 67 EGBGB Landesrecht. Für Bayern siehe Berggesetz i. d. F. der Bek vom 10. 1. 1967 (GVBl S. 185).

die jeweils auf Ersuchen des Oberbergamts hin vorgenommen wird, (Art. 40 BergG) hat nur deklaratorische Bedeutung.[1]

Das Bayerische Oberbergamt führt ein **„bergbehördliches Verleihungsbuch"**, in dem die Verleihungen nach der Eintragung im Bergwerksgrundbuch vermerkt werden. Das Verleihungsbuch dient sowohl für innerdienstliche Zwecke als auch zur Information von Interessenten. In das Verleihungsbuch kann jedermann Einsicht nehmen.

B. Eisenbahngrundbuch

33 Die Einrichtung von besonderen Grundbüchern für Bahneinheiten (Eisenbahn- und Kleinbahnunternehmen) richtet sich gemäß Art. 112 EGBGB, § 117 GBO nach Landesrecht. Bayern hat von diesem landesrechtlichen Vorbehalt keinen Gebrauch gemacht. Über das Bahngrundbuch im ehemaligen Preußen und in anderen Ländern siehe *Meikel-Imhof-Riedel* § 117 Bem 79 ff, *Palandt* EG 112 Anm. 2.[1]

Anhang zu §§ 3, 4

Das Wohnungseigentum

I. Grundgedanken

1 Während das alte deutsche Recht die Form des **Stockwerkseigentums,** also eines Eigentums an Teilen eines Gebäudes, kannte, wurde diese Rechtsform bei Kodifizierung des Bürgerlichen Gesetzbuches als überlebt und systemwidrig angesehen, so daß die Aufnahme in das BGB nicht ratsam erschien (Mot. III, S. 45). Konsequenterweise wurde auch die Neubegründung von Stockwerkseigentum durch Art. 189 EGBGB verboten. Art. 218 EGBGB ermöglichte, das z. Zt. des Inkrafttretens des BGB bestehende und fortbestehende Stockwerkseigentum landesrechtlich zu ändern. Hiervon haben insbesondere Gebrauch gemacht Bayern (für die Landesteile rechts des Rheins,

[1] Für Baden-Württemberg siehe § 35 Abs. 2 des Landesgesetzes über die Freiwillige Gerichtsbarkeit (LFGG) vom 12. 2. 1975 (GBl S. 116): „Für Bergwerke und Grundstücke der Privatbahnen werden besondere Grundbücher angelegt."

Art. 42 AGBGB, wonach das Stockwerkseigentum in unechtes Stockwerkseigentum nach Art. 131 EGBGB übergeführt wurde) und die Pfalz (wo das Stockwerkseigentum in Erbbaurecht übergeführt wurde gem. Art. 19, 20 des Liegenschaftsgesetzes; vgl. hierzu *Weitnauer-Wirths,* WEG, Vorb. 5).

An die Stelle des altrechtlichen Stockwerskeigentums trat gem. Art. 131 EGBGB das uneigentliche Stockwerkseigentum, welches sich rechtlich als eine unauflösliche Miteigentümergemeinschaft mit dinglich wirkender Benutzungsregelung nach § 1010 BGB darstellte. Von dieser landesrechtlichen Kompetenz hat lediglich Baden-Württemberg mit dem Gesetz v. 12. 6. 1950 (Regierungsblatt 1950 S. 57) Gebrauch gemacht. Bereits am 16. 2. 1953 wurde jedoch dieses Gesetz über das Miteigentum nach Wohneinheiten wieder aufgehoben.

Um den sozialen Wohnungsbau zu fördern, die Zahl der Eigentümer an 2
Grund und Boden zu vergrößern und zum Zwecke der Anpassung der Bestimmungen des BGB an die heutigen wirtschaftlichen Verhältnisse wurde das **Wohnungseigentumsgesetz** geschaffen und am 19. 3. 1951 verkündet (BGBl I S. 175). Das Gesetz trat am 20. 3. 1951 in Kraft.

Das Wohnungseigentum verbindet entgegen den Grundprinzipien der §§ 93, 94 BGB, wonach Grundstück und darauf aufstehende Gebäude eine Einheit bilden, das Miteigentum am Grundstück mit dem ausschließlichen Eigentum an bestimmten Räumen eines Gebäudes. Das Bruchteilseigentum an einem Grundstück wird durch das WEG in der Weise ausgestaltet, daß es mit dem Sondereigentum an einer Wohnung **(Wohnungseigentum)** oder an nicht zu Wohnzwecken dienenden Räumen **(Teileigentum)** zu einer rechtlichen Einheit verbunden wird. Wohnungseigentum und Teileigentum sind **echtes** Eigentum (BGH 49, 251). Die Verbindung des Sondereigentums mit dem Miteigentumsanteil am Grundstück stellt sich als Beschränkung des Miteigentumsanteiles durch das Sondereigentum dar. Es wird also das Miteigentum durch das eigene Sondereigentumsrecht verstärkt und durch fremdes Sondereigentumsrecht beschränkt (*Palandt,* Überblick vor WEG § 1 Anm. 2 A). Im **gemeinschaftlichen** Eigentum der Miteigentümer stehen alle diejenigen Teile, Anlagen und Einrichtungen des Gebäudes, die nicht im Sondereigentum oder im Eigentum eines Dritten stehen (§ 1 Abs. 5 WEG), Gegenstand des gemeinschaftlichen Eigentums sind somit Grund und Boden, die nicht zum Gebäude gehörenden Anlagen (Hof, Garten), die tragende Konstruktion, das Fundament, Dach, Kamin, Außenwände usw. sowie aber auch alle Anlagen und Einrichtungen, die dem gemeinschaftlichen Gebrauch der Miteigentümer dienen, wie Treppenhaus, Waschküche, Trockenboden, Heizungsanlagen.

Als echtes Eigentum ist das Wohnungs- bzw. Teileigentum veräußerlich. Dem Eigentümer stehen grundsätzlich alle Rechte aber auch Pflichten eines

Alleineigentümers zu. Als echtes Eigentum ist das Teil- bzw. Wohneigentum belastbar wie jeder andere ideelle Grundstücksanteil, in Abweichung hiervon jedoch auch mit Dienstbarkeiten, Wohnungsrechten und Reallasten.

Die Teilung des Wohnungseigentums und die Veräußerung der Teile an andere Wohnungseigentümer bedarf nicht der Zustimmung der Wohnungseigentümergemeinschaft (BayObLG JMBl 1977, S. 178).

II. Grundbuchrechtliche Fragen

A. Entstehung des Sondereigentums, Voraussetzungen

3 Die Begründung von Sondereigentum kann auf zwei Arten erfolgen:
1. durch Vertrag der Miteigentümer gem. § 3 Abs. 1 WEG oder
2. durch einseitige Erklärung der Eigentümer nach § 8 WEG.

1. Vertrag gem. § 3 Abs. 1 WEG

4 Voraussetzung für die Einräumung von Sondereigentum nach § 3 WEG ist, daß diejenigen Personen, die das Sondereigentum erwerben sollen, bereits Miteigentümer des Grundstücks im Sinne des § 1008 BGB sind bzw. spätestens in dem Zeitpunkt, in dem die Einräumung des Sondereigentums im Grundbuch vollzogen wird, Miteigentümer sind. Voraussetzung ist **echtes Miteigentum** nach Bruchteilen gem. § 1008 BGB. Gesamthänderisches Eigentum genügt nicht und ist deshalb zunächst in eine Bruchteilsgemeinschaft umzuwandeln.

Die Miteigentumsanteile müssen sich auf **ein** Grundstück beziehen. Steht ein Gebäude auf verschiedenen Grundstücken, so sind diese Grundstücke vor Bildung des Sondereigentums gem. § 890 BGB zu einem Grundstück zu vereinigen (*Bärmann* WEG § 3 RdNr. 7, *Weitnauer-Wirths* WEG § 3 RdNr. 2 b). Der schuldrechtliche Vertrag über die Verpflichtung zur Einräumung von Sondereigentum bedarf gem. § 313 BGB der notariellen Beurkundung, das dingliche Rechtsgeschäft der Form der Auflassung (§ 4 Abs. 2 WEG, § 925 BGB), wobei die Sondereigentumseinräumung nicht unter einer Bedingung oder Zeitbestimmung erfolgen kann (§ 4 Abs. 2 Satz 2 WEG). Das WEG läßt eine Beschränkung des Miteigentums durch die Einräumung des Sondereigentums nur zu, wenn *jedem* der Miteigentümer Sondereigentum eingeräumt wird, d. h., daß alle Miteigentümer beim Vertragsschluß mitwirken müssen. Eine Begründung von Sondereigentum dergestalt, daß einzelnen Miteigentümern Sondereigentum zugewiesen wird, die anderen hingegen kein Sondereigentum erhalten sollen, ist nicht möglich. Allerdings kann natürlich ein Sondereigentum mehreren Berechtigten (nach Bruchteilen oder gesamthänderisch) zustehen.

2. Einseitige Erklärung nach § 8 WEG

§ 8 WEG regelt die sog. **Vorratsteilung** durch den Eigentümer. Hier kann der Eigentümer durch Erklärung gegenüber dem Grundbuchamt in der durch § 29 GBO vorgeschriebenen Form das Eigentum am Grundstück dergestalt in Miteigentumsanteile aufteilen, daß mit jedem Anteil das Sondereigentum an einer bestimmten Wohnung (Wohnungseigentum) oder an nicht zu Wohnzwecken dienenden Räumen (Teileigentum) an einem auf dem Grundstück errichteten oder noch zu errichtenden Gebäude verbunden ist. 5

Die Teilung nach § 8 WEG setzt nicht voraus, daß das Grundstück einem einzigen Eigentümer gehört. Sie ist auch möglich, wenn das Objekt im Eigentum mehrerer Personen, gleich ob in Gesamthandsgemeinschaft oder in Bruchteilseigentum nach § 1008 BGB steht. Allerdings setzen sich bei der Teilung nach § 8 WEG die bestehenden Eigentumsverhältnisse unverändert an den neugebildeten Sondereigentumsrechten fort (zur Frage der Beurkundung einer Teilung nach § 8 WEG vgl. insbesondere *Röll,* Teilungserklärung und Entstehung des Wohnungseigentums, S. 13; *Regler* MittBayNot 1975, 149 ff). 6

3. Die Abgeschlossenheitsbescheinigung

In beiden Fällen der Begründung von Wohnungseigentum (§§ 3, 8 WEG) ist der Nachweis der Abgeschlossenheit gegenüber dem Grundbuchamt durch eine Bescheinigung gem. § 7 Abs. 4 Nr. 2, § 59 WEG zu führen. Der **Aufteilungsplan,** eine von der Baubehörde mit Unterschrift und Stempel versehene Bauzeichnung, aus der die Aufteilung des Gebäudes in Lage und Größe der im Sondereigentum und der im gemeinschaftlichen Eigentum stehenden Gebäudeteile ersichtlich wird, ist mit der **Bescheinigung der Baubehörde,** daß die Voraussetzungen der Abgeschlossenheit gem. § 3 Abs. 2 WEG vorliegen, zu versehen. Zuständige Baubehörde ist hierbei die nach Landesrecht zur Erteilung von Baugenehmigungen zuständige Behörde. 7

B. Grundbuchmäßige Behandlung

Die grundbuchmäßige Durchführung der Eintragungen ist enthalten in der „Verfügung über die grundbuchmäßige Behandlung von Wohnungseigentumssachen" (WEG BV) vom 1. 8. 1951 (BAnz 1951 Nr. 152) mit Nachträgen vom 15. 7. 1959 und 21. 3. 1974. Im einzelnen ist ein besonderes Wohnungsgrundbuch für jeden Miteigentumsanteil anzulegen. Der Miteigentumsanteil tritt hier insoweit an die Stelle des Grundstücks. Die steuerliche Unbedenklichkeitsbescheinigung ist zum Vollzuge nur bei der Teilung nach § 3 WEG erforderlich, nicht aber bei der Vorratsteilung nach § 8 WEG. Die Tatsache der Begründung des Sondereigentums ist in Abt. I bei der Angabe 8 des Gemeinschaftsverhältnisses der Miteigentümer einzutragen (die Einräumung des Sondereigentums ist ja keine Belastung, sondern lediglich eine Beschränkung). Soweit Belastungen am Grundstück bestanden haben, gilt: Dienstbarkeiten, die der Natur nach am Grundstück als Ganzem bestehen, sind bei jedem Wohnungsgrundbuch in Abt. II jeweils am einzelnen Recht einzutragen. Hypotheken, Grund- und Rentenschulden sowie die Reallasten werden, sofern keine gesonderte Verteilung erfolgt, als Gesamtbelastungen auf die einzelnen Grundbuchblätter der Miteigentumsanteile zur Mithaft gem. § 48 GBO übertragen.

III. Wohnungs- und Teilerbbaurecht, Dauerwohnrecht

9 Wohnungs- und Teilerbbaurechte können gem. § 30 WEG unter Anwendung der §§ 3, 8 WEG begründet werden, wobei an die Stelle des Miteigentums am Grundstück die Mitberechtigung nach Bruchteilen an einem Erbbaurecht tritt, mit welchem das Sondereigentum an der Wohnung bzw. den nicht zu Wohnzwecken dienenden Räumen verbunden wird.

Für das Wohnungserbbaurecht gelten die Bestimmungen des WEG über das Wohnungseigentum entsprechend mit den Ausnahmen, die sich aus dem Wesen des Erbbaurechtes ergeben (wie Erlöschen durch Zeitablauf gem. §§ 27 ff ErbbauV, Heimfallregelung gem. § 2 Nr. 4 ErbbauV).

10 Nach §§ 31–41 WEG kann ein Grundstück auch mit einem Dauerwohnrecht (bzw. bei nicht zu Wohnzwecken dienenden Räumen mit einem Dauernutzungsrecht) belastet werden. Unter Dauerwohnrecht versteht man ein vererbliches, veräußerliches, im übrigen in gewissem Umfang dem Wohnungsrecht nach § 1093 BGB nachgebildetes Recht an einem Grundstück. Von den Dienstbarkeiten unterscheidet sich das Dauerwohnrecht dadurch, daß es weder höchstpersönlichen Charakter hat, noch subjektiv dinglich ist. Der Unterschied zum Wohnungseigentum besteht insbesondere darin, daß das Dauerwohnrecht eine Belastung des Grundstücks i. S. des § 873 BGB darstellt und als Recht zwar vererblich und veräußerlich ist, jedoch **nicht** selbständig **belastet** werden kann. Für die Eintragung im Grundbuch genügt die Eintragungsbewilligung des betroffenen Eigentümers gem. § 29 GBO. Die Abgeschlossenheitsbescheinigung wird für das Dauerwohnrecht in gleicher Weise wie für das Wohnungseigentum verlangt. Die Bestellung kann unter einer aufschiebenden oder auflösenden Zeitbestimmung erfolgen, wobei bestimmte Laufzeiten nicht verlangt werden. Im übrigen ist das Dauerwohnrecht bedingungsfeindlich.

§ 5 Vereinigung
Ein Grundstück soll nur dann mit einem anderen Grundstück vereinigt werden, wenn hiervon Verwirrung nicht zu besorgen ist. Werden die Grundbücher von verschiedenen Grundbuchämtern geführt, so ist das zuständige Grundbuchamt nach § 5 des Reichsgesetzes über die Angelegenheiten der freiwilligen Gerichtsbarkeit zu bestimmen.

§ 6 Zuschreibung
Ein Grundstück soll nur dann einem anderen Grundstück als Bestandteil zugeschrieben werden, wenn hiervon Verwirrung nicht zu besorgen ist. Werden die Grundbücher von verschiedenen Grundbuchämtern geführt, so ist für die Entscheidung über den Antrag auf Zuschreibung und, wenn dem Antrage stattgegeben wird, für die Führung des Grundbuchs über das ganze Grundstück das Grundbuchamt zuständig, das das Grundbuch über das Hauptgrundstück führt.

I. Begriffe

Der Grundstückseigentümer kann unter bestimmten Voraussetzungen Grundstücke mit Grundstücken, Grundstücke mit Zuflurstücken (dieses gilt für die Anwendung des § 890 BGB als selbständiges Grundstück, BayObLG DNotZ 1958, 388, vgl. auch § 2 RdNr. 92) oder Zuflurstücke mit Zuflurstükken zu einer rechtlichen Einheit verbinden. § 890 BGB unterscheidet hierbei zwischen der Vereinigung und der Bestandteilszuschreibung. Beides sind materiellrechtliche Vorgänge, durch die die Grundstücke bzw. Zuflurstücke ihre Selbständigkeit verlieren. Die verfahrensrechtlichen Regeln sind in den §§ 5, 6 GBO enthalten. 1

Zur terminologischen Klarstellung sei darauf hingewiesen, daß der bisweilen noch verwendete Oberbegriff „Zusammenmessung" heute nicht mehr gebräuchlich ist und daß unter „Verschmelzung" das katastertechnische Gegenstück zu „Vereinigung" zu verstehen ist, also dem Kastaster vorbehalten bleibt. Als sachenrechtlicher Oberbegriff wird im folgenden für Vereinigung und Zuschreibung der Begriff „Grundstücksfusion" verwendet. 2

A. Vereinigung

1. Allgemeines

Die Vereinigung ist die Normalform der **Fusion** von Grundstücken. Ihre materiellrechtliche Grundlage findet sich in § 890 Abs. 1 BGB. 3

Die zu vereinigenden Grundstücke müssen im Zeitpunkt der Eintragung **demselben** dinglich Berechtigten gehören.[1] Es können also nicht vereinigt werden Grundstücke, die zwar denselben Personen, jedoch diesen in verschiedenen Gemeinschaftsarten (Bruchteilseigentum, Gesamthandseigentum, erbengemeinschaftliches Eigentum) gehören (*Kuntze–Ertl–Herrmann–Eickmann* § 5 GBO RdNr. 11). Auch können grundsätzlich ideelle **Miteigentumsanteile** mit anderen ideellen Miteigentumsanteilen **nicht** vereinigt werden, da sie nicht als selbständige Grundstücke anzusehen sind (hierzu vgl. *Kuntze–Ertl–Herrmann–Eickmann* § 5 RdNr. 10; *Meikel–Imhof–Riedel* § 5 Bem 5; a. A. *Bünger* NJW 1964, 583). Dies gilt auch dann, wenn die Miteigentumsanteile nach § 3 Abs. 3 GBO selbständig gebucht sind (vgl. *Horber* § 5 Erl. 2 Aa). Für eine solche Vereinigung ist kein praktisches Bedürfnis zu erkennen. Auch ist nach h. M. die Vereinigung von **Miteigentumsanteilen** mit einem **Grundstück** nicht zulässig, und zwar schon deshalb, weil grundsätzlich Miteigentumsanteile nicht selbständig gebucht sind. Aber auch die Buchung nach § 3 Abs. 3 GBO macht einen Miteigentumsanteil nicht zu einem selbständigen Grundstück. Eine gesetzliche Fiktion wie bei den grundstücksgleichen Rechten existiert für den Miteigentumsanteil nicht (vgl. *Staudenmaier* NJW 1964, 2145).

4 Vereinigungsfähig sind indes **Wohnungseigentumsrechte,** sofern sie am gleichen Grundstück bestehen, dem gleichen Berechtigten zustehen und das Erfordernis der Abgeschlossenheit der neugebildeten Wohnung erfüllt ist (h. M.; OLG Hamburg NJW 1965, 1765 = DNotZ 1966, 176, a. A. *Horber* § 5 Erl. 2 Aa).

Streitig ist, ob ein Wohnungseigentumsrecht mit einem Grundstück vereinigt werden kann. Hier ist aus dem Wesen des Wohnungseigentums als Sondereigentum verbunden mit einem Miteigentumsanteil, also einem vom bloßen Miteigentumsanteil deutlich unterscheidbaren neuen dinglichen Recht eigener Art sowie aus der selbständigen Buchungsmöglichkeit (§ 7 Abs. 1 WEG) die Zulässigkeit der Vereinigung mit einem Grundstück zu folgern (so auch *Kuntze–Ertl–Herrmann–Eickmann* § 5 GBO RdNr. 9; a. A. OLG Düsseldorf DNotZ 1963, 361). Grundsätzlich unbeachtlich für die Frage der Zulässigkeit einer Vereinigung ist, ob die Grundstücke räumlich oder wirtschaftlich zusammenhängen (vgl. aber nachfolgend RdNrn. 18 ff) und daß die Grundbücher von demselben Grundbuchamt geführt werden, wobei allerdings Unübersichtlichkeit des Grundbuches nicht eintreten darf (OLG Düsseldorf DNotZ 1971, 479).

[1] Vereinigungsanträge von Personen, die das Eigentum an den Grundstücken erst erwerben, erhalten mit dem Übergang des Eigentums Wirksamkeit (§ 185 Abs. 2 BGB).

Die Bildung eines **Zuflurstücks** (vgl. § 2 RdNrn. 88 ff) beinhaltet keine Entscheidung darüber, ob eine Vereinigung oder Bestandteilszuschreibung vorgenommen werden soll. Die Eigentümer haben insoweit noch die freie Wahl. 5

Bei der Vereinigung können sämtliche Teile Zuflurstücke sein; anders bei der Bestandteilszuschreibung, siehe RdNr. 11.

2. Wirkungen

Die vereinigten Grundstücke (Berechtigungen) werden **nicht wesentliche Bestandteile** des neuen einheitlichen Grundstückes (KGJ 31, 241). Sie können daher Gegenstand besonderer Rechte sein. Die Belastungsausdehnung nach § 1131 BGB tritt nicht ein. Jedoch bleibt ein auf dem bisherigen Einzelgrundstück lastendes Gesamtrecht als solches bestehen. Die Heimstätteneigenschaft erstreckt sich aber gemäß § 10 Abs. 1 Reichsheimstättengesetz auch auf das mit der Heimstätte vereinigte Grundstück. 6

Die Vereinigung setzt materiellrechtlich eine hierauf gerichtete Erklärung des Eigentümers gegenüber dem Grundbuchamt voraus. Aus der Erklärung muß sich ergeben, ob Vereinigung oder Bestandteilszuschreibung gewollt wird. Im Wege der Auslegung ist aber immer dann ein Vereinigungsantrag anzunehmen, wenn die Rechte in Abt. III durch **Pfandunterstellung** ausgedehnt werden. Denn da bei der Bestandteilszuschreibung gem. §§ 890 Abs. 2, 1131 BGB kraft Gesetzes eine Erstreckung erfolgt, wäre ein entsprechender Antrag überflüssig (vgl. BGH DNotZ 1954, 197). Überhaupt ist *Röll* (DNotZ 1968, 529) zuzustimmen in der Ansicht, daß grundsätzlich immer die **Normalform** der Grundstücksfusion die **Vereinigung** ist, es sei denn, daß besondere Kriterien für eine gewollte Bestandteilszuschreibung vorliegen (vgl. auch BayObLG MittBayNot 1971, 363, 364). In jedem Falle ist Vereinigung auch dann anzunehmen, wenn überhaupt keine Grundpfandrechtsbelastungen vorhanden sind, da hier die Folge des § 1131 BGB nicht eintritt. 7

Auch kann im bloßen Antrag auf grundbuchamtlichen Vollzug eines Veränderungsnachweises der Antrag auf Eintragung einer Vereinigung enthalten sein, was im Einzelfall durch Auslegung der Eintragungsbewilligung zu ermitteln ist (vgl. BayObLG DNotZ 1958, 388 mit Anm. *Riedel*).

Wenn nun die vereinigten Grundstücke ihre Selbständigkeit verlieren, indem sie nichtwesentliche Bestandteile des (neuen) einheitlichen Grundstückes werden, so bleibt gleichwohl eine für einen (früher selbständigen) Teil (als herrschendes Grundstück) bestehende **Grunddienstbarkeit** im bisherigen Umfange bestehen und zwar dergestalt, daß sie zwar auf dem (vereinigten) Grundstück besteht, indes unter Beschränkung der Ausübung für den Grundstücksteil, der früher herrschendes Grundstück war. Es ist also nicht 8 erforderlich, wenn eines der vereinigten Grundstücke herrschendes Grundstück einer Grunddienstbarkeit ist, das Recht aus dieser Dienstbarkeit auf das gesamte (neue) Grundstück auszudehnen. Auch grundbuchrechtliche Bedenken sind hier nicht erkennbar, da Verwirrung nicht zu besorgen ist (h. M., vgl. *Meikel–Imhof–Riedel* § 5 Bem 55; *Staudinger* BGB § 890 RdNr. 9; siehe auch „Merkblatt für die Grundbuchumschreibung in Bayern" in JME vom 8. 4. 1952 = BayBSVJu III Nr. 26, Ziff. IV 3 b). Werden jedoch herrschendes und dienendes Grundstück vereinigt, dann erlischt notwendig die Grunddienstbarkeit, da sie zwei verschiedene, selbständige Grundstücke voraussetzt (KG KGJ 51, 258; *Kuntze–Ertl–Herrmann–Eickmann* § 5 RdNr. 22; a. A. *Palandt* § 890 Anm. 3 b).

9 **Die Wiederaufhebung der Vereinigung** kann nur über eine Grundstücksteilung erfolgen (BayObLG DNotZ 1958, 393 mit Anm. *Sage* und *Weber*). Hierbei müssen dann die gesetzlichen Teilungsverbote und Genehmigungserfordernisse (insbes. nach § 19 BBauG) beachtet werden (vgl. hierzu § 2 RdNrn. 58 ff)

B. Bestandteilszuschreibung

1. Allgemeines

10 Die Zuschreibung ist in § 890 Abs. 2 BGB und verfahrensrechtlich in § 6 der GBO geregelt. Zuschreibung bedeutet, daß der Eigentümer ein Grundstück (Bestandteilsgrundstück oder zuzuschreibendes Grundstück) einem anderen Grundstück (Hauptgrundstück oder aufnehmendes Grundstück) als dessen Bestandteil zuschreiben läßt. Unbeachtlich ist hierbei, ob das Hauptgrundstück tatsächlich das wirtschaftlich bedeutendere und größere darstellt (*Meikel–Imhof–Riedel* § 6 Bem 20).

11 Auch **Zuflurstücke** können zu Grundstücken als Bestandteil zugeschrieben werden. Dies folgt aus dem Begriff des Zuflurstücks, das für die Anwendung des § 890 BGB als selbständiges Grundstück gilt (BayObLG 54, 258 = AVN 1957, 83; BayObLG 57, 356). Während aber bei der Vereinigung **alle** zu vereinigenden Grundstücksteile aus Zuflurstücken bestehen können, kann das Hauptgrundstück (das aufnehmende Grundstück) nicht aus einem Zuflurstück bestehen (BayObLG MittBayNot 1971, 363 = Rpfleger 1972, 18; OLG Frankfurt Rpfleger 1976, 245). Dies ist denknotwendig und ergibt sich aus den Erfordernissen eines dem Bestimmtheitsprinzip genügenden Grundbuchvollzugs. Denn die Zuschreibung setzt gedanklich ein existierendes Hauptgrundstück voraus. Ein Zuflurstück ist jedoch lediglich ein vorübergehend verselbständigter Grundstücksteil und nicht ein eintragungsfähiges Grundstück (vgl. § 2 RdNr. 91; a. A. *Kuntze–Ertl–Herrmann–Eickmann* § 6 RdNr. 6 m. w. Nachw.; *Roellenbleg* DNotZ 1971, 286).

Für Bayern ist dies schlüssig, weil hier das Flurstück, das **ganz** in die Verschmelzungsmasse eingeht und Zuflurstücke im Wege der Bestandteilszuschreibung aufnimmt, regelmäßig nicht umnumeriert wird und deshalb für die Verschmelzung nicht eine Zu-Nummer erhält. Anders ist dies bei den Ländern, die den seinerzeitigen Rechtsvorschriften folgend, das in seiner Begrenzung veränderte Flurstück grundsätzlich umnumerieren und deshalb auch die **ganzen** in eine Verschmelzungsmasse eingehenden Flurstücke mit Zu-Nummern versehen. Für diese Numerierungsgrundsätze muß nach obigem gefolgert werden, daß das aufnehmende Flurstück eine Zu-Nummer führen kann, wenn es aus einem bisherigen Flurstück und nicht aus einem abgetrennten Flurstücksteil besteht.

Unzulässig wegen Besorgnis der Verwirrung ist, einem mit Grundpfandrechten belasteten ein ebenfalls mit solchen Rechten belastetes Zuflurstück als Bestandteil zuzuschreiben und die beiden Flächen katastermäßig zu einem einheitlichen Flurstück zu verschmelzen (BayObLG JMBl 1977, 192 = MittBayNot 1977, 119).

Genauso wie die Vereinigung von **Wohnungseigentumsrechten** zulässig ist, ist unter den dort aufgeführten Voraussetzungen die Zuschreibung eines Wohnungseigentums zu einem anderen Wohnungseigentum unbedenklich zulässig. Gleiches gilt für die Zuschreibung eines Wohnungseigentums zu einem Grundstück. Auch muß die Zuschreibung eines unbebauten Grundstückes gem. § 890 Abs. 2 BGB zu einem mit Sondereigentum belasteten Grundstück als zulässig erachtet werden. Diese Frage wird insbesondere dann akut, wenn infolge von Nachvermessungen eines Baugrundstücks bzw. angrenzender Straßen wegen Abweichungen Zuflurstücke gebildet werden oder aus anderen Gründen das Baugrundstück vergrößert wird. Hier gilt die Besonderheit, daß für das eine Grundstück wegen der Sondervorschrift des § 7 WEG nicht mehr ein Grundbuchblatt, sondern verschiedene Wohnungsgrundbuchblätter geführt werden. Voraussetzung für die Zulässigkeit der Zuschreibung ist jedoch, daß das unbebaute Grundstück sich in denselben Miteigentumsverhältnissen wie das Hauptgrundstück befindet. Grundsätzlich ist von einer solchen Zuschreibung auch keine Verwirrung zu besorgen (LG Düsseldorf MittRhNotK 1970, 190).

2. Wirkungen

Die Wirkung der Zuschreibung ist, daß das zugeschriebene Grundstück 12
nichtwesentlicher Bestandteil des einheitlichen Grundstückes wird und daß sich die Grundpfandrechte, die auf dem Hauptgrundstück lasten, ohne besondere Pfandunterstellung auf das Bestandteilsgrundstück erstrecken. Sie gehen jedoch den darauf bereits ruhenden Belastungen im Range nach (§§ 1131, 1192, 1199 BGB). Auch die bestehenden dinglichen Vollstreckungsunterwerfungen gem. § 800 ZPO erstrecken sich mit den Grundpfandrechten auf das zuzuschreibende Grundstück, nicht jedoch Reallasten. Durch

die Erstreckung entsteht **kein Gesamtrecht** im Sinne des § 1132 BGB. Bisherige Gesamthypotheken werden Einzelhypotheken. Umgekehrt erstrecken sich aber Grundpfandrechte des zugeschriebenen Grundstückes nicht auf das Hauptgrundstück, gehen aber den dort vorgetragenen Grundpfandrechten im Range vor.

II. Antragserfordernis

13 Bei Vereinigung wie auch bei Bestandteilszuschreibung ist der schriftliche Antrag des Eigentümers (§ 40 GBO ist hier nicht anwendbar) nicht nur eine förmliche Voraussetzung im Sinne des Antragsprinzips (§ 13 GBO), sondern auch eine **materiellrechtliche** Vorbedingung. Der Antrag ist die rechtsgeschäftliche Willenserklärung des Eigentümers mit dem Ziel, ein neues und erweitertes Rechtsobjekt entstehen zu lassen. So wie die rechtsgeschäftliche Übertragung von Eigentum und anderen Rechten an Grundstücken immer nur durch das Zusammenwirken von Einigung und Eintragung zustandekommen kann, müssen auch zur rechtswirksamen Vereinigung und Bestandteilszuschreibung (wie auch zur Teilung) beide Elemente, der Antrag des Eigentümers und die Eintragung im Buche zusammenwirken. Eine ohne Antrag zustandekommende Vereinigung muß deshalb ohne Rechtsfolgen bleiben; Eintragung ohne Antrag macht das Grundbuch falsch.

Antragsberechtigt ist nur der Eigentümer, nicht auch irgendein dinglich Berechtigter (h. M. vgl. *Meikel-Imhof-Riedel* § 5 Bem 12 m. w. Nachw.). Zur Vereinigung und Bestandteilszuschreibung ist weiter nicht erforderlich, daß die dinglich Berechtigten zustimmen, da deren Rechte nicht unmittelbar betroffen werden.

14 Der Antrag selbst bedarf der Form des § 29 GBO (*Kuntze–Ertl–Herrmann–Eickmann* § 5 RdNr. 19; *Palandt* § 890 BGB Anm. 3; BayObLG DNotZ 1958, 388; vgl. auch §§ 30, 31 RdNr. 3). Hierbei ist es für die Wirksamkeit des Antrages nicht erforderlich, daß die Worte „Vereinigung" oder „Bestandteilszuschreibung" ausdrücklich verwendet werden. Nach § 133 BGB ist auch bei der Auslegung von rechtsgeschäftlichen Erklärungen im Grundbuchverkehr, insbesondere bei den Eintragungsbewilligungen nicht am buchstäblichen Sinn des Ausdruckes zu haften, sondern der wirkliche Wille zu erforschen (BayObLG DNotZ 1958, 389, 392).

15 So beinhaltet der Antrag des Eigentümers „auf Vollzug des Veränderungsnachweises" dann schlüssig einen notwendigen Vereinigungsantrag, wenn keine Pfandunterstellungen oder Rangbestimmungen in der Urkunde enthalten sind (*Röll* DNotZ 1968, 523, 529; BayObLG DNotZ 1958, 392; *Kuntze–*

Ertl–Herrmann–Eickmann § 5 RdNr. 18; vgl. auch *Meikel–Imhof–Riedel* § 5 Bem 13 m. w. Nachw.). Auch kann der Antrag auf Vereinigung schon im bloßen Vollzugsantrag zum Veräußerungsgeschäft liegen, wenn ersichtlich ist, daß das Veräußerungsgeschäft ohne Grundstücksfusion nicht vollzogen werden kann (bestr., zustimmend *Röll* DNotZ 1968, 529; a. A. *Kuntze–Ertl–Herrmann–Eickmann* § 5 RdNr. 18). Unschädlich ist der Gebrauch grundbuchrechtlich untechnischer Ausdrücke wie „Zusammenmessung" oder „Verbindung" bzw. „Verschmelzung", wenn in der notariellen Urkunde ohnehin die Vermessung anerkannt wird, der Vollzug der Auflassung im Grundbuch beantragt wird und zum Vollzug der beantragten Eintragung der Rechtsänderung die Vereinigung notwendig ist (vgl. *Riedel* DNotZ 1958, 393).

Zur Beurkundungsbefugnis der Vermessungs- und Katasterbehörden siehe § 1 RdNr. 9 und nachfolgend RdNr. 23.

III. Reformbestrebungen

Obwohl man von der rein verbalen Interpretation her der Meinung sein 16
könnte, daß der Unterschied zwischen Vereinigung und Zuschreibung in einer hierarchischen Klassifizierung der Grundstücke und Grundstücksteile bestünde, entspricht dies nicht der tatsächlichen rechtlichen Ausgestaltung. Der **Unterschied** Vereinigung und Zuschreibung hat mit einer Gleichwertigkeit oder Ungleichwertigkeit der von der Fusion betroffenen Grundstücke schlechthin nichts zu tun: das zugeschriebene Grundstück kann viel größer und wirtschaftlich bedeutender sein als das aufnehmende Grundstück (vgl. *Röll* DNotZ 1968, 529; *Meikel–Imhof–Riedel* § 6 Bem 20). Überhaupt hat die Zuschreibung als Sonderform der Grundstücksfusion nur dann Zweck und Sinn, wenn das aufnehmende Grundstück mit Hypotheken, Grundschulden oder Rentenschulden belastet ist, die sich dann, ohne daß es einer Pfandunterstellung (und der durch sie entstehenden Kosten) bedürfte, auf das Bestandteilsgrundstück erstrecken (vgl. vorstehend RdNr. 12). Außer dieser Regelung, die in § 1131 BGB enthalten ist, gibt es wohl keine einleuchtenden Argumente, neben der Vereinigung die Möglichkeit der Zuschreibung nach § 890 Abs. 2 BGB beizubehalten. Denn auch wenn andere Rechte als Grundpfandrechte vom Hauptgrundstück auf das zuzuschreibende Grundstück ausgedehnt werden oder wenn Rechte, die auf dem zuzuschreibenden Grundstück lasten, auf das aufnehmende Grundstück erstreckt werden sollen, ist hier ohnehin eine gesonderte Pfandunterstellung notwendig. Bei der Fusion unbelasteter Grundstücke bringt die Zuschreibung

keinerlei Vorteile gegenüber der Vereinigung. Wegen der durch die verschiedenen Institute trotz weitgehend gleicher Folgen möglichen Verwirrungen sollte die Regelung des § 890 Abs. 2 BGB ersatzlos gestrichen werden oder zumindest die Bestandteilszuschreibung nur in den Fällen zugelassen werden, in denen die Wirkungen des § 1131 BGB eintreten.

Die Vereinigung (Bestandteilszuschreibung) erleichtert zwar die Eintragung von Belastungen eines ganzen Grundbesitzes. Die Zusammensetzung eines Grundstückes aus vielen Flurstücken erschwert aber andererseits z. B. bei der Abschreibung eines Grundstücksteils die Führung des Grundbuchs durch einen erhöhten Aufwand. Eine Vereinigung sollte deshalb nur vorgenommen werden, wenn die entsprechende katastertechnische Verschmelzung folgen kann. Auf diesem Weg könnte die Identität der Buchungseinheiten in Grundbuch und Kataster erreicht werden.

17 Im übrigen soll bundesrechtlich das Recht der Vereinigung und Zuschreibung eingeschränkt werden durch nachfolgenden Absatz 2 zu § 5 GBO und entsprechend zu § 6 GBO:

Die an der Vereinigung beteiligten Grundstücke sollen in demselben Grundbuchamtsbezirk liegen und unmittelbar aneinandergrenzen. Von diesen Erfordernissen soll nur abgewichen werden, wenn die zu vereinigenden Grundstücke nahe beieinanderliegen und an ihnen Wohnungs- oder Teileigentum begründet werden soll oder eine Wohnungs- oder Teileigentümergemeinschaft ein Grundstück zur Erweiterung der Anlage hinzuerwirbt. Die Absicht der Begründung oder Erweiterung von Wohnungs- oder Teileigentum ist glaubhaft zu machen; § 29 gilt hierfür nicht.

IV. Einschränkung der Vereinigung nach Landesrecht

18 Art. 119 Ziff. 3 EGBGB gestattet **landesrechtliche Beschränkungen** der Vereinigung, und zwar hinsichtlich materiellrechtlicher Regelungen. Von diesem Vorbehalt haben einige Länder Gebrauch gemacht. Besonders aufschlußreich, insbesondere auch für die künftige Rechtsentwicklung, ist dabei die Regelung in *Baden-Württemberg* und *Rheinland-Pfalz*. Hier läßt § 30 des baden-württembergischen AGBGB vom 30. Nov. 1974 in Fortführung der früheren Bestimmungen des Art. 24 des badischen und Art. 28 des württembergischen AGBGB (und entsprechend § 19 des rheinland-pfälzischen AGBGB v. 18. 11. 1976, GVBl S. 259) eine Vereinigung und Zuschreibung nur dann zu, wenn die beteiligten Grundstücke im selben Grundbuchbezirk liegen, unmittelbar aneinandergrenzen und nicht mit unterschiedlichen Pfandrechten belastet sind. Von der Forderung des Aneinandergrenzens kann dann abgesehen werden, wenn für die Vereinigung oder Zuschreibung ein erhebliches Bedürfnis besteht, insbesondere wegen der Zugehörigkeit bauli-

cher Anlagen und Nebenanlagen. Mit dieser Ausnahme ist dem Erfordernis Rechnung getragen, daß Wohnungseigentum nur auf einem Grundstück begründet werden darf (§ 1 Abs. 4 WEG).

Auch Art. 81 des hessischen AGBGB enthält eine (weniger einschneidende) Begrenzung der Vereinigungsfreiheit, indem die Vereinigung von Grundstücken und Bergwerkseigentum, die Vereinigung ungleich belasteter Grundstücke sowie von Grundstücken, die nicht im gleichen Grundbuchamtsbezirk liegen, ausgeschlossen wird (vgl. hierzu *Meikel-Imhof-Riedel* § 5 Bem. 18 ff).

V. Verschmelzung der Flurstücke

1. Begriff, Anlaß

Verschmelzung ist der katastertechnische Zusammenschluß eines Flurstücks 19
oder eines als Zuflurstück vorübergehend besonders bezeichneten Flurstücksteils (siehe § 2 RdNrn. 88 ff) mit anderen Flurstücken oder Zuflurstücken zu einem Flurstück.

Als rein katastertechnische Maßnahme steht die Verschmelzung im Ermessen der Katasterbehörde, soweit die Voraussetzungen katastertechnischer (siehe RdNr. 21) und rechtlicher Art (siehe RdNr. 22) gegeben sind. Sie wird von Amts wegen und regelmäßig gebührenfrei vorgenommen. Sie bedarf nicht der Zustimmung des Grundeigentümers (vgl. Zerlegung § 2 RdNr. 74). Die Katasterbehörde darf jedoch nicht gegen die berechtigten Interessen des Eigentümers verstoßen, indem sie etwa Flurstücke verschmilzt, über die der Eigentümer getrennt und unterschiedlich zu verfügen beabsichtigt. Sachlich begründeten Anregungen auf Verschmelzung oder auch auf Unterlassung einer Verschmelzung wird regelmäßig Rechnung getragen, soweit nicht rechtliche Hindernisse oder katastertechnische Gründe entgegenstehen (1.331 Satz 4 KatFEA). Sind Anlaß für eine Verschmelzung ausnahmsweise überwiegend private Interessen des Eigentümers, so kann eine Gebührenpflicht gegeben sein.

2. Bezeichnung der Flurstücke nach der Verschmelzung

In den süddeutschen Ländern wird bei der Verschmelzung die Nummer eines 20
der Flurstücke, meist des größten, beibehalten, während die anderen Länder gemäß der seinerzeitigen Reichsvorschrift (Nr. 16 Abs. 2 FortfErl.) in einem selbst nur geringfügig in seinem Umfang geänderten Flurstück eine neue Einheit sehen und ihm deshalb eine neue Nummer geben (siehe auch § 2 RdNr. 78).

3. Zweck der Verschmelzung

21 Mit der Zahl der Buchungseinheiten wächst der Aufwand bei der Führung von Grundbuch und Kataster, während die Übersichtlichkeit entsprechend verschlechtert und die Sicherheit des Liegenschaftsverkehrs gefährdet wird. Der Grundbesitz der Eigentümer ist bei einer Aufsplitterung in viele kleine Buchungseinheiten schwer überschaubar und es besteht die Gefahr, daß bei Rechtsgeschäften, in Testamenten usw. Flurstücke unrichtig bezeichnet oder übersehen werden. Daher ist Grundsatz der Ordnungstechnik, die Zahl der Flurstücke im Rahmen des Möglichen nieder zu halten. Grundbesitz eines Eigentümers, der örtlich zusammenhängt, wirtschaftlich eine Einheit bildet und nicht durch topographische Merkmale sichtlich in verschiedene Einheiten gegliedert ist, soll zu einem Flurstück zusammengefaßt werden. Die Formation der Flurstücke soll ein klares Abbild der zusammenhängenden Wirtschaftseinheiten des Bodens vermitteln. Eine rein buchmäßige, in der Örtlichkeit nicht erkennbare Unterteilung eines zusammenhängend bewirtschafteten Besitzstücks stellt eine nicht zu unterschätzende Gefahr für die Sicherheit des Liegenschaftsverkehrs dar (amtliche Begründung zu Art. 9 VermKatG).

4. Rechtliche Voraussetzungen für die Verschmelzung

22 Die Verschmelzung setzt voraus, daß die Flurstücke (Zuflurstücke) **ein** Grundstück im Rechtssinn bilden. Ist dies nicht der Fall, muß die Vereinigung oder Bestandteilszuschreibung (§ 890 BGB) herbeigeführt werden. Aber auch nach der Vereinigung können die Flurstücke des Grundstücks unterschiedlich belastet sein – insbesondere mit Dienstbarkeiten oder Reallasten – und hierin wird von Seiten des Grundbuchamts gelegentlich ein auch bei analoger Anwendung von § 7 Abs. 2 GBO (siehe dort) nicht behebbares Hindernis gegen die Verschmelzung gesehen, weil nach der Verschmelzung der Flurstücke die unterschiedliche Belastung der Grundstücke nicht mehr ausreichend deutlich erkennbar sei. Auf Vorschriften des Grundbuchrechts läßt sich diese Auffassung kaum stützen. Die Konfliktsmöglichkeit sollte dadurch ausgeräumt werden, daß nur Grundstücke vereinigt oder als Bestandteile zugeschrieben werden, bei deren katastertechnischer Verschmelzung Verwirrung im Grundbuch nicht zu befürchten ist.

VI. Beurkundungsbefugnis der Vermessungs- und Katasterbehörden

23 Der Antrag (§ 13 GBO) auf Eintragung einer Grundstücksvereinigung oder Bestandteilszuschreibung in das Grundbuch enthält oder ersetzt regelmäßig

die zu der Eintragung erforderliche Bewilligung des Eigentümers (§ 19 GBO). Er ist deshalb in der Form einer öffentlichen oder öffentlich beglaubigten Urkunde zu stellen (§§ 29, 30 GBO; siehe auch §§ 5,6 RdNr. 14, §§ 30, 31 RdNr. 3). Zur öffentlichen Beurkundung und Beglaubigung sind grundsätzlich die Notare zuständig. Die Notare erheben für ihre Tätigkeit Gebühren; Befreiung von den Notargebühren ist nicht möglich. Wegen des Aufwands und der Kosten, die die Beachtung dieser Formvorschriften verursacht, würden zahlreiche wünschenswerte Vereinigungen und Verschmelzungen nicht zustande kommen. Anreiz und Erleichterung zur Vereinigung ist geschaffen worden durch Kostenfreiheit für die Eintragung der Vereinigung in das Grundbuch in den Fällen, in denen die Vermessungsbehörde bescheinigt, daß die zu vereinigenden Grundstücke örtlich und wirtschaftlich eine Einheit bilden (§ 69 Abs. 1 Nr. 4 KostO); besonders förderlich aber war die Übertragung einer beschränkten Beurkundungsbefugnis auf die Vermessungsbehörden. Eine entsprechende Regelung wurde für das damalige Reichsgebiet im Gesetz über die Beurkundungs- und Beglaubigungsbefugnis der Vermessungsbehörden vom 15. November 1937 (RGBl I S. 1257) getroffen. Das Beurkundungsgesetz hat diese Vorschrift ausdrücklich unberührt gelassen (§ 61 Abs. 1 Nr. 6 BeurkG). Die Vorschrift gehört jetzt dem Landesrecht an und ist von einigen Ländern in das Katastergesetz eingebaut worden, erstmals in Bayern als Art. 9 VermKatG.

Nach dieser Vorschrift sind die Vorsteher der unteren Vermessungsbehör- 24
den und die von ihnen beauftragten Beamten – regelmäßig Beamte des höheren und des gehobenen Dienstes – befugt, Anträge des Eigentümers auf Vereinigung oder Teilung von Grundstücken in ihrem Amtsbezirk öffentlich zu beurkunden oder zu beglaubigen.[1] Bei der Vereinigung soll von dieser Befugnis jedoch nur Gebrauch gemacht werden, wenn die zu vereinigenden Grundstücke örtlich und wirtschaftlich ein einheitliches Grundstück darstellen, bei der Teilung, wenn sie erforderlich ist, um örtlich und wirtschaftlich einheitliche Grundstücke herzustellen. Die Beurkundungs- und Beglaubigungsbefugnis ist somit nicht für Teilungen beliebiger Art gegeben, also nicht für die Aufteilung von Bauland in Bauplätze.

Die Befugnis ist nicht für Bestandteilszuschreibungen nach § 890 Abs. 2 BGB erteilt. Mit den Zuschreibungen sind besondere rechtliche Folgen verbunden (§ 1131 BGB; siehe §§ 5,6 RdNr. 12), die eine Belehrung der Eigentümer erforderlich machen. Die Zuständigkeit der Katasterbehörden

[1] In Baden-Württemberg wird wegen der einfacheren Handhabung nur das Verfahren der öffentlichen Beglaubigung angewandt (Nr. 31 Satz 2 der Gem. Verwaltungsvorschriften über die Beurkundung und Beglaubigung von Anträgen auf Vereinigung oder Teilung von Grundstücken durch die Vermessungsbehörden – VVBVT – vom 2. 1. 1975, Sonderdruck).

soll aber nicht ohne zwingende Notwendigkeit auf ihnen fremde Gebiete ausgedehnt werden.

25 Dem Zweck, örtlich und wirtschaftlich einheitliche Grundstücke zu bilden, kann auch die Aufhebung einer Vereinigung dienen, insbesondere dann, wenn die Flurstücke, aus denen das Grundstück besteht (zusammengesetztes Grundstück), räumlich getrennt liegen. Aus vielen Flurstücken zusammengesetzte Grundstücke können eine Erschwerung der Grundbuchführung bedeuten. Denn wenn von einem der Flurstücke eine Teilfläche abgetrennt wird, muß nicht nur dieses eine Flurstück sondern auch das Restgrundstück mit seinen sämtlichen Flurstücken im Bestandsverzeichnis neu eingetragen werden. Bei der systematischen Grundbuchumschreibung in Bayern wurde deshalb angestrebt, zusammengesetzte Grundstücke möglichst aufzulösen. Die Vorteile der Identität von Flurstück und Grundstück werden besonders offensichtlich werden bei einer Grundbuchführung mittels elektronischer Datenverarbeitung. Die Beurkundungs- und Beglaubigungsbefugnis der Vermessungs- und Katasterbehörden ist dem Gesetzeszweck entsprechend auch für die Aufhebung der Vereinigung zusammengesetzter Grundstücke gegeben.

26 Die Vereinigungsanträge werden zum gößeren Teil gelegentlich von Vermessungen von dem ausführenden Beamten angeregt und dann am Messungsobjekt selbst beurkundet oder beglaubigt; der Eigentümer braucht sich nicht in die Diensträume des Amtes zu begeben. Der Vermessungsbeamte unterrichtet sich vorher durch Einsichtnahme in das Grundbuch oder durch Einholung einer Auskunft, ob gegen die Verschmelzung der betreffenden Flurstücke ein Hindernis vorliegt.

Die öffentliche Beurkundung und Beglaubigung durch die Vermessungsbehörden ist gebührenfrei.

27 Die Vermessungsbehörden nehmen Beurkundungen und Beglaubigungen nicht für öffentliche Behörden vor, weil diese Stellen ihre Erklärungen selbst in die Form einer öffentlichen Urkunde kleiden können (*Meikel-Imhof-Riedel* § 29 Bem 49 Abs. 2). Ferner sollen die Vermessungsbehörden von der Beurkundungsbefugnis nicht Gebrauch machen, wenn in der Angelegenheit noch weitere Erklärungen abgegeben werden sollen, die von einem Notar beurkundet oder beglaubigt werden.

VII. Früheres Landesrecht

28 Unter der Geltung der früheren bayerischen Grundbuchvorschriften (bis 1936) kam die Vereinigung von Grundstücken oder Grundstücksteilen fast nur in der Form der „Zusammenmessung“ vor. Das Messungsverzeichnis, in dem die Zusammenfassung

der Grundstücke oder Grundstücksteile zu einer neuen Plannummer ausgewiesen war, diente als Eintragungsgrundlage, eine besondere öffentlich beurkundete Erklärung des Eigentümers wurde nicht gefordert (§ 178 Abs. 2 Nr. 2, § 316, § 378 GBÄDA).

Bei einer Bestandteilszuschreibung (§ 890 Abs. 2 BGB) mußten die bisherigen Grundstücke die Plannummern beibehalten, eine Verschmelzung war nicht statthaft (§ 334 Abs. 1 GBÄDA).

Für das preußische Kataster war durch RdVerf des PrMdF vom 4. 7. 1906 – II 6354 die Parzellenvereinigung von Amts wegen untersagt worden. Laut RdVerf vom 6. 3. 1907 – II 1440 durfte sie erst vollzogen werden, wenn die Mitteilung des Grundbuchamts vorlag, daß die „Zusammenschreibung" (gemeint ist die Vereinigung) der Parzellen im Grundbuch bereits erfolgt oder vom Eigentümer beantragt ist und erfolgen wird.

§ 7 Belastung von Grundstücksteilen

(1) Soll ein Grundstücksteil mit einem Rechte belastet werden, so ist er von dem Grundstück abzuschreiben und als selbständiges Grundstück einzutragen.

(2) Ist das Recht eine Dienstbarkeit oder eine Reallast, so kann die Abschreibung unterbleiben, wenn hiervon Verwirrung nicht zu besorgen ist. Jedoch sind auch in diesem Falle die Vorschriften des § 2 Abs. 3 über die Vorlegung einer Karte entsprechend anzuwenden.

Bei der Einräumung eines Rechts an einem Grundstück kann es im Interesse 1 des Eigentümers liegen, daß das Recht nicht an dem ganzen Grundstück ausgeübt wird sondern nur an einem Teil. Beispiele: ein Wegerecht soll nur an einem Teil eines Grundstücks ausgeübt werden; einem Pfandrecht soll nur das Wohnzwecken dienende Vordergebäude eines Grundstücks, nicht auch das gewerblich genutzte Rückgebäude unterstellt werden.

Das Spezialitätsprinzip des Liegenschaftsrechts erfordert, daß der Grundstücksteil, an dem das Recht ausgeübt werden darf, eindeutig und klar aus dem Grundbuch erkennbar sein muß. Hierbei sind drei Möglichkeiten zu unterscheiden:

- Abschreibung des belasteten Grundstücksteils,
- vertragliche Beschränkung der Ausübung des Rechts auf einen Teil des Grundstücks,
- Belastung des Grundstücksteils in bestimmten Fällen.

I. § 7 Abs. 1 GBO – Abschreibung des belasteten Grundstücksteils

2 Den Regelfall stellt § 7 Abs. 1 GBO dar: Wenn ein realer Teil eines Grundstücks (nicht ein ideeller Eigentumsanteil) belastet werden soll, wird der Teil abgeschrieben (zur Abschreibung siehe § 2 RdNrn. 68 ff). Bei Grundpfandrechten wird regelmäßig so verfahren. § 7 Abs. 1 GBO geht von dem Grundsatz der Einheitlichkeit von Belastung und belastetem Grundstück aus.

II. Beschränkung der Ausübung eines Rechts auf einen Grundstücksteil

3 Die für die Praxis wichtigste und häufigste Alternative zur Teilung eines Grundstücks (Abschreibung eines Teils) ist die Möglichkeit, die Ausübung eines Rechts, z. B. eines Fahrtrechts, vertraglich unter dinglicher Sicherung im Grundbuch auf einen Teil des belasteten Grundstücks zu beschränken. Bei einer solchen Regelung ist der Grundstücksteil eindeutig und mit ausreichender Genauigkeit zu beschreiben. Dies kann verbal in der Urkunde erfolgen, besser aber durch Beigabe einer Karte. Wird hierzu eine amtliche Karte verwendet und hat die Vermessungsbehörde (Vermessungsstelle) die Abgrenzung auf Grund einer Vermessung eingezeichnet, so kann die Karte an Beweiskraft kaum einer öffentlichen Urkunde nachstehen, wenn auch als öffentliche Urkunden im Sinne von § 118 ZPO nur schriftliche Dokumente gewertet werden. Sind die Abgrenzungen in eine amtliche oder auch nicht amtliche Karte von den Beteiligten selbst eingetragen, so nimmt diese Darstellung nicht an der Beweiskraft der öffentlichen Urkunde teil (*Weber* DNotZ 1972, 133, 135). „Sie kann auch nicht Bestandteil der Urkunde im Sinne von § 9 Abs. 1 Satz 2 BeurkG werden, sie gehört vielmehr zu den außerhalb der Urkunde liegenden Umständen, auf die in der Erklärung verwiesen wird, damit mit ihrer Hilfe derjenige Gegenstand der Natur, auf den sich die Erklärung bezieht, aufgefunden ... werden kann.“ (BGH Urt. vom 9. 5. 1972, ES 59, 11). Im übrigen genügt eine allgemein zugängliche Karte (Plan, Skizze u. ä.), die zweckmäßigerweise durch Schnur und Prägesiegel (§ 44 BeurkG) mit der Urkunde verbunden ist (BGH aaO). Ist die Karte zu groß, um mit der Urkunde körperlich fest verbunden zu werden, so bescheinigt der beurkundende Notar auf ihr die Zugehörigkeit zu der betreffenden Urkunde (*Müller,* Die Bezeichnung nicht vermessener Grundstücksteilflächen im notariellen Veräußerungsvertrag, DNotZ 1966, 77, 71).

4 Besteht das Recht in einer Dienstbarkeit, so können die von der Ausübung

des Rechts nicht erfaßten Grundstücksteile lastenfrei abgeschrieben werden (§§ 1026, 1090 Abs. 2 BGB). Außerdem besteht bei Grunddienstbarkeiten noch der Rechtsvorteil des § 1023 BGB: Der Eigentümer kann verlangen, daß die Ausübung des Rechts auf eine andere für den Berechtigten ebenso geeignete Stelle verlegt wird, wenn die Ausübung an der bisherigen Stelle für ihn besonders beschwerlich ist. Daß ein Wohnrecht (beschränkte persönliche Dienstbarkeit nach § 1093 BGB, Dauerwohnrecht nach §§ 31 ff WEG) für einen Teil eines Grundstücks bestellt werden kann, versteht sich von selbst. Auch die Ausübung eines Erbbaurechts kann auf einen realen Grundstücksteil, nicht aber auf einen Gebäudeteil (siehe jedoch Wohnungserbbaurecht nach § 30 WEG) beschränkt werden (BayObLG Beschl. vom 16. 7. 1957, MittBayNot 1958, 34). Ferner ist das Vorkaufsrecht einer derartigen Regelung zugänglich, nicht aber Reallasten (siehe § 1106 BGB) und Grundpfandrechte.

Für die Beurteilung, auf welchem Grundstücksteil alte, möglicherweise im Grundbuch nicht eingetragene Rechte ausgeübt werden dürfen, gibt mangels überlieferter Vereinbarungen manchmal die Flurkarte Hinweise, wenn in ihr z. B. der Verlauf eines Weges oder die Erstreckung eines Kellers dargestellt ist.

III. § 7 Abs. 2 GBO – Belastung eines Grundstücksteils

Einen realen Teil eines Grundstücks zu belasten[1], ist zulässig

- bei Dienstbarkeiten
- bei Reallasten
- bei Nießbrauchsrechten
- bei Rechten auf Grund landesrechtlicher Vorbehalte (z. B. Art. 69 EGBGB Fischereirecht)
- bei Verfügungsbeschränkungen

[1] Eine rechtliche Konstruktion besonderer Art stellt § 68 Abs. 2 FlurbG dar: „Wird eine Landabfindung für mehrere alte Grundstücke oder Berechtigungen gegeben, die durch verschiedene Rechtsverhältnisse betroffen werden, so hat die Flurbereinigungsbehörde zu bestimmen, welche neuen Grundstücke oder Bruchteile von neuen Grundstücken an die Stelle der einzelnen alten Grundstücke oder Berechtigungen treten.“ Hierzu *Steuer,* Flurbereinigungsgesetz S. 385: „Die Bestimmung von Bruchteilen – statt der Ausweisung besonderer Grundstücke – soll dazu dienen, die Zahl der neuen Flurstücke von vornherein möglichst zu beschränken . . . Solche Grundstücksteile brauchen jedoch nicht örtlich bestimmt zu werden, vielmehr genügt die Angabe eines ideellen Bruchteils eines Grundstücks.“

- bei Vormerkungen, soweit sie Eintragungen der genannten Art oder Ansprüche auf Teilübertragung des Eigentums sichern
- bei Widersprüchen gegen die Löschung einer der genannten Eintragungen.

In diesen Fällen braucht also der belastete Teil von dem Grundstück nicht abgeschrieben zu werden, falls keine Verwirrung zu besorgen ist. Jedoch ist eine von der Katasterbehörde gefertigte Karte vorzulegen, die den Vorschriften des § 2 Abs. 3 a GBO entspricht. Die Karte ist nicht erforderlich, wenn der Grundstücksteil aus einem Flurstück besteht (BayObLG Beschl. vom 29. 4. 1960, MittBayNot 1960, 147).

6 Auch § 7 Abs. 2 GBO verlangt einen zuverlässigen Nachweis der belasteten Grundstücksflächen. In der Regel wird eine Vermessung nicht zu umgehen sein. Da aber lediglich Kartengenauigkeit und nicht ein Zahlennachweis für die Belastungsgrenzen gefordert ist, werden nicht so hohe Genauigkeitsansprüche wie bei einer Flurstückszerlegung gestellt. Die Belastungsgrenzen werden in der Regel nur in eine Karte für das Grundbuchamt eingetragen und nicht in die amtliche Flurkarte übernommen, es sei denn, die Belastungsgrenze ist gleichzeitig eine Nutzungsartengrenze, z. B. die Grenze eines in der Karte darzustellenden Weges.

Durch die Zulässigkeit der Belastung eines Grundstücks**teils** in bestimmten Fällen soll eine unerwünschte Vermehrung der Flurstücke hintangehalten werden. § 7 Abs. 2 GBO hat jedoch in den meisten Ländern nur geringe Bedeutung (anders in Hamburg), so daß seine Aufhebung ernsthaft erörtert worden ist. Der Zweck des § 7 Abs. 2 GBO läßt sich durch eine Regelung nach RdNr. 3 ebenso gut erreichen.

Zur Darstellung der Grenzen zwischen verschieden belasteten Grundstükken eines Eigentümers im bayerischen Grundsteuerkataster (N-Plannummer) siehe § 2 RdNr. 29. Zur vorläufigen Beschreibung von neuen Grundstücken, die mit Pfandrechten belastet sind, im Siedlungsverfahren siehe § 2 RdNr. 35.

7 § 7 ist nur eine Ordnungsvorschrift, deren Beachtung dem Rechtspfleger zur Pflicht gemacht ist. Wird die Belastung eines Grundstücksteils, z. B. mit einer Hypothek, ohne Vermessung und Abschreibung des Grundstücksteils vorgenommen, so ist sie wirksam, sofern die Eintragung den belasteten Grundstücksteil deutlich erkennen läßt (*Horber* § 7 Erl. 5). Eine versehentlich unterlassene Abschreibung muß jedoch von Amts wegen nachgeholt werden.

§ 8 Erbbaurecht

(1) Ist auf dem Blatt eines Grundstücks ein Erbbaurecht eingetragen, so ist auf Antrag für dieses Recht ein besonderes Grundbuchblatt anzulegen. Dies geschieht von Amts wegen, wenn das Recht veräußert oder belastet werden soll.
(2) Die Anlegung wird auf dem Blatte des Grundstücks vermerkt.

I. Geltungsbereich der Vorschrift

§ 8 GBO gilt nur für die bis zum Inkrafttreten der Verordnung über das Erbbaurecht eingetragenen Erbbaurechte. Bis zu diesem Zeitpunkt regelten das materielle Erbbaurecht die §§ 1012–1017 BGB. Der Vorläufer des Erbbaurechts war das Superficiar- oder Platzrecht, auch einfach **Superficies** genannt (siehe *Windscheid,* Lehrbuch des Pandektenrechts § 223; *Roth,* Bayrisches Civilrecht, Bd. 2 § 238). 1

Die Bestimmungen über das alte Erbbaurecht waren jedoch derart lückenhaft, daß die praktische Bedeutung des Erbbaurechts sehr stark zurückging. Erst zufolge der reformerischen Bodenrechtsdiskussionen in den Jahren nach Inkrafttreten des BGB (Wiener Juristentag 1912) wurde am 15. 1. 1919 die ErbbauV verabschiedet, die dann am 22. 1. 1919 in Kraft trat.

Gleichzeitig wurden die §§ 1012–1017 BGB sowie § 7 GBO aufgehoben. Dem früheren § 7 GBO entspricht der heutige § 8, der gem. § 38 ErbbauV für die vor dem 22. 1. 1919 begründeten Erbbaurechte fortgilt.

Inhaltlich entsprach das alte Erbbaurecht im wesentlichen dem Erbbaurecht nach der ErbbauV: Es war eine Grundstücksbelastung, ein dingliches, grundstücksgleiches Recht an einer fremden Sache, das im Gegensatz zu Dienstbarkeiten veräußerlich und vererblich ist. 2

Die **wesentlichen** Unterschiede des neuen Erbbaurechts zum Recht nach dem BGB sind, daß auflösende Bedingungen ausgeschlossen sind (§ 1 Abs. 4 ErbbauV), daß die §§ 925, 927 BGB nicht anwendbar sind (§ 11 ErbbauV), daß die Zwangsversteigerung des Grundstückes das Erbbaurecht nicht zum Erlöschen bringt (§ 25 ErbbauV) und daß zwischen den Beteiligten die wichtigsten Bestimmungen dinglich – also auch gegen Dritte – wirken (§§ 2, 5, 7, 27, 32 ErbbauV). 3

II. Grundzüge des neuen Erbbaurechts

A. Das Wesen des Erbbaurechts

4 § 1 ErbbauV bestimmt die **zwingenden** Entstehungsvoraussetzungen für ein Erbbaurecht (den **»gesetzlichen Inhalt«**).

Über diese notwendigen Erfordernisse hinaus können Eigentümer und Erbbauberechtigter weitere vertragsmäßige Vereinbarungen entweder mit **dinglicher** (d. h. eintragungsfähig mit der Folge der Wirkung gegenüber Dritten und Rechtsnachfolgern) im Rahmen der §§ 2–8 ErbbauV oder aber mit rein **schuldrechtlicher** Wirkung treffen.

5 Wesensmäßig ist das Erbbaurecht ein im Grundbuch abgesichertes, gegen jeden Dritten wirkendes (dingliches) Recht zur baulichen Nutzung fremden Grundes. Während dem Eigentümer formal das Recht am Grund und Boden ohne Verfügungsgewalt zusteht, besitzt und nutzt ihn der Erbbauberechtigte als Baugrund kraft eigenen, grundbuchmäßig veräußerlichen und vererblichen Rechts mit der Wirkung, daß die vom Erbbauberechtigten errichteten Gebäude nicht wesentliche Bestandteile des Grundstücks werden. Der Erbbauberechtigte ist also **Eigentümer des Bauwerks,** auch wenn das Bauwerk nicht von ihm errichtet worden ist, sondern bereits vor Erbbaurechtsbestellung bestanden hat (zur Zulässigkeit der Trennung des Eigentums am Grundstück vom Eigentum am Gebäude vgl. § 95 Abs. 1 Satz 2 BGB).

So gleicht das Erbbaurecht in vielen Punkten wirtschaftlich dem Eigentum. Es ist ein **grundstücksgleiches** Recht und gleichzeitig Grundstücksbelastung.

6 Das Erbbaurecht wird in der Regel auf bestimmte Zeit ausgegeben, meist auf 99 oder 75 Jahre (vgl. hierzu § 33 Abs. 2, 2. WoBauG). Das Gesetz schreibt jedoch weder eine Höchst- noch eine Mindestdauer vor. Dementsprechend sind auch zulässig **unbefristete** Erbbaurechte, die damit ewige Dauer haben. Wenn, und das ist der Regelfall, Fristen eingesetzt sind, müssen diese bestimmt sein. Auflösend **bedingte** Bestellungen, auch Rechte die auf Lebenszeit des Bestellers beschränkt sind, sind gem. § 1 Abs. 4 ErbbauV nichtig. Gleiches gilt, wenn ein Erbbaurecht auf Lebenszeit des Berechtigten bestellt wird. Auch der Vorbehalt eines vertraglichen Rücktrittsrechts vom Erbbaurecht verstößt gegen das Verbot der auflösenden Bedingungen, soweit das Erbbaurecht bereits im Grundbuch eingetragen und damit entstanden ist. Nach h. M. ist die einseitige Auflösung des Erbbaurechtes nach der Entstehung, auch wenn mit der Errichtung des Bauwerks noch nicht begonnen ist, nur über die Geltendmachung des Heimfallanspruchs nach § 2 Ziff. 4 ErbbauV möglich (*Ingenstau* ErbbauV § 1 RdNr. 44). Vertragliche Änderungen der Laufzeit oder Aufhebungen des Erbbaurechts sind zulässig.

7 Gemäß § 30 WEG kann ein Erbbaurecht entsprechend den §§ 3, 8 WEG

in Wohnungs- und Teilerbbaurechte aufgeteilt werden. Die Vorschriften über die Begründung von Wohnungs- und Teileigentum gelten entsprechend, wobei allerdings die Besonderheiten des Erbbaurechts (insbesondere des Erlöschens durch Zeitablauf gem. § 27 ErbbauV und mögliche Vereinbarungen über den Inhalt des Erbbaurechtes gem. § 2 Nr. 1 ErbbauV) zu berücksichtigen sind.

Voraussetzung für die **Eintragung** des Erbbaurechts ist zunächst die Vor- 8
eintragung des Grundstückseigentümers (§ 39 GBO mit der Ausnahme nach § 40 Abs. 2 GBO). Das Erbbaurecht selbst muß ausschließlich und unabänderlich **ersten Rang** im Grundbuch erhalten (§ 10 ErbbauV). Die Ausnahmebestimmung des § 10 Abs. 1 Satz 2 ErbbauV ist zu beachten, wonach Rechte, die zur Erhaltung ihrer Wirksamkeit gegenüber dem öffentlichen Glauben des Grundbuchs der Eintragung nicht bedürfen (vgl. bspw. der Hypothekengewinnabgabevermerk oder die Notweg- und Überbaurente; hierzu § 54 RdNr. 1), für die Rangstelle außer Betracht bleiben.

B. Grundbuchrechtliche Fragen

Formal ist zur Entstehung des Erbbaurechtes gem. § 20 GBO die **Einigung** 9
über die Bestellung in der Form des § 29 Abs. 1 Satz 1 GBO (öffentliche oder öffentlich beglaubigte Urkunde) nachzuweisen. Zu beachten ist hierbei, daß Einigung und Eintragung mindestens die ungefähre Beschaffenheit des Bauwerks oder der zulässigen mehreren Bauwerke bezeichnen müssen (BGH 47, 190 = NJW 1967, 1611).

Bei der **Eintragung** ist zu unterscheiden:

a) Die Eintragung des Erbbaurechts selbst erfolgt auf dem Blatt des belasteten Grundstücks nach § 10 GBVfg in Abt. II. Das Erbbaurecht muß hierbei den in § 10 Abs. 1 ErbbauV vorgeschriebenen 1. Rang erhalten. Zu beachten sind hier landesrechtliche Abweichungen aufgrund des Vorbehaltes in § 10 Abs. 2 ErbbauV: Vergleiche hierzu in Bayern die V über die Rangstelle von Erbbaurechten vom 17. 10. 1919 (BayBS III S. 130). Bei der Eintragung im Grundbuch selbst ist gemäß § 14 Abs. 2 ErbbauV zur näheren Bezeichnung des Inhalts des Erbbaurechts auf das Erbbaugrundbuch Bezug zu nehmen.
b) Für das Erbbaurecht ist bei Eintragung im Grundbuch von Amts wegen ein **besonderes Grundbuchblatt** (Erbbaugrundbuch) anzulegen, § 14 Abs. 1 ErbbauV. Das Verfahren richtet sich im einzelnen nach den §§ 54–59 GBVfg.

Zu beachten ist, daß Neubegründung und Übertragung des Erbbaurechts nach der Rechtsprechung des BFH (BStBl 68 II, 222) **grunderwerbsteuerpflichtig** sind, also die Vorlage einer Unbedenklichkeitsbescheinigung zum

Vollzuge erforderlich ist. Die Neubestellung des Erbbaurechtes wird außerdem von der Genehmigungspflicht nach § 19 Abs. 2 Nr. 1 BBauG erfaßt. Nach dem Grundstücksverkehrsgesetz hingegen bestehen keine Genehmigungspflichten (vgl. *Kuntze-Ertl-Herrmann-Eickmann,* § 9 RdNr. 26 mit weiteren Nachweisen).

III. Erbbaurecht und Grundstücksteilung

10 Ein Erbbaurecht kann als materiellrechtliche Belastung eines ganzen Grundstücks auch dann eingetragen werden, wenn sich die Ausübung des Erbbaurechtes **nur** auf einen **Teil des Grundstücks** beschränkt, so daß sich bspw. das Recht nur auf eines von mehreren auf dem belasteten Grundstück errichteten oder zu errichtenden Gebäuden bezieht (BayObLG DNotZ 1958, 409; *Ingenstau* ErbbauV § 1 RdNr. 26). Da das Erbbaurecht seiner Natur nach eine Dienstbarkeit ist, kann der nicht betroffene Teil des Grundstücks im Falle einer Teilung ohne Zustimmung des Erbbauberechtigten lastenfrei abgeschrieben werden, mit der Folge, daß das Erbbaurecht an dem Trennstück erlischt. Für die Enthaftung des nicht betroffenen Grundstücksteils gelten also nicht die Bestimmungen des § 877 BGB, da die Enthaftung des von der Ausübung des Erbbaurechts nicht betroffenen Grundstücksteils nicht als Änderung des Inhalts des Erbbaurechts angesehen wird. Hingegen ist die **Beschränkung** eines Erbbaurechtes auf einen **Teil** eines Gebäudes (bspw. Stockwerk) gem. § 1 Abs. 3 ErbbauV **unzulässig.** Ein Erbbaurecht kann jedoch an der Grundfläche eines vertikal abgeteilten Gebäudeabschnitts bestellt werden, wenn dieser abgetrennte Gebäudeteil nach der Verkehrsanschauung als selbständige Baulichkeit angesehen wird (BayObLG DNotZ 1958, 409). Auch wird die Entstehung des Erbbaurechts nicht dadurch gehindert, daß auf dem belasteten und einem benachbarten Grundstück ein einheitliches Gebäude errichtet wird (OLG Düsseldorf MittBayNot 1973, 280). So kann für einen **Überbau** ein Erbbaurecht bestellt werden, da es für § 1 Abs. 3 ErbbauV unerheblich ist, ob das auf dem mit dem Erbbaurecht belasteten Grundstück errichtete oder zu errichtende Bauwerk seinerseits nur einen unselbständigen Teil eines Gebäudes darstellt, das sich zum Teil auf ein benachbartes Grundstück erstreckt oder erstrecken soll (vgl. auch *Rothoeft* NJW 1974, 665; *Esser* NJW 1974, 921). Auch beim Überbau wird die Eigentumsgrenze jeweils von einer lotrecht auf der Grenzlinie gedachten Wand gebildet (BGHZ 27, 204 = NJW 1958, 1182). Dementsprechend steht der Bestellung einzelner Erbbaurechte an den betreffenden Grundstükken nichts im Wege, wenn auf **verschiedenen** Grundstücken ein **einheitliches**

Gebäude errichtet werden soll. Auch die Vorschriften über den Heimfall stehen der Zulässigkeit der Bestellung einzelner Erbbaurechte nicht im Wege. Allerdings würde ein (zulässiges) Gesamterbbaurecht die Heimfallregelung erleichtern (vgl. hierzu OLG Stuttgart NJW 1975, 786 = OLGZ 1975, 112 = MittBayNot 1975, 164).

Sofern öffentlich-rechtliche Teilungsverbote nicht entgegenstehen, hindert 11
auch ein Erbbaurecht nicht den Grundstückseigentümer daran, sein Grundstück zu teilen. Durch die **Teilung** des Grundstücks entsteht hinsichtlich des Erbbaurechtes eine Gesamtbelastung, ein **Gesamterbbaurecht** (vgl. hierzu grundlegend *Lutter* DNotZ 1960, 80 ff; *Riedel* DNotZ 1960, 375 ff; KGJ 51, 228; OLG Neustadt Rpfleger 1962, 241).

Der Eigentümer selbst bedarf zur Teilung des mit dem Erbbaurecht belasteten Grundstücks nicht der Zustimmung etwaiger **Belastungsgläubiger** (vgl. *Meikel-Imhof-Riedel* § 7 Bem 5). Damit entsteht durch die Teilung automatisch das Gesamterbbaurecht. Der Erbbauberechtigte seinerseits kann die Teilung des Erbbaurechts nur dann durchführen, wenn die Voraussetzungen nach § 1 Abs. 3 ErbbauV eingehalten sind:

Das Erbbaurecht ist vom **Erbbauberechtigten** nur dann teilbar, wenn es im 12
betreffenden Einzelfall zum Haben mehrerer Bauwerke berechtigt und die neuen Grenzen nicht durch ein errichtetes Gebäude verlaufen (vgl. § 11 ErbbauV; *Meikel-Imhof-Riedel* § 8 Bem 11 m. w. Nachw.).

Voraussetzung für die Teilung des Erbbaurechts ist außerdem, daß das belastete Grundstück selbst geteilt ist.

Die Teilung des Erbbaurechts bedarf außer der Bewilligung des Erbbauberechtigten in jedem Falle der **Zustimmung** des **Grundstückseigentümers** (Bewilligung) und der Erbbaugläubiger (h. M., BGH DNotZ 1974, 441; *Haegele* RdNr. 773; *Ingenstau* ErbbauV § 11 RdNr. 100; *Palandt* § 1 ErbbauVAnm 1a; *Staudinger* § 11 ErbbauV RdNr. 9). *Lutter* (DNotZ 1960, 80) vertritt die Gegenansicht mit der Begründung, die Teilung stelle deshalb keine Inhaltsänderung dar, weil Grundstücksbezeichnung und Grundstücksgröße nicht Inhalt des Erbbaurechts seien und daher bedürfe sie nicht der Bewilligung des Eigentümers. Dem ist mit der h. M. entgegenzuhalten, daß die durch die Teilung des Erbbaurechts sich notwendig ergebende Beschränkung der neuen Teilrechte auf einen realen Teil der Grundstücksfläche formal die Aufhebung des bisherigen Gesamterbbaurechtes bezüglich jedes einzelnen mit dem neuen (Teil-) Erbbaurecht belasteten Grundstücks zur Folge hat und damit die übrigen Teilstücke mit **neuen** Erbbaurechten belastet sind (BGH DNotZ 1974, 441).

Im übrigen ergeben sich durch die Teilung auch unterschiedliche Rechtsfolgen hinsichtlich der Verwaltung und des Heimfallanspruchs.

Wird einem mit einem Erbbaurecht belasteten Grundstück eine **Teilfläche** 13

(Zuflurstück) **zugeschrieben** (im Wege der Bestandteilszuschreibung nach § 890 Abs. 2 BGB), so ist zunächst der Bestandteilszuschreibungsantrag des Grundstückseigentümers erforderlich. Weiterhin ist dann das Erbbaurecht auf die zugemessene Fläche zu erstrecken. Die erforderlichen Erklärungen müssen vom Eigentümer und dem Erbbauberechtigten abgegeben werden, da sich durch die Erbbaurechtserstreckung der Inhalt des bisherigen Rechtes ändert. Es ist also eine entsprechende Einigung nach § 877 BGB erforderlich. Hinsichtlich des bereits eingetragenen Erbbauzinses greift hier die Wirkung der § 9 ErbbauV i. Verb. m. §§ 1107, 1131 BGB ein: Er erstreckt sich auf die zugemessene Teilfläche. Wenn und soweit für die zugemessene Teilfläche ein neuer Erbbauzins vereinbart wird, muß dieser selbständig zur Eintragung bewilligt und beantragt werden, und zwar an dem nunmehr neuen Grundstück. Eine **Zustimmung** der Drittberechtigten **(Gläubiger)** ist für diese Einigungserklärung nicht erforderlich, weil durch die Erbbaurechtserstreckung auf eine (nicht belastete) Teilfläche die Grundpfandrechtsgläubiger (hinsichtlich des Erbbaurechtes) in ihren Rechten nicht betroffen werden, sofern der Erhöhungsbetrag des Erbbauzinses im Range nach den bestehenden Belastungen zur Eintragung gelangen soll. Anderes gilt, wenn die neue Erbbauzinsreallast für den Erhöhungsbetrag Rang vor den bereits eingetragenen Grundpfandrechten erhalten soll (BayObLG DNotZ 1960, 548).

Hinsichtlich des **Vorkaufsrechts** des Eigentümers am Erbbaurecht ist keine ausdrückliche Erweiterung notwendig, wenn – was der Fall ist – Haupt- und Zuflurstück demselben Eigentümer gehören. Insoweit kann also das Grundbuchamt seitens des Erbbauberechtigten keine Erklärungen des Inhalts verlangen, daß auch die weiteren in Abt. II und III eingetragenen Belastungen auf das erweiterte Erbbaurecht erstreckt werden (OLG Neustadt Rpfleger 1963, 242).

§ 9 Subjektiv-dingliche Rechte

(1) Rechte, die dem jeweiligen Eigentümer eines Grundstücks zustehen, sind auf Antrag auch auf dem Blatte dieses Grundstücks zu vermerken. Antragsberechtigt ist der Eigentümer des Grundstücks sowie jeder, dessen Zustimmung nach § 876 Satz 2 des Bürgerlichen Gesetzbuchs zur Aufhebung des Rechtes erforderlich ist.

(2) Der Vermerk ist von Amts wegen zu berichtigen, wenn das Recht geändert oder aufgehoben wird.

(3) Die Eintragung des Vermerks (Absatz 1) ist auf dem Blatte des belasteten Grundstücks von Amts wegen ersichtlich zu machen.

I. Allgemeines

1 Subjektiv-dingliche Rechte werden gem. § 96 BGB als Bestandteile des herrschenden Grundstücks behandelt und folgen so grundsätzlich dem Schicksal des herrschenden Grundstücks. Auf dem Grundstück lastende **Hypotheken** erstrecken sich daher gem. § 1120 BGB auf die subjektiv-dinglichen Rechte. Wenn das subjektiv-dingliche Recht wesentlicher Bestandteil des Grundstücks ist (vgl. § 93 BGB), dann wird dies von der Verfügung über die Sache miterfaßt. § 9 GBO ermöglicht, daß die subjektiv – dinglichen Rechte auf dem Blatt des berechtigten Grundstücks vermerkt werden. Beispiele für subjektiv-dingliche Rechte sind:

A. Grunddienstbarkeiten 2

Nach § 1018 BGB kann ein Grundstück zugunsten des jeweiligen Eigentümers eines anderen Grundstücks dergestalt belastet werden, daß dem Eigentümer des anderen Grundstücks das Recht zur Benutzung des belasteten Grundstücks in einzelnen Beziehungen gestattet wird oder daß auf dem Grundstück gewisse Handlungen oder Rechtsausübungen nicht vorgenommen werden dürfen. Der Eigentümer wird also in einzelnen Beziehungen in der Benutzung der Sache oder in der Ausübung seiner Rechte zugunsten des jeweiligen Eigentümers eines anderen Grundstücks beschränkt. Als typische Beispiele seien genannt: Baubeschränkungen, Wegerechte, Immissionsverbote, Kanal- und sonstige Leitungsrechte. Grundsätzlich ist der schuldrechtliche (Verpflichtungs-) Vertrag über die Bestellung einer Grunddienstbarkeit formfrei. Eine Ausnahme besteht bei unentgeltlichem Rechtsgeschäft: Hier ist gem. § 518 BGB notarielle Beurkundung erforderlich. Die Bestellung des dinglichen Rechts, die Einigung nach § 873 BGB ist formfrei. Für die Eintragung im Grundbuch genügt entsprechend dem formellen Konsensprinzip (vgl. Einf RdNrn. 30 ff) die (einseitige) Bewilligung des Eigentümers des dienenden Grundstücks gem. § 19 in der Form des § 29 Abs. 1 GBO.

B. Vorkaufsrechte,

wenn sie zugunsten des jeweiligen Eigentümers eines anderen Grundstücks bestellt werden (§§ 1094 Abs. 2, 1103 Abs. 1 BGB);

C. Reallasten,

wenn sie zugunsten des jeweiligen Eigentümers eines anderen Grundstücks bestellt werden (§§ 1105, 1110 Abs. 2 BGB);

D. Überbau- und Notwegrenten,

sofern sie vertraglich festgestellt sind (§§ 913, 914, 917 BGB).

Zwar bedürfen die Überbau- und Notwegrente zu ihrer Entstehung nicht der Eintragung im Grundbuch, da sie kraft Gesetzes als Entschädigung für die Duldungspflicht und den Nutzungsverlust eintreten. Wenn jedoch die Höhe vertraglich mit dinglicher Wirkung festgestellt werden soll, dann ist die Eintragung notwendig, und zwar auf dem Blatt des mit der Rente belasteten Grundstücks.

E. der Erbbauzins gem. § 9 ErbbauV

Neben den bundesrechtlichen subjektiv-dinglichen Rechten bestehen aufgrund insbesondere der Vorbehalte im EGBGB weitere **landesrechtliche** subjektiv-dingliche Rechte wie bspw. in Bayern die Fischereirechte nach

Art. 10, 34 Fischereigesetz (vgl. *Reimann,* Die selbständigen Fischereirechte nach dem Bayer. Fischereigesetz, MittBayNot 1971, 4), Forstrechte, Weiderechte, Kellerrechte, Wasserbezugs- und Wasserkraftwerkrechte sowie Gemeinderechte.

3 Die Nutzungsrechte am Gemeindevermögen können privat- und öffentlich-rechtlicher Natur sein. Sie sind privatrechtlicher Natur, wenn sie sich auf einen Privatrechtstitel wie bspw. Pachtvertrag, Dienstbarkeit, Nießbrauch, Reallast gründen und von dem Verhältnis des Berechtigten zur Gemeinde unabhängig sind. Öffentlich-rechtlicher Natur sind Gemeindenutzungsrechte dann, wenn sie auf dem Gemeindeverband, auf den öffentlich-rechtlichen Beziehungen der Nutzungsberechtigten zur Gemeinde beruhen. Bei Fehlen sicherer Anhaltspunkte für die privatrechtliche Natur wird regelmäßig das Gemeinderecht öffentlich-rechtlicher Natur sein (BayObLG MittBayNot 1961, 10). Gemeinderechte öffentlich-rechtlicher Natur sind deshalb nicht eintragungsfähig, weil das Grundbuch dazu bestimmt ist, nur über die privatrechtlichen Verhältnisse eines Grundstücks Auskunft zu geben, nicht dagegen über öffentlich-rechtliche Verhältnisse. Eintragungsfähig sind daher nur Gemeinderechte, deren privatrechtliche Eigenschaft feststeht. Allerdings sind regelmäßig in Bayern bei Anlegung des Grundbuchs ungeachtet der Rechtsnatur die Gemeinderechte beim berechtigten Grundstück vorgetragen worden. Solange die öffentlich-rechtliche Natur nicht klar erwiesen ist, können diese Rechte weiterhin eingetragen bleiben. Die Grundbuchämter sind nicht verpflichtet, die bereits eingetragenen Gemeinderechte ohne besonderen Nachweis daraufhin zu prüfen, ob sie wirklich privatrechtlicher Natur und verneinendenfalls von amtswegen zu löschen sind (BayObLG MittBayNot 1961, 14; vgl. auch BayObLGZ 1970, 45 = MittBayNot 1970, 21).

II. Voraussetzung für die Eintragung

4 Voraussetzung für den Vermerk beim herrschenden Grundstück ist, daß das Recht selbst auf dem Blatt des belasteten Grundstücks eingetragen ist oder gleichzeitig mit dem Vermerk gem. § 9 GBO am herrschenden Grundstück am belasteten Grundstück eingetragen wird (BGH DNotZ 1964, 434). Eine **Ausnahme** von der gleichzeitigen oder vorgängigen Eintragung am belasteten Grundstück besteht für die subjektiv-dinglichen Rechte, die nach früherem Recht nur auf dem Blatt der berechtigten Grundstücke eingetragen waren, wie bspw. das voraufgeführte Gemeinderecht und das Fischereirecht zugunsten des jeweiligen Eigentümers eines Grundstückes. Dieses ist gem. § 9 Abs. 2 des bayer. Fischereigesetzes auch dann zu vermerken, wenn für das Gewässer selbst ein eigenes Blatt nicht angelegt ist.

Die Eintragung gem. § 9 GBO erfolgt nur auf Antrag. Antragsberechtigt ist nicht nur der Eigentümer des herrschenden Grundstücks, sondern auch jeder, dessen Zustimmung nach § 876 Satz 2 BGB zur Aufhebung des Rechts erforderlich ist, also jeder, für den ein dingliches Recht am herrschenden Grundstück eingetragen ist.

Der Vermerk erfolgt auf dem Blatt des herrschenden Grundstücks im Bestandsverzeichnis (in Spalte 1, 3 bis 6).

III. Wirkung des Vermerks

Der Vermerk hat zwar für die Entstehung, den Inhalt und die Aufhebung des 5
subjektiv-dinglichen Rechts selbst keine Bedeutung, da diese Änderungen alleine von den Eintragungen am belasteten Grundstück abhängen. Der Vermerk hat also nur **Verlautbarungscharakter,** so daß sich auch der öffentliche Glaube des Grundbuchs auf diesen Vermerk **nicht** erstreckt. Er bewirkt allerdings, daß zur Löschung des subjektiv-dinglichen Rechtes sowie zur Eintragung einer Inhalts- oder Rangänderung auch die Bewilligung derjenigen erforderlich ist, deren Zustimmung nach § 876 Satz 2 und §§ 877, 880 Abs. 2 BGB erforderlich ist (§ 21 GBO). Dies hat vor allem Bedeutung bei der Teilung des herrschenden oder belasteten Grundstückes und der hierdurch veranlaßten teilweisen Löschung des Rechts (vgl. *Meikel-Imhof-Riedel* § 9 Bem 20).

§ 10 Aufbewahrung von Urkunden

(1) Urkunden, auf die eine Eintragung sich gründet oder Bezug nimmt, hat das Grundbuchamt aufzubewahren. Eine solche Urkunde darf nur herausgegeben werden, wenn statt der Urkunde eine beglaubigte Abschrift bei dem Grundbuchamt bleibt.
(2) Der *Reichsminister der Justiz* kann anordnen, daß, wenn eine der im Absatz 1 bezeichneten Urkunden in anderen Akten des das Grundbuch führenden Amtsgerichts enthalten ist, statt einer beglaubigten Abschrift der Urkunde eine Verweisung auf die anderen Akten genügt.
(3) Ist über das einer Eintragungsbewilligung zugrunde liegende Rechtsgeschäft eine Urkunde errichtet, so können die Beteiligten die Urkunde oder eine beglaubigte Abschrift dem Grundbuchamt zur Aufbewahrung übergeben.

I. Gegenstand der Aufbewahrungspflicht

§ 10 GBO regelt die Aufbewahrungspflicht des Grundbuchamtes für die von den Beteiligten übergebenen Urkunden und bestimmt, inwieweit diese Urkunden durch beglaubigte Abschriften oder durch Hinweise auf andere Gerichtsakten ersetzt werden dürfen.

Gegenstand der Aufbewahrungspflicht sind im einzelnen:

1 *1. Urkunden, auf die eine Eintragung sich gründet:*

Dies sind alle Urkunden, die eine grundbuchrechtliche Erklärung enthalten wie bspw.

- der **Eintragungsantrag** (§ 13 GBO)
- die **Bewilligung** (§§ 19, 22 GBO),
- die sonstigen zur Eintragung gem. § 29 GBO erforderlichen Erklärungen,
- Urkunden, welche die für die Eintragung notwendigen Erklärungen ersetzen (bspw. das Behördenersuchen nach § 38 GBO oder das Urteil nach §§ 894 ff ZPO)
- Urkunden, durch welche die Unrichtigkeit des Grundbuchs nachgewiesen wird (bspw. Erbscheine, Testamente und Erbverträge)
- Legitimationsurkunden wie Vollmachten und Bestallungen.

Zu den Urkunden, auf die sich eine Eintragung gründet, gehören auch Schriftstücke, die keine eigene Erklärung enthalten, aber mit einer Erklärungsurkunde derart in Verbindung gebracht sind, daß sie als Teil dieser Urkunde erscheinen (vgl. *Horber* § 10 Erl. 2 a). Hierunter fallen **Karten** und **Zeichnungen,** in denen beispielsweise der Grundstücksteil bezeichnet ist, auf den sich die Ausübung der Dienstbarkeit beschränken soll (§ 1023 Satz 2 BGB), oder Aufteilungspläne gem. § 7 Abs. 4, § 32 Abs. 2 WEG.

Weiterhin zählen zu dieser Gruppe von aufzubewahrenden Urkunden der beglaubigte Auszug aus dem Liegenschaftskataster (Veränderungsnachweis) und die beglaubigte Karte (Flurkarte) gem. § 2 Abs. 3 a GBO, in denen der abzuschreibende Grundstücksteil verzeichnet ist (vgl. im einzelnen § 2 RdNr. 83).

2 *2. Urkunden, auf die eine Eintragung Bezug nimmt:*

Hierunter fallen bspw. Eintragungsbewilligungen (§ 874 BGB) oder bei Eintragung einer Vormerkung gem. § 885 BGB die einstweilige Verfügung, die die Bewilligung des Betroffenen ersetzt.

3 *3. Urkunden über das einer Eintragungsbewilligung zugrundeliegende schuldrechtliche Rechtsgeschäft:*

Unter diese Rechtsgeschäfte im Sinne des § 10 Abs. 3 GBO fallen Verträge und Verfügungen von Todes wegen, welche die Verpflichtung zur Abgabe einer Eintragungsbewilligung enthalten, beispielsweise Kaufverträge, Tauschverträge, Schuldurkunden und Hypotheken-Darlehensverträge sowie einschlägige Bestimmungen in Testamenten und Erbverträgen. Zur Frage der Aufbewahrungspflicht von Urkunden über Einigungserklärungen gem. § 873 BGB vgl. *Horber* § 10 Erl. 2 c; *Meikel-Imhof-Riedel* § 10 Bem 5.

II. Voraussetzung der Aufbewahrungspflicht, Verfahren

Die Aufbewahrungspflicht entsteht erst, wenn eine Eintragung erfolgt ist. 4
Dementsprechend sind bei Ablehnung eines Eintragungsantrags oder bei Zurücknahme eines Eintragungsantrags die eingereichten Urkunden dem Antragsteller bzw. dem Einreicher zurückzugeben. Erläßt das Grundbuchamt gem. § 18 GBO eine Zwischenverfügung, so werden die Akten dem Antragsteller nur insoweit zurückgereicht, als sie dieser zur Behebung der Hindernisse benötigt (*Meikel-Imhof-Riedel* § 10 Bem 9).

Während die Urkunden, auf die sich eine Eintragung gründet, oder auf die eine Eintragung Bezug nimmt, von Amts wegen aufzubewahren sind, erfolgt die Aufbewahrung hinsichtlich der unter Absatz 3 fallenden Urkunden nur auf formlosen Antrag eines der Beteiligten.

Die aufzubewahrenden Urkunden bzw. die beglaubigten Abschriften sind 5
bei dem Grundbuchamt, in dessen Grundbuch die Eintragung erfolgt, zu den Grundakten zu nehmen (§ 24 Abs. 1 GBVfg). Sofern Urkunden verschiedene Grundbuchblätter desselben Grundbuchamts betreffen, ist die Urkunde zu den Grundakten mit der ersten Ordnungsnummer nach § 20 Abs. 2 a GeschO zu nehmen; in den Grundakten bei den anderen Blättern ist auf diese Grundakten zu verweisen (§ 24 Abs. 2 GBVfg).

Die in § 10 Abs. 1 GBO aufgeführten Urkunden dürfen nur dann dem 6
Einreicher herausgegeben werden, wenn statt der Urkunde eine beglaubigte Abschrift bei den Grundakten bleibt. Urkunden gemäß § 10 Abs. 3 GBO können auf Antrag jederzeit zurückgegeben werden. Die Rückgabe der Urkunde erfolgt an denjenigen, der sie eingereicht hat.

§ 11 Eintragung durch gesetzlich ausgeschlossene Grundbuchbeamte

Eine Eintragung in das Grundbuch ist nicht aus dem Grunde unwirksam, weil ein Grundbuchbeamter sie bewirkt hat, der von der Mitwirkung bei der Eintragung kraft Gesetz ausgeschlossen ist.

Nehmen Grundbuchbeamte eine Eintragung im Grundbuch vor, obwohl sie 1
kraft Gesetzes (§ 6 Abs. 1 FGG, § 10 RpflG i. Verb. m. § 4 Abs. 1, 2 AVGBO) hiervon ausgeschlossen sind, so berührt dies nicht die Wirksamkeit der getätigten Eintragung. Die Regelung des § 11 GBO erfaßt jedoch nur Eintragungen, nicht jedoch andere Tätigkeiten wie bspw. Zwischenverfü-

gungen nach § 18 GBO oder Entgegennahme von Einträgen oder die Gewährung der Einsicht in das Grundbuch und die Grundakten.

§ 12 Grundbucheinsicht

(1) Die Einsicht des Grundbuchs ist jedem gestattet, der ein berechtigtes Interesse darlegt. Das gleiche gilt von Urkunden, auf die im Grundbuche zur Ergänzung einer Eintragung Bezug genommen ist, sowie von den noch nicht erledigten Eintragungsanträgen.

(2) Soweit die Einsicht des Grundbuchs, der im Absatz 1 bezeichneten Urkunden und der noch nicht erledigten Eintragungsanträge gestattet ist, kann eine Abschrift gefordert werden; die Abschrift ist auf Verlangen zu beglaubigen.

(3) Der *Reichsminister der Justiz* kann jedoch die Einsicht des Grundbuchs und der im Absatz 1 Satz 2 genannten Schriftstücke sowie die Erteilung von Abschriften auch darüber hinaus für zulässig erklären.

I. Einsicht in das Grundbuch

A. Das berechtigte Interesse

1 Öffentlicher Glaube des Grundbuchs bedeutet nicht zugleich Öffentlichkeit des Grundbuchs. Während Handels-, Genossenschafts-, Vereins- und Güterrechtsregister **jedem** zur Einsicht offenstehen, ist Voraussetzung für die Gewährung der Grundbucheinsicht ein berechtigtes, nicht aber ein rechtliches Interesse. Das Interesse braucht sich also nicht auf ein etwa bereits vorhandenes Recht oder ein Rechtsverhältnis beziehen. Es genügt jedes verständige, durch die Sachlage gerechtfertigte Interesse, also auch ein rein tatsächliches, beispielsweise auch wirtschaftliches Interesse (*Meikel-Imhof-Riedel* § 12 Bem 5 mit weiteren Nachweisen).

Andererseits ist die Einsicht zu verweigern, wenn sie lediglich aus Neugier oder zu unbefugten Zwecken erfolgt, also wenn nur igendein bloßes beliebiges Interesse vorliegt (OLG Stuttgart Rpfleger 1970, 92).

Auch ein öffentliches Interesse kann zur Grundbucheinsicht berechtigen. Jedoch muß derjenige, der die Grundbucheinsicht verlangt, darlegen, daß er befugt ist, das öffentliche Interesse wahrzunehmen (OLG Hamm NJW 1971, 899 = MDR 1971, 403).

2 Einsicht kann erlangt werden entweder bei dargelegtem berechtigten Interesse durch Antragstellung gem. § 12 GBO beim zuständigen Grundbuchamt oder durch Antrag bei der zuständigen Justizverwaltungsbehörde (zu Studienzwecken gem. § 35 GeschO).

B. Umfang des Einsichtsrechtes

Gegenstand des Rechtes auf Einsicht sind das **Grundbuch** und gem. § 46 GBVfg die **Grundakten.** Die Einsicht ist auch in solche Urkunden zu gestatten, auf die bei einer Eintragung Bezug genommen wird (§ 894 BGB), sowie in die noch nicht erledigten Eintragungsanträge (*Kuntze-Ertl-Herrmann-Eickmann* § 12 RdNr. 7). 3

Das Einsichtsrecht muß nicht persönlich durch den berechtigt Interessierten erfolgen. Es kann auch durch einen Bevollmächtigten ausgeübt werden (KG JW 1936, 2342), wobei das Interesse des Vertretenen maßgebend ist.

Inländische öffentliche **Behörden** sind befugt das Grundbuch einzusehen, 4
ohne daß es der Darlegung eines berechtigten Interesses bedarf (§ 43 GBVfg; vgl. auch Art. 35 GG, wonach alle Behörden des Bundes und der Länder verpflichtet sind, einander gegenseitig Amtshilfe und Rechtshilfe zu leisten. Hierunter fallen die Bundes-, Landes- und Kommunalbehörden). Nach LG Ellwangen (BWNotZ 1970, 91) ist unter Behörden im Sinne des § 43 GBVfg auch die öffentlich-rechtliche Sparkasse zu verstehen (vgl. auch BGH NJW 1963, 1630). Erforderlich ist jedoch, daß sich der Einsichtnehmende als Beauftragter der Behörde ausweisen kann. **Notare** sowie **Anwälte,** die im nachgewiesenen Auftrag eines Notars das Grundbuch einsehen wollen, fallen ebenfalls unter das Privileg des § 43 GBVfg.

Die Einsicht hat während der Dienststunden in den Diensträumen des 5
Grundbuchamts zu erfolgen, und zwar nur im Beisein eines Grundbuchbeamten des Grundbuchamts (§§ 12 Abs. 5, 16 GeschO). Die Herausgabe von Grundbüchern oder die Versendung zwecks Einsichtnahme ist nicht statthaft. Hingegen können Grundakten gem. § 17 GeschO an Behörden versandt werden.

II. Erteilung von Abschriften und Auskünften

A. Abschriften

Derjenige, dem das Recht auf Grundbucheinsicht gem. § 12 GBO zusteht, 6
kann auch eine Abschrift verlangen, wobei der **Umfang** der Abschrift durch den Rahmen seines berechtigten Interesses bestimmt wird. Dies gilt für Abschriften aus dem Grundbuch und den Grundakten.

Auf Verlangen sind die Abschriften vom Urkundsbeamten der Geschäftsstelle zu beglaubigen (§§ 44, 46 GBVfg). Dieser ist auch zuständig für die Entscheidung, ob Abschriften aus dem Grundbuch zu erteilen sind.

Bei der **Beglaubigung** von Abschriften aus den Grundakten ist zu unter- 7 scheiden, ob es sich um Teile der Grundakten handelt, die unter § 12 Abs. 1 Satz 2 GBO fallen (also um Schriftstücke auf die im Grundbuch zur Ergänzung einer Eintragung Bezug genommen wird oder um noch nicht erledigte Eintragungsanträge) oder um die übrigen, von § 46 GBVfg erfaßten Teile der Grundakten. Denn für die von § 12 Abs. 1 Satz 2 GBO erfaßten Abschriften richten sich Form und Zuständigkeit zur Beglaubigung nach Landesrecht (*Meikel-Imhof-Riedel* § 12 Bem 37). Meist ist auch hier durch Geschäftsstellenverordnungen die Zuständigkeit dem Urkundsbeamten übertragen (vgl. bspw. die GeschäftsstellenV in Bayern, GVBl 1970, S. 44).

B. Auskünfte

8 Das Grundbuchamt ist gegenüber Beteiligten zur schriftlichen oder mündlichen Auskunft nur aufgrund besonderer gesetzlicher Vorschriften verpflichtet (§ 45 Abs. 3 GBVfg), also bspw. gem. §§ 17 Abs. 2, 19 Abs. 2, 146 ZVG (*Kuntze-Ertl-Herrmann-Eickmann* § 45 GBVfg RdNr. 2; *Meikel-Imhof-Riedel* § 12 Bem 41).

Behörden steht ein allgemeines Auskunftsrecht aufgrund der Verpflichtung zur Rechts- und Amtshilfe zu (Art. 35 GG; vgl. KG KGJ 23, 213; BayObLGZ 67, 351).

Zur Erteilung von Auskünften ist regelmäßig der Urkundsbeamte der Geschäftsstelle zuständig. Verboten hingegen ist die Erteilung eines Grundbuchaufschlusses in Form eines gekürzten Auszuges aus dem Grundbuchinhalt (§ 45 Abs. 3 Satz 2 GBVfg).

III. Rechtsmittel, Kosten

9 Wird einem Antragsteller die Grundbucheinsicht oder die Erteilung von Abschriften verweigert, so kann dieser den Grundbuchrichter anrufen (§ 4 Abs. 4 Buchst. b AVGBO, § 4 Abs. 2 Nr. 3 RpflG). Gegen dessen Entscheidung ist die Beschwerde gem. §§ 71 ff GBO statthaft. Beschwerdeberechtigt ist nur der Antragsteller.

10 Der Eigentümer kann die Entscheidung, daß Einsicht bewilligt wird, nur solange mit Anrufung des Grundbuchrichters oder Beschwerde angreifen, solange die Einsicht noch nicht durchgeführt worden ist. Nach Einsicht steht dem Eigentümer nur der Rechtsbehelf der Dienstaufsichtsbeschwerde zu (vgl. hierzu *Kuntze-Ertl-Herrmann-Eickmann* § 12 RdNr. 12).

11 Während die Grundbucheinsicht gem. § 74 KostO gebührenfrei ist, werden für die einfachen Abschriften aus dem Grundbuch und den Grundakten

Schreibgebühren nach § 136 KostO und für die Beglaubigung der Abschriften aus dem Grundbuch zusätzlich die Beglaubigungsgebühren nach § 73 KostO, für Beglaubigung von Abschriften aus den Grundakten Gebühren nach § 55 KostO erhoben.

IV. Einsicht in das Liegenschaftskataster, Abschriften

Als öffentliches Register der Grundstücke sind die Karten und Bücher des 12
Liegenschaftskatasters dazu bestimmt, der Allgemeinheit zu dienen. Daher muß Einsicht gewährt und Auskunft erteilt werden (Art. 11 Abs. 1 und 2 VermKatG). Es muß jedoch auch verhindert werden können, daß die Katasterbehörde mutwillig in Anspruch genommen wird und daß das Kataster aus Neugier oder zu Zwecken, die keine Förderung verdienen, eingesehen wird. Die Benutzung des Katasters ist auf Personen beschränkt, die ein berechtigtes Interesse darlegen (amtliche Begründung zu Art. 11 Abs. 1 VermKatG). Die Einsicht darf nicht gestattet werden, wenn Interessen des öffentlichen Wohls, insbesondere der Landesverteidigung, entgegenstehen.

Die Vorschriften über die Einsicht in das Liegenschaftskataster sind in den 13
Katastergesetzen enthalten und dem § 12 GBO nachgebildet. Somit kann auch die zu § 12 GBO entwickelte Rechtsprechung weitgehend auf das Liegenschaftskataster angewandt werden. Sie hat den Begriff *„Darlegen eines berechtigten Interesses"* umrissen als Vorbringen von Tatsachen in der Weise, daß die Behörde den überzeugenden Anhalt für die Richtigkeit der Darstellung des Antragstellers erlangt (KGJ 20, 174; BayObLG 28, 309). Die Glaubhaftmachung oder der Nachweis des Interesses kann verlangt werden (amtliche Begründung zu Art. 8 Abs. 4 VermKatG). Das Informationsbedürfnis der Presse und der politischen Parteien werden regelmäßig nicht über das Schutzbedürfnis der Individualsphäre der im Grundbuch eingetragenen Rechtsinhaber gestellt werden können.

Unter denselben Voraussetzungen, unter denen Einsicht gewährt wird, 14
werden auch Auszüge (Abschriften) aus dem Liegenschaftskataster erstellt. Während die Einsicht kostenfrei ist, werden für Abschriften Verwaltungsgebühren erhoben. Bei der Abgabe von Katasterkarten ohne Zurichtung oder Beglaubigung wird in Bayern ein privatrechtliches Entgelt verrechnet.

Die Koordinaten und Festlegungsmaße von Grenzpunkten werden in 15
Bayern und in den meisten anderen Ländern nur an Personen und Stellen abgegeben, die zu Katastervermessungen befähigt und befugt sind. Durch diese Einschränkung soll verhindert werden, daß eine unsachgemäße Verwertung der Zahlenunterlagen für Grenzpunkte zu unrichtigen Schlüssen und

zu Irrtümern führen. Für besondere Fälle können Ausnahmen bewilligt werden (Art. 11 Abs. 3 VermKatG). Den Grundeigentümern werden in Bayern Spannmaße der Grenzen auf Dezimeter gerundet gegen Entgelt mitgeteilt.

16 Die Erstellung und Vervielfältigung von Abschriften der Katasterbücher und von Auszügen aus den Katasterkarten ist den das Kataster führenden Behörden vorbehalten. Diese Vorschrift soll gewährleisten, daß die Abschriften und Auszüge stets dem Stand des Katasters entsprechen. Außerdem kann der Staat nicht zulassen, daß andere Stellen gegen Entgelt Katasterunterlagen vervielfältigen und daß dem Staat Einnahmen entgehen, die einen teilweisen Ausgleich der hohen Aufwendungen für das Liegenschaftskataster darstellen. Behörden dürfen sich von Abschriften (Kopien, Auszügen usw.) Ablichtungen (Kopien) für den eigenen Gebrauch anfertigen.

Zweiter Abschnitt
Eintragungen in das Grundbuch

Vorbemerkungen

I. Übersicht, Geltungsbereich

1 Der 2. Abschnitt der GBO umfaßt die Bestimmungen über das Antragsverfahren, über die Vornahme der Eintragungen in das Grundbuch und über die Amtseintragungen und bildet so das Kernstück der Grundbuchordnung.

Die formellen Voraussetzungen der Eintragungen werden in den §§ 13–43 GBO geregelt. Hierbei sind von besonderer Bedeutung die Bestimmungen über den Antrag (§§ 13–18 GBO), die Bewilligung (§§ 19–26 GBO) und die Zustimmung (§§ 22 Abs. 2, 27 GBO).

Die Art und Weise der Eintragung sowie der Inhalt der Eintragung wird in §§ 44–52 GBO geregelt. Ergänzend hierzu sind die Bestimmungen der Grundbuchverfügung heranzuziehen.

Mit den Paragraphen über die Berichtigung unrichtiger oder unzulässiger Eintragungen, § 53 GBO, und über die Eintragungsfähigkeit von öffentlichen Lasten, § 54 GBO, sowie der Bekanntmachung von Eintragungen, § 55 GBO, endet der 2. Abschnitt der GBO.

Der Geltungsbereich des zweiten Abschnittes erfaßt alle Eintragungen, die sich auf Rechtsverhältnisse beziehen, also nicht solche rein tatsächlicher Art (*Horber* Übers. 2 vor § 13) und solche, die nur den Charakter eines Hinweises haben.

II. Allgemeine Eintragungsvoraussetzungen

2 Voraussetzung der Eintragung ist in jedem Falle, daß das in das Grundbuch einzutragende Recht nach dem materiellen oder formellen Grundbuchrecht hierzu geeignet ist (Grundbuchfähigkeit). **Eintragungsfähigkeit** ist immer dann gegeben, wenn die Eintragung selbst durch eine Rechtsnorm entweder vorgeschrieben oder zugelassen ist, wobei die Zulassung ausdrücklich oder auch stillschweigend geschehen kann, insbesondere dadurch, daß das materielle Recht an die Eintragung bestimmte Rechtsfolgen knüpft (*Meikel-Imhof-Riedel* § 13 Vorbem 14). Da es keine anderen als die vom Gesetz zugelassenen dinglichen Rechte gibt, kann auch nicht zufolge der Vertragsfreiheit durch Parteivereinbarung ein anderes Recht durch eine Eintragung im Grundbuch verdinglicht werden.

Über den Grundsatz, daß nur die gesetzlich zugelassenen oder vorgeschriebenen Eintragungen möglich sind, hinaus, sind gewisse dingliche Rechte durch besondere gesetzliche Normen von der Eintragung ausgeschlossen.

A. Eintragungsfähige Rechte sind insbesondere

3 1. nach Bundesrecht:
Rechte am Grundstück:
Eigentum, Miteigentum, Erbbaurecht, Grunddienstbarkeit, beschränkt persönliche Dienstbarkeit, Nießbrauch, dingliches Vorkaufsrecht, Reallasten, Hypotheken, Grund- und Rentenschulden, Heimstättenvermerk, Wiederkaufsrecht im Sinne des Reichssiedlungsgesetzes, Begründung von Wohnungseigentum;
Rechte an Grundstücksrechten:
Nießbrauch, Pfandrecht an im Grundbuch eingetragenen Rechten, soweit das zu belastende Recht selbst übertragbar ist (§§ 1069 Abs. 2, 1274 Abs. 2 BGB);
Vormerkungen und Widersprüche
Verfügungsbeschränkungen, wenn sie auf gesetzlichen Bestimmungen beruhen (§§ 6, 113 KO, §§ 1984, 2211 BGB) oder von einem Gericht oder einer Behörde innerhalb ihrer Zuständigkeit angeordnet sind (§ 1006 BGB, § 113 KO);

2. nach Landesrecht:
Bergwerkseigentum (Art. 67 EGBGB), Fischereirechte, Realgewerbeberechtigungen (siehe §§ 3, 4 RdNr. 2) und Nutzungsrechte (vgl. Art. 17 Abs. 2 bayAGGBO), selbständige Gerechtigkeiten (bspw. Kohleabbaugerechtigkeiten, Art. 38 § 5 Preuß AGBGB, Art. 22, 27 Abs. 1 PreußAGGBO).

B. Nichteintragungsfähige Rechte

4 Kraft **Gesetzes** sind folgende dingliche Rechte nicht eintragungsfähig:

Recht auf **Überbau** oder **Notwegrente** sowie Eintragung der gesetzlichen Duldungspflicht nach §§ 912, 917 Abs. 1 BGB (es sei denn, daß die Duldungspflicht als Grunddienstbarkeit eingetragen wird), sonstige Befugnisse und Beschränkungen aus dem gesetzlichen Nachbarrecht (§§ 906–924 BGB), Fenster- und Lichtrecht, Traufrecht (siehe § 22 RdNrn. 48 ff; *Meisner-Ring* § 24),

persönliche Rechte und **schuldrechtliche** Ansprüche wie Miete oder Pacht, Wiederkaufsrecht, das schuldrechtliche Vorkaufsrecht, Ankaufsrecht, auch bspw. die Bezugsverpflichtungen (soweit nicht anders rechtlich die Eintragung einer Sicherungshypothek zugelassen ist, vgl. Art. 14 bayAGBGB),

Rechte, die dem öffentlichen Glauben des Grundbuchs nicht unterliegen, z. B. **öffentliche Lasten,** absolute Verfügungsbeschränkungen und solche, die sich ohne weiteres aus dem Gesetz ergeben:

Der aus einem **Vorkaufsrecht** nach BBauG sich ergebende Anspruch der Gemeinde auf Übereignung eines Grundstücks wird nach Mitteilung des Kaufvertrags auf Ersuchen der Gemeinde gem. § 24 Abs. 4 Satz 3 BBauG durch eine Vormerkung im Grundbuch gesichert.

Der Begriff der öffentlichen Last (§ 54 GBO) ist nicht scharf umgrenzt. Ob eine öffentliche Last vorliegt oder nicht, ergibt sich von Fall zu Fall aus dem Bundes- oder Landesrecht (vgl. § 54 RdNr. 1).

Verfügungsbeschränkungen bedeuten den Entzug oder die Beschränkung der Verfügungsbefugnis des Rechtsinhabers, ohne daß sie einem anderen Berechtigten übertragen wäre. Wenn sie gegen jedermann wirken, bezeichnet man sie als absolute Verfügungsbeschränkungen, die deshalb regelmäßig nicht eintragungsfähig sind, weil gutgläubiger Erwerb ausgeschlossen ist (BayObLG 21, 300). Eine Verfügung, die gegen eine absolute Verfügungsbeschränkung verstößt, ist gem. § 134 BGB nichtig. 5

Absolute Verfügungsbeschränkungen sind bspw. die Beschränkungen nach dem Devisenrecht (und Außenwirtschaftsgesetz), die Vermögensbeschlagnahme und Einziehung nach dem Strafgesetzbuch, im Zivilrecht die nachbarrechtlichen Bestimmungen nach §§ 906 ff BGB oder die eherechtliche Norm des § 1365 BGB.

§ 13 Antrag

(1) Eine Eintragung soll, soweit nicht das Gesetz ein anderes vorschreibt, nur auf Antrag erfolgen. Der Zeitpunkt, in welchem ein Antrag bei dem Grundbuchamt eingeht, soll auf dem Antrage genau vermerkt werden. Der Antrag ist bei dem Grundbuchamt eingegangen, wenn er einem zur Entgegennahme zuständigen Beamten vorgelegt ist. Wird er zur Niederschrift eines solchen Beamten gestellt, so ist er mit Abschluß der Niederschrift eingegangen.

(2) Antragsberechtigt ist jeder, dessen Recht von der Eintragung betroffen wird oder zu dessen Gunsten die Eintragung erfolgen soll.

I. Der Antragsgrundsatz

§ 13 GBO bestimmt eine Hauptregel im Grundbuchrecht: Eintragungen sollen grundsätzlich nur auf Antrag, nicht aber von Amts wegen erfolgen (Antragsgrundsatz, vgl. Einf RdNrn. 37 ff). Die gesetzgeberische Motivation für diese Regelung war, daß der Erwerb und Verlust dinglicher Rechte im 1 freien Belieben der Beteiligten stehen soll, daß ihnen deshalb die Eintragung nicht aufgedrängt werden darf, sondern vom Beteiligten selbst begehrt werden muß (vgl. *Meikel-Imhof-Riedel* § 13 Bem 2).

Die notwendige Konsequenz des Eintragungsgrundsatzes (vgl. Einf RdNrn. 32 ff) ist, daß vom Grundbuchamt sachlich und inhaltlich nichts anderes eingetragen werden darf als das, was von den Beteiligten bewilligt und beantragt ist. Das Grundbuchamt ist also bei der Erledigung an den Umfang des gestellten Antrages gebunden, nicht jedoch an Vorschläge des Antragstellers für die Fassung der Eintragung (*Kuntze-Ertl-Herrmann-Eickmann* § 13 RdNr. 6).

Das behördliche Eintragungsersuchen gem. § 38 GBO steht dem Antrag eines Beteiligten gleich.

2 **Ausnahmen vom Antragsgrundsatz,** also Fälle, in denen der Grundbuchbeamte von Amts wegen tätig zu werden hat, werden in der Grundbuchordnung vereinzelt aufgeführt, bspw. das Berichtigungszwangsverfahren nach §§ 82, 83 GBO, die Löschung gegenstandsloser Eintragungen gemäß §§ 84 ff GBO oder das Tätigwerden bei Erteilung von Hypotheken-, Grund- und Rentenschuldbriefen.

Der Antragsgrundsatz gilt weiter nicht beim Anlegungsverfahren (§§ 7 ff AusfV) und bei Eintragungen tatsächlicher Art wie Berichtigung der Eigenschaftsangaben eines Grundstückes (Bauplatz, Hofraum, Gartenland) oder der Schreibweise des Namens von Berechtigten (*Kuntze-Ertl-Herrmann-Eickmann* § 13 RdNr. 3).

Außer den im Gesetz vorgeschriebenen Fällen wird das Grundbuchamt von Amts wegen insbesondere tätig zur Erhaltung der vollen Übereinstimmung des Grundbuchs (Bezeichnung und Beschreibung des Grundstücks im Bestandsverzeichnis) mit dem amtlichen Grundstücksverzeichnis nach § 2 Abs. 2 GBO (Liegenschaftskataster, vgl. § 2 RdNrn. 34 ff).

3 Aus dem Antragsgrundsatz folgt, daß der Antragsteller alle für die Eintragung notwendigen Unterlagen beizubringen hat (BayObLGZ 1971, 257 = Rpfleger 1971, 429). Das Grundbuchamt selbst hat im Rahmen des Geltungsbereichs des Antragsprinzips weder das Recht noch die Pflicht zu weiteren Ermittlungen (vgl. *Kuntze-Ertl-Herrmann-Eickmann* § 13 RdNr. 8 m. w. Nachw.). Soweit die Unterlagen unvollständig sind, besteht für den Rechtspfleger die Möglichkeit, fehlende Unterlagen beibringen zu lassen oder Zweifel beseitigen zu lassen.

4 Der Antrag ist seiner Rechtsnatur nach im Gegensatz zur Eintragungsbewilligung nach § 19 GBO **keine rechtsgeschäftliche Willenserklärung** (vgl. *Meikel-Imhof-Riedel* § 13 Bem 9) und stellt auch kein materiellrechtliches Erfordernis für eine Rechtsänderung dar. Mit dem Antrag wird lediglich bezweckt, daß das Grundbuchamt eine Eintragung vornimmt. So stellt sich

der Antrag als reine **prozessuale** Erklärung dar, die erst mit dem Eingang beim Grundbuchamt wirksam wird. Wirksamkeitsvoraussetzung für den Antrag ist weiterhin, daß der Antragsteller rechts- und geschäftsfähig sein muß (§§ 104 ff BGB). Allerdings kann auch ein Minderjähriger, wenn er Begünstigter ist, den Antrag dann selbst stellen, wenn dieser ihm gem. § 107 BGB lediglich einen rechtlichen Vorteil bringt (so zutreffend *Kuntze-Ertl-Herrmann-Eickmann* § 13 RdNr. 23; *Meikel-Imhof-Riedel* § 13 Bem 9). Da der Antrag nur eine einseitige Handlung ist, findet § 181 BGB (Verbot des Selbstkontrahierens) keine Anwendung.

Der Antrag selbst kann bis zur Vollendung der Eintragung jederzeit zurückgenommen werden, auch wenn der Antrag „unwiderruflich" gestellt worden ist (*Haegele,* Rpfleger 1957, 293). Jedoch ist eine Anfechtung des Antrags nicht zulässig. Das Antragsrecht kann nicht verwirkt werden. 5

II. Form

Der **reine Antrag** als an das Grundbuchamt gerichtetes Begehren, eine Eintragung vorzunehmen, unterliegt keinen bestimmten Formvorschriften. Er kann schriftlich oder mündlich gestellt werden. Wir er jedoch **mündlich** gestellt, so genügt dies nur, wenn über ihn eine Niederschrift aufgenommen wird. Zur Entgegennahme dieser Niederschrift sind der Urkundsbeamte der Geschäftsstelle (§ 11 FGG), der Grundbuchrichter und der Rechtspfleger befugt. Das Erfordernis der Schriftlichkeit ergibt sich aus § 13 Abs. 1 Satz 2 GBO. Zu beachten ist, daß die Form des § 29 GBO dann auch bei Anträgen eingehalten werden muß, wenn durch den Antrag die Eintragungsbewilligung ersetzt wird (der sog. gemischte Antrag). 6

III. Inhalt des Antrags

Zu unterscheiden ist zwischen dem **notwendigen** und dem **erlaubten Inhalt.** Notwendiger Inhalt ist, daß aus dem Antrag erkannt werden kann, wer die Person des Antragstellers ist und welchen Inhalt die begehrte Eintragung haben soll. Hinsichtlich des Inhalts kann auf eine Eintragungsbewilligung Bezug genommen werden. Allerdings müssen sich Antrag und Eintragungsbewilligung inhaltlich decken, der Antrag darf also weder über die Bewilligung hinausgehen, noch darf der Antrag hinter der Bewilligung zurückbleiben, sofern nicht die Bewilligung dieses Zurückbleiben ausdrücklich oder stillschweigend gestattet (BayObLG 1955, 53 = DNotZ 1956, 206). 7

Bezieht sich der Antrag auf eine andere Urkunde als die Eintragungsbewilligung, bspw. auf ein Urteil oder einen Erbschein, so muß der Antrag dem § 28 GBO entsprechen und inhaltlich mit der anderen Eintragungsunterlage übereinstimmen. Neben diesem notwendigen Inhalt des Antrages sind zusätzlich einige Vorbehalte und Bestimmungen des Antragstellers erlaubt, wie bspw. die Bestimmungen über das Rangverhältnis, Vorbehalte nach § 16 Abs. 2 GBO oder von der Regel des § 60 Abs. 1 GBO abweichende Bestimmungen über die Person des Briefempfängers (vgl. hierzu im einzelnen *Meikel-Imhof-Riedel* § 13 Bem 17; *Horber* § 13 Erl. 4 b).

IV. Wirksamwerden des Antrags, Eingangsvermerk

8 Gemäß § 13 Abs. 1 Satz 3 GBO ist der Eintragungsantrag dann beim Grundbuchamt eingegangen, wenn er dem zuständigen Beamten vorgelegt ist. **Zuständig** sind nach § 1 Abs. 1 AVGBO lediglich der Rechtspfleger oder der Grundbuchrichter, soweit der Rechtspfleger selbst nicht zuständig ist (§ 3 Nr. 1 Buchst. h RpflG). Weiterhin sind zuständig die vom Behördenvorstand für das ganze Grundbuchamt oder einzelne Abteilungen bestellten Beamten der Geschäftsstelle (der sog. Einlaufbeamte). Den Rechtspflegern, Grundbuchrichtern und Einlaufbeamten stehen die im Wege der Geschäftsverteilung bestimmten Vertreter gleich.

Zufolge der Änderung des § 29 GBO durch § 57 Abs. 7 BeurkG ist die Möglichkeit, die zur Eintragung erforderlichen Erklärungen vor dem Grundbuchamt zur **Niederschrift** des Grundbuchrichters bzw. Rechtspflegers abzugeben, beseitigt. Die Möglichkeit, reine Anträge im Wege der Niederschrift beim Gericht zu stellen, ist hiervon jedoch unberührt geblieben (vgl. § 30 RdNr. 2). In jedem Falle ist ein zur Niederschrift erklärter reiner Antrag mit Abschluß der Niederschrift dann eingegangen, wenn der aufnehmende Beamte gleichzeitig zur Entgegennahme der Niederschrift zuständig ist (§ 13 Abs. 1 Satz 4 GBO).

9 Wird ein Antrag bei einem unzuständigen Grundbuchamt eingereicht, so sind gem. § 8 Abs. 2 Aktenordnung die Schriftstücke bei gleichzeitiger Benachrichtigung der Beteiligten unmittelbar an das zuständige Grundbuchamt weiterzuleiten. Eingang im Sinne des § 13 GBO liegt hier erst dann vor, wenn der Antrag beim zuständigen Beamten des zuständigen Gerichtes eingetroffen ist.

10 Der **Zeitpunkt** des Einganges beim Grundbuchamt wird auf dem Antrag genau vermerkt (§ 13 Abs. 1 Satz 2 GBO). Der Eingangsvermerk ist im Hinblick auf die Regelung des § 17 GBO über die Erledigung mehrerer

Anträge und hinsichtlich der Bedeutung des Rangverhältnisses (§ 45 GBO) von besonderer Bedeutung. Rechtlich stellt der Eintragungsvermerk eine öffentliche Urkunde im Sinne des § 418 ZPO dar.

V. Antragsberechtigung

Antragsberechtigt sind bei rechtsändernden Eintragungen nur die Beteiligten (Abs. 2), zwischen denen sich die Rechtsänderung durch die Eintragung unmittelbar vollzieht, also sowohl der „verlierende" wie der „gewinnende" Teil.

Derjenige, dessen Recht von der Eintragung unmittelbar betroffen wird, ist 11
der **„verlierende"** Teil (Passivbeteiligter), bspw. der bisherige Eigentümer des Grundstücks, der es verkauft, oder der Eigentümer bei Belastung eines Grundstücks oder Änderung der Belastung. Antragsberechtigt ist nur der **wahre** Berechtigte, also dann, wenn das Grundbuch falsch ist, nicht der Bucheigentümer, sondern der wirkliche Eigentümer. Im Falle der Grundbuchberichtigung nach § 22 GBO hingegen kann der Buchberechtigte und der wahre Berechtigte betroffen sein (*Güthe* GBO § 13 Bem 41).

Der **„gewinnende"** Teil, auch Aktivbeteiligter genannt, ist diejenige Per- 12
son, zu deren unmittelbaren Gunsten die Eintragung erfolgt, bspw. der Erwerber eines Grundstücks oder der Eigentümer eines Grundstücks, auf dem ein Recht lastet, das aufgehoben werden soll, oder der Grundpfandrechtsgläubiger oder diejenigen, an die ein schon bestehendes Grundpfandrecht abgetreten werden soll.

Zu beachten ist die Erweiterung der Antragsberechtigung gem. § 14 GBO (vgl. dort). Sind mehrere unmittelbar betroffen oder unmittelbar begünstigt, so ist jede dieser Personen selbständig antragsberechtigt.

Bei den nicht im Grundbuch eingetragenen buchungsfreien Grundstücken kann außer dem Eigentümer auch jeder, dem ein eintragungsfähiges Recht an dem Grundstück zusteht (z. B. eine Grunddienstbarkeit), die Eintragung des Grundstücks verlangen, da die Eintragung des Rechts die Eintragung des Grundstücks zur Voraussetzung hat (Art. 44 bay ÜGBGB, Art. 187 Abs. 1 Satz 1 EGBGB). So kann beispielsweise der Eigentümer eines Grundstücks, mit dem ein Fischereirecht verbunden ist, die Eintragung des noch nicht gebuchten Gewässers beantragen.

Die Antragsberechtigung muß nicht nur z.Zt. der Antragstellung, sondern auch im **Zeitpunkt der Vollendung** der Eintragung bestehen. Andernfalls ist der Antrag zurückzuweisen. Die Antragsberechtigung ist in der Form des § 29 Abs. 1 Satz 2 GBO nachzuweisen.

VI. Vertretung

13 Bei Geschäftsunfähigkeit des Antragsberechtigten (§§ 104 ff BGB) kann der Antrag nur durch den gesetzlichen Vertreter (Eltern) gestellt werden (zu § 104 BGB vgl. RdNr. 4).

Der Eintragungsantrag kann auch durch sonstige Vertreter, deren Vertretungsbefugnis auf rechtsgeschäftlich erteilter Vollmacht beruht, gestellt werden. Die rechtsgeschäftliche Vollmacht zur Antragstellung bedarf dann der Form des § 29 GBO, wenn durch den Antrag eine zur Eintragung erforderliche Erklärung ersetzt werden soll (§ 30 GBO). Hingegen bedarf die Vollmacht zur Rücknahme eines Eintragungsantrages immer der Form des § 29 GBO (*Meikel-Imhof-Riedel* § 13 Bem 49). Die Antragsermächtigung des Notars richtet sich nach § 15 GBO (vgl. dort).

§ 14 Erweiterung des Antragsrechts

Die Berichtigung des Grundbuchs durch Eintragung eines Berechtigten darf auch von demjenigen beantragt werden, welcher auf Grund eines gegen den Berechtigten vollstreckbaren Titels eine Eintragung in das Grundbuch verlangen kann, sofern die Zulässigkeit dieser Eintragung von der vorgängigen Berichtigung des Grundbuchs abhängt.

1 Da § 39 GBO die Vornahme einer Eintragung von der Voreintragung des Betroffenen abhängig macht, erweitert § 14 GBO die Antragsberechtigung, indem ausnahmsweise auch dem nur **mittelbar** Beteiligten ein Antragsrecht gewährt wird, weil andernfalls ein nichteingetragener Berechtigter den Zugriff im Wege der Zwangsversteigerung auf das ihm zustehende dingliche Recht dadurch vereiteln oder verzögern könnte, daß er keinen Antrag auf Grundbuchberichtigung stellt (*Horber* § 14 Erl. 1).

2 Voraussetzung für das Antragsrecht nach § 14 GBO ist, daß der Antragsteller einen vollstreckbaren Titel (insbes. nach §§ 704, 794, 801 ZPO) gegen den Berechtigten hat, aufgrund dessen eine Eintragung im Grundbuch verlangt werden kann, und daß das Grundbuch deshalb unrichtig ist, weil der Berechtigte nicht eingetragen ist. Schließlich ist weitere Voraussetzung des Antragsrechts, daß die Zulässigkeit der beantragten Eintragung von der vorgängigen Berichtigung des Grundbuchs abhängig ist.

Das Antragsrecht nach § 14 GBO umfaßt nur die Eintragung des Berechtigten, also lediglich die **Grundbuchberichtigung**. Weitergehende Anträge, wie bspw. aufgrund eines vollstreckbaren Titels, werden nach § 13 Abs. 2 GBO beurteilt.

Für die Eintragungsersuchen der **Behörde** nach § 38 GBO gilt § 14 GBO entsprechend (KG HRR 1937 Nr. 1236 = JW 1937, 2603 = DNotZ 1938, 118).

Der Berichtigungsantrag selbst ist gem. § 30 GBO **formfrei**.

Die für die Berichtigung des Grundbuchs notwendigen Eintragungsunterlagen, insbesondere über die Unrichtigkeit des Grundbuches oder die Eintragungsbewilligung des Betroffenen müssen in der vorgeschriebenen Form vom Antragsteller dem Grundbuchamt nachgewiesen werden. Insoweit gelten die allgemeinen Bestimmungen (§§ 19, 22, 29 GBO). Eine Ausnahme schafft lediglich § 22 Abs. 2 GBO, wonach der Eigentümer oder Erbbauberechtigte ohne seine Zustimmung eingetragen werden kann, wenn ein Fall des § 14 GBO vorliegt. 3

§ 15 Antragsrecht des Notars

Ist die zu einer Eintragung erforderliche Erklärung von einem Notar beurkundet oder beglaubigt, so gilt dieser als ermächtigt, im Namen eines Antragsberechtigten die Eintragung zu beantragen.

§ 15 GBO begründet eine **gesetzliche Vermutung** für das Vorliegen einer Vollmacht für einen deutschen Notar zur Erstellung eines Eintragungsantrags, wenn er die zur Eintragung erforderliche Erklärung beurkundet oder beglaubigt hat. „Erforderliche Erklärungen" sind nur solche, die eine **unmittelbare** Eintragungsgrundlage darstellen, nicht auch das beurkundete schuldrechtliche Grundgeschäft oder der reine Eintragungsantrag (vgl. *Kuntze-Ertl-Herrmann-Eickmann* § 15 RdNrn. 7 ff). 1

Die vermutete Vollmacht gilt für jeden Antragsberechtigten, also auch für solche, deren Erklärungen nicht von dem Notar selbst beurkundet oder beglaubigt wurden. Allerdings muß der Notar ausdrücklich angeben, **für wen** er den Eintragungsantrag stellt, andernfalls der Antrag als im Namen aller Antragsberechtigten gestellt anzusehen ist (OLG Hamburg MDR 1954, 493). Das Antragsrecht des Notars ist auch dann nicht ausgeschlossen, wenn die Antragsberechtigten selbst die Eintragung beantragt haben.

Der Notar muß unmißverständlich zum Ausdruck bringen, daß er von der vermuteten Vollmacht Gebrauch macht, da bei zweifelhaften Formulierungen (bspw. „zum Vollzug") lediglich bloße Botentätigkeit angenommen werden muß (*Kuntze-Ertl-Herrmann-Eickmann* § 15 RdNr. 24). Die nach § 15 GBO vermutete Vollmacht gibt nur die Befugnis, einen mit der Eintragungsbewilligung übereinstimmenden reinen Eintragungsantrag zu stellen, nicht auch Rangbestimmungen im Antrag vorzunehmen. 2

3 Die Ermächtigung des Notars zur Antragstellung umfaßt auch die Ermächtigung, den von ihm gestellten Antrag **zurückzunehmen**. Ist jedoch der Antrag von einem Beteiligten gestellt worden, kann der Notar den Antrag selbst nicht in der Form des § 24 Abs. 3 BNotO (Unterschrift und Amtssiegel) zurücknehmen. In diesem Falle muß die Form des § 29 Abs. 1 Satz 1 GBO eingehalten werden (OLG München JFG 22, 33; vgl. zu den Rücknahmeproblemen insbesondere *Meikel-Imhof-Riedel* § 15 Bem 17; *Kuntze-Ertl-Herrmann-Eickmann* § 15 RdNr. 32).

§ 16 Anträge unter Vorbehalt

(1) Einem Eintragungsantrage, dessen Erledigung an einen Vorbehalt geknüpft wird, soll nicht stattgegeben werden.
(2) Werden mehrere Eintragungen beantragt, so kann von dem Antragsteller bestimmt werden, daß die eine Eintragung nicht ohne die andere erfolgen soll.

§ 17 Reihenfolge der Antragserledigung

Werden mehrere Eintragungen beantragt, durch die dasselbe Recht betroffen wird, so darf die später beantragte Eintragung nicht vor der Erledigung des früher gestellten Antrags erfolgen.

1 Die §§ 16 und 17 GBO beziehen sich auf Eintragungsanträge im Sinne des § 13 GBO. Gemäß § 16 GBO ist grundsätzlich ein Vorbehalt bei einem Eintragungsantrag unzulässig. Unter „Vorbehalt“ sind alle **Bedingungen** und **Befristungen** (nicht Rechtsbedingungen!) sowie sonstige Zusätze zu verstehen, durch welche die Erledigung des Antrags von irgendeinem vergangenen oder künftigen Geschehen oder Nichtgeschehen abhängig gemacht wird. Eine Ausnahme gilt lediglich für den Vorbehalt des gleichzeitigen Vollzuges einer anderen Eintragung (§ 16 Abs. 2 GBO). **Nicht** unter § 16 GBO fallen diejenigen Anträge, in denen das Gesetz bereits den Vorbehalt zuläßt wie bspw. beim Rangvorbehalt im Sinne des § 881 BGB oder bei Eintragung bedingter Rechte. Ein Verstoß gegen die Ordnungsvorschrift des § 16 Abs. 1 GBO führt nicht zur Unwirksamkeit der Eintragung.

§ 16 GBO gilt entsprechend für Eintragungsbewilligungen. Auch diese müssen vorbehaltlos erklärt sein.

2 § 17 GBO hat große Bedeutung für das **Rangverhältnis** der im Grundbuch eingetragenen Rechte (vgl. § 879 BGB). § 17 GBO bestimmt, daß bei mehreren beantragten Eintragungen, die dasselbe Recht betreffen, dann, wenn die Anträge nicht gleichzeitig gestellt werden, der früher gestellte

Eintragungsantrag zuerst erledigt werden muß. Erledigung tritt ein durch Unterzeichnung der Eintragung im Grundbuch.

Werden Anträge **gleichzeitig** gestellt und ist auch nicht bestimmt, daß die eine Eintragung nicht ohne die andere erfolgen soll (§ 16 Abs. 2 GBO), so ist es gleichgültig, welche Eintragung zuerst erfolgt, da die Eintragungen regelmäßig Gleichrang erhalten.

Ein Verstoß gegen § 17 GBO führt nicht zur Unrichtigkeit des Grundbuchs, kann jedoch im Einzelfall Schadensersatzansprüche (wegen Amtspflichtverletzung) auslösen.

§ 18 Prüfung der Anträge, Zurückweisung und Zwischenverfügung

(1) Steht einer beantragten Eintragung ein Hindernis entgegen, so hat das Grundbuchamt entweder den Antrag unter Angabe der Gründe zurückzuweisen oder dem Antragsteller eine angemessene Frist zur Hebung des Hindernisses zu bestimmen. Im letzteren Fall ist der Antrag nach dem Ablauf der Frist zurückzuweisen, wenn nicht inzwischen die Hebung des Hindernisses nachgewiesen ist.
(2) Wird vor der Erledigung des Antrags eine andere Eintragung beantragt, durch die dasselbe Recht betroffen wird, so ist zugunsten des früher gestellten Antrags von Amts wegen eine Vormerkung oder ein Widerspruch einzutragen; die Eintragung gilt im Sinne des § 17 als Erledigung dieses Antrags. Die Vormerkung oder der Widerspruch wird von Amts wegen gelöscht, wenn der früher gestellte Antrag zurückgewiesen wird.

I. Prüfungspflicht, Zwischenverfügung

Die Prüfungspflicht des Grundbuchamts erstreckt sich auf die **Zulässigkeit** 1
und **Vollständigkeit** des gestellten Antrages. Dem Antrag darf durch Eintragung nur dann stattgegeben werden, wenn alle für die Eintragung in Betracht kommenden Vorschriften in formeller und sachlicher Hinsicht eingehalten sind, wenn also alle Voraussetzungen des Gesetzes und der Vollzugsvorschriften erfüllt sind.

§ 18 GBO bestimmt nun, wie Eintragungsanträge, deren Vollzug ein Hindernis entgegensteht, zu behandeln sind. Hierbei ist es unbeachtlich, ob als Hindernis eine Bestimmung zwingenden Rechts oder eine bloße Ordnungsvorschrift dem Eintragungsantrag entgegensteht.

Der Antrag ist, ohne eine Zwischenverfügung zu erlassen, **sofort** zurückzu- 2
weisen, wenn die Behebung des Hindernisses **unmöglich** ist (bspw. wenn das

Recht, dessen Eintragung begehrt wird, nicht eintragunsfähig ist oder einen unzulässigen Inhalt hat) oder wenn die Eintragung einer Vormerkung oder eines Widerspruchs zugunsten des gestellten Antrags ausgeschlossen ist, insbesondere wenn diese mit einem unzulässigen Inhalt eingetragen werden müßten (*Meikel-Imhof-Riedel* § 18 Bem 19) und wenn der Antragsteller nicht zum Kreis der Antragsberechtigten gehört oder wenn ihm durch gerichtliche Entscheidung die Stellung eines Eintragungsantrags untersagt ist.

3 In den Fällen, in denen nicht ohne Zwischenverfügung zurückgewiesen werden muß, hat das Grundbuchamt ein Wahlrecht zwischen **Ablehnung** und **Zwischenverfügung**.

Die Entscheidung ist nach pflichtgemäßem Ermessen zu treffen, wobei die Besonderheiten des Einzelfalles zu berücksichtigen sind (BayObLG 1956, 127). Das Gericht hat hierbei auf der einen Seite die Belange des Antragstellers, also sein Streben nach alsbaldiger Stellung des Antrags zur Rangwahrung zu berücksichtigen, um so unnötige Härten zu vermeiden. Andererseits darf auch das Interesse späterer Antragsteller an der raschen Abwicklung des Grundbuchverkehrs und der Schaffung klarer Rechtsverhältnisse nicht außer Betracht gelassen werden. Im Einzelfall ist Zwischenverfügung dann geboten, wenn das Hindernis leicht und kurz zu beseitigen ist, gleich ob nun der Mangel auf formellem oder materiellem Recht beruht. So ist bspw. Zwischenverfügung dann geboten, wenn der Kostenvorschuß nach § 8 KostO nicht eingezahlt wird, wenn Zustimmungserklärungen Dritter, Vollmachten oder öffentlich-rechtliche Genehmigungen nicht beigebracht sind, die Nichtausübung oder das Nichtbestehen eines gemeindlichen Vorkaufsrechts (§ 24 Abs. 5 Satz 2 BBauG) oder wenn die Unbedenklichkeitsbescheinigung des Finanzamts nach Art. 97 § 7 EGAO 1977 nicht vorgelegt ist (vgl. auch § 20 RdNr. 9).

4 Im übrigen ist Zwischenverfügung geboten zur Klarstellung eines Antrags, wenn er inhaltliche Widersprüche aufweist, oder bei notwendiger Einschränkung des Antrags, wenn mit einem zulässigen Antrag weitere unzulässige Nebenanträge gestellt werden.

5 Schwer zu beseitigende Hindernisse oder Hindernisse, deren Behebung längere Zeit in Anspruch nehmen wird, rechtfertigen die sofortige Zurückweisung des Antrags (*Meikel-Imhof-Riedel* § 18 Bem 26).

II. Zurückweisung des Eintragungsantrags

6 Ist das Hindernis nur schwer oder überhaupt nicht zu beseitigen, dann erfolgt durch Beschluß oder Verfügung die Zurückweisung des Antrags unter Angabe der Gründe, also unter Bezeichnung der Hindernisse, die der Eintragung

entgegenstehen. Mit Bekanntmachung an den Antragsteller oder die ersuchende Behörde wird die Entscheidung wirksam (§ 16 Abs. 1 FGG). Hat der Notar den Antrag gestellt, so muß die Bekanntmachung an ihn erfolgen. Für die Zurückweisung des Eintragungsantrages wird die Hälfte der vollen Gebühr angesetzt, berechnet nach dem Geschäftswert, der für die Eintragung maßgebend gewesen wäre, höchstens jedoch der Betrag von DM 60,– (§ 130 Abs. 1 KostO).

Die Zurückweisung hat **keine** Wirkungen auf die materiellen Rechtsver- 7
hältnisse insbesondere nicht auf die Bindung der Erklärenden durch Rechtsgeschäft, die nach den materiellrechtlichen Bestimmungen eingetreten ist (bspw. nach §§ 873 Abs. 2, 875 Abs. 2 BGB). Allerdings ist durch die Zurückweisung der Antrag für das Grundbuchamt erledigt und es kann den späteren Eintragungsanträgen, von denen dasselbe Recht betroffen wird, stattgegeben werden.

Gegen die Zurückweisung des Antrags sind die **Rechtsbehelfe** der fristlo- 8
sen Beschwerde und der weiteren Beschwerde gem. §§ 71, 78 GBO gegeben. Die erfolgreiche Beschwerde hat jedoch nicht die Wirkung, daß die inzwischen erfolgte Eintragung nachträglich unwirksam wird. Durch die Zurückweisung war der Eintragungsantrag im Sinne des § 17 GBO erledigt worden, so daß eine später beantragte Eintragung ohne weiteres vollzogen werden konnte. Dem steht auch nicht entgegen, daß das Rechtsmittel erfolgreich war. Denn das erfolgreiche Rechtsmittel beseitigt nicht als solches bereits die Tatsache der Erledigung. Erst wenn der zurückweisende Beschluß vom Grundbuchamt oder Beschwerdegericht aufgehoben wird, ist der frühere Eintragungsantrag wieder als unerledigt im Sinne des § 17 GBO anzusehen. Dies hat jedoch auf die in der Zwischenzeit erfolgten Eintragungen keinen Einfluß (BGHZ 45, 191 = DNotZ 1960, 673).

§ 19 Eintragungsbewilligung

Eine Eintragung erfolgt, wenn derjenige sie bewilligt, dessen Recht von ihr betroffen wird.

I. Allgemeines

§ 19 GBO benennt das grundlegende Erfordernis für die Eintragung im 1
Grundbuch, die **Eintragungsbewilligung**. Damit wird der Grundsatz des formellen Konsensprinzips (vgl. Einf RdNr. 30) aufgestellt, also der Satz, daß für die Eintragung in der Regel die einseitige Bewilligung des betroffenen Berechtigten genügt und daß mithin der Nachweis der Zustimmung desjeni-

gen, der das Recht erwerben soll, nicht erforderlich ist, obwohl das materielle Recht zum Eintritt der Rechtsänderung die Einigung der Beteiligten verlangt. Das Liegenschaftsrecht der Grundbuchordnung ist so auf der Grundlage dieses formellen Konsensprinzips und des Eintragungsprinzips aufgebaut. Das Abstellen auf einseitige Bewilligung und Eintragung als Voraussetzung für den Eintritt der Rechtsänderung im Grundbuch bedeutet jedoch nicht, daß die einseitige Eintragungsbewilligung auch materiellrechtlich die zweiseitige Einigung der Beteiligten ersetzen könnte. Der Begünstigte muß in jedem Falle mit der Rechtsänderung einverstanden sein, wenn das Rechtsgeschäft Gültigkeit erlangen soll. Zufolge des formellen Konsensprinzips soll nur das Grundbuchamt der Aufgabe enthoben werden, nach dem Einverständnis des Begünstigten forschen zu müssen. Allerdings nimmt § 19 GBO damit die Gefahr in Kauf, daß das Grundbuch möglicherweise unrichtig wird. § 19 GBO findet jedoch seine Rechtfertigung in der Erleichterung des Grundbuchverfahrens und der Vereinfachung der Grundbuchführung.

II. Wesen der Eintragungsbewilligung

A. Rechtsnatur

2 Die Eintragungsbewilligung ist eine einseitige empfangsbedürftige, dem Grundbuchamt gegenüber abzugebende **Willenserklärung**, die unabhängig von einem schuldrechtlichen Grundgeschäft ist und anders als der prozessuale Eintragungsantrag (vgl. § 13 RdNr. 4) rechtsgeschäftlicher Natur ist, und damit den allgemeinen Bestimmungen des BGB über Willenserklärungen unterliegt.

3 Da die Eintragungsbewilligung einseitig ist, bedarf es zu ihrer Wirksamkeit nicht der Annahme durch den Begünstigten. Diese einseitige Erklärung wird jedoch erst **wirksam**, wenn sie mit dem Willen des Erklärenden einem Empfangsberechtigten **zugeht** (§ 130 Abs. 1, 3 BGB). Adressat der Willenserklärung, also empfangsberechtigt, ist immer das Grundbuchamt, daneben jedoch auch stets derjenige, zu dessen Gunsten die Erklärung abgegeben wird.

Wegen der Abstraktheit der Bewilligung besteht grundsätzlich **keine Prüfungspflicht** des Grundbuchamts hinsichtlich des wirksamen Bestehens eines **Grundgeschäfts**. Allerdings ist das Grundbuchamt zur Prüfung des Grundgeschäfts berechtigt und darf den Eintragungsantrag dann zurückweisen, wenn es aufgrund der ihm vorliegenden Urkunden oder anderer ihm bekannter Umstände zur festen Überzeugung gelangt, daß das Grundgeschäft nichtig ist und diese Nichtigkeit auch das Erfüllungsgeschäft ergreift (*Horber* § 19 Erl. 3 Bb).

Die **Anfechtung** und **Nichtigkeit** der Eintragungsbewilligung sowie die Möglichkeit des Widerrufs der Bewilligung richten sich nach den Bestimmungen des allgemeinen Teils des BGB (§§ 104 ff BGB). Widerruf ist nur bis zum Wirksamwerden, also bis zum Zugang an einen der Empfangsberechtigten möglich. Die Frage des Zugangs richtet sich nach § 130 BGB. 4

B. Inhalt der Eintragungsbewilligung

Die Bewilligung muß unmittelbar und unzweideutig den Willen des Erklärenden erkennen lassen, daß eine Eintragung gewollt ist und was eingetragen werden soll. Stillschweigende Erklärungen genügen also nicht. Jedoch ist Auslegung möglich. Für die Auslegung gilt auch im Grundbuchverkehr die Bestimmung des § 133 BGB (h. M. u. Rspr). 5

Da die Eintragungsbewilligung einen bestimmten Willen erkennen lassen muß, sind Befristungen und Bedingungen nicht zulässig, es sei denn, es handelt sich um eine Rechtsbedingung (bspw. bei Zusätzen wie „soweit gesetzlich zulässig", „soweit eintragungsfähig").

Bezugnahmen auf Protokollanlagen nach § 9 Abs. 1 Satz 2 BeurkG sind möglich. Voraussetzung hierfür ist jedoch, daß in der in Bezug genommenen Urkunde der Inhalt des einzutragenden Rechtes erschöpfend bezeichnet ist und daß die Urkunde in Urschrift, Ausfertigung oder beglaubigter Abschrift bei den Grundakten verwahrt wird. Allerdings können **Karten** und **Pläne** auch dann nicht bezugnahmefähige Protokollanlagen sein, wenn sie dem Protokoll beigefügt sind und dieses auf sie Bezug nimmt (BGH DNotZ 1968, 623; wegen der Bezugnahmemöglichkeiten im einzelnen vgl. *Haegele* RdNrn. 1490 ff; *Keidel-Winkler* FG § 9 BeurkG RdNr. 24). Im übrigen sind Mindesterfordernisse der Eintragungsbewilligung, daß der Bewilligende erkennbar sein muß, daß der Berechtigte, bei mehreren das Gemeinschaftsverhältnis, sowie das Grundstück gem. § 28 GBO und der materielle Rechtsvorgang, der grundbuchmäßig verlautbart werden soll, bezeichnet ist. 6

C. Wirkung der Eintragungsbewilligung

Die Eintragungsbewilligung hat formellrechtliche, aber auch materiellrechtliche Wirkungen. Formell gestattet sie die Grundbucheintragung und bildet die Rechtfertigung und Grundlage dieser Eintragung. Materiellrechtlich kann die Bewilligung zur Rechtsänderung führen, wenn sie neben der formalen Bedeutung auch materiellrechtlichen Inhalt hat und so durch sie gleichzeitig eine Einigung, also ein dinglicher Vertrag, zustande kommt (*Meikel-Imhof-Riedel* § 19 Bem 30; vgl. aber auch *Ertl*, Rechtsnatur und Bedeutung der Eintragungsbewilligung, DNotZ 1964, 260 ff). 7

III. Bewilligungsberechtigung

8 Bewilligungsberechtigt ist nur derjenige, dessen Recht nach dem Inhalt der beantragten Eintragung betroffen ist. **Betroffenes Recht** können nur dingliche Rechte wie bspw. das Eigentum oder dem Eigentum gleichstehende Rechte sowie dingliche Grundstücksrechte sein, nicht auch schuldrechtliche Ansprüche, soweit sie nicht durch eine Vormerkung dinglich abgesichert sind. Das Recht muß im Zeitpunkt der Eintragung bestehen.

9 Betroffen von der Eintragung, also bewilligungsberechtigt, ist nur derjenige, dessen materielle oder formelle Rechtsstellung durch die Eintragung eine Änderung zu seinen Ungunsten erleidet. Eine etwaige lediglich wirtschaftliche Beeinträchtigung genügt nicht. Auch der nur möglicherweise und der nur mittelbar Betroffene muß die Bewilligung abgeben, so bspw. auch derjenige, dessen Zustimmung materiellrechtlich zum Eintritt der Rechtsänderung notwendig ist (§§ 876, 880 Abs. 2, 1183 BGB). Die gleich- und nachstehenden Berechtigten müssen ebenfalls bewilligen, wenn der Umfang eines gleichstehenden oder vorgehenden Rechts erweitert oder wenn der Inhalt der Belastung verstärkt und dadurch die Haftung des Grundstücks verschärft wird (*Horber* § 19 Erl. 5 B).

10 Da die Eintragungsbewilligung eine Verfügung über das betroffene Recht darstellt, kann sie nur vom Verfügungsberechtigten abgegeben werden. Die **Verfügungsbefugnis**, die im Zeitpunkt der Eintragung vorliegen muß, ist von amtswegen zu prüfen (BayObLGZ 1969, 145 = Rpfleger 1969, 301). Regelmäßig steht dem Inhaber des betroffenen Rechtes auch die Verfügungsbefugnis zu. Ausnahmen können sich ergeben durch gesetzlich normierte Zustimmungserfordernisse. Als Beispiele für **Zustimmungserfordernisse** wären die Beschränkung im ehelichen Güterrecht bei Zugewinngemeinschaft oder Gütergemeinschaft, oder bei Beschränkung der Vertretungsmacht bei Vormundschaft, Pflegschaft und elterlicher Gewalt oder infolge beschränkter Geschäftsfähigkeit aufzuführen.

Wird die Eintragungsbewilligung von einem Nichtberechtigten abgegeben, so gilt § 185 BGB: Die Verfügung ist unwirksam, kann jedoch durch Genehmigung des Berechtigten geheilt werden. Die Eintragungsbewilligung kann auch durch einen Vertreter (gesetzliche Vertretung oder rechtsgeschäftliche Vertretung) abgegeben werden. Die Vertretungsbefugnis ist in grundbuchmäßiger Form nachzuweisen (§ 29 GBO). Das Grundbuchamt muß von amtswegen die Wirksamkeit der Vollmacht und den Umfang des Vertretungsrechts prüfen.

IV. Ausnahmen vom Erfordernis der Eintragungsbewilligung

Zusätzlich zur formellen Eintragungsbewilligung des Betroffenen ist der **Nachweis der materiellen Einigung** erforderlich bei der Auflassung eines Grundstücks (§ 20 GBO; vgl. dort RdNr. 2) sowie der Bestellung, Inhaltsänderung oder Übertragung eines Erbbaurechtes (§ 11 ErbbauV). Weiterhin gibt es landesrechtliche Ausnahmen, wie bspw. in Bayern die Bestimmung des Art. 14 Abs. 4 Fischereigesetz, wonach für die Veräußerung eines selbständigen Fischereirechts § 20 GBO entsprechend angewendet werden muß. 11

Neben diesen voraufgeführten Fällen, in denen mehr als die rein formellrechtliche Eintragungsbewilligung verlangt wird, gibt es auch Ausnahmen, die eine Eintragungsbewilligung entbehrlich machen. Hierunter fällt bspw. der Wegfall der Eintragungsbewilligung mittelbar Betroffener gem. § 21 GBO sowie die Eintragung eines Widerspruchs wegen unterbliebener Darlehenshingabe nach § 1139 BGB. 12

Eine Ausnahme vom Erfordernis der Eintragungsbewilligung besteht auch insoweit, als die Eintragungsbewilligung durch Urteil oder durch andere Rechtsakte **ersetzt** wird. In der Grundbuchordnung sind solche Ersetzungsmöglichkeiten vorgesehen in § 22 GBO beim Nachweis der Unrichtigkeit, bei der Abtretungs- und Belastungserklärung bei Briefrechten gem. § 26 GBO sowie dem Ersuchen einer Behörde nach § 38 GBO. Gemäß § 894 Abs. 1 Satz 1 ZPO ersetzt das rechtskräftige Urteil, durch das der Schuldner zur Abgabe einer Erklärung (Eintragungsbewilligung) verurteilt ist, die Bewilligung.

Landesrechtlich sind hier von Bedeutung **Unschädlichkeitszeugnisse:** 13

Bei Veräußerung kleiner Flächen, z. B. bei Straßengrundabtretungen, können Aufwand und Kosten für die Lastenfreistellung Beträge erreichen, die im Vergleich zum Grundstückswert unangemessen hoch sind. Das UnschädlichkeitsG durchbricht hierfür das Konsensprinzip und gestattet, daß der abgeschriebene Grundstücksteil ohne Bewilligung des Berechtigten von den Belastungen frei wird, wenn die nach dem Gesetz zuständige Behörde bescheinigt, daß die Freistellung für die Berechtigten unschädlich ist (Unschädlichkeitszeugnis; vgl. hierzu *Staudinger–Promberger* Art. 120 EGBGB RdNrn. 37 ff; *Röll* MittBayNot 1968, 353; BGHZ 18, 296; BayObLGZ 1965, 466). Die Ausgestaltung des Unschädlichkeitszeugnisses ist in Art. 120 Abs. 1 EGBGB dem Landesrecht überlassen worden. Bayern hat diese Materie im Gesetz, das Unschädlichkeitszeugnis betreffend vom 15. Juni 1898 (BayBS III S. 124) geregelt. Die anderen Länder haben zum Teil ebenfalls besondere Gesetze über das Unschädlichkeitszeugnis erlassen, zum Teil die Materie im AGBGB geregelt (z. B. Baden-Württemberg, Schleswig-Holstein).

Nach dem für Bayern geltenden Gesetz ist das Amtsgericht zuständig, in den norddeutschen Ländern die Katasterbehörde, während einer Flurbereinigung die Flurbereinigungsbehörde. Ein Unschädlichkeitszeugnis kann bei einer Gesamtbelastung auch für ein einzelnes mithaftendes Grundstück ausgestellt werden, weil die mehreren gemeinsam haftenden Grundstücke nach dem Gesetz über das Unschädlichkeitszeugnis als ein Grundstück gelten (Art. 1 Satz 2 aaO).

Unschädlich ist die Veräußerung des Grundstücksteils nur, wenn die Minderung von Wert und Umfang des Grundstücks verhältnismäßig klein ist. Nach h. M. wird hierbei ein Verhältnis von 5–10 vom Hundert des Grundstückswertes angenommen, in besonderen Fällen auch noch 25 vom Hundert. Die Wertminderung muß in Bayern mit Geld oder durch ein anderes Grundstück ausgeglichen werden, wenn sie 300,– DM übersteigt, es sei denn die Berechtigten bestehen nicht auf Ausgleich (Art. 2 Abs. 3, Art. 6 Abs. 1 aaO). Allerdings hat das Verfahren über die Erteilung von Unschädlichkeitszeugnissen sehr an Bedeutung verloren, seit der Bayer. VerfGH am 21. 7. 1970 (MittBayNot 1970, 140) entschieden hat, daß auch wenn das Gesetz selbst dies nicht allgemein vorschreibt, die Anhörung der Beteiligten im Verfahren der Erteilung des Unschädlichkeitszeugnisses erforderlich ist (Art. 91 Abs. 1 BV, Art. 103 Abs. 1 GG). Der praxisnähere Weg wird also im Regelfall die Abgabe der entsprechenden Bewilligungserklärung durch den Betroffenen sein. Die Verwertung des Unschädlichkeitszeugnisses ist nur für eine Veräußerung, nicht für eine lastenfreie Eintragung des Grundstücksteils (Grundstücks) auf dem bisherigen Grundbuchblatt zulässig (KG DNotZ 1943, 260).

Nach bayer. Recht sind keine Rechtsmittel gegen die Erteilung oder Verweigerung eines Unschädlichkeitszeugnisses gegeben, nach dem Recht anderer Länder kann gegen die Entscheidung der Kataster- bzw. Flurbereinigungsbehörde das Amtsgericht angerufen werden, gegen dessen Entscheidung die Beschwerde zum Landgericht gegeben ist.

Gebühren für das Unschädlichkeitszeugnis werden nach der KostO bzw. nach den Katastergebührenordnungen erhoben. (Vgl. allgemein zum Unschädlichkeitszeugnis *Röll*, Das Unschädlichkeitszeugnis in Bayern, MittBayNot 1968, 353).

§ 20 Nachweis der Einigung

Im Falle der Auflassung eines Grundstücks sowie im Falle der Bestellung, Änderung des Inhalts oder Übertragung eines Erbbaurechts darf die Eintragung nur erfolgen, wenn die erforderliche Einigung des Berechtigten und des anderen Teils erklärt ist.

I. Allgemeines, Geltungsbereich

1 § 20 GBO enthält eine bedeutsame Einschränkung des Prinzips der einseitigen Bewilligung zugunsten des materiellen Konsensprinzips, und zwar in den besonders wichtigen Fällen des Erwerbs des Eigentums an Grundstücken und der Bestellung, der Änderung des Inhalts oder der Übertragung von Erbbaurechten. Hier ist die ausdrückliche Erklärung der Einigung der Beteiligten erforderlich. Neben dem Nachweis der Einigung ist eine weitere Eintragungsbewilligung entbehrlich. Erforderlich jedoch ist ein Eintragungsantrag.

Ebenso ist nach Landesrecht in Bayern und in der Pfalz für Fälle der Übertragung des Eigentums an Bergwerken, unbeweglichen Kuxen, Fischereirechten, Realgewerbeberechtigungen und verschiedenen Nutzungsrechten (Art. 17 AGBGB) der Nachweis der Einigung erforderlich.

II. Form und Inhalt der Einigung

A. Notwendigkeit der Auflassung

Die Einigung des Veräußerers und des Erwerbers über den Eintritt der Rechtsänderung bei Grundstücken wird Auflassung genannt (§ 925 BGB). Dem Grundstück stehen gleich reale Grundstücksteile, Anteile in Bruchteilen sowie Wohnungs- und Teileigentum gem. WEG. § 20 GBO gilt auch für die Begründung von Wohnungs- und Teileigentum nach §§ 3, 4 Abs. 2 WEG (str.; so *Staudinger-Ring* § 4 WEG RdNr. 15; *Bärmann-Pick* § 4 WEG RdNr. 6; a. A. *Palandt-Bassenge* § 4 WEG Anm 1a; *Weitnauer-Wirths* § 4 WEG RdNr. 3). 2

§ 925 BGB ergänzt § 873 BGB insoweit, als zur Übertragung des Eigentums an einem Grundstück die erforderliche Einigung des Veräußerers und Erwerbers bei **gleichzeitiger Anwesenheit** beider Beteiligten vor der zuständigen Stelle **(Notar)** erklärt werden muß. Schließlich bestimmt § 926a BGB, daß die Erklärung der Auflassung nur entgegengenommen werden soll, wenn die nach § 313 Satz 1 BGB erforderliche Urkunde über den schuldrechtlichen Vertrag vorgelegt oder gleichzeitig errichtet wird.

Die §§ 873, 925 BGB finden bei einer Reihe von Ausnahmefällen, in denen der Erwerb kraft Gesetzes oder als mittelbare Folge eines anderen Rechtsgeschäfts eintritt, keine Anwendung. 3

So ist bspw. keine Auflassung, sondern lediglich **Grundbuchberichtigungsantrag** (§ 22 GBO) erforderlich, bei Erwerb durch

a) Erbfolge (nicht aber bloß Vermächtniszuwendung, vgl. § 2174 BGB)
b) Ehegatten, die Gütergemeinschaft ehevertraglich begründen hinsichtlich des Gesamtgutes (§§ 1416, 1483 BGB),
c) Eintritt in eine Gesellschaft (BGB-Gesellschaft, OHG, KG, auch GmbH, AG), der Grundbesitz gehört,
d) Anwachsung eines Gesellschaftsanteiles bei Ausscheiden eines BGB – (auch OHG- u. KG-) Gesellschafters an die übrigen Gesellschafter, wenn die Gesellschaft fortbesteht (§ 738 BGB),
e) Buchersitzung (§ 900 BGB)
f) Zuschlag in der Zwangsversteigerung
g) Aneignung nach § 928 BGB.

B. Form der Auflassung

4 § 925 BGB bestimmt, daß bei gleichzeitiger Anwesenheit beider Teile mündlich die Auflassung vor der zuständigen Stelle zu erklären ist. Materiellrechtlich ist somit eine Beurkundung nicht erforderlich. Das Protokoll hat lediglich die Bedeutung des notwendigen Nachweises für das Grundbuchamt nach § 29 GBO (*Meikel-Imhof-Riedel* § 20 Bem 40 b).

5 **Zuständig** zur Entgegennahme der Auflassung ist jeder deutsche Notar (zur Frage der Zuständigkeit ausländischer Notare vgl. *Horber* § 20 Erl. 3 Aa). Ferner kann gem. § 925 Abs. 1 Satz 3 BGB die Auflassung vor jedem deutschen Gericht in einem gerichtlichen Vergleich erklärt werden.

Die allgemeine frühere Zuständigkeit des Grundbuchamts und des Amtsgerichts ist durch § 57 Abs. 3 Nr. 3 BeurkG beseitigt worden. Die Zuständigkeit der Berufskonsuln hingegen ist durch das Beurkundungsgesetz nicht berührt worden.

6 Die Notwendigkeit gleichzeitiger Anwesenheit bedeutet nicht, daß die unmittelbar Beteiligten persönlich vor der zuständigen Stelle erscheinen müssen. Vertretung ist also zulässig. Die Vollmacht ist zwar materiellrechtlich nicht formbedürftig, wegen § 29 GBO jedoch mindestens in öffentlich beglaubigter Form vorzulegen.

Die Auflassungserklärung, die auslegungsfähig ist, muß zumindest erkennen lassen, daß Eigentum übertragen und erworben werden will. Bestimmte Formulierungen sind nicht notwendig. Das Grundstück muß zumindest **bestimmbar** sein. Bestimmtheit hingegen ist für die Eintragung erforderlich (vgl. allg. Einf RdNrn. 57 ff). Die Auflassung selbst ist bedingungs- und befristungsfeindlich (§ 925 Abs. 2 BGB). Beifügung von Rechtsbedingungen, sofern diese nicht zur rechtsgeschäftlichen Bedingung erhoben sind, sind hingegen unschädlich. Im übrigen führen auflösende und aufschiebende Bedingungen zur Nichtigkeit der Auflassung.

7 Die formgerecht erklärte Auflassung ist **nicht** einseitig widerruflich. Die Beteiligten können jedoch durch formlosen Vertrag die Auflassung aufheben.

Vorstehendes gilt entsprechend für die Übertragung eines Erbbaurechts mit der Ausnahme, daß bei Bestellung des Erbbaurechts lediglich die Vereinbarung einer auflösenden Bedingung unzulässig ist (§ 1 Abs. 4 Satz 1 ErbbauV).

III. Sonstige Eintragungsvoraussetzungen

8 Die Auflassung bedarf häufig verschiedener öffentlich-rechtlicher Genehmigungen:

A. nach § 19 BBauG (Auflassung eines im Außenbereich liegenden Grundstücks, wenn diese nach dem Inhalt des Verpflichtungsgeschäfts zum Zweck der Bebauung oder kleingärtnerischen Dauernutzung vorgenommen wird)
B. nach § 51 Abs. 1 Nr. 1 BBauG (von Bekanntmachung des Umlegungsbeschlusses bis zur Bekanntmachung des Umlegungsplans dürfen Grundstücke nur mit schriftlicher Genehmigung der Umlegungsstelle aufgelassen werden)
C. nach §§ 15 Abs. 1 Nr. 1 und 57 Abs. 1 Nr. 3 StBauFG (Veräußerungen von Grundstücken im förmlich festgelegten Sanierungsgebiet oder städtebaulichen Entwicklungsbereich)
D. nach § 2 GrdstVG (Genehmigungspflicht für Verpflichtungsgeschäft und Auflassung bei Veräußerung von land- und forstwirtschaftlichen Grundstücken bzw. von Miteigentumsanteilen an solchen).

Weitere Beispiele sowie Genehmigungspflicht bei Grundstücksteilungen siehe § 2 RdNrn. 59 ff.

In jedem Falle ist gem. Art. 97 § 7 EGAO 1977 für jede rechtsändernde oder berichtigende Eintragung des Erwerbs eines Grundstücks oder Erbbaurechts die **Unbedenklichkeitsbescheinigung** des Finanzamts erforderlich. Der Erwerber darf erst in das Grundbuch eingetragen werden nach Vorlage der Bescheinigung des zuständigen Finanzamts, daß der Eintragung steuerliche Bedenken (Grunderwerbsteuer) nicht entgegenstehen. 9

§ 21 Wegfall der Eintragungsbewilligung mittelbar Betroffener

Steht ein Recht, das durch die Eintragung betroffen wird, dem jeweiligen Eigentümer eines Grundstücks zu, so bedarf es der Bewilligung der Personen, deren Zustimmung nach § 876 Satz 2 des Bürgerlichen Gesetzbuchs zur Aufhebung des Rechtes erforderlich ist, nur dann, wenn das Recht auf dem Blatte des Grundstücks vermerkt ist.

§ 21 GBO bezieht sich auf **subjektiv-dingliche** Rechte (zum Begriff vgl. § 9 RdNr. 2). Wird ein solches Recht durch die Eintragung betroffen, d. h. erleidet das Recht eine Einbuße (bspw. durch Aufhebung oder Änderung seines Inhalts oder durch Teilung des herrschenden Grundstücks und daraus folgender Inhaltsänderung einer Reallast), dann bedarf es zwar nach § 876 Satz 2 BGB der Zustimmung derjenigen, die Rechte an dem Grundstück haben, wenn diese Rechte von der Änderung berührt werden. § 21 GBO beinhaltet jedoch eine Einschränkung des § 19 GBO, indem die Eintragungsbewilligung dieser mittelbar Beteiligten ersatzlos entfallen kann, wenn das 1

Recht auf dem Blatt des herrschenden Grundstückes nicht vermerkt ist. Allerdings wird jedoch am Erfordernis der materiellrechtlichen Zustimmung nichts geändert. Wenn diese fehlt, tritt die Rechtsänderung nicht ein und das Grundbuch wird durch die Eintragung unrichtig (*Horber* § 21 Erl. 3 a).

2 Ist hingegen das Recht auf dem Blatt des herrschenden Grundstückes vermerkt (§ 9 GBO), dann ist die Zustimmung des mittelbar Beteiligten gem. § 19 GBO stets erforderlich.

§ 22 Berichtigung des Grundbuchs zufolge Unrichtigkeitsnachweis

(1) Zur Berichtigung des Grundbuchs bedarf es der Bewilligung nach § 19 nicht, wenn die Unrichtigkeit nachgewiesen wird. Dies gilt insbesondere für die Eintragung oder Löschung einer Verfügungsbeschränkung.
(2) Die Berichtigung des Grundbuchs durch Eintragung eines Eigentümers oder eines Erbbauberechtigten darf, sofern nicht der Fall des § 14 vorliegt oder die Unrichtigkeit nachgewiesen wird, nur mit Zustimmung des Eigentümers oder des Erbbauberechtigten erfolgen.

I. Allgemeines

1 Nach § 894 BGB kann derjenige, dessen Recht nicht oder nicht richtig im Grundbuch eingetragen ist, oder dessen Recht durch die Eintragung einer nichtbestehenden Belastung oder Beschränkung beeinträchtigt ist, die Zustimmung zur Berichtigung des Grundbuchs von demjenigen verlangen, dessen Recht durch die Eintragung der Berichtigung betroffen wird. Die Möglichkeit des Berichtigungsverlangens gewährt den notwendigen Schutz des wahren Berechtigten gegenüber der aus dem Öffentlichkeitsprinzip erwachsenden Gefahr des Rechtsverlustes. Aus § 894 BGB entsteht dem Berechtigten ein **dinglicher** Anspruch auf Zustimmung zur Berichtigung, d. h. auf Bewilligung einer bestimmten Eintragung oder Löschung, so daß die richtige Eintragung im Grundbuch erfolgen kann.

2 § 22 GBO sieht nun für den Fall der Grundbuchberichtigung eine **Ausnahme** vom Grundsatz der einseitigen Bewilligung, vom formellen Konsensprinzip, vor, indem die Bewilligung des Berechtigten dann nicht notwendig ist zur Grundbuchberichtigung, wenn die Unrichtigkeit nachgewiesen wird.

II. Unrichtigkeit des Grundbuchs

Unrichtig ist das Grundbuch nach § 894 BGB, wenn sein Inhalt in Ansehung eines Rechtes am Grundstück, eines Rechtes an einem solchen Recht oder an einer relativen Verfügungsbeschränkung oder an einer Vormerkung mit der **wirklichen** Rechtslage nicht übereinstimmt. 3

Eine solche Unrichtigkeit kann sein:

A. Eine **Unrichtigkeit** im engeren Sinne oder ursprüngliche Unrichtigkeit, d. h. die Eintragung ist von vornherein unrichtig gewesen; 4

B. eine **Unvollständigkeit,** d. h. die Eintragung war von vornherein richtig, ist aber durch Rechtsvorgänge außerhalb des Grundbuchs nachträglich unrichtig geworden (auch nachträgliche Unrichtigkeit). 5

Zu der ersten Gruppe gehören insbesondere die Fälle, in denen es an den materiellrechtlichen Voraussetzungen für den Eintritt der Rechtsänderung fehlt. 6

Beispiele:

1. Flurstücksnummern-Verwechslungen bei der Auflassung;
2. die Teilung eines Grundstücks ohne schriftlichen Antrag des Eigentümers;
3. die Teilung und die Abveräußerung einzelner Grundstücke oder Grundstücksteile von Reichsheimstätten ohne die schriftliche Zustimmung des Ausgebers;
4. die Eintragung entspricht nicht dem Inhalt des ihr zugrunde liegenden Zuschlagsbeschlusses (RGZ 86, 258);
5. der Nacherbe ist im Nacherbenvermerk unrichtig bezeichnet;
6. die Vereinigung von Grundstücken ohne die Erfüllung der gesetzlichen Voraussetzungen (schriftlicher Antrag des Eigentümers, bei Heimstätten Zustimmung des Ausgebers);
7. die Eintragung mehrerer Berechtigter ohne die notwendige Angabe des Gemeinschaftsverhältnisses nach § 47 GBO (*Horber* § 22 Erl. 2 Aa).

Von der zweiten Gruppe, den **Unvollständigkeiten,** interessieren uns insbesondere folgende Rechtsänderungen, die sich außerhalb des Grundbuchs vollziehen: 7

1. Der Erbgang (gesetzlich oder nach Testament); hierzu gehört auch der Erwerb des Eigentums an einer Heimstätte durch Erbfall (§ 29 Abs. 1 RHeimstG);
2. der Eintritt der ehelichen Gütergemeinschaft in Ansehung der zum Gesamtgut gehörigen Grundstücke (§ 1438 BGB);
3. der Zuschlag im Zwangsversteigerungsverfahren (§§ 90, 91 ZVG);
4. die Enteignung;
5. der Eintritt des neuen Rechtszustands im Verfahren nach dem FlurbG sowie bei Umlegungen und Grenzregelungen nach dem BBauG;
6. Übergang des Eigentums nach den Vorschriften des Straßenrechts (Auf- oder Abstufung von Straßen);
7. Übergang von Eigentum nach den Vorschriften des Wasserrechts (Überflutung, Anlandung);
8. Übergang der Hypothek kraft Gesetzes auf den Eigentümer (§ 1143 BGB) oder auf den Schuldner (§ 1164 BGB) oder einen Dritten (§ 1150 BGB);

9. der Übergang des Eigentums an den Grundstücken des Deutschen Reiches an die Bundesrepublik Deutschland (Art. 134 GG) und
der Übergang des Eigentums an den Grundstücken aus Landesvermögen und aus Vermögen nicht mehr bestehender Körperschaften und Anstalten des öffentlichen Rechts in das Vermögen eines anderen Landes bzw. anderer Körperschaften und Anstalten des öffentlichen Rechts der Bundesrepublik Deutschland (Art. 135 GG)
10. Wegfall eingetragener Fischereirechte bei ehemaligen Wassergrundstücken, die durch Verlegung des Wasserlaufs Festland geworden sind.

In diesen und ähnlichen Vorgängen gingen die Rechte an den Grundstükken kraft Gesetzes über; nachweislich wurde gleichzeitig das Grundbuch unrichtig und darum bedarf es nur des Berichtigungsantrags, nicht aber der Eintragungsbewilligung.

III. Verfahren

8 Der Nachweis ist in der Form des § 29 GBO zu führen. Hierbei muß der Antragsteller **alle** Möglichkeiten ausräumen, die der Richtigkeit der begehrten Eintragung entgegenstehen würden (*Horber* § 22 Erl. 5).

Die Antragsberechtigung richtet sich nach § 13 Abs. 2 GBO, es ist also jeder berechtigt, einen Antrag auf Grundbuchberichtigung zu stellen, dessen Recht von der Eintragung betroffen wird oder zu dessen Gunsten die Eintragung erfolgen soll. Nicht antragsberechtigt sind die Finanz-, Vermessungs- (Kataster-) und Flurbereinigungsbehörden.

IV. Teilnahme der Flurkarte an der Rechtsvermutung und am öffentlichen Glauben

A. Zusammenhang Flurkarte – Grundbuch

9 Die Verbindung des Grundbuchs mit der Flurkarte wird hergestellt
- unmittelbar durch § 2 Abs. 3 GBO
- mittelbar über § 2 Abs. 2 GBO.

Nach der zuerst genannten Vorschrift soll bei der Abschreibung eines Grundstücksteils eine „von der zuständigen Behörde beglaubigte Karte“ vorgelegt werden, d. h. ein von der Katasterbehörde beglaubigter Ausschnitt aus der Flurkarte. Eine **neben** der Flurkarte von der Gemeinde geführte und von der Gemeindebehörde beglaubigte Karte (Stadtkartenwerk, Stadtgrundkarte) kann nicht an die Stelle der Flurkarte treten.

10 Nach der oben an zweiter Stelle genannten Vorschrift in Verbindung mit

der Verordnung des RJM vom 23. Januar 1940 (RGBl I S. 240) bildet die Flurkarte als Bestandteil des Liegenschaftskatasters[1] auch einen wesentlichen Bestandteil des amtlichen Verzeichnisses der Grundstücke im Sinn der Grundbuchordnung. „Dadurch werden die in dem Kataster enthaltenen Parzellengrenzangaben Bestandteil des Grundbuchs und haben Teil an dessen öffentlichem Glauben" (BGH Urt. vom 1. 3. 1973, MittDVWLVBay 1974, 260 = Inform. HessKat- u. VermVerw. 1974, 18 = NachrBl d. Verm. u. KatVerw.RhPf 1974, 36).

Sehr sinnfällig kommt die Verbindung von Karte und Grundbuch im Zivilrecht der Schweiz zum Ausdruck: Art. 942 des Schweiz. ZGB bezeichnet die „Grundbuchpläne" als „Bestandteile des Grundbuchs".

Ohne Karte wäre die Realisierung des Publizitätsprinzips und des Spezialitätsprinzips des Grundbuchs schwer denkbar.

Aus der Verbindung der Flurkarte mit dem Grundbuch folgt, daß die Flurkarte an den Schutzwirkungen des Grundbuchs teilnimmt: 11

a) Bis zum Nachweis der Unrichtigkeit wird gemäß § 891 BGB vermutet, daß die Darstellung der Eigentumsgrenzen in der Flurkarte dem rechtmäßigen Bestand entspricht.
b) Wer im Vertrauen auf die Richtigkeit von Grundbuch und Flurkarte das Eigentum an einem Grundstück durch Rechtsgeschäft erwirbt, wird auch dann gemäß § 892 BGB in diesem Umfang Eigentümer, wenn die Karte unrichtig ist.
   Siehe RdNrn. 21 ff sowie § 22 Anh RdNr. 2.

B. Übereinstimmung Flurkarte – Grundbuch

Die Darstellung in der Flurkarte muß sich stets mit dem Inhalt des Grundbuchs decken. Diese grundsätzliche Forderung ist schon deswegen nicht in aller Strenge erfüllbar, weil bei Veränderungen im Bestand und in der Begrenzung der Grundstücke die Nachführung der Karte naturgemäß nicht völlig synchron mit der Eintragung der Veränderungen im Grundbuch verlaufen kann. Dies ist erst in einem automatisierten, voll integrierten System möglich, in dem auf die Eingabe von Messungszahlen und Befehlen hin die technischen und verbalen Angaben über die Flurstücke praktisch gleichzeitig aktualisiert werden. Beim konventionellen Liegenschaftskataster kann die Darstellung von Flurstücken in der Karte von der Beschreibung in den 12

[1] Für das bayerische Grundsteuerkataster besagte § 49 der „Instruktion über die Liquidirung, Catastrirung und Umschreibung der definitiven Grundsteuer" v. 19. 1. 1830: „Der Plan einer Steuergemeinde bildet einen integrirenden Theil des Catasters und ein Abdruck wird demselben beygegeben."

Registern über geraume Zeit differieren, wenn Zerlegungen oder besonders wenn Verschmelzungen vorgenommen worden sind.

a) Die **Zerlegung** eines Flurstücks, mit der die rechtliche Teilung eines Grundstücks vorbereitet werden soll, wird in manchen Ländern (darunter Bayern) erst dann in die Katasterbücher übernommen, wenn die Teilung im Grundbuch eingetragen ist. Einige Länder kennzeichnen den vorbereitenden Charakter der Zerlegung im Veränderungsnachweis durch den Hinweis „Teilungsentwurf". Kommt die rechtliche Teilung nicht zustande, so wird der Veränderungsnachweis aufgehoben.
Nach den seinerzeitgen Reichsvorschriften (Nr. 67 Abs. 2 FortfErl.) durfte in diesen Fällen die Zerlegung erst nach dem Grundbucheintrag in die Flurkarte übernommen werden. Die Veränderung wurde jedoch vorweg mit Bleistift eingetragen. Der Bleistifteintrag wurde dann nach dem Grundbucheintrag mit Tusche ausgeführt.
Da dieses Verfahren für Bayern als zu aufwendig erscheint, wird hier die Veränderung bei der katastertechnischen Bearbeitung des Falles jeweils in die Karte übernommen. Kommt die rechtliche Veränderung nicht zustande, so muß der Karteneintrag beseitigt und der alte Zustand wieder hergestellt werden. Die Karte kann also zeitweise Flurstücksgrenzen ausweisen, die **nicht** dem rechtlichen Bestand entsprechen.
Dieser Zwiespalt zwischen Karte und Registern tritt dann nicht auf, wenn die katastertechnische Zerlegung eines Flurstücks im Liegenschaftskataster in jedem Fall als endgültige Zerlegung ausgewiesen wird. Verschiedene Länder verfahren in dieser Weise. Die Automation des Liegenschaftskatasters erfordert gleichfalls die Endgültigkeit jeglicher Zerlegung.

13 b) Problematischer als die Zerlegung ist in diesem Zusammenhang die **Verschmelzung** von Flurstücken. Die Verschmelzung setzt voraus, daß die zu verschmelzenden Flurstücke rechtlich Bestandteile des gleichen Grundstücks bilden. Der Übernahme in das Liegenschaftskataster muß sonach die rechtliche Vereinigung oder Bestandteilszuschreibung vorangehen.
Würde streng nach dieser Forderung verfahren, so müßte die Katasterbehörde in jedem Fall den Eintrag der Vereinigung im Grundbuch abwarten, bevor sie die wegfallenden Flurstücksgrenzen aus der Flurkarte entfernt. Eine solche formalistische Verfahrensweise wäre nicht nur aufwendig, sie würde auch der Forderung zuwiderlaufen, daß die Katasterkarte vielen Zwecken dienen soll. Die Karte würde z. B. an Übersichtlichkeit und Lesbarkeit erheblich verlieren, wenn nach einer Straßenschlußvermessung die Abtretungsflächen in der Karte dargestellt würden und die Straße als ein Mosaik von vielen kleinen Flächenteilen erscheinen würde. Die Verschmelzungen werden deshalb zumindest in Bayern ohne Rücksicht darauf, ob der Grundbucheintrag schon erfolgt ist oder erst in absehbarer

Zeit nachfolgt, in die Flurkarte übernommen. Auch hier muß naturgemäß der alte Stand wieder hergestellt werden, wenn sich zeigt, daß die Veränderung rechtlich nicht zustandekommt.

Wird ein amtlicher Auszug aus der Flurkarte in Auftrag gegeben, so wird zur Erstellung regelmäßig eine Mutterpause herangezogen, in die der Stand der Vermessung eingearbeitet ist. Die Darstellung in der Karte greift somit u. U. einer Eintragung in das Grundbuch vor. Darüber hinaus kann die Karte für einzelne Flurstücke Veränderungen berücksichtigen, die wegen irgendwelcher Hindernisse, oder auch weil die Beteiligten von ihrer Vereinbarung wieder zurücktreten, rechtlich nicht wirksam werden. Hier können Bedenken angemeldet werden, ob ein solcher Kartenauszug die Bezeichnung „Flurkarte" tragen darf. Die Praxis hat sich über die Frage bisher hinweggesetzt, ohne daß besondere Schwierigkeiten bekannt geworden wären. Auf besonderen Wunsch aber wird – zumindest für die von einem Antragsteller bezeichneten Flurstücke – jeweils die Übereinstimmung mit dem Grundbuch in aller Strenge hergestellt werden müssen. Dies sollte dann auf dem Kartenauszug auch besonders zum Ausdruck gebracht werden. Im übrigen aber erscheint es unbedenklich, Abdrucke der bei den Katasterbehörden aufliegenden Flurkarten unter der Bezeichnung „Flurkarte" abzugeben, auch wenn sie die letzte Eintragung im Grundbuch noch nicht ausweisen oder dem Grundbuchstand vorgreifen.

C. Inhalt der Flurkarte, Abgrenzung des Begriffs

Hauptaufgabe der Flurkarte[1] war von Anfang an, selbst als ihr noch nicht die 14
heutige rechtliche Bedeutung zuerkannt war, die Lage der Grundstücke eindeutig zu bezeichnen und den Verlauf der Eigentumsgrenzen aufgrund exakter Vermessungen mit der graphisch erreichbaren Genauigkeit wiederzugeben. Die in der Karte dargestellte Flurstücksgrenze ist die Grenze des Grundstücks im Grundbuchsinn. Nicht zum Ausdruck bringen kann die Karte jedoch die Zusammensetzung von Grundstücken aus mehreren Flurstücken; d. h. bei zusammengesetzten Grundstücken sind wohl die Einzelteile (= Flurstücke) für sich, nicht aber die Zusammengehörigkeit der Teile zu einem Grundstück erkennbar.

[1] Die Bezeichnung „Flurkarte" wurde 1939 für das Reichskataster eingeführt (siehe *Rösch-Kurandt* S. 158). Bis dahin war „Katasterplan" gebräuchlich, früher in Bayern auch „Steuerplan". Von einer vollständigen Vereinheitlichung der Katasterkarten der Länder nahm das Reichskataster Abstand, weil sie sich „wegen der Vielgestaltigkeit und der großen Zahl der vorhandenen Katasterkarten und aus Mangel an Kräften und Mitteln nur schwer verwirklichen" ließe (*Rösch-Kurandt* S. 191).

Neben den Eigentumsgrenzen gibt die Karte den Bestand der Gebäude sowie die Nutzung oder Bedeckung des Bodens wieder. Erhöht wird der Gebrauchswert der Karte noch dadurch, daß ihr Inhalt um topographische Details, z. B. Brücken, angereichert wird. Die Darstellung topographischer Gegenstände gewinnt in denjenigen Ländern besondere Bedeutung, die neben der Flurkarte keine eigene großmaßstäbige topographische Karte (Deutsche Grundkarte 1:5000) führen (Bayern, Baden-Württemberg), sondern die Flurkarte mittels Eindruck von Höhenlinien zur „Höhenflurkarte" erweitern.

In den öffentlich-rechtlichen Verfahren und Festlegungen, die Grund und Boden in nicht zu großer Ausdehnung betreffen, ist die Verwendung der Flurkarte als Grundlage für die Beschreibung und Abgrenzung vorgeschrieben (z. B. Baugesuch).

15 Der Nachweis der Ergebnisse der Bodenschätzung in der Flurkarte erzeugt einen anderen Kartentyp, die **Schätzungskarte.** Die Bodenschätzungsergebnisse geben Auskunft über die Beschaffenheit und die Ertragsfähigkeit der Bodenkrume. Sie werden zur Bildung der steuerlichen Einheitswerte für die landwirtschaftliche Nutzung, aber auch für zahlreiche andere Zwecke verwendet.

16 Mit der Wiedergabe der Flur- und Siedlungsnamen sowie der Boden- und Naturdenkmäler leistet die Flurkarte schließlich auch einen bedeutsamen Beitrag für Heimatpflege, Ortsgeschichte, Sprachforschung, Landschaftspflege usw.

Das „Mehrzweckkataster" ist im übrigen nicht etwa eine Entdeckung unseres Jahrhunderts. Schon in § 1 der Messungsinstruktion für das bayerische Grundsteuerkataster vom 12. April 1808 findet sich die Anweisung: „Die Karte, welche aus dieser Messung hervorgehen solle, muß zu allen Zwecken der Staatswirtschaft tauglich sein". Besonderes Augenmerk schenkten im übrigen die Vorschriften auch damals der Sicherung des Eigentums; so § 97 Abs. 2 des Grundsteuergesetzes vom 15. August 1828: „. . . das Grundsteuerkataster sowie das mit demselben in Verbindung stehende Umschreibkataster . . . gelten als Saal- und Lagerbuch mit Beweiskraft nicht nur in Ansehung der Steuerverhältnisse, sondern auch über die Rechte und Verbindlichkeiten der Beteiligten für die Zukunft". In § 43 schließlich der „Instruktion über die Liquidirung, Catastrirung und Umschreibung der definitiven Grundsteuer" vom 19. Januar 1830 (RegBl Spalte 301) wird diese Weisung weitergeführt: „In Verbindung mit dem Parcellar-Plane soll es (das Grundsteuerkataster) nicht ein bloßes detaillirtes Steuerbuch, sondern ein allgemeines Grund-Saal- und Lager-Buch über Grundbesitzthum, Zehenten, Dominikalien und diesen gleichgeachteten Reallasten bilden . . .". Ähnliche Grundsätze finden sich in der württembergischen Instruktion von 1819 sowie in der badischen Landesvermessung ab 1852.

Das Grundsteuerkataster war freilich nur ein Beweismittel unter anderen. Die Rechtsvermutung, wie sie heute für den Grundbucheintrag besteht, kam ihm so wenig zu (siehe § 22 Anh RdNr. 2), wie dem Hypothekenbuch in Preußen oder Bayern. Für Preußen jedoch regelte das mit der Grundbuchordnung am 1. Oktober 1872 in Kraft getretene Gesetz über den Eigentumserwerb und die dingliche Belastung der Grundstücke, Bergwerke und selbständigen Gerechtigkeiten den Gutglaubensschutz bereits in ähnlicher Weise wie nachmals das BGB (*Reiß*, Grenzrecht und Grenzprozeß, Berlin 1914, S. 11 ff).

Nach der aufgezeigten Beziehung zwischen Liegenschaftskataster und Grundbuch wird die Flurkarte gelegentlich als „Grundbuchkarte" oder als „Karte im Sinne der Grundbuchordnung" bezeichnet. Manche Autoren, z. B. *Kriegel* in der Katasterkunde Heft 8 Abschn. 1, halten es für bedenklich, der Flurkarte als solcher derartige Attribute zu verleihen; sie möchten solche Bezeichnungen auf die bei einer Abschreibung nach § 2 Abs. 3 GBO vorzulegende Karte beschränkt sehen. 17

Wird die Karte zur Identifizierung des Grundstücks und zur Feststellung seiner Grenzen in der Örtlichkeit verwendet, wozu die Karte als Bestandteil des Liegenschaftskatasters und des amtlichen Verzeichnisses der Grundstükke im Sinne von § 2 Abs. 2 GBO legitimiert ist, so sind in die Interpretation der Karte auch die Unterlagen der Karte mit einzubeziehen. Näheres hierzu siehe RdNrn. 20 ff.

Aufgaben und Anwendungsbereich der Katasterkarte haben sich im Laufe ihrer Geschichte zwar nicht völlig gewandelt, aber doch in den Schwerpunkten verändert: 18

- Erst standen Steuer- und Staatsverwaltung als unmittelbare Anwender im Vordergrund. Da aber die Karte in Süddeutschland durch Druck vervielfältigt wurde, war ihr von Anfang an eine größere Verbreitung sicher. In Bayern war von jedem Katasterblatt eine Zahl von Abdrucken stets bei den Katasterbehörden (anfangs Steuerkatasterkommission und Rentamt) zum Verkauf vorrätig.
- Mit Einführung des Grundbuchs und des Abmarkungszwangs gewann der eigentumsrechtliche Aspekt an Bedeutung und machte der Steuer den Rang streitig.
- In neuerer Zeit tritt fast gleichwertig die Verwendung der Flurkarte für die vielgestaltigen bodenbezogenen, öffentlich-rechtlichen Verfahren und für Planungen hervor.

Auch bei einer Neugestaltung des Inhalts der Katasterbücher, wozu die Automatisierung den Anlaß geben kann, wird nicht versäumt werden dürfen, in das Kataster Hinweise auf die öffentlich-rechtlichen – dauernden oder auch zeitweiligen – Bindungen bei den Grundstücken zu übernehmen, wie Denkmalschutz, Natur- und Landschaftsschutz, wasserrechtliche und forstrechtliche Schutzvorschriften, Lärmschutz, Sanierung, Bodenordnung usw. Für das Grundbuch hingegen besteht offenischtlich keine Neigung, über den derzeitigen fast ausschließlich privatrechtlichen Inhalt hinauszugehen.

Wollte man der Katasterkarte zumuten, die vielen Informationen, die sie künftig reproduzieren soll, in einem einzigen Abdruck auszuweisen, so wären 19 eine starke Überfüllung und damit Schwierigkeiten für die Lesbarkeit zu gewärtigen. Die Möglichkeit, den Informationsgehalt auf Deckfolien aufzuteilen und je nach Anfordern verschiedenartige Zusammendrucke herzustellen, wird deshalb künftig an Bedeutung gewinnen.

D. Zur Bedeutung der Unterlagen der Flurkarte

20 Zum Flurkartenwerk im weiteren Sinne gehören neben den eigentlichen Karten die u. U. recht vielfältigen Zahlen- und Kartennachweise, die an Entstehung und Weiterentwicklung der Karte bis zum letzten Stand Anteil hatten, vornehmlich die Risse, Brouillons, Koordinaten und photogrammetrischen Ausarbeitungen, aber auch die sonstigen früheren Supplementkarten, Kartenauszüge, Operate usw. Diese Unterlagen können

- die graphische Genauigkeit der Karte, die z. B. im Maßstab 1:1000 regelmäßig auf einen oder wenige Dezimeter zu veranschlagen ist, durch genauere Angaben im Zentimeterbereich ergänzen und verbessern (siehe auch RdNr. 28),
- Fehler der Flurkarte aufzeigen, die bei der Verarbeitung der Messungszahlen und der Anfertigung der Karte unterlaufen sind; Beispiel: die Unterlagen lassen erkennen, daß zu einem Flurstück noch eine Teilfläche gehört, die in der Flurkarte irrtümlich zu einem anderen Flurstück gezogen ist.

21 Am öffentlichen Glauben des Grundbuchs (siehe die folgenden Abschnitte) nehmen auch die Ergebnisse derjenigen Vermessungen teil, die nicht zu neuen Grundbucheintragungen geführt haben, also nicht zum Zweck einer Teilung (Teilabschreibung) oder Vereinigung vorgenommen worden sind, auch wenn sie erst **nach** der letzten Grundbucheintragung erfolgen (Grenzermittlungen).

Für das Katastervermessungswerk in Bayern liegen die für die Ergänzung und Auswertung der Karte und für Nachforschungen bedeutsamen Akten, Karten und Zahlennachweise nunmehr vollständig bei den Behörden des Fortführungsvermessungsdienstes. Lediglich die Uraufnahmeblätter (Meßtischblätter) werden weiterhin im Archiv des Landesvermessungsamts verwahrt. Die Vermessungsämter erhalten jedoch im Bedarfsfall Fotokopien. – Die Grundsteuerkataster sind an die staatlichen Archive abgegeben worden, die Pläne hierzu an die Vermessungsämter. Die Archive fertigen sich Mikrofilme von den Plänen.

Folgerungen zu § 891 BGB

22 Für die Ermittlung und die örtliche Überprüfung des rechtlichen Bestandes und der Grenzen eines Flurstücks zieht die Vermessungsbehörde jeweils die Unterlagen der Flurkarte, insbesondere das Zahlenwerk, mit heran.[1] Bei einem Widerspruch zwischen der Karte und ihren Unterlagen wird den

[1] An diesem Grundsatz wird in Bayern seit langem streng festgehalten. *Ahrens* hingegen empfiehlt in seinem Beitrag „Feststellung der Grenzen und einheitliche

Unterlagen der Vorzug gegeben, die Karte berichtigt (über den Zeichenfehler siehe RdNr. 116).

Nicht so selbstverständlich ist dies, wenn anhand der Flurkarte über Grundstücke verfügt wird. Nach BGH Urt. vom 1. 3. 1973 (DÖV 1973, 794 = MittBlDVWLVBay 1974, 260 = Inform. HessKat- u. VermVerw. 1974, 18 = NachrBl d. Verm- u. KatVerw. RhPf 1974, 36) „erstreckt sich der öffentliche Glaube dann, wenn eine Flurkarte in den Grenzangaben mit den maßgeblichen Unterlagen ... nicht übereinstimmt, auf die nach außen in Erscheinung tretende Flurkarte. Nur wenn die Angaben in der Flurkarte in sich widersprüchlich oder ersichtlich mehrdeutig sind, ist die Karte allein nicht als Grundlage für den öffentlichen Glauben geeignet". Das heißt also: der Benützer einer Katasterkarte darf sich bei seinen Verfügungen auf die Katasterkarte verlassen, er handelt gutgläubig. Schließlich ist er nicht so sachverständig, daß er die Unterlagen der Flurkarte, die ihm ohnehin nicht oder nur schwer zugänglich sind, selbst auswerten könnte. Auch wäre es wirtschaftlich nicht zu vertreten, müßte in jedem Fall die Katasterbehörde in eine Untersuchung über die Richtigkeit der Flurkarte eintreten. Die Rechtsvermutung des Grundbuchs kann jedoch nicht wirksam werden, wenn durch einen offensichtlichen Widerspruch zwischen Besitz und Karte auf die Unrichtigkeit der Karte aufmerksam gemacht wird.

Die Vermutung der Richtigkeit des Grundbuchs nach § 891 BGB ist auch 23
dann nicht gegeben, wenn ein Widerspruch gegen die Richtigkeit eingetragen oder die Grenze im Kataster als streitig gekennzeichnet ist.

Mit obiger BGH-Entscheidung sind die Vermessungsbehörden keinesfalls der Verpflichtung entbunden, zur Interpretation der Flurkarte deren Unterlagen mit heranzuziehen und erkannte Fehler in der Darstellung von Fall zu Fall zu beheben. Zur Überprüfungspflicht siehe RdNr. 129.

Folgerungen zu § 892 BGB

Zugunsten desjenigen, der gutgläubig, d. h. im Vertrauen auf die Richtigkeit 24
des Grundbuchs, das Eigentum an einem Grundstück erwirbt, gilt das Grund-

Nutzbarmachung aller Messungen in Preußen« (ZfV 1942, 102), dem Erlaß des PrMdFin v. 14. 4. 1939 – Kv 2.310 für Neuvermessungen folgend, auch bei Fortführungsvermessungen „von Ausnahmefällen, wie Grenzstreitigkeiten, Grenzverwirrung usw. abgesehen die Verwendung von Messungszahlen bei der Feststellung der Grenzen in den Fällen auszuschalten, in denen bei der Urmessung die Grenzpunkte und die Messungslinien nicht oder nur vereinzelt vermarkt und auch später nicht wieder hergestellt und ausreichend festgelegt sind und in denen es häufig nicht möglich ist, die Messungslinien der Vermessung mit genügender Sicherheit wiederherzustellen. In solchen Fällen wird es als genügend angesehen, wenn den Feststellungen, ob die örtlichen Grenzen mit dem Nachweis der Katasterkarten übereinstimmen, nur die nach der Karte ermittelten Maße zugrundegelegt werden".

buch als richtig, selbst wenn es mit der wirklichen Rechtslage nicht übereinstimmt. In Anwendung auf den Ausweis der Flurkarte bedeutet dies, daß der Erwerber eines Grundstücks das Eigentum auch an solchen Flächen erlangt, die in der Karte irrtümlich als Bestandteil des Grundstücks dargestellt waren, rechtlich aber nicht zu ihm gehörten.[1]

Zweck dieser Vorschrift ist die Rechtssicherheit. Der Erwerber soll sich auf die Richtigkeit des Grundbuchs verlassen können. Diese Wirkung kann sich jedoch nur entfalten, wenn die Eintragung den Einsichtnehmenden in die Lage versetzt, anhand der Beschreibung und Darstellung des Grundstücks die Lage des Grundstücks und der zu ihm gehörenden Teile in der Örtlichkeit aufzufinden. Dies ist mittels der Karte regelmäßig möglich. Wenn nun in der Karte im Widerspruch zur Rechtslage eine Fläche als Bestandteil des Grundstücks dargestellt ist, in einer der Unterlagen zur Flurkarte aber der rechtmäßige Umfang des Grundstücks erkennbar wäre, so wird dem Benützer der Flurkarte nicht entgegengehalten werden können, daß er die Unrichtigkeit der Flurkarte hätte erkennen müssen. Siehe hierzu obige Ausführungen zu § 891 BGB (RdNr. 22).

Auch *Reiß* (Grenzrecht und Grenzprozeß, Berlin 1914, S. 24) ist der Auffassung, daß dem Erwerb aufgrund einer geometrich unrichtigen Katasterkarte schwerlich die Vergünstigung des guten Glaubens abzusprechen sei, auch wenn die Unrichtigkeit aus den Messungszahlen zu erkennen wäre. Die bis 1889 angefallenen Messungszahlen wurden zudem in Preußen nicht bei den Katasterämtern, sondern bei der Bezirksregierung verwahrt.

25 Im übrigen wird § 892 BGB nicht zu extensiv ausgelegt werden dürfen. Ist dem Erwerber die Grenze in der Örtlichkeit vorgewiesen worden, so wird er nicht gutgläubig Flächen aus dem Nachbargrundstück dazu erwerben können, nur weil im Grundbuch die Grenze unrichtig dargestellt ist. Dies gilt in besonderem Maße, wenn die Grenze abgemarkt ist. Hier überwindet die Abmarkung, zumindest wenn sie mit der rechtmäßigen Grenze übereinstimmt, den guten Glauben an das objektiv unrichtige Grundbuch. Nur in dieser Form ist der rechtliche Schutz des § 892 BGB sinnvoll.

Andererseits gehen die Rechtsansprüche des Eigentümers in vollem Umfang mit dem Grundstück auf den Erwerber über, also auch der Anspruch auf Flächenteile, die vom Vorbesitzer des Erwerbers nicht beansprucht und nicht in Besitz genommen waren, aber zum rechtlichen Bestand des Grundstücks gehören – gleich ob das Grundstück im Grundbuch richtig dargestellt war oder nicht.

[1] Im entgegengesetzten Fall, nämlich wenn eine Teilfläche des erworbenen Grundstücks in der Karte irrtümlich zu einem anderen Grundstück gezogen war, wird das Grundstück gleichwohl in seinem ganzen rechtlichen Umfang erworben. § 892 BGB ist eine Schutzbestimmung zugunsten des Erwerbers, sie kann nicht in einem Umkehrschluß zu seinen Ungunsten ausgelegt werden.

E. Die Katastergrenze und ihre Bewertung

Als Katastergrenze soll im folgenden die Grenze verstanden werden, die sich aus der Gesamtheit der Nachweise des Katasters ergibt. Der Verwendung der Nachweise muß eine sorgfältige Abschätzung der Zuverlässigkeit und Genauigkeit vorausgehen. Hierzu ist eine sehr eingehende Kenntnis der Entwicklung und Vorgeschichte des regionalen Katasterwerks und seiner Besonderheiten erforderlich. Andernfalls ist eine rechtlich völlig einwandfreie und dazu auch rationelle Arbeitsweise nicht zu gewährleisten. 26

Die Zuverlässigkeit wird durch Kontrollmaße und überschüssige Maße erhöht. Derartige Maße sind jedoch für die Beweiskraft nicht etwa unerläßlich. Im Sinne des öffentlichen Glaubens ist ein Grenzpunkt auch dann nachgewiesen, wenn seine Lage graphisch oder durch Messungszahlen festgelegt ist und eindeutig, wenn auch mit den in jedem Fall unvermeidlichen, begrenzten Messungsungenauigkeiten in die Örtlichkeit übertragen werden kann.

Zum Genauigkeitsgrad geben die Nachweise in manchen Fällen unmittelbar Hinweise, z. B. wenn in Brouillons die Zahlenangaben in Fuß, halben oder zehntel Fuß gehalten sind oder später in Rissen Dezimetermaße wiedergegeben sind. Die Zentimeterangabe in den heutigen Messungsunterlagen kann naturgemäß keine Gewähr bis auf einen Zentimeter geben, weil mit den für das Kataster angewandten Messungsmethoden regelmäßig nicht eine Nachbargenauigkeit von einem Zentimeter, wenn auch von wenigen Zentimetern erreicht wird. 26

Die Genauigkeit und Zuverlässigkeit der **Meßtischkarte** schließlich hat im Laufe der Landesaufnahme in Bayern eine erkennbare Steigerung erfahren. Die Abhängigkeit der Genauigkeit vom Maßstabsverhältnis liegt auf der Hand. Außerdem ist festzustellen, daß in der ersten Zeit der Fortführung die Nachträge mitunter erheblich ungenauer sind als die Uraufnahme selbst und zu einer Verschlechterung der Karte führten. Das Kataster vermag somit nur mit der ihm eigenen und von Fall zu Fall verschiedenen Genauigkeit die rechtmäßige Grenze nachzuweisen. So wenig einer der technischen Behelfe und Nachweise außer acht gelassen werden darf, ebenso wenig darf man ihnen eine Unbedingtheit oder Ausschließlichkeit zuerkennen, die ihnen nach Entstehung und Wesen nicht innewohnt.

F. Toleranzen

Beim Vergleich der Katastergrenze mit der Besitzgrenze wird jeweils Übereinstimmung festzustellen sein, wenn die Abweichung innerhalb bestimmter Größen bleibt, die von Fall zu Fall sehr verschieden sind. 28

a) Liegen **Zahlennachweise** vor, so können die durch Vorschriften festgelegten Fehlergrenzen für Längenmessungen zur Beurteilung der Genauigkeit herangezogen werden. Angestrebt wird zumindest für Gebiete mit hohem Bodenwert eine Lagegenauigkeit der Grenzpunkte von etwa 3 cm, bezogen auf die nächstgelegenen Grenzpunkte oder Vermessungspunkte (Nachbarschaftsgenauigkeit).

b) Liegt zum Vergleich nur die **Karte** vor, so hängt die Toleranz vornehmlich von dem Maßstab der Karte ab. Die Genauigkeit der Flurkarten kann für ein so großes Gebiet wie Bayern, wo mehr als eine Generation von Geometern mit der Uraufnahme beschäftigt war, nicht völlig einheitlich sein. Soweit nötig kann die Genauigkeit eines einzelnen Kartenblatts in einfacher Weise ermittelt werden, indem die Entfernungen zwischen Punktpaaren in der Karte und in der Örtlichkeit miteinander verglichen werden. Hierfür dürfen jedoch nur Punkte der Originalaufnahme mit gesicherter Identität herangezogen werden. Denn während die originäre Genauigkeit innerhalb eines Kartenblatts meist gleichmäßig ist, können die Nachträge u. U. mit unterschiedlicher Sorgfalt vorgenommen sein.

29 Ein einheitlicher, für alle Karten geltender Fehlerausdruck ist nicht ableitbar, wie *Bosch* in seiner Dissertation[1] feststellt. *Bosch* kommt bei seiner auf Kartenblätter 1:5000 verschiedener Landesteile ausgedehnten Untersuchung auf folgende Fehler:

	Aufnahmeperiode	
mittlerer Koordinatenfehler	bis 1826	ab 1826 bis 1864
in Bezug auf die einzelnen Richtungen	± 0,5 bis ± 2,1 m	± 0,4 bis ± 1,2 m
mittlerer Punktfehler	± 0,8 bis ± 3,0 m	± 0,5 bis ± 1,8 m

Richter[2] hatte in der Vorauflage dieses Buches aus Ermittlungen in Ober- und Niederbayern sowie in der Oberpfalz ein etwas günstigeres Ergebnis angegeben (S. 120):

	ältere weniger gute Karten	jüngere gute Karten
mittlerer Fehler der Punktkoordinaten	± 1,0 bis ± 1,3 m	± 0,4 bis ± 1,0 m

Richter[3] kommt damit zu dem Ergebnis, daß bei der Übertragung der Kartengrenze in die Örtlichkeit die rechtmäßige Grenze innerhalb eines

[1] *Bosch,* Ein Beitrag zu Genauigkeit der bayerischen Flurkarten im Maßstab 1:5000, Deutsche Geodätische Kommission Reihe C Nr. 74, 1974, S. 76 bzw. S. 75.

[2] Siehe ferner: *Brandenburg,* Bestimmung des Grenzfehlers, ZfV 1930, 261; *Vogg,* Bestimmung des Grenzfehlers, ZfV 1933, 357.

[3] Von der Meßtischkarte und dem Grundbuchrecht, ZfV 1942, 254; Genauigkeitsermittlung in der bayerischen Flurkarte (Meßtischkarte), ZfV 1942, 313.

Streifens von je 2 m Breite beiderseits der übertragenen Grenze zu suchen sei und daß bei einer Abweichung bis zu ½ m in jedem Fall die Besitzgrenze angehalten werden sollte (Bereich des wahrscheinlichen Fehlers). Die Vektoren der Abweichungen müssen sich jedoch in etwa gleichmäßig und abwechselnd auf alle Richtungen verteilen. Bei einer einseitigen Richtung ist die Vermutung einer systematischen Verschiebung des neuen Bezugssystems gegenüber dem alten, oder aber die Vermutung einer Grenzänderung oder eines unrichtigen Karteneintrags gegeben.

Aus alledem erhellt, daß die Katastergrenze nicht eigentlich entsprechend dem Grenzbegriff des BGB (*Meisner-Ring* § 5) eine Linie im geometrischen Sinn darstellt, sondern im Grunde genommen als Fläche mit einer Breite von wenigen Zentimetern bis zu einigen Metern interpretiert werden muß.

G. Versagen des Grenznachweises

1. Grundsätzliches 30

Ein Versagen des Grenznachweises im Kataster kann gegeben sein
a) für einen größeren Bereich, z. B. ein ganzes Kartenblatt,
b) im Einzelfall für eine Grenze, einen Grenzpunkt oder einen Flächenteil.

Im Fall a ist die Darstellung in der Karte oder in den sonstigen Nachweisen nicht mit der nach der Art der Nachweise und der Meßmethode zu fordernden Genauigkeit und Eindeutigkeit in die Örtlichkeit übertragbar, sei es daß die Grenznachweise selbst mit erkennbaren Mängeln oder Widersprüchen behaftet sind oder daß es an geeigneten Anschlußpunkten (kartensicheren Punkten) zur Übertragung in die Örtlichkeit mangelt. Die Katasternachweise sind in diesem Fall nicht beweiskräftig, die Katastergrenze kann keine Schutzwirkung entfalten; eine Grundbuchgrenze ist nicht vorhanden.

Der Fall b wäre nicht auf eine allgemein schlechte Qualität der Karte 31
zurückzuführen, sondern auf einen materiellen Irrtum. Ist der Irrtum nicht ohne besondere Überprüfung aus den Katasternachweisen erkennbar, so kann ein gutgläubiger Erwerb nach § 892 BGB die unrichtig nachgewiesene Grenze zur rechtmäßigen Grenze machen, jedoch nur zugunsten eines Erwerbers, nicht zu seinen Ungunsten. In diesem Fall existiert eine Grundbuchgrenze. Aus dem Grundbuch ist zu ersehen, *»auf welchen abgegrenzten Teil der Erdoberfläche sich das Eigentum bezieht, und das Ersichtliche muß maßgebend sein, weil sonst der öffentliche Glaube gegenstandslos sein würde.«* (RGZ 73, 125, Entsch. vom 12. 2. 1910).

Ein unrichtiges Verhalten wäre es, einen erkannten materiellen Irrtum der Katasternachweise, z. B. der Flurkarte, gegenüber dem Grundeigentümer zu verschleiern. Die Besorgnis, das Vertrauen, das regelmäßig die Karte und die Tätigkeit der Behörde genießen, könnte dadurch geschmälert werden, darf nicht zu einem solchen Fehlverhalten verführen. Die Sachlage muß den Beteiligten mit nüchternen und überzeugenden Worten, ohne nach der einen oder anderern Seite zu übertreiben, dargelegt werden. Offenheit und Klarheit werden die Vertrauenswürdigkeit unter Beweis stellen und einen Vertrauensschwund hintanhalten.

2. Doppelbuchung, Doppelkatastrierung, Doppelnumerierung

32 a) **Doppelbuchung** ist ein Begriff des Grundbuchrechts. Dieser Begriff sollte mit Sachverhalten, die im Liegenschaftskataster ihren Ursprung nahmen, nicht vermengt werden. Bei einer Doppelbuchung ist ein und dasselbe Grundstück unter der gleichen Bezeichnung an mehreren, also mindestens an zwei Stellen im Grundbuch gebucht. Auch wenn ein Flurstück oder ein Zuflurstück als Bestandteil von zwei verschiedenen Grundstücken im Grundbuch eingetragen ist, liegt eine Doppelbuchung vor, falls der Fehler nicht im Kataster zu suchen ist.

Die Ursache einer Doppelbuchung liegt zumeist darin, daß bei der Übertragung eines Grundstücks oder Grundstücksteils (Flurstück, Zuflurstück) auf eine andere Stelle – sei es eine Stelle auf dem gleichen Blatt oder auf einem anderen Blatt – übersehen wurde, die bisherige Eintragung zu löschen.

Bei der Doppelbuchung liegt also ein grundbuchtechnischer Mangel vor (*Meikel-Imhof-Riedel* § 3 Bem 39). Der Fehler ist bei der Grundbuchführung durch ein Versehen entstanden, er tritt im Grundbuch selbst klar zutage; man bedarf zu seiner Aufdeckung und Erkennung außer dem Grundbuch keiner weiteren Unterlagen, z. B. keiner Karte. (Siehe auch *Kurandt*, Grundbuch und Liegenschaftskataster Nr. 39).

33 Widersprechen sich die beiden Eintragungen im Grundbuch, d. h. ist das Grundstück für zwei verschiedene Eigentümer gebucht, so kann der Gutglaubensschutz des Grundbuchs weder für die eine noch für die andere Eintragung in Anspruch genommen werden. Die beiden Eintragungen heben sich gegenseitig auf (RGZ 56, 60). Diese Schlußfolgerung mag notwendig und konsequent sein, befriedigend ist sie nicht. Denn der in das Grundbuch Einsicht Nehmende kann regelmäßig nicht überprüfen, ob das betreffende Grundstück etwa noch an anderer Stelle eingetragen ist. Dem gutgläubig das Eigentum oder ein anderes Recht Erwerbenden steht also nicht der Schutz des Grundbuchs zur Seite, der im Fall der materiellen Unrichtigkeit des Grundbuchs so bedeutsam werden kann.

Die Doppelbuchung wird im Grundbuch von Amts wegen beseitigt. § 38 GBVfg enthält Einzelvorschriften hierzu. Nur für Fehler, die nach dieser Vorschrift behandelt werden, kann der Begriff Doppelbuchung verwendet werden.

b) Eine **Doppelkatastrierung** (siehe *Kurandt,* Doppelbuchung und fehlerhafte Grenznachweise, ZfV 1953, 277) liegt vor, wenn für die nämliche Fläche zwei Flurstücke mit unterschiedlicher Bezeichnung gebildet worden sind. Dieser Fehler wird regelmäßig auch in das Grundbuch eingehen und rechtliche Folgen nach sich ziehen können. 34

Rechtlich gänzlich irrelevant und aus dem Begriff Doppelkatastrierung auszuklammern ist hingegen der mehrmalige Vortrag eines Flurstücks in den Katasterbüchern, also das Abbild der Doppelbuchung auf der Katasterseite.

Eine Doppelkatastrierung kann an den Rändern von Inselkarten auftreten. Bei den Rahmenflurkarten in Bayern sind derartige Fehler nur dann möglich, wenn nach einer Neuvermessung (Renovationsmessung) oder bei einem Maßstabswechsel ein Kartenblatt nicht bis zum Kartenrand auskartiert und die Begrenzung zweier Blätter somit nicht durch geometrische Gitterlinien, sondern durch Flurstücksgrenzen gegeben ist. Sie sind bei einiger Sorgfalt vermeidbar.

Zur Beseitigung des Fehlers ist ein Veränderungsnachweis erforderlich.

c) **Andere Katastrierungsfehler,** die nicht als Doppelkatastrierung zu bezeichnen sind, obgleich Bodenflächen in den Katasterbüchern (nicht in der nachgeführten Flurkarte) doppelt erfaßt sind, können beim Nachtrag von Veränderungen im Kataster unterlaufen. Hierfür zwei Beispiele: 35

- Bei einer Flurbereinigung oder bei einer städtebaulichen Umlegung wurde übersehen, ein Einlageflurstück, das im Flurbereinigungs- bzw. Umlegungsgebiet liegt, im Einlagenausweis aufzuführen. Folglich wird das Flurstück in den Katasterbüchern und im Grundbuch nicht gelöscht. Für die betreffende Bodenfläche überdeckt der rechtliche neue Ausweis des Zuteilungsgrundstücks den unrichtig gewordenen Ausweis des nicht mehr existierenden Einlagegrundstücks.
- Auch bei Flurstücksverschmelzungen und -zerlegungen sind mitunter kleine Flurstücke, die in der Aufteilungsmasse lagen, zwar örtlich, nicht aber in den Nachweisen mit einbezogen worden, so daß sie in den öffentlichen Registern bestehen blieben, obgleich ihre Fläche örtlich und rechtlich von einem anderen Flurstück und Grundstück eingenommen wurde (vgl. Beispiel 4.4 Anl. 7 KatFEA).

  Der Fehler wird als „Berichtigung" über einen Veränderungsnachweis beseitigt. Das Grundbuchamt berichtigt das Grundbuch ohne besondere rechtliche Überprüfung des Vorgangs. Nach § 35 GBVfg wird das Grundbuchblatt *„geschlossen, wenn das Grundstück sich in der Örtlichkeit nicht nachweisen läßt"*. Die Berechtigten werden vorher aufgefordert, binnen einer bestimmten Frist die Existenz des Grundstücks nachzuweisen.

Nicht als Doppelkatastrierung wären schließlich Flächenüberlagerungen 36 zu bezeichnen, die nur **Teile** von Flurstücken, nicht ein ganzes Flurstück betreffen. Sie kommen gelegentlich in denselben Bereichen wie Doppelkatastrierungen vor. Für Flächenteile mit zweifacher, einander widersprechender Darstellung versagt der Katasternachweis. In der Regel werden die Widersprüche wie Zeichenfehler (RdNr. 116) zu behandeln sein, wobei u. U. auch noch eine Flächenberichtigung (RdNr. 115) erforderlich werden kann.

In den gleichen Bereichen kann auch das Gegenteil einer Flächenüberlagerung auftreten, nämlich daß die Flurstücksgrenzen eine Fläche **nicht** mit einschließen. Ist die Zugehörigkeit einer solchen Fläche zu den benachbarten Grundstücken nicht ohne weiteres zu klären, so wird ein Flurstück gebildet, für das dann ein Grundbuchblatt angelegt wird. Der Eigentümer wird vom Grundbuchamt ermittelt (§§ 7 ff AVGBO).

36a d) Von Doppelbuchung und Doppelkatastrierung zu unterscheiden ist schließlich die **Doppelnumerierung** von Flurstücken. Haben irrtümlich mehrere Flurstücke dieselbe Nummer erhalten, so behält eines der Flurstücke die Nummer, die anderen Flurstücke werden umnumeriert (2.212 KatFEA). Die Umnumerierung wird anhand des Veränderungsnachweises (Auszug) im Grundbuch vollzogen (für Bayern: § 9 Satz 1 in Verb. mit § 8 Nr. 1 c der JMBek über die Erhaltung der Übereinstimmung zwischen dem Grundbuch und dem Liegenschaftskataster). Der Fall ist wie eine Berichtigung rein tatsächlicher Art zu behandeln.

3. Widersprüchliche Grenznachweise nach Flurbereinigungen

37 Für den Grenznachweis nach Flurbereinigungen ist der rechtskräftige Flurbereinigungsplan maßgebend. Das heißt, die Grenze verläuft so, wie die Messungszahlen sie ausweisen. Das sind in den älteren Flurbereinigungen die Risse, in den neueren die Koordinaten der Grenzpunkte. Bei Fortführungsvermessungen können nun Widersprüche zwischen Zahlennachweis und Besitz auftreten, die eine Entscheidung abverlangen. Dabei wird es regelmäßig nur ein Entweder – Oder und kein Vermitteln zwischen Besitz und Zahlennachweis geben. Außerdem muß pragmatisch vorgegangen werden, will man sich nicht ausweglos in eine rechtspositivistische Sackgasse verrennen, die aus einem lebensfremden unannehmbaren Ende keinen Ausweg oder Rückweg mehr offen läßt. Hierzu soll unterschieden werden zwischen Fehlern der Vermessung, der Absteckung und der Grenzermittlung.

38 a) Ein Fehler in der **Vermessung** (Messungsfehler) wird regelmäßig angenommen werden müssen, wenn ein Grenzpunkt aufgrund der Messungszahlen auf eine Stelle treffen würde, wo er nach den örtlichen Verhältnissen oder auch nach der offensichtlich unversehrten, originalen Abmarkung nicht sein kann; z. B.: eine Gewannengrenze würde nach den

Messungszahlen in einen ausgebauten Weg fallen. Hier wird die örtliche Grenze anzuhalten sein; die Messungszahlen, erforderlichenfalls auch die Flurstücksflächen sind wegen des Aufnahmefehlers zu berichtigen.

b) **Fehlerhafte Absteckungen** hingegen werden regelmäßig in der Örtlichkeit auf das Sollmaß der Flurbereinigungsausarbeitungen zurückgeführt, wenn die Abweichung zwischen der vorgegebenen Messungszahl und der Örtlichkeit die Fehlergrenze überschreitet. Das heißt, für den in eine Gewannengrenze eingeschalteten Grenzpunkt ist der Flurbereinigungsplan maßgebend. Eine grob fehlerhafte Abmarkung wäre zu ändern. 39

c) Die **Außengrenzen** eines Flurbereinigungsgebiets werden mit wenigen Ausnahmen in bisherige Katastergrenzen gelegt. Wird bei der Herstellung und Abmarkung der Außengrenzen aus Versehen von der Katastergrenze abgewichen, so wird dies durch den Flurbereinigungsplan geheilt. Die an das Flurbereinigungsgebiet angrenzenden Flurstücke sind am Verfahren „nebenbeteiligt", falls die Grenze abgemarkt wird (§ 10 Nr. 2 f, § 56 FlurbG); die Grenze ist somit gewissermaßen in die Flurbereinigung einbezogen, für ihren Verlauf ist der Flurbereinigungsplan und nicht mehr ein vorangegangener Katasternachweis maßgebend. Die anliegenden, nicht in die Flurbereinigung einbezogenen Flurstücke können auf diese Weise ungewollt verkleinert, aber auch vergrößert werden. Unverändert hingegen bleibt die Grenze *zwischen* den „nebenbeteiligten" Flurstücken bis zum Auftreffen auf die Außengrenze des Flurbereinigungsgebiets, auch wenn der betreffende Grenzpunkt im Zuge der Flurbereinigung in der Außengrenze des Flurbereinigungsgebiets seitlich versetzt abgemarkt worden ist. Für die Grenze *zwischen* den „nebenbeteiligten" Flurstücken sind nicht die Messungszahlen und die Kartendarstellung des Flurbereinigungsplans maßgebend, sondern die Nachweise des Katasters. 40

Bei Flurbereinigungen nach dem früheren Landesrecht bestimmt sich die rechtliche Wirkung der Abmarkung der Umfangsgrenze des Unternehmensgebiets nicht nach Flurbereinigungsrecht, sondern nach den Vorschriften des Liegenschaftsrechts. Von großer Bedeutung ist hier der Inhalt des Abmarkungsprotokolls, das freilich häufig nicht erhalten ist. Kann das Abmarkungsprotokoll als förmlicher Grenzvertrag gewertet werden, so wird der Ausweis der Flurbereinigungsunterlagen angehalten. Ist dies nicht der Fall, wird der Verlauf der rechtmäßigen Grenze durch die Nachweise des Katasters bestimmt, der Flurbereinigung kam keine ändernde Wirkung zu.

d) Ist für eine Teilfläche, die in die Flurbereinigung einbezogen war, nicht ersichtlich, zu welchem Zuteilungsgrundstück sie gehört, so wird für sie ein eigenes Flurstück gebildet. Das Grundbuchamt legt ein Grundbuch- 41 blatt an und veranlaßt das Erforderliche zur Ermittlung des Eigentümers (§§ 7 ff AVGBO).

42 Werden gelegentlich einer Katastervermessung vermessungstechnische Mängel einer Flurbereinigung offenkundig, so kann es u. U. zweckmäßig oder notwendig sein, die Flurbereinigungsbehörde mit einzuschalten. Werden Schadenersatzansprüche angemeldet, so wird die Angelegenheit in jedem Fall an diese Behörde weitergeleitet.

4. Unrichtige Grenzdarstellungen bei Bogenlinien

43 Bei der Uraufnahme der bayerischen Katasterkarte wie auch bei späteren Teilungsvermessungen sind von Grenzen, die in der Örtlichkeit in einem langen Bogen verlaufen, in allerdings äußerst seltenen Fällen und vornehmlich in schwer begehbaren Bergwäldern nur die beiden Bogenendpunkte aufgemessen und durch eine Gerade verbunden worden.

Derartige fehlerhafte Darstellungen treten auch an Scharen parallel verlaufender Grenzzüge auf. Die Vernachlässigung der Biegung kann in Extremfällen die Katastergrenze bis ins übernächste Flurstück verdrängen. Selbst wenn von der Annahme ausgegangen wird, daß solche Grenzen von den Eigentümern als Gerade angenommen und vielleicht sogar einmal als Gerade projektiert waren, muß hier doch von dem örtlichen Befund ausgegangen und ein Versagen der Grenzdarstellung in der Karte festgestellt werden.

5. Anliegerwasserläufe, Anliegerwege und -gräben

44 Nicht ohne weiteres zu ersehen sind aus dem Grundbuch die Grenzen von Grundstücken, wo als Flurstücke ausgewiesene Anliegerwasserläufe oder Anliegerwege oder -gräben über sie führen (siehe auch §§ 3,4 RdNrn. 20 ff).

a) Wenn ein **Anliegerwasserlauf** (siehe RdNr. 95) die Grenze zweier Grundstücke bildet, verläuft die Eigentums- und damit die rechtliche Grundstücksgrenze vorbehaltlich anderweitiger Vereinbarungen der Eigentümer in der Mitte des Gewässers (Art. 6 Abs. 2 BayWG). Die Mitte und damit die Grenze folgt den jeweiligen Veränderungen, die sich durch Überflutung oder natürliche Verlandung an den Ufern vollziehen. Die auf die Uferlinien auftreffenden Landgrenzen setzen sich im Gewässer lotrecht zur Mittellinie des Wasserlaufs fort. Wenn in der Flurkarte im Gewässer ein anderer Grenzverlauf eingezeichnet ist, wird dieser als vereinbarte Grenze anzusehen sein. Weitere Einzelheiten zum Wasserrecht siehe RdNrn. 92 ff.

45 b) Bilden **Anliegerwege oder -gräben** eine Eigentumsgrenze, so wird beim Fehlen besonderer Kriterien in Analogie zu den Wasserläufen angenommen, daß die Grenze in der Mittelachse des Weges oder Grabens liegt. Die

auf das Wegflurstück aufstoßenden Grenzen sind jedoch in jedem Fall in ihrer Richtung unverändert in den Weg hinein zu verlängern.

Manche Anliegerwege sind rot in den frühesten bayerischen Plänen (Liquidationsplänen usw.) nachgetragen worden. Hier sind der Verlauf der ursprünglichen, durch den Anliegerweg verwischten Grenzen und damit die Zugehörigkeit des Anliegerweges zu erkennen. Im ehemals coburgischen Landesteil ist dies stets der Fall, weil dort die Anliegerwege nach dem Eigentum in Parzellen gegliedert waren.

Aber auch in anderen Fällen ist an Hand der Karte aus dem Verlauf des Weges zu folgern, daß die Grenze nicht in der Wegmitte, sondern am Wegrand verläuft. Solche Hinweise ergeben sich z. B. aus einseitig an **einem** Wegrand angebrachten Grenzzeichen oder aus dem tangentialen Anschmiegen des Weges an den Verlauf der Grundstücksgrenzen. Der Weg wird regelmäßig zu den einseitig anliegenden Grundstücken gehören, wenn er nur zu deren Erschließung und Bewirtschaftung dient, was durch das Fehlen von Auffahrten und durch Gräben, Böschungen oder Hochraine an der anderen Wegseite erkennbar sein kann.

c) Die den einzelnen Eigentümern gehörenden, in einem Flurstück zusammengefaßten Flächenteile der Anliegerwasserläufe, -wege und -gräben (vgl. § 3,4 RdNrn. 20, 21) können katastertechnisch und rechtlich verselbständigt werden, sie können zu selbständigen Grundstücken im Rechtssinn gemacht werden; sie können ferner entsprechend ihrer rechtlichen Zugehörigkeit katastertechnisch in das Uferflurstück bzw. Anliegerflurstück einbezogen werden. 46

Die katastertechnische Abtrennung eines Eigentumsanteils von dem Flurstück, das für den Anliegerwasserlauf gebildet worden ist, auf Antrag des Eigentümers kann von den Eigentümern der übrigen Teile des Anliegerwasserlaufs nicht verhindert werden, weil dadurch ihre Rechte nicht geschmälert werden. Die rechtliche Verselbständigung des Gewässerteils bedeutet jedoch eine Abtrennung von dem Ufergrundstück, dessen Bestandteil der Gewässerteil ist. Sie muß deshalb als Teilung behandelt werden, wozu die öffentlich beurkundete oder beglaubigte Erklärung des Eigentümers (nicht der übrigen Teileigentümer) erforderlich ist. Hingegen ist die katastertechnische Verschmelzung des Anteils an dem Gewässer mit dem Ufergrundstück **nicht** mit einer Vereinigung oder Zuschreibung (im Sinne § 920 BGB) verbunden. Eine Beurkundung ist nicht veranlaßt; es liegt auch nicht eine Abschreibung von dem Gewässerflurstück vor, die eine Anwendung von § 2 Abs. 3 a GBO angebracht erscheinen ließe (keine Zuflurstücke, vgl. § 2 RdNr. 94). Diese Veränderungen werden katastertechnisch wie Flächenberichtigungen behandelt. Entsprechendes gilt für Anliegerwege und -gräben. 47

Die Auflösung des Flurstücks eines Anliegerwasserlaufs, -weges oder -grabens, oder die Abtrennung von bestimmten Eigentumsanteilen wird jeweils erforderlich, wenn das Gewässer, der Weg bzw. Graben verlegt oder aufgehoben wird. Zum Erwerb eines Anliegerwegs durch die Gemeinde müssen die einzelnen Teilflächen des Weges verselbständigt und in das Grundbuch eingetragen werden, ehe sie an die Gemeinde aufgelassen werden. Bei der Teilung eines Grundstücks, über das ein Anliegerweg oder -graben führt, muß jeweils vermerkt werden, ob auch Flächen des Anliegerwegs oder -grabens betroffen sind.

6. Grenze entlang von Gebäudemauern (Traufrecht, enge Reihe)

48 Wenn die Grenze eines Grundstücks in einem kleinen Abstand von der Außenwand eines Gebäudes oder im schmalen Zwischenraum zwischen zwei Gebäuden verläuft, konnte sie in den bayerischen Flurkarten (graphisches Kataster) wegen des kleinen Maßstabs nicht mehr dargestellt werden. Sie fällt scheinbar mit der oder mit einer Hausabschlußwand zusammen, obgleich rechtlich ein schmaler Grundstücksstreifen neben der Gebäudewand noch zu dem Grundstück gehört. Die Karte kann über einen kleinen Abstand der Grenze von dem Gebäude nichts aussagen. Zur Beurteilung des Grenzverlaufs bietet sich jedoch eine andere Erkenntnisquelle an, nämlich das Traufrecht.

49 Nach *Meisner-Ring* § 24 I beruht das **Traufrecht** im deutschrechtlichen Sinne auf der den Gegenbeweis nicht ausschließenden Vermutung, daß bei Erbauung eines Hauses in der Breite des Trüpfraumes von der Grenze des eigenen Grundes zurückgeblieben worden sei, mithin die Traufe noch auf diesen falle. Der Gegenbeweis kann z. B. mit dem Nachweis eines jus stillicidii erbracht werden, nämlich mit einer Dienstbarkeit des Inhalts, daß die Traufe auf das Nachbargrundstück fallen durfte. In den alten Brouillons der Rheinpfalz, so berichtet *Richter* auf Seite 130 der Vorauflage dieses Buches, ist bei Gebäuden an der Grenze gegebenenfalls der Traufraum in die Messungszahl für das Gebäudespannmaß mit einbezogen. Das heißt, bei der Darstellung des Gebäudes im Brouillon und in der Karte wurde in diesem Fall nicht wie sonst vom Gebäudesockel, sondern von der Dachkante ausgegangen.

Bei Gebäuden, die unter der Herrschaft des BGB errichtet worden sind, führt der Tropfenfall der Traufe nicht zu einer besonderen Rechtsvermutung für das Eigentum. In Bayern mit seiner konsequenten Gebäudeeinmessung hatte sich um diese Zeit die Zahlenmethode durchgesetzt, der Abstand der Gebäude von der Grenze ist mit Messungszahlen festgehalten.

50 Die Rechtsvermutung des Traufrechts trifft nur auf diejenigen Flächen zu, auf die im freien Fall oder auch aus einer Dachrinne tatsächlich Traufwasser abgeleitet wurde, also z. B. **nicht** bei Giebelmauern. Auch bei öffentlichen

Wegen sowie bei Wegen, die vormals im gleichen Eigentum wie das Gebäude standen, besteht nicht die Vermutung des Traufrechts.

Bei der Überlegung, ob die Grenze entlang der Hausmauer oder entlang der durch die Dachkante bestimmten Trauflinie verläuft, wird man sich, u. U. unter Berücksichtigung des Besitzstandes, auf **eine** der beiden Alternativen festlegen müssen. Den Traufraum in Anwendung von § 920 Satz 2 BGB zu teilen, wäre nicht annehmbar.

Als Breite des Traufrechts ist regelmäßig der Abstand der Dachkante von 51
der Hauswand anzunehmen. In zahlreichen Statutarrechten war jedoch für die Traufseite eines Gebäudes ein bestimmter Abstand von der Grenze als Mindestabstand vorgeschrieben, z. B. 1½, 2 oder 3 Schuh (Einzelheiten siehe *Meisner-Ring* aaO). Nach Teil I Tit. 8 § 139 des Preußischen Landrechts mußte bei Neubauten – ohne Rücksicht auf die Traufe – vorbehaltlich „besonderer Polizeigesetze" ein Abstand von wenigstens drei Werkschuh von den Gebäuden des Nachbarn eingehalten werden, nach § 140 ein Abstand von anderthalb Werkschuh von der Grenze zu unbebauten Nachbargrundstücken.

Traufrechtliche (privatrechtliche) und baurechtliche (öffentlich-rechtliche) Vorschriften überschneiden sich vielfach. In den Bauordnungen war mitunter der Abstand zwischen zwei Nachbargebäuden normiert, der unter der Bezeichnung „Reihe", „enge Reihe", auch „Ehegraben" (= gesetzlicher Graben) oder „Winkel" vorkommt[1]. Im Grundsteuerkataster ist gelegentlich vermerkt, ob die enge Reihe gemeinschaftlich ist (etwa im Sinne einer Grenzeinrichtung) oder zu einem der angrenzenden Grundstücke allein gehört[2]. Mit dem Traufrecht war in manchen Statuten das Lichtrecht verbunden (= das Recht in einer Gebäudewand nahe der Grenze zum Nachbarn Fenster zu haben).

Einen Hinweis auf den Grenzverlauf können noch die sonstigen vielfälti- 52
gen Abstandsregelungen geben, die sich insbesondere in Ortsstatuten finden; z. B. in der Münchner Bauordnung: Grenzabstand für Mauern, Planken und Zäune 1½ Fuß.

Lit.: *Meisner-Ring,* Nachbarrecht, § 24
Roth, Bayrisches Civilrecht, 1872, 2. Band §§ 125, 126

[1] Als „enge Reihe" wurde nach allgemeiner Verwaltungspraxis ein Gebäudeabstand von weniger als 3,50 m bezeichnet (BayVGH n. F. 4, 184/187). Nach § 49 der bayer. Bauordnung vom 17. 2. 1901 (BayBS II S. 446) waren enge Reihen wo immer möglich zu vermeiden.

[2] Beispiel: Grundsteuerkataster Weiden 1842, Eintrag bei HsNr. 22: „Die Reihe gegen das Haus Nummer 21 gehört zum Haus Nummer 22 und nimmt durch diese (Reihe) die Dachtraufe vom Hause Nummer 21 und 22 ihren Auslauf in den Stadtbach".

Schopf, Über Eigentums- und Grenzverhältnisse in Reihen und gemauerten Grenzscheidungen in den alten Bauquartieren der Städte, ZfV 1932, 348, 387, 450, 477, 515

Vollmann, Über das Traufrecht im Sinne einer Eigentumsvermutung im Geltungsbereich des gemeinen Rechts, AVN 1967, 479

– Über Grenzermittlungen entlang von Gebäuden, MittDVWLVBay 1969, 184; 1970, 91

Ziegler, Über das Traufrecht, MittDVWLVBay 1965, 23

V. Feststellung der Eigentumsgrenze

A. Unterteilung, Rechtsnatur

1. Grenzwiederherstellung und Grenzermittlung

53 Mit der Festlegung auf das Realfolium, der ersten Frage für die Gestaltung des Grundbuchs, wurde in Deutschland die vollkommenste Form für dieses Register gewählt. *„Mit der Abstellung auf das einzelne „Grundstück" wird ganz von selbst eine zweite große Frage aufgerollt, nämlich die* **Vermessungsfrage.** *Was heißt „Grundstück", wo fängt es an, wo hört es auf? Diese zweite Frage ist vielleicht die allerschwerste aus dem Bereiche des* **technischen** *Bodenrechts. Das 19. Jahrhundert hat eine leidliche Lösung im Anschluß an den sogenannten* **Kataster** *versucht." (J. W. Hedemann,* Die Fortschritte des Zivilrechts im XIX. Jahrhundert, 2. Teil, 2. Hälfte, Berlin 1935, S. 2).

Die örtliche Antwort auf obige Fragen wird in der **Grenzfeststellung** versucht. Grenzfeststellungen sind als Katastervermessungen durch die Vermessungsgesetze der Länder bestimmten Vermessungsstellen vorbehalten (Vermessungsamt/Katasteramt, öffentlich bestellter Vermessungsingenieur).

54 Bei demjenigen Teil der Grenzfeststellungen, der in der Übertragung der Katastergrenze in die Örtlichkeit besteht, wird unterschieden zwischen

- Grenzwiederherstellungen und
- Grenzermittlungen.

Bei der **Grenzwiederherstellung** führt das vorhandene, einwandfreie Zahlenmaterial mit der im Liegenschaftsverkehr üblichen und ausreichenden Genauigkeit auf den Grenzpunkt, der einmal von den Angrenzern anerkannt worden ist. Die **Grenzermittlung** hingegen stützt sich auf die Flurkarte (graphisches Kataster) oder auf mangelhaftes oder unzuverlässiges Zahlenmaterial und läßt somit einen gewissen Entscheidungsspielraum außerhalb der Katasterunterlagen, der mit anderen Kriterien ausgefüllt werden kann (siehe RdNrn. 28, 29).

2. Zur Rechtsnatur der Vermessung

Die Feststellung der Eigentumsgrenze kann nach dem Willen des Antragstellers auf eine Abmarkung abzielen oder aufgrund öffentlich-rechtlicher Abmarkungspflicht (Art. 1 bayAbmG) eine Abmarkung zur Folge haben. Die Abmarkung ist unstreitig ein Verwaltungsakt (Art. 19 bayAbmG, siehe RdNr. 81). Nach der Rechtsprechung wäre auch die Vermessung ein Verwaltungsakt, ggf. ein Teil des Verwaltungsaktes Abmarkung (BayVGH, Beschl. vom 27. 10. 1959, BayVBl 1960, 22; BayObLG, Urt. vom 10. 7. 1962 ES 210/215; VGH Baden-Württ., Urt. vom 12. 7. 1965, ESVGH 15, 240; Hess. VGH, Urt. vom 15. 2. 1971, ESVGH 21, 148; BayVGH, Urt. vom 20. 11. 1972, BayVBl 1974, 46). Diese Qualifizierung befriedigt jedoch nicht, weil sie außer acht läßt, daß auf die Vermessung u. U. **keine** Abmarkung folgt, sei es daß eine ausreichende Abmarkung schon vorhanden ist, oder daß einer der Beteiligten die ermittelte Grenze nicht anerkennt. Hier wird offensichtlich, daß die Vermessung **kein Verwaltungsakt** sein kann, weil ihr – außer der Entstehung eines Gebührenanspruchs – jegliche Rechtswirkung fehlt. Die Vermessung stellt sich vielmehr als Inanspruchnahme einer Einrichtung dar und ist eine schlichthoheitliche Tätigkeit öffentlicher Daseinsvorsorge. Im besonderen kann die Vermessung der Grenzen von Grundstücken im Grundbuchsinn nicht durch das Handeln der Behörde, sondern allenfalls im Rahmen der Erklärungen der beteiligten Eigentümer rechtserhebliche Wirkungen, sog. Tatbestandswirkungen, hervorbringen. In diese Richtung weist auch das Urteil des BayVGH vom 9. 4. 1976 (Nr. 12 VI 75/R/0 265 V 74), in dem festgestellt wurde, daß eine **Grenzvorweisung kein Verwaltungsakt** sei (das Vermessungsamt hatte eine mehrere Jahre früher abgemarkte Grenze als die rechtmäßige vorgewiesen). Auch eine behördliche Auskunft ist kein Verwaltungsakt. 55

Grenzermittlungen haben den Charakter von Gutachten, deren Ergebnis von den Beteiligten anerkannt oder auch abgelehnt werden kann (siehe auch RdNr. 59). Dies gilt in Bayern auch für Grenzwiederherstellungen (mit Abmarkung) aufgrund einwandfreier Zahlenunterlagen, während in anderen Ländern in solchen Fällen ein „Abmarkungsbescheid" erteilt wird. Über Eigentumsverhältnisse zu entscheiden, ist nicht Aufgabe des Vermessungsamts (OLG München Urt. vom 16. 12. 1976 – 1 U 5297/74). Es besteht auch kein erkennbares Rechtsschutzbedürfnis dafür, eine Vermessung verwaltungsgerichtlich prüfen zu lassen. Können sich die Beteiligten nicht auf die Grenze einigen, die sich aus der Vermessung ergibt, so kann die Festsetzung der Grenze im Wege der Klage beim ordentlichen Gericht erreicht werden. Soll aber außerhalb eines Zivilrechtsstreits überprüft werden, ob die von der Vermessungsstelle vorgewiesene Grenze der Katastergrenze entspricht, so gewährt die Aufsichtsbeschwerde durch die Nachprüfung im Wege der 56

Fachaufsicht ausreichende Möglichkeiten zu einer Korrektur. (Zur Anfechtbarkeit der Grenzfeststellung siehe RdNr. 81).

B. Übereinstimmung von Katastergrenze und Besitz

57 1. Normalfall

Stimmt die Besitzgrenze mit der Katastergrenze (zu den Begriffen siehe RdNrn. 60 ff) überein, wird regelmäßig kein Anlaß gegeben sein, die Katastergrenze nicht als die Eigentumsgrenze anzusehen. „Sei im Buch und Besitz, und du bist im Recht!" Von den Beteiligten ist unter diesen Umständen kein Einspruch zu erwarten, falls nicht schon der Besitz, z. B. dargestellt durch einen Zaun, bestritten war.[1]

Gleichwohl ist die Möglichkeit nicht gänzlich auszuschließen, daß die mit der Besitzgrenze übereinstimmende Katastergrenze von der rechtmäßigen Grenze abweicht. Die Übereinstimmung der rechtmäßigen Grenze mit der Katastergrenze wird aber früher oder später herbeigeführt

- durch Tabularersitzung (§ 900 BGB), siehe folgende RdNr. 58
- durch gutgläubigen Erwerb mittels Rechtsgeschäfts
- durch Erwerb aus Zuschlag in der Zwangsversteigerung.

Außerhalb dieser Möglichkeiten kann die Katastergrenze durch einen Grenzfeststellungsvertrag der beiderseitigen Angrenzer zur rechtmäßigen Eigentumsgrenze werden; siehe RdNrn. 77 ff. Falls die Abweichung jedoch bekannt wird, ist zur Beibehaltung des Buchausweises und des örtlichen Besitzstandes die Einigung nach § 873 BGB in der von § 925 BGB geforderten Form zu erklären.

58 2. Tabularersitzung

Begünstigt durch den kleinen Maßstab der Katasterkarte sind in Bayern früher gelegentlich mit Willen oder auf Antrag der Beteiligten Grenzausgleiche oder kleinere Grenzänderungen, insbesondere Wegverlegungen oder -verbreiterungen, wie eine Berichtigung in das Kataster übernommen worden, ohne daß die rechtlichen Voraussetzungen hierfür geschaffen worden wären. Werden solche Versäumnisse nachträglich aufgedeckt, so lassen sich die Beteiligten meist nicht bewegen, die Rechtsänderungen durch notarielle Beurkundung zu legalisieren. In vielen Fällen wäre es auch nicht sinnvoll, den früheren Zustand in der Karte wieder herzustellen. Wenn der seinerzeitige willkürliche Karteneintrag nicht schon durch gutgläubigen Erwerb gemäß § 892 BGB Recht geworden ist, so kann nach 30 Jahren zumindest Tabula-

[1] Über die Katastergrenze als Fläche siehe RdNr. 29. Übereinstimmung ist gegeben, wenn die Besitzgrenze innerhalb dieser Fläche liegt.

rersitzung (Buchersitzung) nach § 900 BGB angenommen werden. Die strengere Auffassung der Vorauflage (S. 135 oben), daß nach Anlegung des Grundbuchs Tabularersitzung aufgrund eines Karteneintrags nicht mehr möglich sei, wird nicht aufrechterhalten. Die durch den Ausweis des Grundbuchs gegebene Rechtssicherheit und die Erhaltung des Rechtsfriedens verdienen den Vorzug vor einer zu weit getriebenen Rechtlichkeit.

Durch eine Tabularersitzung kann eine altrechtliche Ersitzung (siehe RdNrn. 64 ff) fortgesetzt worden sein, wenn der Besitzer in das Grundbuch eingetragen worden ist (Art. 169 i. V. mit Art. 189 Abs. 2 EGBGB).

Wer das Eigentum eines im Grundbuch als Eigentümer Eingetragenen bestreitet, hat die volle Darlegungs- und Beweislast auch insoweit, als Eigentumserwerb des Eingetragenen durch Ersitzung in Betracht kommt (BGH Urt. vom 29. 10. 1971, MDR 1972, 222).

C. Abweichung zwischen Kataster- und Besitzgrenze

Während bei Übereinstimmung zwischen Kataster- und Besitzgrenze von vornherein keine Alternativen gegeben sind, stellt sich bei Abweichungen zwischen diesen die Frage nach der Grenze des Eigentums. 59

Sie ist von dem mit der Grenzfeststellung Betrauten (Vermessungsbeamter, außerhalb Bayerns auch öffentlich bestellter Vermessungsingenieur) zu beurteilen. Hierbei hat der Vermessungsfachmann nicht etwa eine Entscheidung zu treffen, vielmehr befindet er sich in der Rolle eines sachverständigen Gutachters und Beraters und, wenn eine Übereinkunft zu protokollieren ist, in der Position einer Urkundsperson. Die Entscheidung im außerprozessualen Verfahren liegt stets bei den Beteiligten selbst. Die sachverständige Mitwirkung des Vermessungsfachmanns wird jedoch, wenn auch nicht förmlich so doch praktisch, in der Regel die Entscheidung herbeiführen. Von seinem Können, seinem Geschick und seinem sicheren, überzeugenden Auftreten hängt es zumeist ab, ob eine Grenzunsicherheit durch friedliches Übereinkommen beigelegt wird oder in einem gerichtlichen Prozeß beseitigt werden muß.

1. Die rechtmäßige Grenze, Begriff

Für eine eingehende Betrachtung der „rechtmäßigen Grenze" bedarf es zunächst einer klaren Abgrenzung gegen andere Begriffe: 60

Besitzgrenze ist die Grenze, bis zu der die beidseitigen Angrenzer die tatsächliche Herrschaft über die Grundstücke ausüben und Besitzhandlungen ausführen. Eine Grenzeinrichtung, wie ein Zaun, eine Hecke, eine Mauer usw. zeigt regelmäßig die Besitzgrenze an. Die Besitzgrenze kann jedoch von Anfang an bestritten, der Besitz kann widerrechtlich sein (verbotene Eigenmacht, § 858 BGB).

61 Als **Flurkartengrenze** oder Grenze nach der Flurkarte soll im folgenden die Grenze bezeichnet werden, die in der amtlichen Flurkarte nachgewiesen ist. Amtliche Flurkarte in diesem Sinne kann jeweils nur **eine** ganz bestimmte Karte sein. Die Eigenschaft einer amtlichen Flurkarte kann auch einem Teil eines Kartenblatts zukommen, z. B. dann wenn die anderen Teile des Blattes in einem anderen Maßstab oder – jenseits der Grenze des Amtsbezirks – von einer anderen Behörde geführt werden.

62 Die **Katastergrenze** ist im günstigsten Fall durch einwandfreie Messungszahlen dokumentiert. Sind keine Zahlen festgehalten, sondern stellt die graphische Darstellung den einzigen Nachweis dar (sog. graphisches Kataster), so ist die Katastergrenze gleich der Flurkartengrenze. Im Hinblick auf das Grundbuch wäre die Katastergrenze die „Buchgrenze".

63 Die **rechtmäßige Grenze** ist die Eigentumsgrenze, wie sie durch die materielle Rechtslage gegeben ist. Eine von der rechtmäßigen Grenze abweichende Katastergrenze (= Buchgrenze) ist zu berichtigen. Sie kann jedoch zur rechtmäßigen Grenze werden durch die Wirkung des öffentlichen Glaubens des Grundbuchs, durch einen Zuschlag in der Zwangsversteigerung oder durch Tabularersitzung.

Bei der Ermittlung der rechtmäßigen Grenze muß nicht selten bis in die Zeit vor der Grundbuchanlegung zurückgegangen werden. Bei den Schwierigkeiten der Beweisführung für eine bestimmte Grenze liegt viel daran, daß es dem Vermessungsbeamten gelingt, die Beteiligten zu einer gütlichen Einigung auf die rechtmäßige Grenze zu bewegen.

In der Vorauflage dieses Buches wurde Seite 135 ff die Bezeichnung „historische" Grenze im Sinne der „rechtmäßigen" Grenze verwendet. Dieser Ausdruck ist vermutlich von *Reiß*, Grenzrecht und Grenzprozeß, Berlin 1914, übernommen. Das Wort „historisch" wird jedoch in den hier vorkommenden Verbindungen nach dem heutigen Sprachgebrauch im Sinne von „nicht mehr bestehend, nicht mehr gültig, gelöscht" im Gegensatz zu „aktuell" verwendet.

64 2. Unvordenkliche Verjährung und Ersitzung nach altem Recht[1]

a) Die **Unvordenklichkeit** nach altem Recht bewirkte, daß ein Rechtszustand, der seit Menschengedenken fortdauert, nicht mehr angefochten werden kann. Die unvordenkliche Verjährung stellt also nicht einen Erwerbsgrund für ein Recht dar, sondern den Nachweis für das Bestehen des Rechts (*Meisner-Ring* § 32 B III). Die Rechtsausübung muß auf mindestens 40 Jahre vor Anlegung des Grundbuchs bezeugt sein. Der Beweis kann mit jedem Beweismittel vornehmlich aber mit Zeugen geführt werden. Zeugen eines entsprechenden Alters leben nicht mehr. Das Zeugnis kann sich aber auch darauf stützen, was von früheren Generationen her eindeutig und zweifelsfrei überliefert wurde (BayObLGZ 1962, 70/78; Bay-

[1] Über den rechtsgeschäftlichen Eigentumserwerb nach altem Recht siehe Einf RdNrn. 8 ff.

VerfGH 16, 142/143; JMBl 1964 S. 64). Das Rechtsinstitut war dem Gemeinen Recht und dem Bayer. Landrecht (II 4 § 9), nicht dem Preußischen Landrecht eigen.

b) Für die **ordentliche Ersitzung** nach altem Recht war ein Rechtstitel (titulus justus)[1] Voraussetzung (siehe BayLR 4. Kap. §§ 7, 8; PreußLR I §§ 620, 625). Der Titel mußte in einem Rechtsgrund bestehen, der den sofortigen Eigentumsübergang herbeigeführt hätte, wenn nicht der Mangel im Wege gestanden wäre, der dann erst durch die Dauer des Besitzes geheilt wurde. Seit Inkrafttreten des Notariatsgesetzes (1. 7. 1862) ist in Bayern ein nicht notariell geschlossener Veräußerungsvertrag kein geeigneter Titel für ordentliche Ersitzung mehr. Nicht durch ordentliche Ersitzung konnte regelmäßig das Eigentum an Sachen des Fiskus, des Regenten, der Gemeinden und der unter Vormundschaft stehenden Personen sowie an Immobilien der Kirchen und Stiftungen erworben werden. Gefordert waren für die ordentliche Ersitzung Gutgläubigkeit und Besitz. Der ordentlichen Ersitzung zugänglich war z. B. eine Sache, die ein Erbe gutgläubig mit der Erbschaft in Eigenbesitz nahm, während sie in Wirklichkeit nicht dem Erblasser gehört hatte. Nach Bayerischem und Preußischem Landrecht (anders nach Gemeinem Recht) war es hierbei unschädlich, wenn der Erblasser nicht gutgläubiger Besitzer gewesen war. Die Ersitzungszeit betrug zehn Jahre unter Anwesenden, 20 Jahre unter Abwesenden (Abwesenheit nach BayLR = Aufenthalt außerhalb Bayerns, nach Gemeinem Recht in einem anderen OLGBezirk, nach PreußLR in einer anderen „Provinz"). Bei Eigentum juristischer Personen verdoppelte sich nach PreußLR die Ersitzungszeit, bei Kauf verminderte sie sich nach BayLR auf die Hälfte. Verschiedene Stadtrechte hatten kürzere Ersitzungszeiten festgelegt. 65

c) Bei der **außerordentlichen Ersitzung** waren Besitz und guter Glaube, nicht aber ein Rechtstitel für den Eigentumserwerb gefordert. Die Ersitzungszeit betrug nach den drei Rechten in der Regel 30 Jahre (allgemeine Klagenverjährung). Das Gemeine Recht und das BayLR sahen bei Immobilien der Kirchen, der Stiftungen und bei Besitzungen des Regenten 40 Jahre, bei Immobilien der Römischen Kirche 100 Jahre vor. Gegen den Fiskus war nach Bay- und PreußLR keine Ersitzung (BayLR unvordenkliche Verjährung) möglich, nach Gemeinem Recht Ersitzung in 40 Jahren. 66

Mit dem Notariatszwang ab 1. 7. 1862 ist in Bayern der Freiraum für die außerordentliche Ersitzung erheblich eingeengt worden, weil gutgläubiger Besitz für einen nicht notariell beurkundeten Besitzübergang allge-

[1] Titel ist der den Erwerb eines Rechts rechtfertigende Grund, z. B. Kauf, Schenkung, Erbschaft, Mitgift.

mein nicht angenommen wird. Wohl kann sich aber für den Rechtsnachfolger, z. B. den Erben, u. U. eine Ersitzung, ordentliche oder außerordentliche, angeschlossen haben.

Die Ersitzung nach altem Recht kann als abgeschlossen und rechtlich wirksam nur dann angesehen werden, wenn die Ersitzungszeit schon vor Anlegung des Grundbuchs abgelaufen war; sie kann jedoch durch Tabularsitzung fortgesetzt worden sein (siehe RdNr. 58). Über den Zeitpunkt der Anlegung des Grundbuchs in Bayern siehe §§ 116–124 RdNr. 2.

67 d) Als **ungewöhnliche Verjährung** wurde im PreußLR jede Verjährung bezeichnet, die mehr als 30 Jahre verlangte. In diesem Zusammenhang interessiert die 44jährige Verjährung gegen den Fiskus, die Kirchen und die ihnen gleichgestellten Körperschaften. Für diese Verjährung war Redlichkeit, nicht aber ein Titel erforderlich.

68 e) Nach dem **code civil**, der in den vor 1815 an Frankreich angegliederten Ländern, z. B. der Rheinpfalz, bis zur Einführung des BGB galt, verjährten die Ansprüche des Eigentümers gegen den Eigenbesitzer nach 30 Jahren, wobei Gutgläubigkeit des fehlerhaft Besitzenden nicht gefordert war (Art. 2262 c. c.). Die Ersitzungszeit verkürzte sich auf zehn Jahre, wenn ein rechtmäßiger Erwerbstitel vorlag und der Mangel der Gutgläubigkeit nicht nachzuweisen war; guter Glaube im Zeitpunkt des Erwerbs war ausreichend (Art. 2265–2269 c. c.).

Schrifttum

Henle, Die Anlegung des Grundbuchs in den Landesteilen rechts des Rheins, 2. Aufl. S. 252

Roth, Bayrisches Civilrecht, 1872, §§ 145–147

Schiedermair, Die Ersitzung von Grunddienstbarkeiten und des Eigentums nach dem Gemeinen Recht, dem Bayerischen Landrecht und dem Preußischen Landrecht, Zeitschr. für Rechtspflege in Bayern 1915, 205, 233

3. Kontratabularersitzung

69 Das BGB hat dem Grundbuch eine sehr starke Stellung im Liegenschaftsrecht eingeräumt und die Rechtsprechung hat diese Stellung bestätigt. Auch für den Eigentumserwerb durch Ersitzung ist regelmäßig die Übereinstimmung des Besitzes mit dem Ausweis des Grundbuchs Voraussetzung; siehe Tabularersitzung RdNr. 58. Gleichwohl besteht – für verhältnismäßig sehr seltene Fälle – die Notwendigkeit, auf Ersitzung von Eigentum auch dann zu erkennen, wenn der Ersitzende nicht im Grundbuch eingetragen ist. Hierfür sieht § 927 BGB eine Ersitzungszeit von 30 Jahren vor und ein Aufgebotsverfahren, durch das der Eigentümer mit seinem Recht ausgeschlossen wird. Gutgläubigkeit des Besitzenden ist nicht gefordert.

Drei Fälle können unterschieden werden: 70

a) Das Grundstück ist nicht im Grundbuch eingetragen; z. B. das Bett eines im Grundbuch nicht eingetragenen Wasserlaufs ist aufgelassen und von den Anliegern aufgefüllt und in Besitz und Nutzung genommen worden, obgleich ihnen das Eigentum an dem Gewässerbett nicht zustand.
b) Der im Grundbuch Eingetragene ist **nicht** der rechtmäßige Eigentümer.
c) Der rechtmäßige Eigentümer ist im Grundbuch eingetragen. In diesem Fall ist das Aufgebotsverfahren nur zulässig, wenn der Eigentümer verstorben oder verschollen ist und eine Eintragung im Grundbuch, die seiner Zustimmung bedurfte, seit 30 Jahren nicht mehr erfolgt ist.

Die Möglichkeit, die § 927 BGB eröffnet, ist vor allem dann von Bedeutung, wenn Verbleib und Aufenthalt des Eigentümers eines Grundstücks nicht mehr ermittelt werden können.

4. Verjährung

71 Gemäß § 902 BGB unterliegen die Ansprüche aus eingetragenen Rechten nicht der Verjährung. Dies gilt jedoch nur für den Bereich des **Privaten** Rechts. **Öffentlichrechtliche** Titelrechte erlöschen, auch wenn sie im Grundbuch vermerkt sind, gemäß § 195 BGB in 30 Jahren, wenn sie in dieser Zeit nicht ausgeübt werden. Beispiel: im Grundbuch vermerktes nicht ausgeübtes Gemeindenutzungsrecht aus der Zugehörigkeit zur alten Markgenossenschaft (BayVGH Urt. vom 13. 6. 1975, Bayer. Gemeindetag 1976, 152). Die Frage der Verjährung stellt sich in dieser Form für die Grenze des Grundstücks nicht, weil deren Festlegung in jedem Fall – auch bei Grenzen nach dem Wasserrecht – dem **Privaten** Recht zuzuordnen ist. 71

D. Zu den Begriffen Grenzverwirrung, Grenzverdunklung, strittige Grenze

72 1. Eine **Grenzverwirrung** liegt vor, wenn keiner der beiden Angrenzer den Verlauf der Grenze nach den für den Beweis des Eigentums geltenden Grundsätzen nachweisen kann (*Meisner-Ring* und *Meisner-Stern-Hodes* § 6 I; RGRK Anm 1 und 2 zu § 920 BGB). Eine Grenzverwirrung muß nicht gleichbedeutend sein mit einem Grenzstreit. Die Lösung der Grenzverwirrung liegt entweder in einer richterlichen Entscheidung nach § 920 BGB oder in einem Grenzfeststellungsvertrag (siehe RdNr. 77). 72

Erhebt bei einer Grenzverwirrung ein Grenznachbar die Grenzscheidungsklage nach § 920 BGB, so kann der andere Nachbar durch eine Widerklage die gemeinschaftliche Tragung der Gerichtskosten erreichen. Behauptet im Streitfall ein Grenznachbar eine **bestimmte** Grenze, so ist die Klage auf § 985 BGB als Herausgabeanspruch zu stützen (Eigentumsklage im engeren Sinn, rei vindicatio), falls der Gegner im Besitz der strittigen Fläche ist, andernfalls auf § 1004 BGB als Abwehranspruch gegen die Eigentumsansprüche des Nachbarn. „*Jede Beeinträchtigung des Eigentums mit Ausnahme der Vorenthaltung des Besitzes kann Veranlassung zu der Eigentumsfreiheitsklage des § 1004 BGB sein*“ (*Meiser-Ring* § 38 I 1).

Bei einer Grenzverwirrung muß es nicht immer um große Flächen gehen. Auch ein Widerspruch in den verschiedenen Katasternachweisen in einem Betrag von wenigen Dezimetern, der in der Flurkarte nicht erkennbar war, hat schon zu Klagen nach § 920 BGB geführt. Der Begriff Grenzverwirrung sollte deshalb nicht eng interpretiert werden.

73 Die Entscheidung bei einer Grenzverwirrung soll nach § 920 Abs. 1 Satz 1 BGB zunächst von der Besitzgrenze ausgehen. Voraussetzung hierfür ist naturgemäß, daß der Besitz nicht fehlerhaft ist (§ 858 BGB, verbotene Eigenmacht). U. U. muß ein früherer Besitzstand zugrunde gelegt werden. Eine deutliche Besitzgrenze ist eine Grenzeinrichtung oder eine Gebäudeabschlußwand. Ist eine Besitzgrenze nicht eindeutig auszumachen, soll die streitige Fläche ohne Rücksicht auf Größenunterschiede zwischen den beiden angrenzenden Grundstücken gleichmäßig aufgeteilt werden. Stehen die ermittelten Umstände, insbesondere die *„feststehende Größe der Grundstücke"* einer solchen Lösung entgegen, so *„ist die Grenze so zu ziehen, wie es unter Berücksichtigung dieser Umstände der Billigkeit* entspricht".

74 Die „feststehende Größe" ist nicht etwa die im Kataster angegebene Fläche des Grundstücks. Nach einer Entsch. des BGH vom 14. 2. 1969 (Deutsche Wohnungswirtschaft 1969, 157) entspreche es dem Sinn und Zweck des § 920 Abs. 2 BGB, diesen Ausdruck *„wörtlich und damit dahin zu verstehen, daß die beiden Grundstücke in der Natur eine ganz bestimmte Größe haben; denn dann kann die Grenze billigerweise nicht nach dem Besitzstand oder durch Halbierung der streitigen Flächen, sondern nur so bestimmt werden, daß jeder Nachbar ein Grundstück von dem ihm unzweifelhaft zustehenden Flächeninhalt erhält* (BGB RGRK 11. Aufl. § 920 Anm. 6 unter Bezugnahme auf Prot. 3, 126; *Staudinger-Seufert* § 920 Anm. 10; vgl. auch RG SeuffArch 76, 118)". Die „feststehende Größe" kann somit ein Längenmaß sein oder eine Flächengröße, die bei der Entstehung eines Grundstücks durch Abteilung im Verhältnis zum Stammgrundstück vorgegeben war.

Die Regeln des § 920 BGB gelten nicht nur für die Urteilsfindung der Gerichte im Rechtsstreit. Sie sind auch auf das Zustandekommen von formlosen Grenzfeststellungsverträgen anwendbar (*Staudinger-Seufert* § 920 RdNr. 19). Die Grenzvermessung hingegen kann sich nicht an ihnen orientieren.

75 2. Eine **Grenzverdunklung** ist eingetreten, wenn die Grenze in der Örtlichkeit nicht mehr mit Sicherheit erkennbar ist. Ursache der Verdunklung kann sein, daß die Grenzmerkmale durch die Bewirtschaftung der Grundstücke oder durch Baumaßnahmen verlorengegangen oder verdeckt worden sind oder daß die Grenzeinrichtungen zerstört sind.

76 3. Eine Grenze ist **streitig (strittig)**, wenn sich die Beteiligten über den

rechtmäßigen Grenzverlauf nicht einig sind. Bestehen für eine strittige Grenze keine einwandfreien Vermessungsunterlagen oder führt die Grenzermittlung zu keinem ausreichend genauen und zweifelsfreien Ergebnis, so wird die strittige Grenze als solche im Kataster gekennzeichnet, um insoweit Folgerungen aus dem öffentlichen Glauben nach §§ 891, 892 BGB auszuschließen (LVG Düsseldorf, Urt. vom 4. 6. 1957, ZfV 1958, 149; VG Arnsberg Urt. vom 11. 9. 1968, ZfV 1969, 375). Diese katastertechnische Maßnahme hat eine ähnliche Funktion wie der Amtswiderspruch im Grundbuch und schützt die Vermessungsbehörde vor Regreßansprüchen (*Kriegel*, Katasterkunde, Heft 3 6.1)[1]. Die meisten Länder (nicht Bayern) nehmen die Kennung in der Flurkarte vor, einige auch im Flurbuch (*Kriegel*, Katasterkunde Heft 7 2.1.2, Heft 8 2.1). Für Bayern ist ein Hinweis in der Bemerkungsspalte des Flurbuchs vorgeschrieben (4.353 KatO). Besondere Flurstücke werden für strittige Flächen grundsätzlich **nicht** gebildet.

Ist für ein Grundstück eine Grenze strittig, so ergeben sich Schwierigkeiten, wenn der Eigentümer das Grundstück teilen will, z. B. um den Teil an einen Bauwilligen zu veräußern. Denn in die strittige Grenze kann vorerst kein Grenzpunkt für eine aufstoßende Teilungsgrenze eingeschaltet werden und, ist dies nicht erforderlich, so wird immerhin die Berechnung der Flurstücksflächen und damit die Erstellung des Veränderungsnachweises behindert sein. Ein böswilliger Nachbar könnte auf diese Weise z. B. die Bebauung des Grundstücks vereiteln oder zumindest unabsehbar hinauszögern. Diese Konsequenz wäre für den Eigentümer unzumutbar. Die Vermessungsbehörde unterstellt vielmehr für die Fertigung des Veränderungsnachweises den nach ihren Unterlagen wahrscheinlichsten Verlauf der strittigen Grenze, so daß die neuen Grundstücke in das Grundbuch eingetragen werden können.

E. Der Grenzfeststellungsvertrag

„Kann keine Partei die richtige Grenze nachweisen, bleibt nur die gütliche 77
Einigung, die der Form des § 313 nicht bedarf, RG JW 06, 302, oder die Klage aus § 920." (*Palandt* § 920 Anm. 1). Die gütliche Einigung auf eine bestimmte Grenze stellt einen Grenzfeststellungsvertrag dar. Als Grenze ist in diesem Zusammenhang die Grenze des Grundstücks im Rechtssinn zu verstehen.

Nach dem RGUrteil vom 15. 3. 1906 (JW 1906, 302) geht das BGB davon aus, daß die Grenze zwar subjektiv ungewiß sein kann, aber objektiv stets gewiß bleibt. Ebenso wie ein Urteil, das die Grenze trotz des subjektiven

[1] Nach *Kriegel* aaO geht der Vermerk „strittige Grenze" in das Bestandsverzeichnis des Grundbuchs ein. In Bayern ist dies jedoch bisher nicht der Fall.

Dunkels objektiv richtig feststelle, nur deklaratorische Wirkung habe, so bewirke auch ein Vertrag, durch den die Beteiligten die Ungewißheit lösten, nicht die Verpflichtung zu einer Eigentumsübertragung, sondern beide Teile gingen davon aus, daß die rechtmäßige Grenze nunmehr ermittelt sei und durch den Vertrag jeder von beiden das erhalte, was ihm gebühre. Keiner der beiden Nachbarn könne sich nachher darauf berufen, daß eine andere als die festgesetzte Grenze die richtige sei.

Der Einigung muß im Regelfall die fachliche Beratung der durch das Vermessungsgesetz hierzu befugten Vermessungsstelle in der Örtlichkeit vorangehen, weil nur die Vermessungsstelle den Spielraum für eine vertragliche Vereinbarung ohne beabsichtigte Änderung der Grenze abstecken kann. Die Vermessungsstelle formuliert deshalb den Grenzfeststellungsvertrag für die Beteiligten und faßt ihn ggf. mit dem Abmarkungsprotokoll zusammen.

Unter Verwendung der in RdNr. 54 eingeführten Unterscheidung nach Grenzwiederherstellung und Grenzermittlung wären folgende Fälle voneinander abzugrenzen:

1. Grenzwiederherstellung

78 Die in der Örtlichkeit verdunkelte oder bestrittene Grenze kann anhand der Katasterunterlagen mit der heute üblichen Genauigkeit hergestellt werden. Innerhalb der Meßgenauigkeit wird der örtliche Befund mit berücksichtigt, insbesondere Gebäude an der Grenze, dann Grenzabmarkungen sowie Grenzeinrichtungen wie Zäune und Mauern, ferner ggf. der örtlich erkennbare Besitzstand. Der die Vermessung Ausführende wird die Anerkennung der Beteiligten einholen – falls eine Abmarkung veranlaßt ist, in der Form des Abmarkungsprotokolls.

2. Grenzermittlung

79 Kann die Katastergrenze nicht mit der heute geforderten Genauigkeit in der Örtlichkeit vorgewiesen werden, z. B. Bereich des graphischen Katasters – siehe die Ausführungen über die Toleranz in RdNrn. 28, 29 –, oder enthalten die Katasternachweise Widersprüche oder versagt der Katasternachweis vollends, so sind für die Begutachtung des rechtmäßigen Grenzverlaufs die örtlichen Verhältnisse und die Auffassung der Beteiligten mit heranzuziehen bzw. maßgebend. Die Einigung wird in einem Grenzfeststellungsvertrag festgehalten. Durch den Austausch ihrer Willenserklärungen setzen die Beteiligten die Grenze fest. Der Freiraum für die Grenzfestlegung reicht aber nur so weit, als der Katasternachweis keine sichere Aussage machen kann. Die Interpretationsmöglichkeit des Grenznachweises im Kataster zeigt die Schranken für die Vertragsgestaltung auf, es sei denn, daß die

Katastergrenze fehlerhaft oder unaktuell ist. Eine vom Willen der Parteien ausgehende rechtsändernde Wirkung kommt dem Grenzfeststellungsvertrag nicht zu. Hierfür wären die Formvorschriften von § 313 BGB zu beachten.

Nach den Ausführungen des in RdNr. 77 zitierten RGUrteils von 1906 hat der Grenzfeststellungsvertrag grundsätzlich die rechtmäßige Grenze zum Gegenstand. Nun kann die Grenze aber fehlerhaft festgestellt worden sein; damit allein ist die Gültigkeit des Grenzfeststellungsvertrags nicht in Frage gestellt. Die Wirkung des Vertrags ist in diesem Fall konstitutiv, die unrichtig festgestellte Grenze ist durch den Vertrag die richtige geworden (*Meisner-Ring* § 5 IV), ohne daß die Veränderung einer Auflassung oder der Eintragung in das Grundbuch bedarf.

Der Abschluß eines Grenzfeststellungsvertrags ist der Wirkung nach einer Verfügung über die Grundstücke gleichzusetzen; der Vertrag kann deshalb nur von dem Verfügungsberechtigten abgeschlossen werden.

Hat sich bei der Grenzverhandlung die bisher im Kataster nachgewiesene Grenze als unrichtig erwiesen, so muß das Ergebnis der Vereinbarung in die öffentlichen Bücher übernommen werden. Die Bereitwilligkeit der beiden Registerbehörden zur Übernahme der Veränderungen kann u. U. unterschiedlich sein. 80

Die Realberechtigten an benachbarten Grundstücken können zwar keinen Grenzfeststellungsvertrag schließen, weil die Verfügung über die Grundstücksgrenzen nur den Eigentümern zusteht. Sie können aber in sinngemäßer Anwendung der Grundsätze des § 920 BGB auf Feststellung ihres Rechts auch wegen des gegenständlichen Umfangs klagen gegen jeden, der sie in dieser Hinsicht beeinträchtigt (*Staudinger-Seufert* § 920 RdNr. 7). Daraus folgt, daß sie mit Grenznachbarn auch Verträge über die örtliche Abgrenzung ihres Rechts schließen können, durch die jedoch der Grundeigentümer in keiner Weise gebunden ist.

3. Zur Anfechtbarkeit des Grenzfeststellungsvertrags

Ist ein Beteiligter mit dem Ergebnis einer **Grenzvermessung** nicht einverstanden, so kann er ihr seine Anerkennung versagen und die Fachaufsichtsbehörde um Überprüfung ersuchen (siehe RdNr. 56). Für deren Tätigwerden hat er jedoch die Kosten zu tragen, falls sich seine Einwendungen als unbegründet erweisen. Darüber hinaus kann er die Entscheidung des ordentlichen Gerichts herbeiführen. In Abwehr gegen behördliche Bevormundung bildete sich bei der Einführung der Abmarkungspflicht in Bayern der Grundsatz heraus: „Die Entscheidung über die Anerkennung oder Nichtanerkennung des Vermessungsresultats fällt nicht dem Geometer sondern den Beteiligten oder im Streitfall den ordentlichen Gerichten zu.“ (*Mayr,* Mißstände im 81

Vermessungswesen, Zeitschr. des Vereins der Höheren Bayer. VermBeamten 1911, 125)

Über Rechtsmittel gegen die Abmarkung siehe RdNr. 104. Einwendungen gegen die Abmarkung zielen jedoch zumeist auf die Grenzfeststellung selbst ab. Damit stellt sich die Frage, ob oder unter welchen Voraussetzungen und Modalitäten ein Grenzfeststellungsvertrag aufgelöst oder angefochten werden kann oder in welchen Fällen er unwirksam wäre. Die Antwort auf diese Frage ist in den Vorschriften des BGB über Rechtsgeschäfte und Schuldverhältnisse zu suchen. Anfechtungsgründe sind z. B. Zwang, arglistige Täuschung und Drohung, § 123 BGB.

Grundsätzlich aber muß daran festgehalten werden, daß mit dem Grenzfeststellungsvertrag die Unsicherheit über den Grenzverlauf beseitigt und damit die Möglichkeit versperrt ist, in einem weiteren Grenzfeststellungsvertrag eine von der ersten Feststellung abweichende Vereinbarung zu treffen. Andernfalls würde der Grenzfeststellungsvertrag seinen Zweck verfehlen, nämlich einen dauerhaften Grenzfrieden und stabile Verhältnisse zu schaffen. Ein Grenzfeststellungsvertrag kann somit – von extremen Sonderfällen abgesehen – nachträglich nicht aufgehoben oder geändert werden. Eine bewußte Änderung der einmal festgestellten Grenze ist nur in der Form des § 313 BGB möglich. Auch für eine Grenzscheidungsklage nach § 920 BGB ist nach einem Grenzfeststellungsvertrag kein Raum mehr.

82 Kommen nach Abschluß eines Grenzfeststellungsvertrags Zweifel an der Richtigkeit auf, oder werden Unzulänglichkeiten in der Auswertung der Katasterunterlagen aufgedeckt, oder neue Tatsachen über den Verlauf der festgestellten Grenze bekannt, die dem Vertrag die seinerzeitige Grundlage zu entziehen scheinen, so mag das naturgegebene Rechtsempfinden nach einer Möglichkeit suchen, die Zurechtstellung der Grenze durchzusetzen.

Eine solche Möglichkeit könnte in § 119 BGB gesehen werden. Hiernach könnte der Grenzfeststellungsvertrag angefochten werden: bei einem **Irrtum** in der **Erklärungshandlung,** über den **Erklärungsinhalt** oder über **wesentliche Eigenschaften** der Sache. Der erste Fall, Irrtum über den **Vorgang** selbst, scheidet mit Sicherheit aus. Auch der **Erklärungsinhalt** wird den Vertragsschließenden jeweils deutlich gemacht, ihr übereinstimmender Wille ist auf die Feststellung der rechtmäßigen Grenze gerichtet. Dies bildet eine der wesentlichen Grundlagen des Geschäfts.

83 Für die dritte Variante (§ 119 Abs. 2 BGB) wäre der Beweis zu erbringen, daß bei Vertragsschluß ein Irrtum über eine **Eigenschaft** vorlag, *„die im Verkehr als wesentlich angesehen wird"*. Der Irrtum könnte nur darin bestehen, daß die Vertragsschließenden davon ausgingen, es werde ihnen die dem rechtlichen Verlauf entsprechende oder nahekommende Grenze in der Örtlichkeit vorgewiesen und die Vermessung sei nach den Regeln der Kunst

vorgenommen und frei von groben Mängeln und Fehlern. Da aber kein Irrtum vorliegt, wenn sich jemand bewußt ist, daß seine Vorstellung unrichtig sein könnte (*Staudinger-Brändl-Coing* § 119 RdNr. 1), wird auch bei nachträglich nachweisbaren Mängeln einer Grenzermittlung eine Anfechtung des Grenzfeststellungsvertrags wegen Irrtums meist nicht möglich sein.

Der unbestimmte Rechtsbegriff „wesentlich" ist auslegbar. Nach *Staudin-* 84
ger-Brändl-Coing § 119 RdNr. 18 d ist eine Eigenschaft als wesentlich anzusehen, wenn ihr Vorhandensein entweder durch Abrede im Einzelfall zum Inhalt des betreffenden Rechtsgeschäfts gemacht worden ist oder angesichts der wirtschaftlichen Eigenart des Geschäfts und des Geschäftsgegenstands nach der Verkehrsanschauung auch ohne besondere Abrede als vereinbart gilt.[1] Im Interesse der Rechtssicherheit wird jedoch ein strenger Maßstab anzulegen sein. Rechtspolitisch kann es nicht als erwünscht erscheinen, die Lösung aus dem Grenzfeststellungsvertrag allzu sehr zu erleichtern. Die Anfechtbarkeit des Grenzfeststellungsvertrags muß vielmehr auf die Behebung grober Unrichtigkeiten beschränkt bleiben. Hierfür als Beispiel: Die Beteiligten einigen sich trotz des abweichenden örtlichen Befundes auf die Kartengrenze; erst nachträglich wird erkannt, daß die Grenze aufgrund einer Zahlenverdrehung bei der bestimmenden Messungslinie (z. B. 23,12 m statt 32,12 m) an gänzlich unrichtiger Stelle in die Karte eingetragen war. – **Nicht** veranlaßt und nicht statthaft hingegen erscheint eine Wiederaufnahme der Grenzvermessung, wenn sich der Grenzfeststellungsvertrag nur auf eine Grenzermittlung anhand der Flurkarte stützen konnte, nachträglich aber Zahlennachweise aufgefunden werden, die eine genauere Grenzwiederherstellung ermöglicht hätten.

Die Anfechtung nach § 119 BGB muß gemäß § 121 BGB unverzüglich erfolgen, nachdem der Beteiligte von dem Anfechtungsgrund Kenntnis erlangt hat. Sind 30 Jahre nach Abschluß des Grenzfeststellungsvertrags verstrichen, so ist die Anfechtung ausgeschlossen.

Die Vermessungsstelle kann über die Anfechtung des Grenzfeststellungsvertrags nicht entscheiden, sondern muß den Beteiligten an das ordentliche Gericht verweisen, falls der Grenznachbar nicht mit der Berichtigung einverstanden ist.

Ein anderer Ausweg aus der Bindung eines Grenzfeststellungsvertrags ist 85
in der Vorauflage dieses Buches in § 779 BGB gesehen worden. Nach dieser Vorschrift wäre ein Vertrag, durch den der Streit oder die Ungewißheit der Parteien über ein Rechtsverhältnis im Wege gegenseitigen Nachgebens besei-

[1] Als wesentliche Eigenschaften eines Grundstücks wären seine Bebaubarkeit, die Grenzen, die gewerbliche Verwendbarkeit, die Ertragsmöglichkeiten anzusehen, nicht aber der wirtschaftliche Wert (*Staudinger-Brändl-Coing* § 119 RdNrn. 28, 29).

tigt wird (Vergleich), unwirksam, wenn der nach dem Inhalt des Vertrags als feststehend zugrunde gelegte Sachverhalt der Wirklichkeit nicht entspricht und der Streit oder die Ungewißheit bei Kenntnis der Sachlage nicht entstanden sein würde. Ein wesentliches Kriterium dieser Vorschrift trifft aber auf den Grenzfeststellungsvertrag nicht zu: Die Grenze zwischen zwei Grundstücken, die ja ausschließlich den Gegenstand des Grenzfeststellungsvertrags bildet, kann, selbst wenn der Begriff Rechtsverhältnis im weitesten Sinne verstanden wird (*Palandt* § 779 Anm. 2 c), nicht als ein „Rechtsverhältnis" angesehen werden. Die Anwendung dieser Vorschrift würde zudem eine gewisse Rechtsunsicherheit nach sich ziehen. Denn wenn bei einer Grenzvermessung aufgedeckt würde, daß ein vorangegangener Grenzfeststellungsvertrag eine Änderung der rechtmäßigen Grenze zur Folge hatte, so wäre der Vertrag von da an als unwirksam anzusehen und der ursprüngliche rechtmäßige Grenzverlauf wäre selbst gegen den Willen beider Grenznachbarn herzustellen und auszuweisen, es sei denn Tabularersitzung nach § 900 BGB, ein Erwerb nach dem Ausweis des Grundbuchs mit der Schutzwirkung des § 892 BGB oder ein Zuschlag in einer Zwangsversteigerung stünde dagegen. Ein Wiederaufgreifen einer vor möglicherweise sehr langer Zeit abgeschlossenen Angelegenheit könnte weder im Interesse der Eigentümer noch im öffentlichen Interesse liegen.

86 Welcher Auffassung auch immer gefolgt werden soll, keinesfalls wäre eine Vermessungsstelle befugt, gegen den Willen eines Beteiligten eine anerkannte Grenzabmarkung in der Örtlichkeit nachträglich zu ändern. Werden derartige Anträge gestellt, so müssen sie abgelehnt und die Antragsteller an das ordentliche Gericht verwiesen werden.

Auch die Verwaltungsgerichte zeigen größte Zurückhaltung, wenn eine Klage gegen eine zunächst anerkannte Abmarkung zu entscheiden ist. So hat das BVerwG mit Beschl. v. 1. 4. 1971 (DÖV 1972, 174) in einer derartigen Abmarkungsangelegenheit die Revision verworfen, wobei in der Begründung u. a. ausgeführt wurde, die nicht auszuschließende Unrichtigkeit (der Grenzvermarkung) lasse sich nur dann bereinigen, wenn die Eigentumsvermutung des § 891 BGB insoweit widerlegt sei; das sei aber bei dem fehlenden Einverständnis des betroffenen Grundeigentümers nur durch die zivilrechtliche Entscheidung über die wahren Eigentumsverhältnisse möglich. Auch der BayVGH ist im Urteil vom 20. 12. 1972 (BayVBl 1974, 45 = MittBayNot 1974, 24) der Auffassung, eine Grenze, deren Verlauf und Abmarkung von den beteiligten Grundstückseigentümern anerkannt worden sei, könne nicht schon auf Grund eines anderen Vermessungsergebnisses, sondern nur im Einverständnis der Eigentümer oder auf Grund eines zivilgerichtlichen Urteils geändert werden.

87 Die sachliche Wirkung eines Grenzfeststellungsvertrags ist auch dadurch

nicht zu beseitigen, daß die Vertragspartner gemeinsam den Vertrag als aufgehoben erklären. Eine nachträgliche Änderung eines Grenzfeststellungsvertrags wäre wirkungslos. Eine Änderung der Grenze nach dem Willen der Grenznachbarn ist nur noch durch Rechtsgeschäft, nicht durch formfreien Vertrag möglich.

Dies folgt zwangsläufig aus Inhalt, Sinn und Zweck des Grenzfeststellungsvertrags, weil er *„bindendes Recht für die Zukunft schafft, gleichgültig wie er die Grenze zieht, wenn er nur nicht eine bewußte und gewollte Eigentumsverschiebung zum Inhalt hat"*. *„. . . so wie die übereinstimmenden Erklärungen lauten, soll künftig die Grenze gelten, unanfechtbar und unter Abschneiden alles Zurückgreifens auf eine frühere Rechtslage"* (*Zeiler,* Grenzstreit, Messungsanerkennung und Grenzvereinbarung, ZfV 1927, 615, hier S. 623 und 625).

Was für einen eigentlichen Grenzfeststellungsvertrag gilt, ist auch auf eine einfache Messungs- und Abmarkungsanerkennung anwendbar. *Meisner-Ring* § 5 IV ist darin beizupflichten, daß der Beteiligte, der ein Messungsergebnis unterschreibt (oder nachträglich anerkennt), damit nicht nur der Vermessungsstelle, sondern auch dem Nachbarn gegenüber zum Ausdruck bringen will, daß er die vermessene Grenze als die richtige gelten lasse. Das genüge vollauf als Erklärung eines rechtsgeschäftlichen Willens. Die Beteiligten wüßten sehr wohl, daß der Unterzeichnung eine rechtliche Wirkung zukomme. Siehe auch *Staudinger–Seufert* § 920 RdNr. 19. 88

Nach dem Urt. des OLG Nürnberg vom 20. 1. 1965 (JMBl S. 79 = DNotZ 1966, 33) liegt mit dem wirksam geschlossenen Grenzfeststellungsvertrag die neue Grenze fest. Es habe nicht mehr darauf anzukommen, ob der neu im Wege der Parteivereinbarung gewonnene Grenzverlauf mit dem katastermäßigen Grenzverlauf im Zeitpunkt der Vereinbarung übereinstimme.

4. Form des Grenzfeststellungsvertrags

Im Gegensatz zum Vertrag über die rechtsgeschäftliche Veräußerung von Grundstücken ist für den Grenzfeststellungsvertrag nicht eine bestimmte Form zwingend vorgeschrieben. Der Grenzfeststellungsvertrag kann somit grundsätzlich nicht nur schriftlich, sondern auch mündlich geschlossen werden. Regelmäßig wird er von der Vermessungsstelle entworfen und ggf. mit dem Abmarkungsprotokoll zusammengefaßt. Ggf. dient er als Nachweis für die Unrichtigkeit des Grundbuchs gemäß § 22 Abs. 1 GBO. 89

Aus diesen Gründen und mit Rücksicht auf § 29 Abs. 1 Satz 2 GBO muß der Grenzfeststellungsvertrag den an eine öffentliche Urkunde zu stellenden Anforderungen entsprechen. Diese ergeben sich aus § 415 ZPO wie folgt:

– Ausstellung durch eine öffentliche Behörde innerhalb der Grenzen ihrer

Amtsbefugnisse (sachlich, aber nicht grundsätzlich örtlich begrenzt; *Stein–Jonas* ZPO § 415 Bem I 2) oder
durch eine mit öffentlichem Glauben versehene Person innerhalb des ihr zugewiesenen Geschäftskreises
– Ausstellung in der vorgeschriebenen Form.

Mangels besonderer Vorschriften sind zur Gestaltung des Grenzfeststellungsvertrags §§ 176, 177 FGG und §§ 9 ff BeurkG (siehe § 29 RdNrn. 13 ff) heranzuziehen (siehe auch Nr. 46 Abs. 2 FortfErl.). Der Vertrag soll danach

– Ort und Tag der Aufnahme enthalten und die anwesenden Beteiligten einschließlich Zeugen, Feldgeschworene usw. benennen,
– die Erklärungen der Beteiligten und ggf. ihre Anträge auf Berichtigung der öffentlichen Register enthalten,
– darlegen, daß der Inhalt den Beteiligten vorgelesen und von ihnen genehmigt ist,
– vom Verhandlungsführer und den Beteiligten unterzeichnet sein, wobei für den Verhandlungsführer außerdem die Amtsbezeichnung oder die Amtseigenschaft angegeben sein soll.

Zweckmäßig ist eine kurze und klare Beschreibung des Hergangs bei der Feststellung der Grenze.

Die Beweiskraft der Urkunde darf nicht durch äußere Mängel gemindert werden. Sie soll keine Ergänzungen zwischen den Zeilen oder am Rande, keine Durchstreichungen und Berichtigungen enthalten; Rasuren sind nicht zulässig. Die Unterschriften sollen unmittelbar unter dem Text stehen.

90 Muster eines einen Grenzfeststellungsvertrag mit beinhaltenden Abmarkungsprotokolls:

A. Beteiligte Flurstücke und Eigentümer (Name und Wohnort, ggf. Vertreter)

Flst. 983	Schmid Marianne, Rentnerin, Pfadenhausen, Mainburger Str. 18
Flst. 1527	Schlosser Otto, Landwirt, Mainburg, Utzschneiderstr. 12
Flst. 1533	Gerber Adam, Kaufmann, Mainburg, Froschgasse 2
Flst. 1644	Gemeinde Mainburg, vertreten durch den Feldgeschworenen-Obmann Martl Sebastian, Feldgeschworenen-Obmann, Mainburg

B. Niederschrift

Auf Antrag von Otto Schlosser wurde die Grenze zwischen den Waldgrundstücken Flurstück 1527 und 1533 einvernehmlich festgestellt. Der südliche Grenzpunkt konnte nach Brouillon Nr. 4 einwandfrei wieder hergesetellt werden. Die nördlich anschließende Grenzstrecke ist in der Flurkarte durchgehend als Gerade dargestellt, während sie in der Örtlichkeit einen gegen das Flurstück 1533 vortretenden Bogen beschreibt. Die topographischen Verhältnisse führen mit an Gewißheit grenzender Wahrscheinlichkeit zu dem Schluß, daß die Flurkarte unrichtig ist und die örtliche Grenze seit jeher die Eigentumsgrenze bildet, was auch die Beteiligten bestätigen. Die Beteiligten einigten sich auf einen etwa der Besitzgrenze folgenden Verlauf. Im nördlichen Grenzpunkt konnte ein alter Grenzstein freigelegt werden, der im Rahmen der Kartengenauigkeit mit der Flurkarte übereinstimmt.

Der Grenzverlauf wurde mit 10 Granitsteinen vermarkt, der alte Grenzstein am Nordende wurde gegen einen Granitstein ausgewechselt.

Die Unterzeichneten erklären: Wir erkennen die festgestellten Grenzen unseren Grenznachbarn gegenüber als rechtsverbindlich an. Wir erkennen die vorgenommene Abmarkung an.

Die Gebühren für die Vermessung trägt Schlosser, die Abmarkungskosten werden anteilsmäßig von den Beteiligten getragen.

(Ort, Datum)

v. g. u.

Unterschriften

Für die Feldgeschworenen . . . .

Für die Niederschrift . . . .

T. Amtmann

In die Erklärung der Beteiligten kann ein Antrag auf Berichtigung des Liegenschaftskatasters und der Bestandsangaben des Grundbuchs aufgenommen werden. Dies ist kein Erfordernis, aber ein Nachweis darüber, daß den Beteiligten die weiteren Folgerungen bewußt waren.

5. Berichtigung des Liegenschaftskatasters

Das Ergebnis einer Grenzermittlung nach der Flurkarte ist nicht nur durch 91
Vermessungszahlen zu dokumentieren, sondern in jedem Fall in aller Strenge in die Flurkarte zu übernehmen. Zeigt sich hierbei, daß die nach der Flurkarte abgesteckte Grenze nicht exakt mit der Flurkarte übereinstimmt, ist die Karte wie bei einem Zeichenfehler zu berichtigen. Für eine förmliche Berichtigung des Grundbuchs wird hierbei kein Anlaß bestehen, weil derartige Änderungen in aller Regel keine Flächenberichtigung zur Folge haben.

Weicht der Grenzfeststellungsvertrag – bewußt und berechtigt – vom bisherigen Kataster- und Grundbuchausweis ab, und zwar um mehr, als die amtlich festgesetzen Fehlergrenzen zulassen, so ist die Berichtigung der Bestandsangaben in die Wege zu leiten. Hierzu ist ein Veränderungsnachweis zu fertigen. In ihm werden die Berichtigungen unter Gegenüberstellung der bisherigen und nunmehrigen Angaben, insbesondere der Katasterflächen, aber ohne Ausweis irgendwelcher Flächenübergänge, mit einer entsprechenden Begründung beschrieben. Das Grundbuchamt berichtigt daraufhin die Bestandsangaben im Grundbuch. Lediglich über die Berichtigung von Aufnahmefehlern (siehe RdNrn. 118 ff) entscheidet der Rechtspfleger (§ 9 der Bek des BayStMJ über die Erhaltung der Übereinstimmung zwischen Grundbuch und Liegenschaftskataster vom 28. 11. 1969, FMBl S. 211, mehrfach geändert). Antrag und Bewilligung der Eigentümer zur Berichtigung der öffentlichen Bücher sind über die Erklärungen des Grenzfeststellungsvertrags hinaus nicht erforderlich.

F. Die Eigentumsgrenze an Gewässern

92 Die Eigentumsgrenzen an den Landgrundstücken sind im Grundbuch festgeschrieben und können nur unter Beachtung der Vorschriften des materiellen und formellen Liegenschaftsrechts geändert werden, wobei das Ausmaß der Änderung jeweils genau beschrieben sein muß. Bei denjenigen Gewässergrundstücken hingegen, bei denen die Uferlinie Eigentumsgrenze ist, zieht eine Veränderung der Uferlinie, hervorgerufen durch die Tätigkeit des Wassers in bestimmten Fällen eine Änderung der Grenze nach sich. Damit ergibt sich, daß der Katastergrenze bei Gewässern insoweit keine Beweiskraft zukommt, der öffentliche Glaube des Grundbuchs nach §§ 891–893 BGB ist insoweit auf die Grenzen der Wassergrundstücke nicht anwendbar. Da sich die rechtmäßige Grenze nach den Vorschriften des Wasserrechts bestimmt, können Katastergrenze und rechtmäßige Grenze erheblich voneinander abweichen.

Die privatrechtlichen Fragen des Gewässereigentums sind in den Wassergesetzen der Länder geregelt, für Bayern im Wassergesetz (BayWG) vom 26. 7. 1962, neu gefaßt mit Bekanntmachung vom 7. 3. 1975 (GVBl S. 39). Bei Veränderungen, die weit zurückliegen, muß u. U. auf das ältere Recht zurückgegriffen werden.

93 Die wichtigsten grenzändernden Vorgänge sind in der Sprache des Wasserrechts die **„Überflutung“** und die **„Verlandung“.** Unter einer **Überflutung** wird die dauernde Überschreitung der bisherigen Uferlinie durch das Gewässer verstanden, nicht jedoch die Verlegung des Gewässers in ein neues Bett. Eine **Verlandung,** der entgegengesetzte Vorgang, entsteht durch die Anschwemmung von festen Stoffen an das Ufer oder durch ein Absinken des mittleren Wasserspiegels.

Das Eigentum an der auf Dauer überfluteten bisherigen Landfläche wächst dem Gewässereigentümer zu, gleich ob das Gewässer stehend oder fließend ist, ob die Überflutung ausschließlich durch natürliche Vorgänge oder durch künstliche Einwirkung des Menschen, wie z. B. einen Aufstau, verursacht wurde (Art. 7 BayWG). Durch Überflutung können auch ganze Grundstücke untergehen. Natürliche Verlandungen an fließenden Gewässern werden zu Bestandteilen der Ufergrundstücke und damit Eigentum der Ufereigentümer (Art. 8 BayWG). Bei künstlichen Verlandungen (Art. 9 BayWG) sowie bei Verlandungen an stehenden Gewässern ändert sich die Eigentumsgrenze nicht.

Die **Uferlinie** kann, falls erforderlich, in einem förmlichen Verwaltungs- 94
verfahren **festgestellt** und kenntlich gemacht werden (Art. 12 Abs. 2 BayWG). Mit der so festgestellten Uferlinie ist, wenn Gewässer- und Ufereigentum nicht zusammenfallen, auch die Eigentumsgrenze festgelegt. Die Uferlinienfeststellung ist nur so lange verbindlich, als sich die Uferlinie nicht ändert. Die festgestellten Uferlinien sind in das Liegenschaftskataster zu übernehmen.

Veränderungen an den Gewässern sollen ohne Rücksicht darauf, ob sie rechtserheblich sind oder nicht, auch außerhalb der förmlichen Uferlinienfeststellungen bei jeder sich bietenden Gelegenheit aufgemessen werden. Für die Berichtigung der öffentlichen Bücher ist weder der Antrag noch die Bewilligung der Eigentümer erforderlich. Sie müssen jedoch benachrichtigt werden und sollen, wenn Gelegenheit gegeben ist, vorher über die Veränderungen im Eigentum belehrt werden. Es ist zweckmäßig, aber nicht notwendig, das Ergebnis der Vermessung durch die Eigentümer schriftlich anerkennen zu lassen.

Gewässer, die keine selbständigen Rechtsobjekte bilden, sind Bestandteile 95
der Ufergrundstücke. Wird durch solche Wasserläufe **(Anliegerwasserläufe)** die Grenze zwischen zwei Grundstücken bestimmt, so stellt, vorbehaltlich abweichender privatrechtlicher Regelung, die Mitte des Wasserlaufs die Eigentumsgrenze dar. Die Grenze zwischen zwei Ufergrundstücken setzt sich im Gewässer als Lotrechte zur Gewässermittellinie fort (Art. 6 Abs. 2 BayWG). Gewässer, die ihr Bett verlassen haben, sind in dem neuen Bett Anliegerwasserläufe, auch wenn sie im übrigen selbständige Grundstücke bilden.

Die Vermessung ehemaliger Gewässerbette, die durch natürliche oder 96
künstliche Verlegung zu Land geworden sind, ist oftmals unterblieben und muß Jahrzehnte später nachgeholt werden. Hierbei ist der letzte Uferverlauf oft kaum mehr feststellbar. Die Unsicherheit der Grenze wird durch Grenzfeststellungsverträge ausgeräumt. Bei ehemaligen Anliegerwasserläufen wird außerdem von den gesetzlichen Möglichkeiten „abweichender privatrechtlicher Regelung" (Art. 6 Abs. 2 BayWG) in geeigneten Fällen Gebrauch zu machen sein, insbesondere um Grenzen zu gewinnen, die für die Bewirtschaftung der anliegenden Grundstücke nicht zu hinderlich sind.

G. Abmarkung

1. Abmarkung und Katastergrenze

97 a) Grundsätze

Ein wichtiges Beweismittel dafür, wie weit das Eigentum an einem Grundstück reicht, stellt die Abmarkung (Vermarkung) der Grundstücksgrenze dar. Unter Abmarkung ist die örtliche Kennzeichnung der Grenze durch Grenzmerkmale (Grenzzeichen) zu verstehen. Die Grenzzeichen sollen als solche erkennbar und allgemein anerkannt, dauerhaft und deutlich sichtbar sein; sie müssen nach den Vorschriften des zur Zeit der Vornahme der Abmarkung geltenden Rechts angebracht sein. Die Bezeichnung „Abmarkung" wird hierbei sowohl für den Abmarkungsakt, nämlich für das Anbringen von Grenzzeichen, das Aufrichten schief stehender Grenzzeichen und das Beseitigen von Grenzzeichen, als auch für den Bestand der Grenzzeichen in den Grundstücksgrenzen verwendet.

98 b) Abmarkungsanspruch und -pflicht

Für den Eigentümer eines Grundstücks besteht gemäß § 919 BGB ein privatrechtlicher, dinglicher, unverjährbarer (§ 924 BGB) Anspruch auf Mitwirkung des Nacbharn bei der Abmarkung der Grenze; nach h. M. kann auch der Erbbauberechtigte den privatrechtlichen Abmarkungsanspruch geltend machen, weil ihm gemäß § 11 Abs. 1 ErbbauV die Rechte des Eigentümers zustehen (*Meisner–Ring* § 5 Ic; *Palandt* § 919 Anm. 2; a. A. *Meisner–Stern–Hodes* § 5 I). In der Erkenntnis jedoch, daß nichtgesicherte Grenzen im Laufe der Zeit häufig Verschiebungen erfahren, haben fast alle Länder der Bundesrepublik einen (unterschiedlich strengen) öffentlich-rechtlichen Abmarkungszwang eingeführt; d. h. wenn eine Grenze von der zuständigen Stelle vermessen wird, muß sie auch abgemarkt werden.[1] Die Abmarkungspflicht bezieht sich grundsätzlich auf die Grenzen der Grundstücke im Sinne des Grundbuchs, nach § 1 Abs. 1 des Vermessungsgesetzes von Baden-Württemberg jedoch auf die Flurstücksgrenzen, auch wenn diese keine Grundstücksgrenzen sind (in Baden ist allerdings die Identität von Grundstück und Flurstück die Regel; siehe auch *Reist*, Vermessungsrecht für Baden-Württemberg S. 67). Ausgenommen von der Abmarkungspflicht sind Grenzen, bei denen eine Abmarkung nicht möglich oder ohne wirklichen Vorteil ist, z. B. Grenzen in oder entlang von Hauswänden, in oder entlang von Gewässern.

99 Dem öffentlich-rechtlichen Charakter der Abmarkung gemäß werden die Grenzzeichen, solange sie der Markierung der Grundstücksgrenze dienen, als öffentliche Sachen anzusehen sein, d. h. als Sachen, die einem öffentli-

[1] Die Abmarkung ist dem Vermessungsrecht zuzuordnen; die Gesetzgebungsbefugnis steht somit den Ländern zu.

chen Zweck gewidmet und damit dem privaten Rechtsverkehr entzogen sind. Sie unterstehen nicht den Regeln über Sachzusammenhänge nach dem BGB, d. h. sie sind nicht wesentliche Bestandteile der Grundstücke im Sinne von § 94 BGB, sie stehen auch nicht im Miteigentum der Anlieger (*Reist*, Vermessungsrecht für Baden-Württemberg, S. 66).

Das Abmarken der Grenze ist ein Hoheitsakt (Verwaltungsakt), weil der 100
Umfang von Rechten und Pflichten der Rechtsunterworfenen (Ausdehnung. des Eigentums) unmittelbar mit rechtlicher Wirkung festgesetzt wird. Siehe auch RdNrn. 81 ff. Während nach bayerischem Recht nicht abgemarkt werden darf, wenn die Grenze von einem der Eigentümer bestritten wird (Art. 1 Abs. 1 bayAbmG), kann nach den Vorschriften anderer Länder eine Abmarkung auch vorgenommen werden, wenn die Grenze von den Eigentümern nicht anerkannt wird, die Grenze aber objektiv feststeht; die Vermessungsstelle erteilt in diesem Fall einen Abmarkungsbescheid.

c) Zuständigkeiten, Feldgeschworene 101

Zuständig für die Vornahme der Abmarkung sind die nach den Ländergesetzen hierzu befugten Vermessungsstellen. Während in den meisten Ländern frühere Zuständigkeiten von Ortsgerichten, Felduntergängern usw. für die Abmarkung abgeschafft sind, besteht in Bayern und Rheinland-Pfalz das Institut der Feldgeschworenen weiter. Die Feldgeschworenen sind in Bayern zur Vornahme von Abmarkungen berufen, soweit nicht eine Vermessungsstelle tätig wird (Art. 4 Abs. 4 bayAbmG). Da ein Feldgeschworener nicht feststellen kann, ob ein abzumarkender Grenzpunkt der rechtmäßigen Grenze entspricht, kommt die selbständige Ausführung von Abmarkungsgeschäften durch Feldgeschworene kaum in Betracht. Hingegen kann durch Beschluß der Gemeinde das „Setzen, Heben, Aufrichten und Entfernen" von Grenzzeichen den Feldgeschworenen vorbehalten werden. Liegt ein solcher Beschluß nicht vor, so kann ein Beteiligter die Vornahme durch die Feldgeschworenen verlangen. Die Leitung und Verantwortung liegt aber auch in diesen Fällen bei der Vermessungsstelle. Im übrigen wird zu den Abmarkungen der Obmann der Feldgeschworenen beigezogen (Art. 4 Abs. 5 bayAbmG).

In zahlreichen Gemeinden der fränkischen Landesteile belegen die Feldgeschworenen die Grenzsteine unterirdisch mit geheimen, nur ihnen bekannten Zeichen (Siebenergeheimnis, Art. 10 bayAbmG). Diese Übung diente früher dazu, Grenzfrevel aufzudecken. Seit aber jeder neu gesetzte Grenzstein durch Messungszahlen gesichert wird, kann in dem Belegen der Grenzsteine nur noch ein aus heimatpflegerischen Gründen erhaltens- und schützenswerter Brauch gesehen werden. Die bei der Abmarkung angebrachten Zeichen werden durch Messungszahlen festgehalten, so daß

die Grenzpunkte nach Verlust der Grenzzeichen mit einer Genauigkeit von einigen Zentimetern wieder hergestellt werden können. Über das Geschäft wird ein Protokoll aufgenommen (siehe RdNrn. 89, 90).
Unbefugte Abmarkungshandlungen (unbefugtes Setzen, Aufrichten, Entfernen usw. von Grenzzeichen) werden nach den Abmarkungsgesetzen als Ordnungswidrigkeiten geahndet. Strafrechtlich nach § 274 StGB wird nur belangt, wer einen Grenzfrevel begeht in der Absicht, einem anderen Nachteil zuzufügen.

102 d) Wirkung der Abmarkung

Eine konstitutive Wirkung kommt der Abmarkung nicht zu, der Gegenbeweis ist möglich. Im Grenzstreit wird das Gericht dazu kommen, unter Anwendung von § 286 ZPO auf Grund der Abmarkung die beiderseitige Anerkennung der Grenze als voll erwiesen zu erachten (*Meisner–Ring* § 5 III; *Staudinger–Seufert* § 919 RdNr. 11). Denn die Abmarkung stellt eine öffentliche Beurkundung darüber dar, daß die Grundeigentümer die Grenze entsprechend der Abmarkung als richtig anerkannt haben.
In neueren Vorschriften ist der Abmarkung gesetzlich eine absolute Rechtsvermutung verliehen worden, so z. B. in § 1 Abs. 3 des hessischen Abmarkungsgesetzes vom 3. 7. 1956 (GVBl S. 124): *„Ist eine Grundstücksgrenze nach den Vorschriften dieses Gesetzes in Übereinstimmung mit dem Katasternachweis abgemarkt, so wird vermutet, daß die abgemarkte Grenze die richtige ist.“* Ein Widerspruch zwischen Abmarkung und Kataster-(Grundbuch-)ausweis zerstört die Rechtsvermutung des § 891 BGB. Die abgemarkte Grenze gilt bis zum Beweis des Gegenteils – siehe z. B. Absteckungsfehler RdNr. 121, fehlerhafte Teilung RdNr. 122 – als die richtige, vorausgesetzt daß alle Angrenzer sie anerkannt haben (*Meisner–Ring* und *Staudinger–Seufert* aaO). Die Kenntnis der Nichtübereinstimmung wird auch den gutgläubigen Erwerb nach § 892 BGB ausschließen (*Staudinger–Seufert* aaO). Hat der gutgläubige Erwerber die Abweichung nicht gekannt und hätte er sie auch bei der im Verkehr üblichen Sorgfalt nicht erkennen müssen, so wird er den Schutz des guten Glaubens für sich beanspruchen können (siehe auch *Staudinger–Seufert* § 892 RdNr. 28; *Meisner–Ring* aaO; *Zeiler*, Zeitschr. für Rechtspflege in Bayern 1913, 372).

103 Widersprüche zwischen Kataster und Abmarkung können entstanden sein
- durch fehlerhaften Karteneintrag der richtigen Abmarkung, wobei u. U. neben der Flurkarte Zahlennachweise vorhanden sein können, die die Abmarkung richtig dokumentieren,
- durch fehlerhafte Übertragung der rechtmäßigen Grenze aus dem Katasternachweis in die Örtlichkeit unter Beibehaltung der Kartendarstellung.

In der rechtlichen Qualifikation der beiden Fälle besteht kein Unterschied. Zum zweiten der beiden Fälle hat der BayVGH im Urt. vom 18. 3. 1976 (Nr. 60 VI 75/M 183 VI 73) bemerkt, Fehler in der Messung, ferner Berechnungsfehler und die Setzung von Grenzzeichen an falschen Stellen beeinträchtigten nicht die formale Gültigkeit der Abmarkung. Die von dem einen Eigentümer gewünschte und von dem Nachbarn bestrittene Grenzziehung könnte nur durch eine (zivil-)gerichtliche Entscheidung festgesetzt werden. Siehe auch BVerwG DÖV 1972, 174; BayVGH Urt. vom 20. 12. 1972, BayVBl 1974, 45 = MittBayNot 1974, 24.

e) Rechtsweg in Abmarkungsangelegenheiten 104

Bei Streitigkeiten über die Mitwirkungspflicht des Nachbarn und seine Beteiligung an den Kosten der Abmarkung nach § 919 BGB ist der Rechtsweg zu den ordentlichen Gerichten, bei Streitigkeiten über die öffentlich-rechtliche Abmarkungspflicht, über die Gültigkeit einer Abmarkung oder über die Art der Abmarkung hingegen der Verwaltungsrechtsweg gegeben. Die Abmarkung ist ein feststellender Verwaltungsakt (BayVGH BayVBl 1960, 22). Ist ein Beteiligter der Auffassung, daß die Vermessungsbehörde den Grenzstein nicht auf die feststehende oder rechtskräftig festgestellte Eigentumsgrenze gesetzt habe, so kann er Anfechtungs- und Verpflichtungsklage gegen den Staat als den Träger der Vermessungsbehörde auf Versetzung des Grenzsteins auf die Eigentumsgrenze einlegen.

Die Abmarkung kann nach Ablauf der Widerspruchsfrist (§ 70, § 58 Abs. 2 VwGO) nicht mehr angefochten werden. Damit ist jedoch die Anfechtung der Grenze auf zivilrechtlichem Wege, etwa wegen Erklärungsirrtums, Täuschung oder Drohung (§§ 119, 123 BGB) nicht ausgeschlossen.

Beim Kauf eines Grundstücksteils kann der eine Vertragsteil auf Grund des bestehenden Vertrags von dem anderen Teil die Unterzeichnung des Abmarkungsprotokolls verlangen (§ 241 BGB). Die Verweigerung der Unterschrift stellt eine bürgerlich-rechtliche Streitigkeit dar (OLG Braunschweig Urt. vom 30. 9. 1976 – 2 U 70/76 – NachrNdSächs VermuKatVerw 1977, 21). Die fehlende Unterschrift kann durch eine entsprechende Entscheidung des ordentlichen Gerichts ersetzt werden (§ 893 BGB).

2. Verschiebungen der Erdoberfläche

Seitliche Verschiebungen der Erdoberfläche können aus verschiedenen Ursachen und in ganz verschiedenem Ausmaß auftreten und die Grenzzeichen mit sich führen. 105

Bei örtlich begrenzten Hangrutschungen, die nur einen oder wenige Grenzzüge in Mitleidenschaft ziehen, wird *Meisner–Ring* (§ 1 III 2) zuzustimmen sein, daß die geographische Lage der Grenze stabil bleibt und die Abmarkung damit unrichtig wird.

106 Umfaßt die Bodenverschiebung hingegen ein größeres Gebiet, ist also eine große Anzahl von Grundstücken mit Häusern, Mauern, Zäunen, Straßen, Hochrainen usw. betroffen, so wäre es unsinnig und auch praktisch undurchführbar, die ursprüngliche geographische Lage der Grenzen mit all den untragbaren Konsequenzen immer wieder herstellen zu wollen. Hier können nur die Dehnungen und Schrumpfungen an den Rändern der verschobenen Scholle auf eine Anzahl Grundstücke verteilt werden, im übrigen wandert das Bodeneigentum mit den Verschiebungen mit. Der praktische Zwang ist hier stärker als irgendwelche rechtlichen Fiktionen. *Meisner-Ring,* die (aaO) eine Verschiebung der Grenze nur bei säkularen Erdschollenwanderungen gelten lassen wollen, scheinen hier zu „unbeweglich" zu sein.

H. Hoheitsgrenzen

1. Allgemeines

107 Die Festlegung, die Änderung und die Abmarkung von Hoheitsgebieten (Gemeinde-, Landes- und Staatsgebiet) stellen keinen Verwaltungsakt dar. Die Markierung der Grenze dient in diesem Fall dem Zweck, die Hoheitsgebiete zweier benachbarter Hoheitsträger in der Örtlichkeit erkennbar gegeneinander abzugrenzen.

2. Gemeindegrenzen

108 Die Grenze des Gemeindegebiets verläuft im Regelfall in Grundstücksgrenzen, Ausnahmen sind verhältnismäßig selten (zum Grundstücksbegriff der GO siehe § 2 RdNr. 18). Wird die Gemeindegrenze abgemarkt, so ist hiervon ggf. auch die gleichlaufende Grundstücksgrenze betroffen. Die Eigentümer werden deshalb zum Abmarkungsgeschäft zugezogen. Mit der Gemeindegrenze liegt in diesem Fall auch die Eigentumsgrenze fest.

Werden Gemeindegebiete geändert, so sollen die neuen Grenzen grundsätzlich nur in solche Flurstücksgrenzen gelegt werden, die durch eine Abmarkung oder eine Grenzeinrichtung (Zaun, Mauer, Graben udgl.) oder durch die Art der Nutzung dauerhaft und augenfällig gekennzeichnet sind. Andernfalls soll die Grenze abgemarkt werden (Nr. 45 der Bek des Bayer. Staatsministeriums des Innern über kommunale Hoheitszeichen und Gebietsänderungen vom 30. 4. 1973, MABl S. 341, FMBl S. 237).

3. Landesgrenze

109 Die Erhaltung der Abmarkung der innerdeutschen Landesgrenze wird von den Ländern der Bundesrepublik durch gegenseitige Verwaltungsabkommen

[1] Für Gemeindegrenzen siehe BayVGH 18, 129

geregelt. Da bei der Abmarkung der Landesgrenzen die für die Abmarkung der Grundstücke geltenden landesrechtlichen Vorschriften beachtet werden, ist die Abmarkung auch für die Abgrenzung des Eigentums verbindlich.

Kleinere Änderungen der Landesgrenzen können von den Ländern gemäß Art. 29 Abs. 7 GG vereinbart werden (zum Verfahren siehe G vom 16. 3. 1965, BGBl I S. 65, im Zuge von Flurbereinigungen § 58 Abs. 2 FlurbG).

4. Staatsgrenze und Grenze zur DDR

Zur Abmarkung der Bundesaußengrenze und der Grenze zur DDR werden 110
die Grundeigentümer regelmäßig nicht zugezogen, sie werden nach Maßgabe besonderer Regelungen lediglich benachrichtigt. Der Bestand des privaten Grundeigentums oder anderer privater Rechte wird durch die Grenzziehung nicht berührt, die Grenzziehung greift in kein privates Recht ein. Gewisse Eigentumsbeschränkungen, die mit der Grenzziehung verbunden sein können, z. B. Duldung der Abmarkungszeichen, Entzug der Möglichkeit, jenseits der Grenze gelegene Grundstücke oder Grundstücksteile weiterhin zu bewirtschaften, werden sich im allgemeinen im Rahmen der Sozialbindung des Eigentums nach Art. 14 Abs. 2 GG halten.

Die Festlegung und Abmarkung der Grenzen ist zu den justizfreien Hoheitsakten zu rechnen. Eine Anfechtbarkeit der Abmarkung ist weder im verwaltungsgerichtlichen Verfahren noch vor den ordentlichen Gerichten gegeben.

Die Staatsgrenze und die Grenze zur DDR bilden gleichzeitig die Grenze für die anliegenden Grundstücke – Grundstücke im Sinne des Grundbuchs –, weil an der Grenze der Geltungsbereich des Grundbuchrechts endet.

In die Staatsgrenze und in die Grenze zur DDR werden keine Grenzzeichen für aufstoßende Eigentumsgrenzen eingeschaltet. Der Abstand, der mit solchen Grenzzeichen einzuhalten ist, richtet sich nach den zwischenstaatlichen Vereinbarungen oder innerstaatlichen Weisungen.

VI. Berichtigungen rein tatsächlicher Art

A. Einteilung

Die Anwendung von § 22 GBO setzt voraus, daß das Grundbuch mit der 111
materiellen Rechtslage nicht im Einklang steht. Nicht unter § 22 GBO fällt hingegen die Berichtigung rein tatsächlicher Angaben über ein Grundstück. Diese Berichtigungen werden regelmäßig von Amts wegen im Grundbuch vollzogen. Dem Antrag eines Beteiligten kommt nur die Bedeutung einer

Anregung zu. Die Unrichtigkeit muß nachgewiesen sein, wofür jedoch nicht die Form des § 29 GBO verbindlich ist.

Zu den Berichtigungen rein tatsächlicher Art im obigen Sinn rechnet der Großteil der Vorgänge, die auch in der Katasterterminologie als Berichtigungen bezeichnet werden.

Während die Unrichtigkeit des Grundbuchs ursprünglich oder erst nachträglich entstanden sein kann (siehe RdNrn. 4 ff) kennt das Liegenschaftskataster nur die Berichtigung **ursprünglicher** Unrichtigkeiten, also von eigentlichen Fehlern, die bei der Erfassung oder Verarbeitung der Angaben unterlaufen sind.

112 Die Vorschriften Bayerns über Einteilung und Definition der Berichtigungen im Liegenschaftskataster orientieren sich an Nr. 2 Abs. 2 und Nr. 7 bis 9 FortfErl. 1.41 KatFEA unterscheidet zwischen

- Berichtigungen von Schreibfehlern, Rechenfehlern und ähnlichen offenbaren Unrichtigkeiten,
- Berichtigungen des Flächeninhalts von Flurstücken,
- Berichtigungen von Zeichenfehlern,
- Berichtigungen von Ungenauigkeiten des Aufnahmeverfahrens,
- Berichtigungen von Aufnahmefehlern.[1]

Das Grundbuchamt hat bei diesen Berichtigungen auf Grund der Auszüge aus den Veränderungsnachweisen die Bestandsangaben des Grundbuchs zu berichtigen. Über die Berichtigung eines Aufnahmefehlers entscheidet jedoch der Rechtspfleger (für Bayern: § 9 JMBek über die Erhaltung der Übereinstimmung zwischen dem Grundbuch und dem Liegenschaftskataster vom 28. 11. 1969, JMBl S. 211).

B. Offenbare Unrichtigkeiten

113 Die erste Gruppe von Berichtigungen im Kataster – Schreibfehler, Rechenfehler und ähnliche offenbare Unrichtigkeiten – wird in manchen Fällen das Grundbuch unberührt lassen. Solche Unrichtigkeiten sind z. B. auch Widersprüche in den Aufnahmeelementen für eine Grenze. Da nach den Vorschriften jedes Messungselement durch andere von ihm unabhängige Elemente vollständig kontrolliert sein muß, wird jeder Messungsfehler durch einen derartigen Widerspruch angezeigt. Ist das fehlerhafte Element im Katasternachweis zweifelsfrei zu erkennen und die richtige Größe mit Sicherheit bestimmbar, so kann die Berichtigung ohne Mitwirkung der Eigentümer

[1] Andere Ländervorschriften gliedern neuerdings nach Abweichungen innerhalb des Katasternachweises und Abweichungen zwischen örtlichem Besitzstand und Katasternachweis. Näheres hierzu *Kriegel* Heft 6 Abschn. O.

vorgenommen werden. Läßt sich hingegen nicht mit Sicherheit feststellen, welches der Elemente die rechtmäßige Grenze darstellt, so muß u. U. eine Einigung unter den Grenznachbarn in Form eines Grenzfeststellungsvertrags (RdNrn. 77 ff) herbeigeführt werden. Zu den hier angesprochenen Widersprüchen gehört als häufigster Fall die Nichtübereinstimmung des gemessenen Spannmaßes zwischen zwei Grenzpunkten mit dem aus den Koordinaten errechneten Spannmaß.

Falls mit den fehlerhaften Messungselementen Kartierungen vorgenom- 114
men und Flurstücksflächen berechnet und in das Kataster übernommen worden sind, müssen auch Karte und Fläche berichtigt werden.

Auch die Flurstücksnummernverwechslung (siehe § 22 Anh. RdNrn. 12 ff), die Doppelkatastrierung (siehe RdNr. 34) und ähnliche Katastrierungsfehler gehören in diese Gruppe von Fehlern. Ihre Behebung kann eine Berichtigung der Karte und der Flurstücksfläche zur Folge haben. Die Bereinigung einer Flurstücksnummernverwechslung (Parzellenverwechslung) im Grundbuch stellt jedoch nicht eine Berichtigung rein tatsächlicher Angaben dar, weil der Gegenstand des Eigentums unrichtig eingetragen ist (RGZ 133, 281).

C. Berichtigung des Flächeninhalts

Als Berichtigung des Flächeninhalts gilt die Einführung einer neuen Flächen- 115
größe für ein Flurstück, dessen Begrenzung unverändert bleibt (1.42 KatFEA). Die Fläche eines Flurstücks ist jeweils zu berichtigen, wenn sich bei einer Neuberechnung eine Abweichung gegenüber dem bisherigen Katasternachweis ergibt und die Abweichung die Fehlergrenze (= größte zulässige Abweichung) übersteigt. Bei kleineren Abweichungen kann die bisherige Fläche belassen werden. Nach 2. 572 KatFEA ist sie grundsätzlich beizubehalten, wenn die Abweichung weniger als die Hälfte des zulässigen Fehlers beträgt. Zur Beseitigung des Flächenfehlers siehe § 22 Anh. RdNrn. 26 ff.

D. Berichtigung von Zeichenfehlern

Ein Zeichenfehler liegt vor, wenn die Darstellung in der Flurkarte mit deren 116
maßgebenden Unterlagen, insbesondere den Zahlennachweisen, nicht übereinstimmt (1.43 KatFEA). Als Zeichenfehler sollten nicht kleinere Mängel und Ungenauigkeiten der Flurkarte angesehen werden (siehe nächster Abschnitt).

Der BGH hat in einem Urteil wegen Schadenersatzansprüchen auf Grund einer unrichtigen Kartendarstellung vom 1. 3. 1973 (DÖV 1973, 794, weitere Fundstellen siehe RdNr. 22) befunden, unzutreffende Begrenzungsangaben, die am öffentlichen Glauben des Grundbuchs teilhätten, stellten keine „Zeichenfehler" im Sinne der Katastervorschriften dar und dürften nicht ohne Zustimmung der Betroffenen von Amts wegen berichtigt werden. Diese Auffassung, die nebenher in das Urteil eingeflossen ist, wurde von der Praxis nicht zum Anlaß entsprechender Konsequenzen genommen.

E. Berichtigungen von Ungenauigkeiten des Aufnahmeverfahrens

117 Als Ungenauigkeit des Aufnahmeverfahrens werden Abweichungen des Katasternachweises von der rechtmäßigen Grenze bezeichnet, wenn die Unstimmigkeit dadurch zu erklären ist, daß die Grundstücksgrenzen wegen Unzulänglichkeiten des Aufnahmeverfahrens ungenau erfaßt worden sind (1.44 KatFEA).

Hier wären auch die Kartierungs- und Gravierungsmängel (Übertragung der Meßtischaufnahme auf den Lithographiestein) einzuordnen, falls sie nicht als grobe Zeichenfehler anzusprechen sind (siehe RdNr. 116).

Ferner gehören hierher Meßungenauigkeiten, die mit den in den Meßgeräten und Meßverfahren begründeten unvermeidlichen Messungsfehlern ihre ausreichende Erklärung finden.

Die aufgeführten Ungenauigkeiten des Katasterausweises werden regelmäßig nicht mit den Beteiligten zu erörtern sein, weil es ihnen an Sachkenntnis fehlt.

F. Berichtigung von Aufnahmefehlern

118 Ein Aufnahmefehler liegt vor, wenn die Abgrenzung eines Flurstücks in den Katasterunterlagen nicht dem rechtlichen Bestand entspricht, wie er bei der Aufnahme gegeben war, und wenn die Abweichung weder als Meßungenauigkeit, d. h. als eine in den Meßvorgängen und in den Meßgeräten begründete unvermeidliche Ungenauigkeit, angesehen, noch mit der Ungenauigkeit des Aufnahmeverfahrens (siehe RdNr. 117) erklärt werden kann (1.45 KatFEA).

Unter dem „rechtlichen Bestand" ist sowohl die Zuordnung der rechtlich zusammengehörenden Flächenteile als auch die Darstellung der rechtmäßigen Grenze zu verstehen.

Die Berichtigung eines Aufnahmefehlers beinhaltet nicht die Änderung der rechtmäßigen Grenze, wohl aber die Änderung der von der rechtmäßigen Eigentumsgrenze abweichenden Grundbuchgrenze. Im Hinblick auf diejenige Eintragung, die nachweist, *„welche Grundfläche das Eigentumsrecht des als Eigentümer Eingetragenen zum Gegenstand hat und umfaßt"*, stellte das RG im Urteil vom 12. 2. 1910 (RGZ 73, 125) fest, *„daß auch im Falle des*

§ 892 BGB überall nur rechtliche Verhältnisse eine Rolle spielen können, dagegen nicht auch rein tatsächliche Umstände, die eine rechtliche Beziehung überhaupt niemals ergeben". Die Grenzangaben des Grundbuchs sollten sonach nicht schlechthin zu den rein tatsächlichen Angaben wie Lage, Wirtschaftsart und Fläche gerechnet werden.

Ein Aufnahmefehler kann nur dann entstehen, wenn eine Messung nicht 119 ausreichende Kontrollen aufweist oder wenn der Grenzverlauf bei der Aufnahme unrichtig dargestellt und die ermittelten Maße an der unrichtigen Stelle in die Darstellung eingefügt werden, ohne daß ein innerer Widerspruch auftritt. Beispiel: Die an sich richtig aufgemessenen Grenzpunkte werden unrichtig miteinander verbunden und ergeben einen unzutreffenden Grenzverlauf, ohne daß disharmonierende Messungselemente einen Widerspruch aufzeigen.

Zur Berichtigung des Aufnahmefehlers werden schon mit Rücksicht auf 120 die Entscheidungsbefugnis des Rechtspflegers Erklärungen der Grundeigentümer eingeholt. Im Veränderungsnachweis werden die Flächenänderungen als Berichtigungen, nicht als Zu- und Abgänge vorgetragen.

Lehnt der Rechtspfleger die Berichtigung des Grundbuchs ab, so muß die Katasterbehörde diese Entscheidung auch gegen sich zunächst gelten lassen und die Berichtigung des Katasters zurückstellen. Da der Vermessungsbehörde in § 71 GBO kein Beschwerderecht eingeräumt ist, bleibt nur die Beschwerde der Eigentümer gegen die Abweisung der Grundbuchberichtigung (KGJ 30, A 202).

Unrichtigkeiten im Grenznachweis des Katasters werden nur in äußerst seltenen Ausnahmefällen als Aufnahmefehler zu bezeichnen sein. Wegen des besonderen Aufwandes, den ihre Beseitigung verursacht, wird jeweils zu prüfen sein, ob andere Lösungen in Betracht kommen. Im besonderen werden Ungenauigkeiten, die sich mit dem Aufnahmeverfahren und seiner Meßgenauigkeit erklären lassen, nicht unter die Aufnahmefehler zu rechnen sein.

G. Berichtigung fehlerhafter Absteckungen

Eine Art Gegenstück zum Aufnahmefehler ist der **Absteckungsfehler,** ein 121 Sonderfall des Messungsfehlers (RdNr. 113). Er entsteht dadurch, daß

- die Grundbuchgrenze oder
- eine vorgegebene Teilungslinie

aus den Unterlagen unrichtig in die Örtlichkeit übertragen wird.

Im ersten Fall kann die unrichtig übertragene Grenze durch einen Grenzfeststellungsvertrag (RdNrn. 77 ff) zur rechtmäßigen Grenze werden. Bei Aufdeckung des Fehlers ist dann der Katasternachweis zu ändern. Im zweiten

Fall steht die abgesteckte Grenze im Gegensatz zu dem klaren Vertragswillen der Beteiligten. Eine Berichtigung der fehlerhaften Absteckung vor der Eintragung im Grundbuch wird in der Regel problemlos sein. Zur Berichtigung nach Eintragung siehe RdNrn. 125 ff.

Zu Absteckungsfehlern bei Flurbereinigungen siehe RdNrn. 37 ff.

H. Berichtigung fehlerhafter Teilungsvermessungen

122 Bei der Veräußerung eines Grundstücksteils (Teilung) werden mitunter von den Beteiligten oder – bei genehmigungspflichtigen Teilungen – von der Genehmigungsbehörde Bedingungen gestellt, die bei der Festlegung der Teilungslinie zu beachten sind. Im wesentlichen kommen in Betracht

- Parallelität oder Rechtwinkligkeit zweier Grenzstrecken zueinander und andere geometrische Bedingungen,
- bestimmter Abstand der Teilungslinie von einer Grenze oder von einem Gebäude (z. B. Abstandsfläche nach der Bauuordnung),
- vorgegebene Flächengröße,
- bestimmtes Flächenverhältnis zwischen der abzutrennenden und der Restfläche (z. B. Hälfteteilung).

Derartige Bedingungen sind hin und wieder bei der Übertragung der Teilungslinie in die Örtlichkeit nicht erfüllt worden, weil ein Meß- oder Rechenfehler unterlaufen ist.

123 Wenn die in den vermessungstechnischen Unterlagen ausgewiesene Messungszahl selbst richtig ist, aber unrichtig in die Örtlichkeit übertragen wurde, so daß die Grenze nicht den Verlauf hat, der nach dem Willen der Beteiligten oder den Bedingungen der Teilungsgenehmigung in den Absteckungselementen niedergelegt ist, so liegt ein Absteckungsfehler vor; siehe RdNr. 121. Die Grenze wird in der Regel in der Örtlichkeit berichtigt.

124 Sind sowohl die Messungszahl als auch der Grenzverlauf unrichtig, so ist die Messungszahl zu berichtigen, der Grenzverlauf in der Örtlichkeit richtigzustellen.

125 Die Beseitigung solcher Fehler wird sich von folgenden Überlegungen leiten lassen:

a) Verstoß gegen ein gesetzliches Verbot (Gebot)

Ein Verstoß gegen ein gesetzliches Verbot, der die Nichtigkeit der Teilung zur Folge hätte (§ 134 BGB), wird kaum vorliegen, weil nicht das Rechtsgeschäft das Verbot verletzt, sondern lediglich die technische Ausführung fehlerhaft war.

b) Abweichung von dem erklärten Willen der Beteiligten

Das Vereinbarte gilt. Wer zu wenig erhielt, hat Anspruch auf Herausgabe der seinem Anspruch gemäßen Fläche. Dem Berichtigungsanspruch kann die Vermessungsbehörde aber nur nachkommen, wenn alle Grenznachbarn der Berichtigung zustimmen oder eine rechtskräftige gerichtliche Entscheidung vorliegt. Bis dahin darf sie die als unrichtig erkannte Abmarkung nicht beseitigen. Wollen die Grenznachbarn die Grenze so, wie sie (unrichtig) in der Örtlichkeit verläuft, beibehalten, so ist die zwischen rechtmäßiger und fehlerhafter Grenze gelegene Fläche aufzulassen.

Werden für weit zurückliegende Grundstücksteilungen später, u. U. erst 126
nach Jahrzehnten, Mängel aufgedeckt, die in einer Abweichung des örtlichen Grenzverlaufs von den für die Teilung vorgegebenen geometrischen Bedingungen der in RdNr. 122 angeführten Art (Verhältnisteilungen usw.) bestehen, so wird mit Rücksicht auf die Weiterungen, die bei der Behebung zu gewärtigen sind, der von den amtlichen Fehlergrenzen (siehe RdNrn. 28 ff) abgesteckte Interpretationsraum jeweils voll auszuschöpfen sein. Die Beteiligten müssen jedoch in jedem Fall über die Sachlage und ggf. über die Fehler, die von der Vermessungsbehörde zu vertreten sind, unterrichtet werden. Es liegt an der Geschicklichkeit des die Vermessung Ausführenden, den Frieden zwischen den Beteiligten zu erhalten und den Weg zu finden, der jeweils mit dem geringsten Aufwand an Arbeit und Kosten zu einer annehmbaren und rechtlich vertretbaren Lösung führt.

I. Haftungsfragen

Bei einer Grenzermittlung wird die Vermessungsstelle jeweils die bedeut- 127
samsten Dokumente heranziehen, um mit großer Wahrscheinlichkeit die rechtmäßige Grenze feststellen zu können. Gleichwohl sind Fehlinterpretationen nicht mit absoluter Sicherheit auszuschließen. Würde eine noch größere Sicherheit gefordert, so würde der Aufwand in einem nicht mehr vertretbaren Ausmaß anwachsen.

Bei Vermessungen schließen die vorgeschriebenen, durchgreifenden Kontrollen grobe Fehler weitgehend aus. Für die Führung der Katasterkarten und -bücher ist größte Sorgfalt eine Selbstverständlichkeit.

Fehlerhafte Nachweise, aber auch von der Behörde zu vertretende Verzö- 128
gerungen in der Bearbeitung von Vermessungssachen können zu Vermögensschäden führen und Schadenersatzforderungen auslösen. Nach Art. 34 GG trifft die Verantwortlichkeit grundsätzlich den Staat oder die betreffende Körperschaft, in deren Dienst der Amtsträger steht, der seine Amtspflicht verletzt hat. Dem Beamten ist damit die in § 839 BGB begründete Schadenshaftung abgenommen. Bei Vorsatz oder grober Fahrlässigkeit bleibt jedoch der Rückgriff vorbehalten.

Bei der Erteilung von Auskünften aus dem Liegenschaftskataster, wie der 129
Abgabe von Kartenauszügen, verbieten regelmäßig Wirtschaftlichkeit und

Praktikabilität eingehende Nachforschungen darüber, ob die Katasterkarten und -bücher mit den Unterlagen übereinstimmen. Die Katastervorschriften sehen keine derartige Prüfungspflicht vor. Zu einer Schadenersatzforderung auf Grund eines unrichtigen Katasterauszugs – eine Veränderung war im Jahre 1864 unrichtig in die Flurkarte übernommen worden – hat der BGH in dem bereits zitierten Urteil vom 1. 3. 1973 (DÖV 1973, 794, weitere Fundstellen siehe RdNr. 22) festgestellt, daß das Land für die Erteilung eines unrichtigen Kartenauszugs nicht verantwortlich zu machen sei, auch nicht aus dem Gesichtspunkt des Organisationsverschuldens. Auch aus der Verantwortung des Staates für das Liegenschaftskataster und dessen Bedeutung für den Rechtsverkehr folge nicht etwa eine allgemeine Überprüfungspflicht. In dem vorliegenden Fall hätte der Kläger das Katasteramt auf die besonderen Umstände aufmerksam machen müssen. Außerdem wäre, falls ein Schadenersatzanspruch geltend gemacht werden könnte, gemäß § 852 BGB 30 Jahre nach Vornahme der unrichtigen Karteneintragung die Verjährung des Anspruchs eingetreten. Im übrigen verjähren derartige Ansprüche drei Jahre von dem Zeitpunkt an, zu dem der Geschädigte Kenntnis von dem Schaden erlangt hat.

130 Eine besondere Überprüfungspflicht kann sich jedoch ergeben, wenn in dem Antrag auf Erteilung eines Auszugs aus dem Liegenschaftskataster ein entsprechender Verwendungszweck ausdrücklich herausgestellt und die Bereitschaft zur Tragung der Mehrkosten erklärt ist. Die Überprüfung kann sich hierbei auf die maßgebenden Unterlagen des Katasters und auch auf Übereinstimmung mit dem Gebäudebestand in der Örtlichkeit erstrecken. Außerdem kann gefordert werden, daß die Karte auf den Stand des Grundbuchs zurückgeführt wird, wenn in sie Vermessungen übernommen worden sind, die rechtlich noch nicht wirksam sind, weil die rechtsbegründende Eintragung in das Grundbuch noch aussteht.

Wenn eine Vermessungsbehörde in anderer Weise als hoheitlich tätig geworden ist, kann bei einem schwerwiegenden Messungsfehler u. U. Schadenersatz aus Werkleistung (Beispiel: Absteckung für die Errichtung eines Bauwerks) gemäß Werkvertrag in Betracht kommen (§ 635 GBG, Verjährungsfristen § 638 BGB).

Anhang zu § 22 GBO

I. Rechtsvermutung und öffentlicher Glaube

A. Die gesetzliche Vermutung des § 891 BGB

In § 891 BGB wird eine Vermutung für das Bestehen eines eingetragenen Rechtes und für das Nichtbestehen eines gelöschten Rechtes aufgestellt. Diese **Vermutung** ist nicht zwingend, sondern **widerlegbar,** womit es jedermann möglich ist, die Unrichtigkeit der Eintragung oder die Unrichtigkeit der Löschung nachzuweisen. So bewirkt die Rechtsvermutung des § 891 BGB, daß derjenige, der im Grundbuch – also nur formell – als Berechtigter eingetragen ist, auch in materieller Hinsicht als Berechtigter gilt und daß ein Recht, das im Grundbuch – also formell – gelöscht ist, auch materiellrechtlich als erloschen gilt, beides aber nur bis zum Beweis der Unrichtigkeit. 1

Die Rechtsvermutung erstreckt sich unterschiedslos auf alle eingetragenen und gelöschten Rechte, nicht jedoch auf Tatsacheneintragungen (wie Größe, Bebauung, Lage), da die Offenlegung dieser Tatsache nicht der eigentliche Zweck des Grundbuches ist. Jedoch werden vom öffentlichen Glauben die Bestandsangaben des Grundbuchs insoweit erfaßt, als hiervon der Inhalt des Rechts abhängt, also bspw. Angaben über Gemarkung, Flur, Flurstücksnummer. Auch die **Flurkarte** nimmt am öffentlichen Glauben des Grundbuches teil. Während noch *Henle-Dandl* (Die Anlegung des Grundbuchs in den Landesteilen rechts des Rheins, München 1902, S. 8 Fußnote 9) die Meinung vertraten, daß der öffentliche Glaube nur das Grundbuch, nicht aber auch das Grundsteuerkataster bzw. das amtliche Verzeichnis und die demselben zugrundeliegende Karte erfasse, ist seit der Entscheidung des Reichsgerichts vom 12. 2. 1910, RGZ 73, 125–131, die Frage entschieden: Die Eintragung, die eine bestimmte Grundfläche als zum Grundstück zugehörig nachweist, stellt zum öffentlichen Glauben fest, welche Grundfläche das Eigentumsrecht des als Eigentümer Eingetragenen zum Gegenstand hat und umfaßt (RGZ 13, 129; vgl. hierzu § 22 RdNr. 24). 2

Das Recht gilt ab Eintragung in dem Umfang als bestehend, den das Grundbuch als Rechtsinhalt angibt. Im übrigen ist für den Umfang der Vermutung maßgebend der Grundbuchstand im Zeitpunkt der Berufung auf ihn.

In der Zeit **vor Anlegung des Grundbuchs** kam weder dem Eintrag des Eigentümers im Hypothekenbuch noch dem Besitzausweis im Grundsteuerkataster eine vorrangige Rechtsvermutung zu. Das Grundsteuerkataster bildete für das Eigentum nur ein Beweismittel neben anderen. Die »Eintragung« im Grundsteuerkataster ersetzte nicht den Erwerbsgrund, sondern bildete nur einen Beweisbehelf (Urt. d. obersten Gerichtshofes für Bayern des Civilrechtes und Civilprozesses vom 17. 11. 1876, ES 6,389). Das Grundsteuerkataster hatte weder die Beweiskraft einer öffentlichen Beurkundung der Eigentumsverhältnisse im Sinne des § 418 ZPO noch die rechtliche Bestimmung, jedermann verlässigen Aufschluß über die Eigentumsverhältnisse zu geben (Urt. d. BayObLGC vom 21. 1. 1901, ES 2,112 = Blätter für das bayer. Finanzwesen IX (1901), 202). Entsprechendes hat auch heute für den Eigentumsnachweis des Liegenschaftskatasters bei den Grundstücken, die nicht in das Grundbuch eingetragen sind, zu gelten.

B. Widerlegbarkeit der Vermutung

3 **Die Vermutung** wirkt bis zur Widerlegung. Das Recht zur Widerlegung steht jedem zu, der durch die Eintragung in seinem Rechte beeinträchtigt wird. Erforderlich ist der **Beweis der Unrichtigkeit;** Umstände, die eine Gegenvermutung begründen, reichen nicht aus. Auch genügt es nicht zur Widerlegung, daß bei der Eintragung verfahrensrechtliche Vorschriften verletzt wurden (BGH WPM 1969, 1352). Die Eintragung eines Widerspruchs entkräftet die Vermutung des § 891 BGB nicht (BGH MDR 1970, 201); seine Bedeutung beschränkt sich auf die Verhinderung gutgläubigen Erwerbs.

Die Unrichtigkeit muß, soweit sie dem Grundbuchamt nicht ohnehin bekannt ist, durch öffentliche oder öffentlich beglaubigte Urkunden lückenlos nachgewiesen werden, wobei jedoch das Grundbuchamt nicht verpflichtet ist, selbst eigene Nachforschungen von Amts wegen durchzuführen.

C. Der Gutglaubensschutz des § 892 BGB

4 Der Gutglaubensschutz ist bei liegenschaftsrechtlichen Geschäften in den §§ 892, 893 BGB materiellrechtlich geregelt. Durch diese Bestimmungen wird eine Ausnahme von dem Prinzip der widerlegbaren Rechtsvermutung nach § 891 BGB zugunsten des gutgläubigen Erwerbers insoweit gemacht, als diesem gegenüber nach dem Erwerb eine Widerlegung des Grundbuchinhalts auch dann nicht mehr in Frage kommt, wenn das Grundbuch nachweislich im Zeitpunkt des Erwerbsvorgangs unrichtig war.

Die Gutglaubensschutzregelung der §§ 892, 893 BGB realisiert den **Öffentlichkeitsgrundsatz** im Grundbuchrecht (vgl. ausführlich Einf RdNrn. 42 ff).

D. Gutglaubensschutz und Einigungsmängel bei unrichtigen Flächenangaben in Veräußerungsverträgen

5 Besondere Probleme ergeben sich für die Frage des gutgläubigen Erwerbes, aber auch für das Problem der Anfechtbarkeit bzw. Nichtigkeit von schuld-

rechtlichem und dinglichem Vertrag, wenn die objektiven Erklärungen der Beteiligten und das subjektiv Gewollte oder Vorgestellte auseinanderfallen.

Im einzelnen handelt es sich um folgende typische Fälle:

a) Der Veräußerer und der Erwerber einigen sich über den Eigentumsübergang hinsichtlich eines Grundstückes (bspw. Flst. 100) und haben hierbei gemeinsam eine subjektive Vorstellung über die Begrenzung in der Natur, die jedoch – ohne daß es die Beteiligten wissen – objektiv von der katastermäßigen Begrenzung des Flst. 100 abweicht.

b) Im selben Ausgangsfall wie unter a) hat nur einer der Beteiligten eine unrichtige Vorstellung.

c) Die Beteiligten schließen einen Veräußerungsvertrag über eine noch zu vermessende Teilfläche von ca. 1000 m^2. Die später entsprechend der Planskizze vermessene Trennfläche umfaßt eine erheblich größere Grundstücksfläche (bspw. 1300 m^2).

Zu a):

6 Beide Vertragsparteien haben den **objektiv gleichen Willen** erklärt und gemeinsam **subjektiv** etwas anderes, als sie objektiv erklärten, gewollt: Beide wollten einen Vertrag über das Grundstück mit einer bestimmten Flurstücksnummer abschließen, aber mit den ihnen in der Natur bekannten, ihnen unbekannterweise im Kataster anders ausgewiesenen Grenzen. Bei dieser Sachlage, wenn beide Parteien demselben Irrtum unterliegen, ihr Wille sich aber deckt, handelt es sich lediglich um eine **unschädliche** falsche Bezeichnung (falsa demonstratio); es gilt das übereinstimmend Gewollte (BGH DNotZ 1965, 38).

7 Hiervon zu unterscheiden ist der **versteckte Einigungsmangel (Dissens),** der dann vorliegt, wenn die Erklärungen schon dem Wortlaut nach nicht übereinstimmen, aber die Beteiligten annehmen, sie würden sich decken, oder wenn die Erklärungen zwar dem Wortlaut nach übereinstimmen, aber objektiv zweideutig sind und jeder Beteiligte einen verschiedenen Sinn mit der Erklärung verbunden hat. Die Folge eines Dissenses wäre nach § 155 BGB, daß das Vereinbarte nur dann gilt, wenn der Vertrag auch ohne eine Bestimmung über den Punkt, über den sich die Beteiligten subjektiv nicht geeinigt haben, geschlossen worden wäre. Außerdem kann sich im Falle eines Dissenses jeder Dritte auf die Nichtigkeit des Vertrages berufen, während bei einem einseitigen Irrtum lediglich der Irrende durch Anfechtung sich vom Vertrag lösen kann (§ 119 BGB).

Im Falle a) hingegen sind die auch subjektiv übereinstimmenden Erklärungen **objektiv eindeutig,** also gleichen Inhalts. Der Vertrag ist mithin wirksam zustandegekommen, und zwar mit dem subjektiven Inhalt.

8 Für die Auswirkungen des Vertrages kommt es jedoch im Liegenschaftsrecht zusätzlich darauf an, ob die Erwerbsfläche, die sich die Beteiligten tatsächlich vorgestellt haben, größer oder kleiner als die im Kataster ausgewiesene Grundstücksfläche ist:

aa) Die Erwerbsfläche ist größer als die Katasterfläche: Wenn die über die

Katastergrenze hinausgehende Fläche (Nachbargrundstück) ebenfalls im Eigentum des Veräußerers steht, sind der Vertrag und die Einigung über das angegebene Flurstück sowie über die noch zu vermessende, darüber hinausgehende Teilfläche aus dem anderen Grundstück wirksam zustandegekommen. Zum Vollzug fehlt lediglich noch der förmliche Ausweis der Teilfläche in einem Veränderungsnachweis (§ 2 Abs. 3 a GBO). Etwas anderes gilt dann, wenn der Reststreifen im Eigentum eines Dritten steht. Hier richtet sich dann die formgültige Einigung nur auf die kleinere, im Grundbuch ausgewiesene Fläche. Der Reststreifen verbleibt im Eigentum des Dritten, da der Verkäufer über ihn als Nichtberechtigter nicht verfügen konnte und auch § 892 BGB hier zugunsten des Käufers nicht Platz greift. In diesem Falle könnte allenfalls unter Umständen ein Bereicherungsanspruch des Käufers gegen den Verkäufer gem. §§ 812 ff BGB bestehen, wenn der Käufer seinerseits bereits voll erfüllt hat (durch Kaufpreiszahlung).

9 bb) Bleibt die Erwerbsfläche hinter der Katastergrenze zurück, so erfolgt zwar die Einigung nur über den kleineren Grundstücksteil. Hinsichtlich der größeren (Rest-)Fläche, also der Katasterfläche abzüglich der vorgestellten Fläche, liegt Nicht-Einigung vor, da sich die Parteien hierüber überhaupt keine Vorstellung machten. Gleichwohl wird der Erwerber als Bucheigentümer eingetragen (vgl. *Ring* DNotZ 1953, 391) mit der Folge der Möglichkeit einer Buchersitzung (§ 900 BGB). Zum sog. Katasterraub siehe *Meisner-Ring* § 6 III 6 m. w. Nachw.

Zu b):

10 Während der Sachverhalt a) in der Praxis nicht allzu häufig vorkommen dürfte, ist es durchaus keine Seltenheit, daß nur einer der beiden Beteiligten eine **falsche Vorstellung über Größe oder Lage in der Natur** hat. Während der Käufer meist die in der Natur verlaufenden Grenzen nicht kennt, sich also ohnehin auf die Flurkarte verläßt und damit keinem Irrtum unterliegt, hat der Verkäufer regelmäßig nur das Interesse, das Grundstück mit dem ihm in der Natur bekannten Grenzverlauf zu verkaufen. Weicht nun dessen Vorstellung von der Flurkarte ab, dann hat er sich über eine wesentliche Eigenschaft des Vertragsobjektes geirrt und er kann gem. § 119 Abs. 2 BGB seine Willenserklärungen anfechten (vgl. *Meisner-Ring* § 6 III 6).

Zu den Rechtsfragen, die sich ergeben, wenn ein Grundstück verkauft wird, „wie es liegt und steht", vgl. *Richter* u. *Ring*, DNotZ 1953, 386 ff.

Zu c):

11 Wenn eine noch nicht vermessene Fläche verkauft wird und im Kaufvertrag die künftige Grenzziehung durch Linien maßstabsgerecht eingezeichnet ist

sowie die Flächenangaben ungefähr bezeichnet sind (vgl. hierzu Einf RdNrn. 61 ff), dann ist grundsätzlich davon auszugehen, daß die eingezeichnete Umgrenzung allein maßgebend sein soll, also etwaige Abweichungen der tatsächlichen Trennstückgröße von der ungefähr vorab ermittelten unbeachtlich sind, wenn die Vermessung entsprechend der Grenzlinienführung erfolgt ist (BGH LM § 155 BGB Nr. 2). Gleichwohl ist der innere Wille der Beteiligten zu prüfen. Wenn Wille und Vorstellung eines Beteiligten dahin gingen, daß keinesfalls mehr als die im Vertrag angegebene Fläche verkauft werden sollte, dann hat sich diese Vertragspartei über den objektiven Inhalt ihrer Erklärung geirrt (§ 119 Abs. 1 BGB), da diese eben den Spielraum nach oben noch gestattet hätte. Dieser Beteiligte kann dann seine Erklärungen anfechten.

Für einen versteckten Einigungsmangel (§ 155 BGB) ist hier indes kein Raum, da sich der objektive Inhalt der beiderseitigen Erklärungen deckt.

Ungeachtet der verschiedenen Ergebnisse in den voraufgeführten Sachverhalten stehen spätere Rechtsgeschäfte hinsichtlich der erworbenen Grundstücke durchweg unter dem Öffentlichkeitsprinzip z. B.:

A hatte von seinem Flurstück die Hälfte = 600 m^2 an B veräußert; versehentlich waren aber um 60 m^2 mehr weggemessen und auf das Blatt für B mit der unrichtigen Angabe 660 m^2 eingetragen worden. Erwirbt nun ein Dritter C von B auf Grund dieser Grundbucheintragung gutgläubig, dann erwirbt C auf Grund des § 892 BGB das Eigentum an der ganzen Fläche zu 660 m^2. Oder: A verkaufte aus seinem Grundstück die Flurstücke 100, 101 an B; irrtümlich wurden aber die Flurstücke 100, 101, 102 aufgelassen und im Grundbuch übertragen. B wurde trotzdem nur Eigentümer von 100 und 101. Ein gutgläubiger späterer Käufer C (Dritter!) wird aber mangels rechtzeitiger Berichtigung des Grundbuchs auch rechtmäßiger Eigentümer von 102 werden.

II. Flurstücksnummernverwechslung

A. Verwechslung durch die Beteiligten

Entsprechend dem Bestimmtheitsprinzip (Einf RdNr. 51) muß der Gegen- 12
stand der Auflassung eindeutig bezeichnet sein. Bisweilen kommt es jedoch vor, daß infolge einer **Parzellenverwechslung durch die Auflassungsbeteiligten** der Erwerber als Eigentümer eines irrtümlich falsch bezeichneten Grundstücks, das nicht der gewollte Vertragsgegenstand war, im Grundbuch eingetragen wird. Diese Parzellenverwechslung führt weder zum Erwerb des sich von den Parteien vorgestellten, jedoch unrichtig bezeichneten Grundstücks,

noch zum Erwerb des in der Auflassung falsch bezeichneten Grundstückes. Es tritt also kein Eigentumswechsel ein. Der tatsächlich eingetragene Eigentümer ist nur Bucheigentümer (RGZ 60, 338; BayObLG 20, 78; *Meikel-Imhof-Riedel* § 20 Bem 52). In diesem Falle handelt es sich um eine sog. **„falsa demonstratio“:** Bei dieser echten falsa demonstratio stimmen Wille und Erklärung jeder Partei überein. Es liegt indes nur eine unrichtige Bezeichnung des Grundstücks vor (RG 99, 148). Da die Parteien das gleiche gewollt haben, ist auch kein Irrtum über die Erklärung gegeben. Irrtumsanfechtung nach § 119 BGB oder versteckter Dissens nach § 155 BGB scheiden also aus (vgl. auch BGH BB 1963, 1353). Dies gilt auch bei formbedürftigen Verträgen (BGH BB 1967, 811; vgl. zur Frage, ob Rückauflassung notwendig ist oder nicht auch *Haegele,* RdNr. 1809; *Meikel-Imhof-Riedel* § 39 Bem 14).

13 Durch die unrichtige Bezeichnung wird die Auflassung nicht ungültig. Vielmehr liegen trotz der falschen Bezeichnung **wirksame Auflassungen über die von dem Willen der Beteiligten umfaßten Flächen** vor, die durch einen Nachtrag zur Auflassungsurkunde von den Beteiligten richtiggestellt werden können, um so die Grundbuchberichtigung zu ermöglichen (RGZ 133, 279). Der Nachtrag muß die Berichtigungsbewilligung des Bucheigentümers (§ 22 Abs. 1 GBO) und die Zustimmung des wahren Berechtigten (§ 22 Abs. 2 GBO) in der Form des § 29 GBO enthalten. Wird die Zustimmung schikanös verweigert, so hilft nur die Klage vor dem ordentlichen Gericht auf Abgabe einer Willenserklärung. Mit Rechtskraft des Urteils wird die Abgabe der Willenserklärung fingiert (§ 894 ZPO).

Eine Rückübertragung der falsch bezeichneten Grundstücke auf den Veräußerer ist hier nicht erforderlich (h. M. vgl. *Haegele,* RdNr. 1812; *Meikel-Imhof-Riedel* § 39 Bem 14; a. A. RGZ 133, 279 das bei einer Weiterveräußerung aus dem Prinzip der Klarheit und Verständlichkeit des Grundbuches die Rückbuchung, also die Zwischeneintragung des Veräußerers verlangt).

14 Ist die notarielle Urkunde noch nicht grundbuchamtlich vollzogen, dann genügt eine notariell beurkundete Nachtragserklärung der Beteiligten, in welcher der Fehler richtiggestellt wird. Die Auflassung muß in diesem Fall nicht wiederholt werden.

15 Bisweilen kommt es in der Praxis vor, daß bei Ketten- oder Reihenhausanlagen Verwechslungen hinsichtlich des notariellen Vertragsobjektes zwischen Bauträger und Käufer entstehen, die schließlich zur Abnahme und Übergabe des unrichtigen Gebäudes führen können. Bei solchen Verwechslungen ist auf den Willen der Vertragsparteien **im Zeitpunkt der Auflassung** abzustellen:

16 1. Liegt eine „falsa demonstratio“ vor, war also im Zeitpunkt der Auflassung das tatsächlich bezogene Objekt als Vertragsobjekt von beiden Beteiligten gewollt, dann ist wie in RdNrn. 12 ff ausgeführt, zu verfahren. Allerdings

muß dann die Verwechslung bei beiden Vertragsbeteiligten vorgelegen haben.

2. Bei nur einseitiger Verwechslung (Irrtum) und wirksamer Anfechtung des Vertrages gem. § 119 BGB ist über das gewollte Vertragsobjekt nach vorgängiger Rückauflassung ein neuer Vertrag abzuschließen. 17

Von der „falsa demonstratio" ist der offensichtliche Schreibfehler beim Abfassen der notariellen Urkunde scharf zu unterscheiden. Im ersten Fall handelt es sich um eine unrichtige Bezeichnung durch die beiden Beteiligten, während offensichtliche Schreibfehler in der Sphäre der Beurkundungsperson liegen. Der Notar darf solche Fehler oder Auslassungen durch einen von ihm zu unterzeichnenden Nachtragsvermerk gem. § 30 Abs. 4 Satz 1 DONot richtigstellen. 18

Aber nicht jedes Schreibversehen kann durch den Nachtragsvermerk des Notars richtiggestellt werden. Vielmehr muß

a) der Fehler auf einem **mechanischen** Schreibversehen beruhen und

b) muß der Fehler **offensichtlich,** also ohne weiteres als solcher erkennbar sein.

Daraus erhellt, daß grundsätzlich die unrichtige Bezeichnung des Grundbuchblattes oder der Parzelle **nicht** durch den Nachtragsvermerk gem. § 30 Abs. 4 Satz 1 DONot berichtigt werden kann (*Seybold-Hornig,* BNotO Anh I § 30 DONot RdNr. 7). Etwas anderes gilt jedoch dann, wenn sich aus den sonstigen Erklärungen in der Urkunde eindeutig das gemeinte Grundstück ergibt, dieses aber in der Auflassung in Abweichung von den sonstigen einschlägigen Stellen in der Urkunde versehentlich falsch bezeichnet wurde (vgl. *Bäumler* DNotZ 1951, 424).

Sofern kein offensichtlicher Schreibfehler vorliegt, können Änderungen und Berichtigungen der notariellen Urkunde nur durch Aufnahme einer neuen (Nachtrags-) Niederschrift unter Zuziehung aller Beteiligter durchgeführt werden. Die für die Haupturkunde vorgeschriebene Form ist bei Beurkundung der Änderung einzuhalten. Also bedarf es bei unrichtiger Bezeichnung der Parzelle in der Auflassung bei der Nachtragsverhandlung der gleichzeitigen Anwesenheit beider Teile (vgl. *Seybold-Hornig* aaO RdNr. 7). 19

Vorstehendes gilt indes nur für notarielle Niederschriften, nicht auch bei öffentlichen Unterschriftsbeglaubigungen. Hier kann der Unterzeichner nach der Beglaubigung der Unterschrift den Erklärungstext frei abändern und berichtigen. 20

Eine Art Parzellenverwechslung liegt schließlich auch vor, wenn bei der **örtlichen Einweisung** neuer Eigentümer in den Besitz eine Verwechslung zweier Grundstücke vorgekommen ist, weil der Einweisende und die neuen Eigentümer die Vertragsobjekte nicht richtig identifiziert haben. Solche 21 unrichtigen Einweisungen ereigneten sich früher z. B. bei der Aufteilung von Gemeindegrund an die Berechtigten, sie können aber auch bei der Einweisung in Zuteilungsgrundstücke der Flurbereinigung, beim Verkauf von Bauplätzen, Reihenhäusern usw. vorkommen. Falls die Parteien an den in Besitz genommenen Grundstücken das Eigentum erwerben wollen, bleibt regelmäßig nur der Tauschvertrag, für den in diesem Fall Gebühren und Grunderwerbsteuer zu entrichten sind. Für den Verursacher der Verwechslung stellt sich die Frage des Schadensersatzes. Bei Parzellenverwechslungen vor Anlegung des Grundbuchs ist zu prüfen, ob eine Ersitzung nach altem Recht eingetreten ist (siehe § 22 RdNrn. 64 ff).

B. Verwechslung vor oder bei Grundbuchanlegung

22 Der Weg, die unrichtige Bezeichnung des aufgelassenen Grundstückes durch Berichtigungsbewilligung des Bucheigentümers und Zustimmung des wahren Berechtigten zu heilen, ist dann nur schwer begehbar, wenn die Parzellenverwechslung weit zurückliegt, insbesondere **vor der Zeit der Grundbuchanlegung.** Es kommt bisweilen vor, daß bei Anlegung des Grundbuchs nebeneinanderliegende Grundstücke verwechselt wurden. Die jeweiligen Eigenbesitzer bzw. deren Rechtsnachfolger finden sich im Glauben, das besessene Grundstück formal auch im Eigentum zu haben. Der Unterschied zwischen Eigentum und Besitz stellt sich dann erst bei Besichtigung der Grundstücke durch die Bewertungsstelle des Finanzamtes oder bei Fortführungs- oder Neuvermessungen heraus.

23 Die Wiederherstellung der tatsächlichen und rechtlichen Eigentumsübereinstimmung ist dann wenig problematisch, wenn der Fehler bei Anlegung des Grundbuchs durch das Grundbuchamt begangen worden ist, so bspw. bei unrichtiger Feststellung des Eigentums gem. §§ 9–13 AVGBO oder bei Fehlern in der Übertragung von den beschafften Unterlagen für die Bezeichnung des Grundstücks. Es müssen also gesetzliche Vorschriften bei der Anlegung des Grundbuchs verletzt worden sein und es muß die vorgenommene Eintragung zufolge dieses Fehlers zur Unrichtigkeit des Grundbuchs geführt haben. In diesem Falle liegen die Voraussetzungen des § 53 GBO vor mit der Wirkung, daß ein Amtswiderspruch einzutragen ist. Geht hingegen die Gesetzesverletzung nicht vom Grundbuchamt aus, so scheidet die Möglichkeit des Amtswiderspruchs aus (vgl. § 53 RdNr. 6).

24 Eine Grundbuchberichtigung zufolge Unrichtigkeitsnachweises gem. § 22 Abs. 2 GBO erweist sich wegen der erheblichen Beweisschwierigkeiten häufig als nicht durchführbar. Denn an den Unrichtigkeitsnachweis gem. § 22 GBO sind vom Grundbuchamt strenge Anforderungen zu stellen (BayObLGZ 1971, 339). Glaubhaftmachung oder ein gewisser Grad der

Wahrscheinlichkeit genügen nicht. Vom Antragsteller müssen lückenlos alle Möglichkeiten ausgeräumt werden, die die Richtigkeit der Eintragung bestätigen könnten (*Kuntze-Ertl-Herrmann-Eickmann* § 22 RdNr. 58). Außerdem muß der Nachweis durch öffentliche oder öffentlich beglaubigte Urkunden geführt werden. Gerade hieran wird es meist scheitern. Allerdings besteht keine Nachweispflicht bei Offenkundigkeit der Unrichtigkeit (§ 29 Abs. 1 GBO, vgl. § 29 RdNr. 10). Jedoch genügt es für den Unrichtigkeitsnachweis gem. § 22 GBO nicht, wenn bspw. die Katasterbehörde in zu Protokoll genommenen Erklärungen der betroffenen Eigentümer den Nachweis als erbracht ansieht, auch wenn bisweilen ein praktisches Bedürfnis für eine solche Möglichkeit nicht ausgeschlossen werden kann. Sofern sich allerdings die Unrichtigkeit unzweideutig aus den öffentlichen Plänen und Unterlagen der Katasterbehörde ergibt, sollte dies zum Nachweis der Unrichtigkeit genügen. Schließlich besteht noch die Möglichkeit der Berichtigungsbewilligung gem. § 22 Abs. 2 GBO. Aber auch hier muß dargelegt werden, daß das Grundbuch derzeit unrichtig ist und durch die bewilligte Berichtigung auch wirklich richtig wird. Für die erforderliche schlüssige Darlegung genügen keinesfalls allein die bloße Bewilligung und die Zustimmung des Eigentümers, da sonst das Grundbuchamt mit der Möglichkeit rechnen müßte, daß die Berichtigung zur Umgehung des § 20 GBO führt (KG OLG 1, 410; 14, 76; *Kuntze-Ertl-Herrmann-Eickmann* § 22 RdNr. 69). Außerdem ist bei der beantragten Eintragung des (wahren) Eigentümers dessen Zustimmung (nicht nur die des vermeintlichen Eigentümers) erforderlich, so daß das Grundbuchamt bei berechtigten Zweifeln, wer nun der wahre Eigentümer ist, zusätzlich den Nachweis des Eigentumsrechtes des Neueinzutragenden in der Form des § 29 GBO verlangen wird (vgl. *Kuntze-Ertl-Herrmann-Eickmann* § 22 RdNr. 79; OLG Stuttgart BWNotZ 1970, 90).

So wird den Beteiligten häufig nur der Weg des notariell beurkundeten Tauschvertrages mit den entsprechenden Auflassungserklärungen bleiben. Grunderwerbsteuerliche Probleme dürften hierbei nicht auftauchen, weil durch den Tauschvertrag keine andere grunderwerbsteuerliche Zuordnung bewirkt wird, als sie schon vor Abschluß des Tauschvertrages bestanden hat (BFH BStBl 1976 II, 168 = MittBayNot 1976, 149). 25

III. Divergenzen zwischen Katasterfläche, Karte und örtlicher Grenze bei Neubildung eines Grundstücks

Zwischen der Flächeninhaltsangabe im Veränderungsnachweis, der Darstellung in der Karte (einschließlich Unterlagen) und der aus der abgemarkten 26

Grenze zu ermittelnden Flächengröße eines durch Grundstücksteilung neugebildeten Grundstücks sind folgende Divergenzen denkbar:

1. Die Karte (mit ihren Unterlagen) und die Abmarkung stimmen überein, jedoch weicht hiervon die Fläche im Veränderungsnachweis ab.
2. Die Flächenangabe im Veränderungsnachweis und die durch Abmarkung abgegrenzte Fläche in der Natur stimmen überein, die Karte hingegen weicht hiervon ab.
3. Während die Karte und der Veränderungsnachweis zur gleichen Grundstücksgröße führen, weicht die durch die Abmarkung in der Natur begrenzte Fläche hiervon ab.

Zu allen drei Fällen gibt es zwei Varianten, je nachdem was von den Parteien als ihrem gemeinsamen Willen entsprechend angesehen wird.

zu 1):

27 Ist von den Parteien die in der **Karte** eingezeichnete Fläche, die auch durch die Abmarkung richtig verlautbart wird, als Vertragsobjekt **gewollt,** lediglich die im Veränderungsnachweis ausgewiesene Fläche (bspw. zufolge eines Rechenfehlers) nicht richtig, dann bedarf es nur einer Berichtigung der Flächenangabe im Veränderungsnachweis (Flächenberichtigung, siehe § 22 RdNr. 115). Dies geschieht von Amts wegen durch die Vermessungsbehörde, wobei die Anregung zum Tätigwerden auch vom Grundbuchamt oder den Beteiligten selbst gegeben werden kann. Die Auflassung ist außer jedem Zweifel wirksam, da Gegenstand der Auflassung die Übertragung des eindeutig bestimmten neuvermessenen Grundstücks ist, ungeachtet der Flächengröße, wie sie im Messungsergebnis in Zahlen ausgedrückt ist. Ist die Auflassung mit dem falschen Messungsergebnis bereits grundbuchamtlich vollzogen, dann erfolgt Berichtigung des Liegenschaftskatasters und des Grundbuchs zufolge Unrichtigkeitsnachweis ebenfalls ohne besonderen Antrag von Amts wegen.

Die umgekehrte Fallgestaltung, wonach von den Parteien lediglich das **Messungsergebnis** (= vorgegebene Fläche) **gewollt** war, jedoch Karte und Natur wegen eines Messungsfehlers hiervon abweichen, wird in der Praxis höchst selten vorkommen. Auch bei dieser Fallgestaltung würde die Auflassung wirksam und richtig sein, obwohl der Gegenstand der objektiv auszulegenden Auflassungserklärungen das in der Karte verzeichnete Grundstück ist. Hier handelt es sich um eine falsa demonstratio, da sich die Beteiligten das richtige Grundstück (mit Größe laut Veränderungsnachweis) vorgestellt haben, dieses aber falsch (unter Bezugnahme auf die Karte) bezeichnet haben. Formprobleme stellen sich nicht, da § 313 BGB in Verbindung mit § 128 BGB für die Auflassung nicht gilt. Die Auflassung selbst muß gem. § 925 BGB lediglich vor dem Notar bei gleichzeitiger Anwesenheit beider

Beteiligten erklärt werden, wobei jedoch die Form des § 29 GBO gewahrt werden muß. Es bedürfte formell lediglich einer Berichtigung der Karte und der entsprechenden Verlautbarung in der Natur (Abmarkung). Ein Nachtrag zur Auflassung kann vom Grundbuchamt nicht verlangt werden, allerdings entsteht das Problem des Nachweises, daß eine Fläche von vorgegebener Größe (und nicht das falsch in die Karte eingezeichnete Grundstück) Gegenstand des Parteiwillens war.

Die **„Messungsanerkennung"** hat rein schuldrechtlichen Charakter. Durch 28
sie wird der vom Verkäufer geschuldete Gegenstand der Leistungspflicht bestimmt und gleichzeitig vom Käufer als Erfüllungsgegenstand angenommen und anerkannt. Die Messungsanerkennung erfaßt (als Teil des schuldrechtlichen Rechtsgeschäfts) auch die Karte. Daher sollte aus Rechtssicherheitsgründen die Messungsanerkennung im vorliegenden Fall wiederholt bzw. ergänzt werden.

Zu 2):

War das im **Veränderungsnachweis** zahlenmäßig erfaßte und in der **Natur** 29
abgemarkte Grundstück das „richtige" Vertragsobjekt und weist lediglich die Karte einen Zeichenfehler (§ 22 RdNr. 116) auf, dann ist die Karte durch die Vermessungsbehörde von Amts wegen zu berichtigen. Einer erneuten Auflassungserklärung bedarf es nicht, da zwar wegen Bezugnahme auf die Karte objektiv eine falsa demonstratio vorliegt, jedoch die Beteiligten subjektiv über das Richtige einig waren. Für die schuldrechtliche Messungsanerkennung gelten die Grundsätze zu Ziffer 1 (RdNr. 27).

Im umgekehrten, für die Praxis weniger bedeutsamen Fall (Unrichtigkeit von Veränderungsnachweis und Abmarkung, Richtigkeit der Karte) ist die Auflassung ebenfalls richtig und wirksam, weil Gegenstand der Erklärungen das in der Karte verzeichnete Grundstück ist. Ist der Vertrag grundbuchamtlich noch nicht vollzogen, so genügt ein Nachtrag, in welchem das nunmehr richtiggestellte Messungsergebnis anerkannt wird. Nach grundbuchamtlichem Vollzug des (zahlenmäßig) unrichtigen Messungsergebnisses erfolgt Berichtigung des Grundbuches zufolge Unrichtigkeitsnachweis gem. § 22 Abs. 2 GBO.

Zu 3):

Ist vom Parteiwillen die Grundstücksgröße laut **Karte** und **Veränderungsnachweis** erfaßt und lediglich die Abmarkung unrichtig, dann liegt eine 30
wirksame Auflassung vor. Es bedarf gegenüber dem Grundbuchamt keiner weiteren Parteierklärungen, wenn die Abmarkung entsprechend der Karte neu durchgeführt wird.

Im umgekehrten Falle, wenn nur die sich aus der Abmarkung ergebende

Fläche dem gemeinsamen Willen der Beteiligten entspricht, ist die Rechtslage wie im Fall 1 (RdNr. 27): Es liegt eine falsa demonstratio vor; die Auflassung ist wirksam. Sofern der Vorgang grundbuchamtlich noch nicht vollzogen ist, genügt eine notarielle Nachtragsurkunde, in welcher das (dann richtige) Messungsergebnis anerkannt wird. Nach grundbuchamtlichem Vollzug des Veränderungsnachweises erfolgt Berichtigung des Grundbuchs durch Unrichtigkeitsnachweis gem. § 22 Abs. 2 GBO.

§ 23 Löschung auf Lebenszeit beschränkter Rechte

(1) Ein Recht, das auf die Lebenszeit des Berechtigten beschränkt ist, darf nach dessen Tode, falls Rückstände von Leistungen nicht ausgeschlossen sind, nur mit Bewilligung des Rechtsnachfolgers gelöscht werden, wenn die Löschung vor dem Ablauf eines Jahres nach dem Tode des Berechtigten erfolgen soll oder wenn der Rechtsnachfolger der Löschung bei dem Grundbuchamte widersprochen hat; der Widerspruch ist von Amts wegen in das Grundbuch einzutragen. Ist der Berechtigte für tot erklärt, so beginnt die einjährige Frist mit dem Erlaß des die Todeserklärung aussprechenden Urteils.

(2) Der im Absatz 1 vorgesehenen Bewilligung des Rechtsnachfolgers bedarf es nicht, wenn im Grundbuch eingetragen ist, daß zur Löschung des Rechtes der Nachweis des Todes des Berechtigten genügen soll.

§ 24 Löschung zeitlich beschränkter Rechte

Die Vorschriften des § 23 sind entsprechend anzuwenden, wenn das Recht mit der Erreichung eines bestimmten Lebensalters des Berechtigten oder mit dem Eintritt eines sonstigen bestimmten Zeitpunkts oder Ereignisses erlischt.

Die §§ 23 und 24 GBO beschränken die Berichtigungsvoraussetzungen des § 22 GBO bei Löschung von Rechten, die auf die Lebenszeit des Berechtigten beschränkt sind, und bei zeitlich beschränkten Rechten, die auf einem Endtermin oder einer auflösenden Bedingung beruhen.

1 Auf Lebenszeit befristete Rechte sind die kraft Gesetzes unvererblichen Rechte, also der Nießbrauch (§ 1061 BGB), die beschränkt persönliche Dienstbarkeit (§§ 1090 Abs. 2, 1061 BGB), subjektiv-persönliche Reallasten, wie bspw. Leibgedingsrechte sowie das subjektiv-persönliche Vorkaufsrecht (§§ 1098 Abs. 1, 514 BGB). Unter § 23 GBO fallen auch die durch Rechtsgeschäft auf Lebenszeit beschränkbaren Rechte wie bspw. die subjektiv-dingliche Reallast (§ 1111 BGB) sowie Grundpfandrechte und Vormerkungen, nicht jedoch das Dauerwohn- und Dauernutzungsrecht nach WEG. Für die Wirksamkeit der rechtsgeschäftlichen Beschränkung auf Lebenszeit

des Berechtigten ist die Eintragung der zeitlichen Befristung nicht erforderlich, jedoch zulässig.

Zur Löschung genügt dann der Nachweis des Todes des Berechtigten, 2
wenn Rückstände nach dem Inhalt der Eintragung ausgeschlossen sind. Ausgeschlossen sind Rückstände in der Regel bei beschränkt-persönlichen Dienstbarkeiten (Wohnungsrecht, vgl. *Gantzer,* Zur Löschbarkeitsklausel gem. §§ 23 Abs. 2, 24 GBO, MittBayNot 1972, 6), bei persönlichen Vorkaufsrechten und bei Vormerkungen, wenn der durch sie gesicherte Anspruch auf Lebenszeit des Berechtigten beschränkt ist. Hier genügt zur Löschung stets der Nachweis des Todes des Berechtigten durch Vorlage der Sterbeurkunde oder eines rechtskräftigen Todeserklärungsbeschlusses.

Sind hingegen Rückstände möglich, so genügt zur Löschung der Nachweis des Todes dann, wenn die Löschung nach Ablauf eines Jahres seit dem Tod des Berechtigten erfolgen soll und der Rechtsnachfolger der Löschung beim Grundbuchamt nicht widersprochen hat. Der Nachweis des Todes ist auch dann ausreichend, wenn im Grundbuch eingetragen ist, daß der Nachweis des Todes zur Löschung genügen soll. Dieser Vermerk nach § 23 Abs. 2 GBO stellt inhaltlich eine vorweggenommene Löschungsbewilligung dar und muß daher vom Berechtigten in der Form des § 29 GBO bewilligt werden.

Gemäß § 24 GBO sind für die Fälle der Löschung von Rechten, die mit 3
dem bestimmten Lebensalter eines Berechtigten, einem bestimmten Zeitpunkt (Kalendertag) oder einem bestimmten Ereignis (bspw. Verheiratung) enden, die Vorschriften des § 23 GBO entsprechend anzuwenden. Dies gilt auch hinsichtlich der Voraussetzungen: Bei den zeitlich begrenzten Rechten ist ebenso wie bei den auf Lebenszeit beschränkten Rechten zu prüfen, ob Rückstände ausgeschlossen sind und, falls sie nicht ausgeschlossen sind, ob ein Vermerk nach § 23 Abs. 2 GBO eingetragen ist.

§ 25 Löschung von Vormerkungen und Widersprüchen

Ist eine Vormerkung oder ein Widerspruch auf Grund einer einstweiligen Verfügung eingetragen, so bedarf es zur Löschung nicht der Bewilligung des Berechtigten, wenn die einstweilige Verfügung durch eine vollstreckbare Entscheidung aufgehoben ist. Diese Vorschrift ist entsprechend anzuwenden, wenn auf Grund eines vorläufig vollstreckbaren Urteils nach den Vorschriften der Zivilprozeßordnung eine Vormerkung oder ein Widerspruch eingetragen ist.

§ 25 GBO regelt einen besonderen Fall der Grundbuchberichtigung bei 1
Vormerkungen und **Widersprüchen,** die aufgrund einer einstweiligen Verfü-

gung gem. § 885 Abs. 1, § 899 Abs. 2 BGB, §§ 936 ff ZPO oder aufgrund eines vorläufig vollstreckbaren Urteiles, durch das der Schuldner zur Abgabe einer Willenserklärung verurteilt ist (§ 895 ZPO), erlassen sind. § 25 GBO hat insoweit materiellrechtliche Bedeutung, als bestimmt wird, daß eine Vormerkung oder ein Widerspruch der vorbezeichneten Art dann erlischt, wenn die zugrundeliegende einstweilige Verfügung oder das zugrundeliegende vorläufig vollstreckbare Urteil aufgehoben wird. Hierbei ist es unerheblich, ob die aufhebende Entscheidung durch Urteil oder Beschluß erfolgt ist. Die Entscheidung muß jedoch **vollstreckbar,** also rechtskräftig oder vorläufig vollstreckbar sein. Die Berichtigung des unrichtig gewordenen Grundbuches erfolgt auf **formlosen** Antrag. Die Antragsberechtigung folgt aus § 13 Abs. 1 GBO. Der Unrichtigkeitsnachweis ist durch Vorlage einer Ausfertigung der Aufhebungsentscheidung zu führen.

2 Soweit die Voraussetzungen für die Sonderregelung des § 25 GBO nicht vorliegen, kann eine Vormerkung oder ein Widerspruch gelöscht werden nach den allgemeinen Bestimmungen (Löschungsbewilligung des Berechtigten gem. § 19 GBO, Berichtigungsbewilligung oder Unrichtigkeitsnachweis nach § 22 GBO, wenn ein Fall der Unrichtigkeit des Grundbuches vorliegt, auf Ersuchen einer Behörde im Rahmen des § 38 GBO und von amtswegen in den Fällen der § 18 Abs. 2, 53 und 76 Abs. 2 GBO, vgl. hierzu *Kuntze-Ertl-Herrmann-Eickmann* § 26 RdNrn. 10 ff).

§ 26 Abtretung und Belastung von Briefrechten

(1) Soll die Übertragung einer Hypothek, Grundschuld oder Rentenschuld, über die ein Brief erteilt ist, eingetragen werden, so genügt es, wenn an Stelle der Eintragungsbewilligung die Abtretungserklärung des bisherigen Gläubigers vorgelegt wird.

(2) Diese Vorschrift ist entsprechend anzuwenden, wenn eine Belastung der Hypothek, Grundschuld oder Rentenschuld oder die Übertragung oder Belastung einer Forderung, für die ein eingetragenes Recht als Pfand haftet, eingetragen werden soll.

1 Briefrechte (Briefhypothek, Briefgrundschuld oder Briefrentenschuld) können durch Vertrag zwischen den bisherigen Gläubigern und dem Erwerber außerhalb des Grundbuches rechtsgeschäftlich übertragen oder belastet werden. Die Mitwirkung des Grundstückseigentümers ist hierzu grundsätzlich nicht erforderlich. Zur entsprechenden **Grundbuchberichtigung** wäre nach dem formellen Konsensprinzip (§ 19 GBO) die Eintragungsbewilligung des Betroffenen oder der Nachweis der Unrichtigkeit (§ 22 GBO) erforderlich.

Zur Erleichterung des Grundbuchverkehrs enthält § 26 eine **Abweichung** vom Bewilligungsgrundsatz und läßt als Ersatz für die formelle Eintragungsbewilligung die Grundbuchberichtigung aufgrund der materiellen Abtretungs- oder Belastungserklärung zu. Diese Abtretungs- oder Belastungserklärung bedarf der Form des § 29 Abs. 1 Satz 1 GBO. In der Erklärung muß der Gegenstand der Abtretung oder Belastung (Bezeichnung des Rechts) sowie das Grundstück gem. § 28 GBO klar bezeichnet sein. Weiterhin ist erforderlich, daß sich der Abtretungs- oder Belastungswille des Verfügungsberechtigten eindeutig ergibt und der Erwerber so bezeichnet ist, daß er im Grundbuch eingetragen werden kann.

Neben der formgerechten Abtretungs- oder Belastungserklärung ist der 2 **Antrag** gem. § 13 GBO, der vom alten oder neuen Gläubiger gestellt werden kann, erforderlich sowie die sonstigen allgemeinen Eintragungsvoraussetzungen wie Voreintragung des bisherigen Berechtigten gem. § 39 Abs. 1 GBO und die Bewilligung Dritter, wenn sie von der Eintragung betroffen werden. Bei den Briefrechten ist weiterhin die Vorlegung des Briefs gem. §§ 41, 42 GBO notwendig.

§ 27 Löschung von Grundpfandrechten

Eine Hypothek, eine Grundschuld oder eine Rentenschuld darf nur mit Zustimmung des Eigentümers des Grundstücks gelöscht werden. Für eine Löschung zur Berichtigung des Grundbuchs ist die Zustimmung nicht erforderlich, wenn die Unrichtigkeit nachgewiesen wird.

Bei Löschung einer Hypothek, einer Grund- oder Rentenschuld ist grund- 1 sätzlich auch materiellrechtlich die Zustimmungserklärung des Eigentümers erforderlich. Eine **Ausnahme** gilt dann, wenn die Löschung aufgrund nachgewiesener Unrichtigkeit erfolgen soll. Die Zustimmungserklärung des Eigentümers bedarf der im § 29 GBO vorgeschriebenen Form.

Unbeachtlich für das Zustimmungserfordernis nach § 27 GBO ist, ob es sich um ein Buch- oder Briefrecht handelt, ob eine Voll- oder Teillöschung durchgeführt werden soll oder ob mit der Löschung eine Rechtsänderung oder Berichtigung bezweckt wird.

§ 27 GBO gilt jedoch nicht für die Verteilung einer Gesamthypothek gem. § 1132 Abs. 2 BGB und den Verzicht des Gläubigers auf die Hypothek gem. §§ 1168, 1175 Abs. 1 BGB.

Die **Zustimmung des Eigentümers** ist eine einseitige, empfangsbedürftige 2 Willenserklärung, die dem Grundbuchamt oder dem Gläubiger gegenüber abzugeben ist. Mit ihr verfügt der Eigentümer über das zu löschende Recht

(*Meikel-Imhof-Riedel* § 27 Bem 14). Demzufolge ist die Zustimmungserklärung von demjenigen abzugeben, dem die Verfügung über das Eigentum zusteht (im Zeitpunkt der Eintragung der Löschung).

3 Die Zustimmung des Eigentümers ist dann **nicht notwendig,** wenn die Unrichtigkeit des Grundbuches nachgewiesen ist (§ 27 Satz 2 GBO), die Zustimmung durch ein rechtskräftiges Urteil, mit welchem der Eigentümer zur Zustimmungserklärung verurteilt ist, ersetzt wird oder ein Löschungsersuchen einer zuständigen Behörde (bspw. Löschung der durch Zuschlag erloschenen Rechte gem. § 130 ZVG) abgegeben wird. Eine weitere Ausnahme vom Zustimmungserfordernis besteht bei lastenfreier Abschreibung von Teilflächen eines Grundstückes im Rechtssinne, wenn ein **Unschädlichkeitszeugnis** nach Art. 120 Abs. 1 EGBGB erteilt wird (vgl. hierzu allg. § 19 RdNr. 13). Das Unschädlichkeitszeugnis ersetzt die Bewilligung aller Berechtigten, nicht jedoch den Eintragungsantrag.

4 Bei Briefrechten ist grundsätzlich die Vorlage der Briefe erforderlich. Vollzogen wird die Löschung durch Eintragung eines Löschungsvermerks (bzw. Nichtübertragung gem. § 46 Abs. 2 GBO) und Rötung (vgl. § 46 RdNr. 4).

§ 28 Bezeichnung des Grundstücks und der Geldbeträge

In der Eintragungsbewilligung oder, wenn eine solche nicht erforderlich ist, in dem Eintragungsantrag ist das Grundstück übereinstimmend mit dem Grundbuch oder durch Hinweis auf das Grundbuchblatt zu bezeichnen. Einzutragende Geldbeträge sind in *Reichswährung* anzugeben.

1 § 28 GBO beinhaltet eine Ausprägung des **Bestimmtheitsprinzipes** (vgl. Einf RdNrn. 51 ff). Er schreibt vor, daß bei allen Eintragungen und Löschungen das Grundstück unzweideutig bestimmt ist, und zwar entweder durch Bezeichnung in Übereinstimmung mit dem Grundbuch oder durch Hinweis auf das Grundbuchblatt. Kommen mehrere Grundstücke in Betracht, so sind sie alle zu bezeichnen. Die Bezeichnung des **Grundstückes** in Übereinstimmung mit dem Grundbuch erfolgt gem. § 2 Abs. 2 GBO in Verbindung mit § 6 Abs. 3 bis 5 GBVfg nach Maßgabe der Bezeichnung im amtlichen Verzeichnis (Bezeichnung der Gemarkung, ggf. der Flur, der Flurstücksnummern). Die sonstigen Angaben über Größe, Wirtschaftsart und Lage sind nicht vorgeschrieben (*Meikel–Imhof–Riedel* § 28 Bem 8; *Kuntze–Ertl–Herrmann–Eickmann* § 28 RdNr. 12).

2 Bei dem Hinweis auf das **Grundbuchblatt** sind das das Grundbuch führende Amtsgericht, der Grundbuchbezirk sowie Band und Blattnummer anzugeben (§ 5 Satz 1 GBVfg).

Stimmen die tatsächlichen Bezeichnungen mit den oben aufgeführten beiden Möglichkeiten nicht überein, so ist zwar das Grundbuchamt nicht verpflichtet, das gemeinte Grundstück an Hand des Eigentümerverzeichnisses zu ermitteln, aber es dürfen andererseits an die Abgrenzung der Bezeichnung keine übertriebenen Anforderungen gestellt werden. Sofern die Auslegung zu einem eindeutigen Ergebnis führt, ist von dieser Gebrauch zu machen. 3

Alle im Grundbuch einzutragenden **Geldbeträge** (bei Hypotheken, Grund- und Rentenschulden sowie bei Reallasten) sind stets in einer bestimmten Summe der jeweiligen Währung anzugeben. Geldbeträge in ausländischer Währung oder in anderen Wertmessern (bspw. Roggen, Weizen oder Gold) sind zwar rechtlich zulässig, haben jedoch keine praktische Bedeutung mehr (vgl. *Kuntze–Ertl–Herrmann–Eickmann* § 28 RdNr. 20). Eintragungen im Grundbuch mit Wertsicherungsklauseln sind zulässig. Jedoch ist bei wertbeständigen Grundpfandrechten gem. § 3 WährG die Genehmigung der Deutschen Bundesbank erforderlich (vgl. hierzu *Meikel–Imhof–Riedel* § 28 Bem 18). 4

§ 29 Nachweis der Eintragungsunterlagen

(1) Eine Eintragung soll nur vorgenommen werden, wenn die Eintragungsbewilligung oder die sonstigen zu der Eintragung erforderlichen Erklärungen durch öffentliche oder öffentlich beglaubigte Urkunden nachgewiesen werden. Andere Voraussetzungen der Eintragung bedürfen, soweit sie nicht bei dem Grundbuchamt offenkundig sind, des Nachweises durch öffentliche Urkunden.

(2) *(aufgehoben)*

(3) Erklärungen oder Ersuchen einer Behörde, auf Grund deren eine Eintragung vorgenommen werden soll, sind zu unterschreiben und mit Siegel oder Stempel zu versehen.

§ 29 a. Sonderregelung bei Löschungsvormerkungen

Die Voraussetzungen des § 1179 Nr. 2 des Bürgerlichen Gesetzbuchs sind glaubhaft zu machen; § 29 gilt hierfür nicht.

I. Allgemeines

§ 29 GBO umfaßt als **Ordnungsvorschrift,** deren Verletzung bei Vorliegen der sonstigen Eintragungsvoraussetzungen die entsprechende Rechtsänderung nicht ungültig macht, sämtliche Voraussetzungen einer Eintragung im 1

Grundbuch und regelt die Form der dem Grundbuchamt hierfür nachzuweisenden Eintragungsunterlagen.

Hierbei wird zunächst unterschieden zwischen:

A. der Eintragungsbewilligung und den sonstigen zur Eintragung erforderlichen Erklärungen (§ 29 Abs. 1 Satz 1 GBO) und

B. anderen Eintragungsvoraussetzungen (§ 29 Abs. 1 Satz 2 GBO).

zu A):

2 Die zur Eintragung erforderlichen Erklärungen der Beteiligten sind zunächst die ausdrücklich aufgeführte **Eintragungsbewilligung** (vgl. § 22 GBO), die sonstigen grundbuchrechtlichen **rechtsgeschäftlichen** Erklärungen wie bspw. Zustimmung gem. §§ 22 Abs. 2, 27 GBO, Abtretungserklärungen nach § 26 GBO, Einigungserklärungen gem. § 20 GBO sowie neben diesen grundbuchmäßigen Erklärungen auch sogenannte ergänzende und begründende Erklärungen zum Grundbuchamt, wie Vollmachten oder Zustimmungserklärungen (bspw. nach § 1365 BGB oder die Zustimmung der Wohnungseigentümerversammlung nach § 23 WEG) oder auch Vereinigungs-, Zuschreibungs- und Teilungserklärungen (vgl. *Horber* § 29 Erl. 2 B d; *Meikel–Imhof–Riedel* § 29 Bem 10; *Kuntze–Ertl–Herrmann–Eickmann* § 29 RdNr. 21).

zu B):

3 Andere Eintragungsvoraussetzungen sind alle sonstigen Erklärungen und Tatsachen (nicht Erklärungen der Beteiligten, die ja bereits § 29 Abs. 1 Satz 1 GBO erfaßt), die zur **materiellen** Begründung des Eintragungsantrages notwendig sind. In Frage kommen hier unter anderem der Nachweis der **Eigenschaft** als gesetzlicher Vertreter (Vormund oder Pfleger, nachzuweisen durch gerichtliche Bestallungsurkunde), als Verwalter fremden Vermögens (Konkursverwalter), der Nachweis der Unrichtigkeit des Grundbuches (§ 22 GBO, vgl. dort RdNrn. 3 ff), des Todes des eingetragenen Berechtigten (§ 23 GBO), des Eintrittes des maßgebenden Ereignisses, z. B. die Erreichung eines bestimmten Lebensalters (§ 24 GBO), der Nachweis der Erbfolge (§ 35 GBO) sowie gerichtliche Entscheidungen (vollstreckbare Urkunde, Pfändungs- und Überweisungsbeschlüsse) und Erklärungen von Behörden (vgl. im einzelnen *Meikel–Imhof–Riedel* § 29 Bem 16). Bei vormundschaftsgerichtlichen Genehmigungen ist auch der Nachweis der Mitteilung der Genehmigung gem. § 1829 BGB an den Vertragspartner erforderlich (vgl. hierzu *Kuntze–Ertl–Herrmann–Eickmann* § 29 RdNr. 35). Nicht hierher gehören jedoch die Nachweise über die Nichtausübung **gesetzlicher Vorkaufsrechte** (bspw. nach ReichssiedlungsG, vgl. OLG Düsseldorf JMBlNRW 1956, 209), ausgenommen die Vorkaufsrechte nach §§ 24 ff BBauG i. d. F. v. 18. 8. 1976. Gem. § 24 Abs. 5 BBauG darf das Grundbuchamt den Erwerber

nur dann als Eigentümer im Grundbuch eintragen, wenn ihm das Nichtbestehen oder die Nichtausübung des Vorkaufsrechtes nachgewiesen wird. Dieser Nachweis wird sich in der Praxis nur durch ein Zeugnis der Gemeinde gem. § 24 Abs. 5 Satz 3 BBauG führen lassen (vgl. *Amann,* Die Neuregelung der Vorkaufsrechte nach dem Bundesbaugesetz, MittBayNot 1976, 153). Die Unanfechtbarkeit der Genehmigung nach dem GrdstVG ist durch Rechtskraftzeugnis nachzuweisen (LG Traunstein DNotZ 1964, 123; *Kuntze–Ertl–Herrmann–Eickmann* § 29 RdNr. 36).

Im übrigen ist § 29 Abs. 1 Satz 2 GBO nach h. M. eng auszulegen (*Meikel–Imhof–Riedel* § 29 Bem 18); deshalb fallen unter § 29 GBO nicht die Nachweise über die erforderliche Geschäftsfähigkeit (OLG Karlsruhe DNotZ 1965, 476) oder über die Verfügungsberechtigung, oder daß eine Vollmacht nicht widerrufen ist (KG OLG 12, 162).

II. Die Form

Während vor Inkrafttreten des Beurkundungsgesetzes (1. 1. 1970, BGBl I S. 1513) die Möglichkeit bestand, die zur Eintragung erforderlichen Erklärungen vor dem Grundbuchamt zur Niederschrift des Grundbuchrichters (Rechtspfleger gem. § 3 Abs. 1 Ziff. 3 RpflG) abzugeben, ist nunmehr der Nachweis nur durch öffentliche oder öffentlich beglaubigte Urkunden zu führen. 4

A. Die öffentliche Urkunde

Nach § 415 Abs. 1 ZPO entsteht eine öffentliche Urkunde, wenn
- eine Behörde oder eine mit öffentlichem Glauben versehene Person
- innerhalb der Grenzen ihrer Amtsbefugnisse oder ihres Geschäftskreises
- in der vorgeschriebenen Form

über eine von ihr abgegebene Erklärung oder über eine sonstige von ihr wahrgenommene Tatsache eine Urkunde errichtet. Diese **Definition** in **§ 415 Abs. 1 ZPO** gilt nicht nur für das zivilprozessuale Verfahren sondern generell (RGSt 42, 233; 71, 101), also auch im Grundbuchverkehr (BGHZ 25, 186 = NJW 1957, 1673).

Öffentliche Behörde im Sinne des § 415 Abs. 1 ZPO ist die Einrichtung, die auf dem am Ort der Ausstellung geltenden öffentlichen Recht beruht und die nach ihrer Organisation von einzelnen Beamten unabhängig ist (BGHZ 6, 306; 3, 116). 5

Mit **öffentlichem Glauben** versehene Personen sind diejenigen, denen durch Gesetz allgemein oder beschränkt das Recht zu Beurkundungen zugestanden wird, insbesondere die Notare, Standesbeamte, Gerichtsvollzieher, Urkundsbeamte, Konsuln, öffentlich bestellte Vermessungsingenieure (JFG 19, 311).

6 Während die öffentliche Behörde zuständig ist, über rechtsgeschäftliche oder sonstige Erklärungen in **eigenen** Angelegenheiten öffentliche Urkunden auszustellen (BayObLGZ 1971, 278 = Rpfleger 1971, 429), ist die Zuständigkeit zur Beurkundung fremder Erklärungen oder Tatsachen durch das Beurkundungsgesetz im weitesten Umfange den **Notaren** übertragen worden. Durch das Beurkundungsgesetz wurde die Beurkundungsbefugnis der Gerichte hinsichtlich der Beurkundung fremder Erklärungen und Tatsachen vorbehaltlich der §§ 61, 62 BeurkG beseitigt. Allerdings gilt das Beurkundungsgesetz nicht nur für Notare (§ 1 Abs. 1, 2 BeurkG), sondern auch insbesondere für die Beurkundungen durch den Bürgermeister (für Nottestamente), für Konsuln und Konsulatsbeamte (§§ 16 ff Konsulargesetz) und schließlich für Privatpersonen, denen das Gesetz unter besonderen Umständen die Rolle von Urkundspersonen zugewiesen hat (bspw. beim sogenannten 3-Zeugen-Testament nach §§ 2250, 2251 BGB, vgl. *Dittmann–Bengel–Reimann*, Testament und Erbvertrag, § 1 BeurkG, Rdnr. 15; *Palandt–Keidel* § 1 BeurkG Anm. 4).

Das Beurkundungsgesetz regelt weiterhin die Form für die Beurkundung fremder Erklärungen und Tatsachen bundeseinheitlich. Im übrigen gilt für die Einhaltung der vorgeschriebenen Form im Grundbuchverfahren bei öffentlichen Behörden die Formvorschrift des § 29 Abs. 3 GBO.

B. Öffentlich beglaubigte Urkunden

7 Die Voraussetzungen für die öffentliche Beglaubigung enthält § 129 BGB. Hiernach muß die Erklärung schriftlich abgefaßt sein und die Unterschrift des Erklärenden von der zuständigen Urkundsperson beglaubigt werden. Die öffentliche Beglaubigung wird in jedem Falle durch die gerichtliche oder notarielle Beurkundung **ersetzt.** Bei einer öffentlichen Beglaubigung erstreckt sich also die Amtshandlung der Beurkundungsperson lediglich auf die Bezeugung, daß die Unterschrift vor dem Notar vollzogen oder vor ihm von Zweiten anerkannt worden ist. Beurkundet wird also nicht der Inhalt der Erklärung. Aus diesem Grunde gehören auch in die Beglaubigung selber keinerlei materielle Erklärungen. Diese müssen vor der Unterschrift, die beglaubigt werden soll, stehen.

8 Neben der generellen Zuständigkeit der Notare für öffentliche Beurkundungen räumt das BeurkG **anderen Behörden** nur für ganz bestimmte Fälle eine Beurkundungsbefugnis ein. In § 61 BeurkG ist ein Katalog der Sachver-

halte wiedergegeben, die durch landesrechtliche Vorschriften geregelt werden können. Zu erwähnen sind hier vor allem

- Vorschriften über die Beurkundungsbefugnis der Vermessungsbehörden (siehe §§ 5, 6 RdNr. 23)
- Vorschriften über die Beurkundung der Errichtung fester Grenzzeichen (Abmarkung, siehe § 22 RdNrn. 97 ff)
- Vorschriften über die Beurkundung von Tatbeständen, die am Grund und Boden durch vermessungstechnische Ermittlungen festgestellt werden, durch Vermessungsbehörden, Öffentlich bestellte Vermessungsingenieure oder Markscheider (z. B. Veränderungsnachweise des Liegenschaftskatasters).

Die Verwaltungsbehörden sind schließlich auch befugt, eigene Urkunden sowie Urkunden anderer Verwaltungszweige mit uneingeschränkter Beweiskraft zu beglaubigen (§ 65 letzter Satz BeurkG).

C. Die Prüfung der Urkunden

Entspricht die Urkunde den Vorschriften des § 415 ZPO, ist sie echt und äußerlich mangelfrei, so ist sie mit der **formellen Beweiskraft** des § 415 ZPO ausgestattet. Das Grundbuchamt kann weitere Nachweise dann nur bei auf Tatsachen gestützten Zweifeln verlangen. 9

Anderes gilt, wenn die Urkunde von ausländischen öffentlichen Behörden oder Urkundspersonen ausgestellt ist. Hier wird in der Regel, sofern keine zweiseitigen Abkommen mit dem anderen Staate bestehen, der Nachweis der Echtheit durch Legalisation bzw. Apostille verlangt werden (vgl. hierzu *Bülow* DNotZ 1955, 40).

III. Offenkundigkeit

§ 29 Abs. 1 Satz 2 GBO gestattet bei dem Grundbuchamt offenkundigen anderen Eintragungsvoraussetzungen (vgl. hierzu vorstehend RdNr. 3) den Verzicht auf den Nachweis durch öffentliche Urkunden. 10

Offenkundigkeit liegt vor, wenn eine Tatsache ohne weiteres allen lebenserfahrenen Menschen bekannt ist (RGZ 147, 200), also allgemeinkundig ist (wie z. B. absolut anerkannte wissenschaftliche Wahrheiten, Eintritt eines bestimmten Kalendertages). Diese Offenkundigkeit muß beim Grundbuchamt vorliegen, wobei es für die Beurteilung unbeachtlich ist, ob der Grundbuchbeamte die Kenntnis amtlich oder außeramtlich erlangt hat (BayObLG DNotZ 1957, 311).

11 Von der Offenkundigkeit ist die **Aktenkundigkeit** zu unterscheiden; denn aktenkundige Tatsachen (also Tatsachen, die aus den Akten hervorgehen) sind nur dann auch offenkundig, wenn in den Akten selbst die betreffende Tatsache zur Entstehung gelangt (vgl. OLG Köln MDR 1965, 993), wie bspw. eine Eintragung im Handelsregister desselben Gerichts, das auch das Grundbuch führt.

IV. Allgemeines zum Beurkundungsrecht

12 Bis zum Inkrafttreten des BeurkG v. 28. August 1969 (BGBl I S. 1513) war das Beurkundungsverfahren uneinheitlich geregelt. Teilbereiche des Verfahrens waren in den §§ 168 ff FGG und in den §§ 2231 ff BGB enthalten. Durch das BeurkG wurde die Beurkundungszuständigkeit auf den Notar konzentriert und die bisherige allgemeine Zuständigkeit des Notars wurde zu einer nahezu ausschließlichen. Über § 1 Abs. 2 BeurkG ist das Gesetz auch für Urkundspersonen, die neben dem Notar noch tätig werden können, entsprechend anzuwenden. Dies gilt allerdings nur für solche Urkunden, die ein Tatsachenzeugnis öffentlicher Natur im Sinne des § 415 ZPO darstellen (*Keidel–Winkler* FG § 1 BeurkG RdNr. 24). So gilt das BeurkG nicht für Umlegungspläne und Enteignungsbeschlüsse nach BBauG und amtliche Beglaubigungen (Unterschriftsbeglaubigungen und Abschlußbeglaubigungen) durch Behörden.

Für Beurkundungen von Willenserklärungen unter Lebenden und Verfügungen von Todes wegen gilt der Grundsatz, daß eine **Niederschrift** über die Verhandlung aufgenommen wird (§ 8 BeurkG). Die äußere Form der Niederschrift (Papier, Schreibfehlerberichtigung, Ausschreiben von Zahlen usw.) ist in §§ 26 ff DONot durch Ordnungsvorschriften, die die Gültigkeit der Urkunde nicht berühren, geregelt.

13 Zwingende Vorschriften für die Wirksamkeit der Urkunde sind:

1. die Bezeichnung des Notars und der Beteiligten (§ 9 Abs. 1 Nr. 1 BeurkG)
2. die Erklärungen der Beteiligten (§ 9 Abs. 1 Nr. 2 BeurkG)
3. die Verlesung, Genehmigung und Unterzeichnung der Niederschrift in Gegenwart des Notars (§ 13 Abs. 1 Satz 1, Abs. 3 Satz 1 BeurkG).

14 Sollvorschriften, deren Nichteinhaltung nicht zur Unwirksamkeit der Urkunde führen, sind:

1. die Angabe von Ort und Tag der Verhandlung (§ 9 Abs. 2 BeurkG)
2. die genaue Bezeichnung der Beteiligten (§ 10 BeurkG)
3. die Feststellung von Zweifeln an der Geschäftsfähigkeit der Beteiligten (§ 11, § 28 BeurkG)

4. die Feststellung der Verlesung, Genehmigung und Unterzeichnung (§ 13 Abs. 1 Satz 2 BeurkG)
5. die Vorlegung der Niederschrift auf Verlangen (§ 13 Abs. 1 Satz 4 BeurkG)
6. die Beifügung der Amtsbezeichnung zur Unterschrift des Notars (§ 13 Abs. 3 Satz 2 BeurkG).

Sondervorschriften gelten bei der Beteiligung behinderter Personen (§§ 22–26 BeurkG).

Die Beurkundung ist abgeschlossen mit der **Unterzeichnung** durch die Beteiligten und den Notar. Nach Abschluß der Niederschrift dürfen lediglich offensichtliche Schreibfehler durch einen vom Notar zu unterzeichnenden Nachtragsvermerk richtiggestellt werden (vgl. hierzu auch § 22 Anh RdNr. 18). Im übrigen sind weitere einseitige nachträgliche Feststellungen und Ergänzungen durch den Notar nicht mehr zulässig (vgl. hierzu *Keidel–Winkler* FG § 8 BeurkG RdNrn. 13 ff). 15

Die Bestimmungen über Form und Gestaltung der notariellen Urkunden sind in der Dienstordnung für Notare (DONot), einer bundeseinheitlichen Verwaltungsvorschrift der Landesjustizverwaltungen, enthalten (§§ 26–31 DONot). Danach sind alle Urschriften, Ausfertigungen und beglaubigten Abschriften, die mehr als ein Blatt (Bogen) umfassen, mit Heftfäden in der jeweiligen Landesfarbe zu heften. Der Heftfaden ist mit dem Prägesiegel anzusiegeln. 16

§ 30 Form des Antrags und der Vollmacht

Für den Eintragungsantrag sowie für die Vollmacht zur Stellung eines solchen gelten die Vorschriften des § 29 nur, wenn durch den Antrag zugleich eine zu der Eintragung erforderliche Erklärung ersetzt werden soll.

§ 31 Form der Antragsrücknahme und des Vollmachtswiderrufs

Erklärungen, durch die ein Eintragungsantrag zurückgenommen oder eine zur Stellung des Eintragungsantrags erteilte Vollmacht widerrufen wird, bedürfen der im § 29 Satz 1 vorgeschriebenen Form.

1. § 30 GBO bestimmt für Anträge, durch welche zugleich eine zur Eintragung erforderliche Erklärung ersetzt wird, die Formvorschriften des § 29 GBO. Diese Formvorschriften gelten also **nicht** für Anträge, die nicht auf eine Eintragung gerichtet sind (wie bspw. Anträge auf Erteilung von Grundbuchabschriften, das behördliche Eintragungsersuchen gem. §§ 38, 29 Abs. 3 GBO, Anträge auf Erteilung von Briefen). Weiterhin erfaßt § 30 GBO nicht den sog. „reinen Eintragungsantrag". Hierunter versteht man 1

solche Anträge, die lediglich gegenüber dem Grundbuchamt das Begehren ausdrücken, daß eine Eintragung aufgrund der vorgelegten Nachweise vorgenommen werden soll. Unter diese **reinen Verfahrenshandlungen** fallen bspw. Anträge auf Anlegung des Grundbuchblattes (§ 3 Abs. 2 a GBO), auf Anlegung eines Erbbaurechtsblattes (§ 8 Abs. 1 Satz 1 GBO), auf Berichtigung des Grundbuches wegen nachgewiesener Unrichtigkeit (§ 22 GBO); vgl. mit weiteren Nachweisen *Meikel–Imhof–Riedel* § 30 Bem 3 ff; *Horber* § 30 Erl. 2 b.

2 Der reine Antrag unterliegt keinen besonderen Formvorschriften, er kann in einem Schriftstück gem. § 13 Abs. 1 Satz 2 GBO (ohne Orts- und Zeitangabe und ohne notwendige Unterschrift) oder auch mündlich zur Niederschrift beim Grundbuchamt gestellt werden.

3 Vom reinen Antrag ist der unter die Formvorschrift des § 29 GBO fallende sog. **„gemischte Antrag"** zu unterscheiden. Dieser beinhaltet neben den verfahrensrechtlichen auch materiellrechtliche, eine Grundlage der Eintragung bildende Erklärungen (also Bewilligungen und Zustimmungserklärungen, die in Form des Antrags gekleidet sind).

Beispiele für den gemischten Antrag sind die Anträge des Eigentümers auf Vereinigung oder Zuschreibung nach §§ 5, 6 GBO (wegen der materiellrechtlichen Wirkung nach §§ 890, 1131 BGB, vgl. *Meikel–Imhof–Riedel* § 30 Bem 6), der Antrag des Eigentümers auf Löschung einer Fremdhypothek, Grund- oder Rentenschuld (wobei der Antrag des Eigentümers die nach § 1183 BGB erforderliche Zustimmung ersetzt).
Der gemischte Eintragungsantrag bedarf der öffentlichen Beglaubigung oder Beurkundung (vgl. im einzelnen § 29 RdNrn. 4 ff).

4 2. Die auf Rechtsgeschäft beruhende Antragsvollmacht bedarf entsprechend den vorstehenden Ausführungen derjenigen Form, die für den Antrag gilt, den die **Vollmacht** zum Inhalt hat: Beim reinen Antrag kann die Vollmacht formlos nachgewiesen werden; beim gemischten Antrag bedarf die Vollmacht der Form des § 29 Abs. 1 Satz 1 GBO, wobei die Vollmacht in Urschrift oder Ausfertigung vorzulegen ist.
Keine Anwendung findet diese Bestimmung für die Fälle der gesetzlichen Vertretung (Eltern, Vormund, Organschaft). Sie gilt weiter nicht für das Behördenersuchen nach § 38 GBO und für Notare, die nach § 15 GBO antragsermächtigt sind.

5 3. Ein Verstoß gegen die Formvorschriften der §§ 30, 29 GBO beeinträchtigt die materielle Rechtswirksamkeit der Eintragung nicht, da § 30 eine **Ordnungsvorschrift** ist (*Meikel-Imhof-Riedel* § 30 Bem 12).

6 4. Im Gegensatz zu § 30 GBO, wonach der reine Eintragungsantrag und die hierzu berechtigende Vollmacht einer besonderen Form bedarf, bestimmt § 31 GBO für die **Rücknahme** des Eintragungsantrages und den Widerruf

der Antragsvollmacht (aus Rechtssicherheitsgründen) stets die Form nach § 29 Abs. 1 Satz 1 GBO (DNotV 1929, 737).

Der Antrag kann bis zur Eintragung (Unterzeichnung, nicht bereits Verfügung) ganz oder teilweise zurückgenommen werden. Ein Vollmachtwiderruf (§ 168 BGB) hat nur dann Wirkung, wenn er bis zur Stellung des Eintragungsantrags erfolgt. Nach Stellung des Antrags bleibt lediglich noch die Rücknahme des Antrags selbst.

§ 31 GBO gilt auch nicht für die Rücknahme eines Antrages, den der Notar gem. § 15 GBO gestellt hat; diese Rücknahmeerklärung bedarf lediglich der Form des § 24 Abs. 3 BNotO (Unterschrift und Amtssiegel, vgl. BayObLGZ 1955, 53 = DNotZ 1956, 205; vgl. auch *Horber* § 31 Erl. 2 C b).

Da auch § 31 GBO lediglich eine Ordnungsvorschrift ist, bewirkt ein Verstoß gegen die Formvorschriften nicht die materielle Rechtswirksamkeit einer evtl. Eintragung. 7

§ 32 Nachweis der Vertretungsbefugnis bei Handelsgesellschaften

(1) Der Nachweis, daß der Vorstand einer Aktiengesellschaft aus den im Handelsregister eingetragenen Personen besteht, wird durch ein Zeugnis des Gerichts über die Eintragung geführt.

(2) Das gleiche gilt von dem Nachweis der Befugnis zur Vertretung einer offenen Handelsgesellschaft, einer Kommanditgesellschaft, einer Kommanditgesellschaft auf Aktien oder einer Gesellschaft mit beschränkter Haftung.

I. Um den Grundbuchverkehr zu erleichtern, gestattet § 32 GBO, daß für den Nachweis der Vertretungsbefugnis bei Handelsgesellschaften (oHG, KG, GmbH, AG) ein gerichtliches Zeugnis über die Eintragung im Handelsregister genügt. Solche **Registerzeugnisse** stellt der Rechtspfleger beim Amtsgericht, welches das Handelsregister führt, aus (§ 2 Abs. 1 Ziff. 2 HRVfg). Das Zeugnis muß beinhalten, daß bestimmte Personen als Vorstandsmitglieder (Geschäftsführer, Gesellschafter oder Prokuristen) der bestimmten Gesellschaft im Handelsregister eingetragen und als solche einzeln oder gemeinsam vertretungsberechtigt sind. Das Zeugnis, das in Ausfertigung erteilt wird, beweist zwar nicht die Richtigkeit und Vollständigkeit der bezeugten Tatsachen, genügt aber gem. § 32 GBO als Nachweis der Vertretungsbefugnis. 1

II. Das Zeugnis des Registergerichtes nach § 32 GBO kann durch **andere Nachweise** ersetzt werden: 2

A. durch Bezugnahme gem. § 34 GBO auf das Handelsregister (wenn das

Grundbuchamt gleichzeitig bei demselben Amtsgericht wie beim Registergericht geführt wird)

B. durch eine öffentlich beglaubigte Abschrift oder einen öffentlich beglaubigten Auszug aus den Registereintragungen (Vorlage beim Grundbuchamt)

C. durch Bescheinigung eines Notars nach § 21 BNotO.

3 Der Notar ist gem. § 21 BNotO zuständig, **Bescheinigungen** (ohne auf den Zusammenhang mit einem Beurkundungsvorgang abzustellen) über Vertretungsberechtigungen auszustellen, wenn sich diese aus einer Eintragung im Handels-, Genossenschafts- oder Vereinsregister ergeben. Dieser Bescheinigung des Notars kommt dieselbe Beweiskraft zu wie dem Zeugnis des Gerichts nach § 32 GBO. Sofern mehrere Personen gemeinschaftlich vertretungsberechtigt sind, ist diese Gesamtvertretung in der Bescheinigung zu verlautbaren. In der Bescheinigung ist ferner anzugeben, an welchem Tag der Notar das Register eingesehen hat. Persönliche Einsicht des Registers durch den Notar ist nicht erforderlich. Die der Bescheinigung zugrundeliegenden Tatsachen können durch Hilfspersonen erhoben werden (*Seybold-Hornig* BNotO § 21 RdNr. 18; a. A. *Horber* § 33 Erl. 5 c).

§ 33 Nachweis des Güterrechts

Der Nachweis, daß zwischen Ehegatten Gütertrennung oder ein vertragsmäßiges Güterrecht besteht oder daß ein Gegenstand zum Vorbehaltsgut eines Ehegatten gehört, wird durch ein Zeugnis des Gerichts über die Eintragung des güterrechtlichen Verhältnisses im Güterrechtsregister geführt.

I. Form des Nachweises

1 § 33 GBO bestimmt, daß dann, wenn das zwischen Ehegatten bestehende Güterrecht nachzuweisen ist, dieser Nachweis nicht entsprechend der Regel des § 29 GBO durch öffentliche Urkunden geführt werden muß, sondern dann als erbracht anzusehen ist, wenn die entsprechende Eintragung im Güterrechtsregister durch ein gerichtliches Zeugnis nachgewiesen wird (auch wenn das Güterrechtsregister ähnlich dem Handelsregister keinen öffentlichen Glauben genießt).

Damit ist der **Anwendungsbereich** des § 33 bereits **eingeschränkt:** § 33 findet nur Anwendung auf Ehen, die nach dem Inkrafttreten des BGB geschlossen wurden und nur auf Ehen unter Deutschen (vgl. *Meikel-Imhof-Riedel* § 33 Bem 3).

II. Die einzelnen Güterstände

A. Das gesetzliche Güterrecht: Zugewinngemeinschaft

Die Zugewinngemeinschaft als gesetzliches Güterrecht gilt in allen Ehen, die nach dem 1. 7. 1958 geschlossen wurden, ohne daß ein Ehevertrag errichtet wurde, sowie in allen vor dem 1. 7. 1958 geschlossenen Ehen, in denen bis dahin der gesetzliche Güterstand bzw. in der Zeit vom 1. 4. 1953 bis 30. 6. 1958 der außerordentliche gesetzliche Güterstand (Gütertrennung) galt und nicht einer der Ehegatten bis spätestens 30. 6. 1958 dem zuständigen Amtsgericht in notarieller Urkunde erklärt hat, daß für die Ehe auch weiterhin die Gütertrennung gelten solle. 2

Im **Prinzip** ist die Zugewinngemeinschaft eine **Gütertrennung,** in der es die beiden Vermögensmassen des Ehemannes und der Ehefrau gibt. Nutzungen und Erträgnisse gebühren demjenigen Ehegatten, dem das Vermögensobjekt gehört. Kein Ehegatte haftet für die Schulden des anderen Ehegatten kraft Gesetzes. Grundsätzlich ist jeder Ehegatte in der Verwaltung seines Vermögens frei (§ 1364 BGB). 3

Eine wesentliche Beschränkung ergibt sich jedoch aus **§ 1365 BGB:** Die Verpflichtung, über sein Vermögen im ganzen oder über Einzelstücke, die nahezu das gesamte Vermögen ausmachen (BGHZ 35, 134; 43, 174), zu verfügen, bedarf der Einwilligung des anderen Ehegatten gem. § 1365 Abs. 1 BGB. Allerdings ist bei der Verfügung über einzelne Vermögensgegenstände, die das wesentliche gesamte Vermögen ausmachen, nach h. M. erforderlich, daß der Vertragspartner dies positiv weiß oder mindestens die Umstände kennt, aus denen sich dies ergibt (BGHZ 43, 176 = Rpfleger 1965, 107; BGH DNotZ 1969, 422). Auch in der Belastung eines einzelnen Grundstükkes kann eine Vermögensverfügung im Sinne des § 1365 BGB liegen, wenn die Belastung den Grundstückswert bei Berücksichtigung etwaiger Vorbelastungen ganz oder im wesentlichen ausschöpft (BayObLGZ 1959, 442 = NJW 1960, 821; BGH FamRZ 1966, 22). Anderes gilt bei Eigentümergrundschulden, die in keinem Fall der Zustimmung des anderen Ehegatten bedürfen (OLG Frankfurt Rpfleger 1960, 289). 4

Von der Gütertrennung unterscheidet sich die Zugewinngemeinschaft, insbesondere jedoch durch den Ausgleich des ehelichen Zugewinns (§§ 1371 ff BGB), der unter Lebenden bei Ehescheidung, Auflösung und Nichtigkeit der Ehe sowie bei Klage auf vorzeitigen Zugewinnausgleich (§§ 1385 ff BGB) zu erfolgen hat. 5

Das Grundbuchamt ist bei Veräußerung eines Grundstücks (oder Belastung, die den Grundstückswert wesentlich ausschöpft) durch einen Ehegatten dann berechtigt und verpflichtet, die **Zustimmung** des anderen Ehegatten 6 oder den Nachweis weiteren Vermögens **zu verlangen,** wenn konkrete Anhaltspunkte dafür gegeben sind, daß es sich bei dem Grundstück des Ehegatten um sein Vermögen im ganzen handelt (h. M.; vgl. *Meikel-Imhof-Riedel* § 33 Bem 17 h; *Siegelmann,* Die Prüfungspflicht des Grundbuchamts nach § 1365 BGB, BlGBWR 1963, 120).

B. Das vertragsmäßige Güterrecht

7 Neben dem gesetzlichen Güterstand regelt das BGB als Wahlgüterstände die **Gütertrennung** und die **Gütergemeinschaft.** Jedoch sind die Ehegatten nicht gebunden, einen dieser gesetzlich geregelten Güterstände durch Ehevertrag zu vereinbaren, denn das im ehelichen Güterrecht geltende Prinzip der Vertragsfreiheit gestattet jede von den Ehegatten gewünschte güterrechtliche Regelung (innerhalb der allgemeinen gesetzlichen Schranken, §§ 134, 138 BGB). Jedoch darf auf nicht mehr geltendes Recht nicht verwiesen werden (§ 1409 BGB).

Eine abweichende Vereinbarung vom gesetzlichen Güterstand bedarf gem. §§ 1409 ff BGB immer der **notariellen Beurkundung,** wobei gleichzeitige Anwesenheit beider Parteien vor dem Notar erforderlich ist und Vertretung eines der Ehegatten nicht gestattet wird.

8 1. Gütertrennung

Die Gütertrennung, die in der Zeit vom 1. 4. 1952 bis 30. 6. 1958 als sog. außerordentlicher gesetzlicher Güterstand galt, tritt kraft Gesetzes ein, wenn die Ehegatten ehevertraglich den gesetzlichen Güterstand oder den Ausgleich des Zugewinns ausschließen oder die Gütergemeinschaft aufheben oder den Versorgungsausgleich ausschließen (§ 1414 BGB). Die güterrechtlichen Beziehungen der Ehegatten sind gesetzlich nicht geregelt, insbesondere weil wegen der vollständigen Trennung der Vermögensmassen der Ehegatten und der damit verbundenen Haftung jedes Ehegatten für die von ihm eingegangenen Verbindlichkeiten eine gesetzliche Regelung entbehrlich ist. Die Folge der völligen Trennung der Vermögensmassen der Ehegatten ist das unbeschränkte Verfügungsrecht der Ehegatten über ihr Vermögen.

9 2. Gütergemeinschaft

Durch die Vereinbarung der Gütergemeinschaft (§§ 1415–1482 BGB) entsteht kraft Gesetzes eine **Gesamthandsgemeinschaft** (vgl. § 47 RdNr. 5). Grundsätzlich wird alles, was die Ehegatten besitzen und zukünftig erwerben, **Gesamtgut**, ohne daß es besonderer rechtsgeschäftlicher Übertragungsakte bedürfte. Vom Gesamtgut ausgeschlossen sind das **Vorbehaltsgut** und das **Sondergut** des jeweiligen Ehegatten (§§ 1417, 1418 BGB), das jeder Ehegatte für sich selbständig, ohne daß er der Zustimmung des anderen Ehegatten bedürfte, verwaltet.

Das Gesamtgut selbst wird, sofern im Ehevertrag keine ausdrücklichen Bestimmungen enthalten sind, von beiden Ehegatten gemeinschaftlich verwaltet (§ 1421 BGB). Aber auch bei der Verwaltung des Gesamtgutes durch einen der Ehegatten ist der

Gesamtgutsverwalter nicht berechtigt, über Grundstücke ohne Zustimmung des anderen Ehegatten zu verfügen (§§ 1422 ff BGB).

Bei Beendigung der Gütergemeinschaft unter Lebenden (durch Änderung des Güterstandes) ist das Gesamtgut entsprechend auseinanderzusetzen (§§ 1471 ff BGB). Wenn die Gütergemeinschaft durch Tod eines der beiden Ehegatten aufgelöst wird, so fällt der Anteil des verstorbenen Ehegatten am Gesamtgut ebenso wie sein Vorbehalt zum Sondergut in den Nachlaß (§ 1482 BGB); dieses wird dann zwischen den Erben und dem überlebenden Ehegatten nach §§ 1471 ff BGB auseinandergesetzt.

3. Fortgesetzte Gütergemeinschaft 10

Wurde die Gütergemeinschaft vor dem 1. 7. 1958 ehevertraglich vereinbart, so tritt kraft Gesetzes mit dem Ableben eines Ehegatten die fortgesetzte Gütergemeinschaft ein, wenn die Fortsetzung nicht ausdrücklich ausgeschlossen ist. Bei Eheverträgen nach dem 1. 7. 1958 wird die Gütergemeinschaft nur fortgesetzt, wenn die Fortsetzung vertraglich vereinbart wird. In der fortgesetzten Gütergemeinschaft gibt es vier Vermögensmassen:

- Gesamtgut der fortgesetzten Gütergemeinschaft
- Vorbehaltsgut des überlebenden Ehegatten
- Sondergut des überlebenden Ehegatten
- Vermögen der Abkömmlinge

Eine **Auseinandersetzung** des Gesamtgutes findet nicht statt. Die Verwaltung des Gesamtgutes der fortgesetzten Gütergemeinschaft steht dem überlebenden Ehegatten zu (§ 1487 Abs. 1 BGB).

Beendet wird die fortgesetzte Gütergemeinschaft durch Aufhebung (§ 1492 BGB), 11
Wiederverheiratung des überlebenden Ehegatten (§ 1494 BGB), Tod des überlebenden Ehegatten (§ 1494 BGB) oder Aufhebungsurteil nach § 1495 BGB.

Von der Beendigung der fortgesetzten Gütergemeinschaft ist die Auseinandersetzung des Gesamtgutes zu unterscheiden. Diese hat nach der Beendigung gem. §§ 1497 ff BGB zu erfolgen.

Zu allen Verfügungen (auch Belastungen) des überlebenden Ehegatten über Grundbesitz des Gesamtgutes der fortgesetzten Gütergemeinschaft ist die Mitwirkung sämtlicher anteilsberechtigter Abkömmlinge erforderlich.

4. Güterrechtsregister 12

Die güterrechtlichen Verhältnisse können durch ein **Zeugnis** des Registergerichts über die Eintragung im Güterrechtsregister nachgewiesen werden. Dort sind **eintragungsfähig** die vertragsmäßigen Güterstände (vgl. zum Problem der Gütertrennung *Kanzleiter* DNotZ 1971, 469), nicht jedoch der gesetzliche Güterstand oder die Fortsetzung der Gütergemeinschaft bzw. die Sondergutseigenschaft bei Gütergemeinschaft. Das Güterrechtsregister, das von jedermann eingesehen werden kann (§ 1563 Satz 1 BGB), genießt keinen **öffentlichen** Glauben.

§ 34 Bezugnahme auf Register

Ist in den Fällen der §§ 32, 33 das Grundbuchamt zugleich das Registergericht, so genügt statt des Zeugnisses die Bezugnahme auf das Register.

1 Die Beteiligten können gem. § 34 GBO anstatt der Vorlage eines Zeugnisses nach §§ 32, 33 GBO auf das Handels- und Güterrechtsregister, in entsprechender Anwendung auch auf das Vereins- und Genossenschaftsregister Bezug nehmen, wenn Grundbuch und Register bei demselben Amtsgericht geführt werden.

2 Die zulässige Bezugnahme führt zur Pflicht des Grundbuchamts, die entsprechenden Register einzusehen.

§ 35 Nachweis der Erbfolge, der fortgesetzten Gütergemeinschaft und der Testamentsvollstreckung

(1) Der Nachweis der Erbfolge kann nur durch einen Erbschein geführt werden. Beruht jedoch die Erbfolge auf einer Verfügung von Todes wegen, die in einer öffentlichen Urkunde enthalten ist, so genügt es, wenn an Stelle des Erbscheins die Verfügung und die Niederschrift über die Eröffnung der Verfügung vorgelegt werden; erachtet das Grundbuchamt die Erbfolge durch diese Urkunden nicht für nachgewiesen, so kann es die Vorlegung eines Erbscheins verlangen.

(2) Das Bestehen der fortgesetzten Gütergemeinschaft sowie die Befugnis eines Testamentsvollstreckers zur Verfügung über einen Nachlaßgegenstand ist nur auf Grund der in den §§ 1507, 2368 des Bürgerlichen Gesetzbuchs vorgesehenen Zeugnisse als nachgewiesen anzunehmen; auf den Nachweis der Befugnis des Testamentsvollstreckers sind jedoch die Vorschriften des Absatzes 1 Satz 2 entsprechend anzuwenden.

(3) Zur Eintragung des Eigentümers oder Miteigentümers eines Grundstücks kann das Grundbuchamt von den in den Absätzen 1 und 2 genannten Beweismitteln absehen und sich mit anderen Beweismitteln, für welche die Form des § 29 nicht erforderlich ist, begnügen, wenn das Grundstück oder der Anteil am Grundstück von geringem Wert ist und die Beschaffung des Erbscheins oder des Zeugnisses nach § 1507 des Bürgerlichen Gesetzbuchs nur mit unverhältnismäßigem Aufwand an Kosten oder Mühe möglich ist. Der Antragsteller kann auch zur Versicherung an Eides Statt zugelassen werden.

1 Der Nachweis der Erbfolge wird regelmäßig durch den Erbschein (§ 2353 BGB) geführt. Dieser ist dann **nicht** erforderlich, wenn die Erbfolge auf einer öffentlichen Urkunde (Testament oder Erbvertrag) beruht. Hier genügt die Vorlage der öffentlich beurkundeten Verfügung von Todes wegen und der Eröffnungsniederschrift.

2 Die fortgesetzte Gütergemeinschaft tritt bei Eheverträgen nach dem

1. 7. 1958 nur ein, wenn die Fortsetzung gemäß § 1483 BGB zwischen den Ehegatten ehevertraglich vereinbart worden ist. Lebten die Ehegatten bereits vor dem 1. 7. 1958 in Gütergemeinschaft, dann tritt bei Ableben eines Ehegatten fortgesetzte Gütergemeinschaft ein, wenn nicht die Fortsetzung ehevertraglich ausgeschlossen worden ist (vgl. § 33 RdNr. 10).

Der Nachweis der Fortsetzung der Gütergemeinschaft wird durch das Zeugnis nach § 1507 BGB geführt. Ausnahmen hierzu enthalten die §§ 36, 37 GBO.

Die **Verfügungsbefugnis** des Testamentsvollstreckers wird durch das Testamentsvollstreckerzeugnis nach § 2368 BGB nachgewiesen, es sei denn der Testamentsvollstrecker ist in einer öffentlichen Urkunde (Testament, Erbvertrag) benannt, die Eröffnungsniederschrift liegt vor und die Annahme des Amtes ist nachgewiesen. 3

§ 36 Zeugnis über Auseinandersetzung eines Nachlasses oder Gesamtgutes

(1) Soll bei einem zum Nachlaß oder zu dem Gesamtgut einer ehelichen oder fortgesetzten Gütergemeinschaft gehörenden Grundstück oder Erbbaurecht einer der Beteiligten als Eigentümer oder Erbbauberechtigter eingetragen werden, so genügt zum Nachweis der Rechtsnachfolge und der zur Eintragung des Eigentumsübergangs erforderlichen Erklärungen der Beteiligten ein Zeugnis des Nachlaßgerichts oder des nach § 99 Abs. 2 des Reichsgesetzes über die Angelegenheiten der freiwilligen Gerichtsbarkeit zuständigen Amtsgerichts.

(2) Das Zeugnis darf nur ausgestellt werden, wenn:

a) die Voraussetzungen für die Erteilung eines Erbscheins vorliegen oder der Nachweis der ehelichen Gütergemeinschaft durch öffentliche Urkunden erbracht ist und

b) die Abgabe der Erklärungen der Beteiligten in einer den Vorschriften der Grundbuchordnung entsprechenden Weise dem Nachlaßgericht oder dem nach § 99 Abs. 2 des Reichsgesetzes über die Angelegenheit der freiwilligen Gerichtsbarkeit zuständigen Amtsgericht nachgewiesen ist.

(3) Die Vorschriften über die Zuständigkeit zur Entgegennahme der Auflassung bleiben unberührt.

§ 37 Ausdehnung des § 36 auf Grundpfandrechte

Die Vorschriften des § 36 sind entsprechend anzuwenden, wenn bei einer Hypothek, Grundschuld oder Rentenschuld, die zu einem Nachlaß oder zu dem Gesamtgut einer ehelichen oder fortgesetzten Gütergemeinschaft gehört, einer der Beteiligten als neuer Gläubiger eingetragen werden soll.

1 Durch die §§ 36 und 37 GBO wird insoweit die Auseinandersetzung von Erben- und Gütergemeinschaften erleichtert, als im Grundbuchverkehr der **vereinfachte Nachweis** durch Überweisungszeugnis als Voraussetzung für die Umschreibung eines Grundstücks oder Erbbaurechts auf einen Miterben genügt. Das Gericht braucht bei Vorliegen eines gerichtlichen Auseinandersetzungs- oder Überweisungszeugnisses weder die Rechtsnachfolge noch das Vorliegen der zur Eintragung sonst erforderlichen Erklärungen der Beteiligten zu prüfen.

2 Das Auseinandersetzungs- oder Überweisungszeugnis wird, sofern es sich um einen Nachlaß handelt, vom Nachlaßgericht, beim Gesamtgut der Gütergemeinschaft und der fortgesetzten Gütergemeinschaft vom Amtsgericht ausgestellt. Aufgrund landesrechtlicher Besonderheiten ist in manchen Ländern auch der Notar unter bestimmten Voraussetzungen zuständig (vgl. *Kuntze-Ertl-Herrmann-Eickmann* § 36 RdNr. 10). Das Zeugnis weist die gesetzliche oder gewillkürte Erbfolge oder das Bestehen und die Teilhaber der Gütergemeinschaft aus und bezeugt die Abgabe aller zur Eintragung erforderlichen Erklärungen der Beteiligten.

3 Die **sonstigen Eintragungsvoraussetzungen** wie Eintragungsantrag (§ 13 GBO), Voreintragung des Betroffenen (§ 39 GBO) werden durch die §§ 36 und 37 GBO nicht berührt, müssen also neben dem Zeugnis vorliegen.

4 § 37 GBO dehnt die Beweiserleichterungen des § 36 GBO auf Hypotheken, Grund- und Rentenschulden aus.

§ 38 Eintragungen auf Ersuchen von Behörden

In den Fällen, in denen nach gesetzlicher Vorschrift eine Behörde befugt ist, das Grundbuchamt um eine Eintragung zu ersuchen, erfolgt die Eintragung auf Grund des Ersuchens der Behörde.

I. Form und Inhalt des Eintragungsersuchens

1 Durch § 38 GBO wird der in § 13 GBO bestimmte Kreis der Antragsberechtigten **erweitert** und gleichzeitig der Antragsgrundsatz (§ 13 GBO) sowie der Bewilligungsgrundsatz (§ 19 GBO) im Grundbuchrecht durchbrochen.

Voraussetzung für eine Eintragung auf Ersuchen einer Behörde nach § 38 GBO ist, daß dieser Behörde die **Ersuchensbefugnis** zusteht, daß also die Behörde durch eine **gesetzliche** Vorschrift zur Stellung des Antrages abstrakt ermächtigt ist (vgl. BGHZ 19, 358 = NJW 1956, 463; BayObLGZ 1970, 184 = Rpfleger 1970, 346) und daß das Ersuchen der Form des § 29 Abs.

3 GBO entspricht (außer der Unterschrift des zuständigen Beamten auch das Siegel oder den Stempel der ersuchenden Behörde trägt).

Das Ersuchen kann nur von einer **öffentlichen** Behörde gestellt werden (also nicht bspw. von Notaren, die nach § 15 GBO Anträge zum Grundbuchamt stellen); weiterhin muß es sich um eine **deutsche** Behörde handeln; auf ausländische Behörden findet § 38 GBO keine Anwendung. 2

Das Ersuchen muß von der zuständigen Behörde in der vorgeschriebenen Form gestellt sein und im übrigen muß das Ersuchen den für Eintragungsantrag und Bewilligung aufgestellten allgemeinen Vorschriften entsprechen. Insbesondere darf das Ersuchen nicht auf eine unzulässige Eintragung gerichtet sein. Im übrigen gelten für die Erledigung des Ersuchens durch das Grundbuchamt die allgemeinen Vorschriften. Von der erfolgten Eintragung ist die ersuchende Behörde nach § 55 GBO zu benachrichtigen.

Ist die ersuchende Behörde zur Abgabe des Ersuchens abstrakt befugt, entspricht das Ersuchen hinsichtlich Form und Inhalt den gesetzlichen Vorschriften und sind die durch das Ersuchen nicht ersetzten Eintragungserfordernisse gegeben, so **ersetzt** ein solches Ersuchen der Behörde neben dem Antrag 3

- die Bewilligung des Betroffenen (§ 19 GBO)
- die Einigung des Berechtigten und des anderen Teils (§ 20 GBO)
- den Unrichtigkeitsnachweis (§ 22 GBO)
- die sonst erforderliche Zustimmung dritter unmittelbar beteiligter Personen (§§ 21, 22 Abs. 2, 27 GBO)

Durch das Behördenersuchen wird grundsätzlich jedoch **nicht** ersetzt:

- das Erfordernis der Voreintragung des Betroffenen (§ 39 GBO)
- die Vorlegung des Briefes bzw. der diesem gleichstehenden Urkunden (§§ 41–43 GBO)
- die Notwendigkeit der Unbedenklichkeitsbescheinigung des Finanzamtes nach Art. 97 § 7 EGAO 1977.

II. Einzelne Fälle

Aus der Fülle der Ersuchensmöglichkeiten seien nur einige wenige beispielhaft ausgewählt (vgl. die Zusammenstellungen bei *Meikel-Imhof-Riedel* § 38 Bem 19 ff; *Horber* § 38 Erl. 2): 4

A. Bundesrecht

1. **Flurbereinigungsgesetz:** Eintragung eines Verfügungsverbots (§ 53 Abs. 2 Satz 1 FlurbG); Berichtigung des Grundbuchs nach Eintritt des neuen

Rechtszustands gemäß dem Flurbereinigungsplan (§§ 79 ff FlurbG); Behörde: Flurbereinigungsbehörde.

2. **Bundesbaugesetz:**
   - Eintragung des Umlegungsvermerks (§ 54 BBauG), Berichtigung des Grundbuchs entsprechend dem Umlegungsplan (§ 74 BBauG); Behörde: Umlegungsstelle;
   - Widerspruch wegen Fehlens der Bodenverkehrsgenehmigung gem. § 23 Abs. 3, 4, BBauG; Genehmigungsbehörde = Baugenehmigungsbehörde gem. § 19 Abs. 4 BBauG;
   - Eintragung entsprechend dem Enteignungsbeschluß (§ 117 Abs. 7 BBauG; Behörde in Bayern: Kreisverwaltungsbehörde);
   - Eintragung einer Auflassungsvormerkung zur Sicherung des gemeindlichen Vorkaufsrechts gem. § 24 Abs. 4 Satz 3 BBauG; Behörde: Gemeinde
   - Eintragung der Gemeinde bei Ausübung des Vorkaufsrechts gem. § 28 a Abs. 5 letzter Satz BBauG; Behörde: Gemeinde.
3. **Städtebauförderungsgesetz:** Eintragung des Sanierungsvermerkes gem. § 5 Abs. 4 StBauFG; Eigentumsübertragung gem. § 18 Abs. 6 StBauFG (Gemeinde); Löschung des Sanierungsvermerkes bei Wegfall der Rechtswirkungen für einzelne Grundstücke (§ 50 Abs. 3 StBauFG) und bei Aufhebung der förmlichen Festlegung des Sanierungsgebietes (§ 51 Abs. 5 StBauFG) sowie Löschung von Entwicklungsvermerken nach §§ 53 Abs. 5, 63 Abs. 5, 63 Abs. 3 StBauFG (Gemeinde).
4. **Zivilprozeßordnung:** Eintragung aufgrund einer einstweiligen Verfügung gem. § 941 ZPO wie bspw. Vormerkung, Widerspruch, Verfügungsverbot (Prozeßgericht).
5. **Lastenausgleichsgesetz:** Eintragung oder Löschung des Hypothekengewinnabgabevermerkes gem. §§ 111 a, 111 b LAG (Finanzamt).

B. Landesrecht

5 (Vgl. hierzu die umfassende Darstellung bei *Meikel-Imhof-Riedel* § 38 Bem 87 ff)

Dem Ersuchen einer nach dem Recht eines Landes zuständigen Behörde ist auch von einem Grundbuchamt eines anderen Landes zu folgen (*Horber* § 38 Erl. 2 B).

Bayern:

1. Bayer. Enteignungsgesetz: Verfügungs- und Veränderungssperre gem. Art. 27 Abs. 4 BayEG; Behörde: Kreisverwaltungsbehörde.
2. Ersuchen der Genehmigungsbehörde um Eintragung und Löschung eines Widerspruchs nach Art. 2 Almgesetz (v. 28. 4. 1938 BayBS IV S. 359).

3. Ersuchen der Bayerischen Landesbrandversicherungsanstalt (vertreten durch die Bay. Versicherungskammer) um Eintragung einer Sicherungshypothek gem. Gesetz über das öffentliche Versicherungswesen v. 7. 12. 1933.

C. Sonderfälle

Bei der Vermittlung der beurkundeten und beglaubigten Anträge auf Vereinigungen und Teilungen von Grundstücken durch die Notare und Vermessungsämter, ebenso der beurkundeten Grundbuchberichtigungsanträge durch die Nachlaßgerichte, handelt es sich nicht um Ersuchen im Sinne des § 38 GBO, sondern lediglich um eine Vermittlungstätigkeit der genannten Behörden zwischen den Beteiligten und dem Grundbuchamt. 6

Die **Katasterbehörde** als diejenige Behörde, die das amtliche Verzeichnis zum Liegenschaftskataster führt, ist nicht befugt, nach § 38 GBO um eine Eintragung zu ersuchen. Durch die Überreichung der Auszüge aus den Veränderungsnachweisen wird dem Grundbuchamt nur Kenntnis über die im Kataster herbeigeführten Änderungen gegeben (KGJ 30 A 52; JFG 14, 399). 7

§ 39 Die Voreintragung des Betroffenen

(1) Eine Eintragung soll nur erfolgen, wenn die Person, deren Recht durch sie betroffen wird, als der Berechtigte eingetragen ist.
(2) Bei einer Hypothek, Grundschuld oder Rentenschuld, über die ein Brief erteilt ist, steht es der Eintragung des Gläubigers gleich, wenn dieser sich im Besitz des Briefes befindet und sein Gläubigerrecht nach § 1155 des Bürgerlichen Gesetzbuchs nachweist.

§ 40 Ausnahmen vom Voreintragungszwang

(1) Ist die Person, deren Recht durch eine Eintragung betroffen wird, Erbe des eingetragenen Berechtigten, so ist die Vorschrift des § 39 Abs. 1 nicht anzuwenden, wenn die Übertragung oder die Aufhebung des Rechts eingetragen werden soll oder wenn der Eintragungsantrag durch die Bewilligung des Erblassers oder eines Nachlaßpflegers oder durch einen gegen den Erblasser oder den Nachlaßpfleger vollstreckbaren Titel begründet wird.
(2) Das gleiche gilt für eine Eintragung auf Grund der Bewilligung eines Testamentsvollstreckers oder auf Grund eines gegen diesen vollstreckbaren Titels, sofern die Bewilligung oder der Titel gegen den Erben wirksam ist.

I. Das Prinzip der Voreintragung

1 Der Rechtsstand des Grundbuchs soll nicht bloß im Endziel, sondern in allen Entwicklungsstufen klar und verständlich wiedergegeben werden (BGHZ 16, 101). Der Berechtigte und sein Recht müssen daher **richtig,** also der wirklichen Rechtslage entsprechend, eingetragen sein (vgl. aber den Grundsatz, daß das Grundbuch nicht mit unnötigen Eintragungen belastet werden soll, *Weber* DNotZ 1955, 457).

2 § 39 GBO bestimmt als **Ordnungsvorschrift,** deren Verletzung keine materiellrechtlichen Folgen nach sich zieht, daß eine Eintragung davon abhängig gemacht werden soll, daß die Person, deren Recht durch sie betroffen wird, bereits im Grundbuch als Berechtigte eingetragen ist (§§ 13–17 GBO). § 39 GBO gilt für Eintragungen aller Art, welche das Recht des eingetragenen Berechtigten unmittelbar rechtlich verändern oder beeinträchtigen, wobei es unbeachtlich ist, ob es sich um rechtsändernde oder berichtigende Eintragungen oder Löschungen handelt. Der Grundsatz des § 39 GBO gilt also auch für die Eintragung von Grundstücksvereinigungen, Bestandteilszuschreibungen, Grundstücksteilungen (vgl. zu letzterem *Horber* § 39 Erl. 2; a. A. *Meikel-Imhof-Riedel* § 39 Bem 6).

3 Eintragungen rein **tatsächlicher** Art werden von der formalen Ordnungsvorschrift des § 39 GBO nicht erfaßt: Hierunter fallen solche Eintragungen, die lediglich die Übereinstimmung des Grundbuchs mit dem Liegenschaftskataster herbeiführen (*Meikel-Imhof-Riedel* § 39 Bem 6; *Kuntze-Ertl-Herrmann-Eickmann* § 39 RdNr. 6) sowie sonstige hinweisende Vermerke, die nicht zum eigentlichen Inhalt des Grundbuchs gehören, wie Hofvermerke.

4 Die Voreintragung muß alle **wesentlichen** Bestandteile enthalten (BayObLGZ 52, 312; BGHZ 16, 101), und zwar genügt es, wenn der Betroffene im Zeitpunkt der Vornahme der neuen Eintragung eingetragen ist, bzw. seine Eintragung gleichzeitig mit der neuen Eintragung erfolgt.

„Betroffener“ ist bei rechtsändernden Eintragungen der verfahrensrechtliche Inhaber des Rechts (*Kuntze-Ertl-Herrmann-Eickmann* § 39 RdNr. 14), bei berichtigenden Eintragungen hingegen der buchrechtliche Inhaber, da hier nicht das materielle Recht betroffen wird. Insoweit ist bei berichtigenden Eintragungen der Vorschrift des § 39 GBO regelmäßig genügt.

§ 39 GBO gilt auch für **buchungsfreie** Grundstücke. Wenn für ein buchungsfreies Grundstück wegen einer erfolgten Eigentumsübertragung ein Grundbuchblatt anzulegen ist, so muß dieses also zunächst auf den Namen des Veräußerers geschehen.

II. Ausnahmen

Vom Grundsatz der Voreintragung des Betroffenen gibt es zahlreiche Ausnahmen: 5

A. § 39 Abs. 2 GBO, der eine Sonderregelung für Briefrechte beinhaltet und

B. §§ 40, 43 GBO: Das Grundbuchamt kann, wenn der Betroffene Erbe des eingetragenen Eigentümers ist, von der Voreintragung unter bestimmten Voraussetzungen absehen und unmittelbar den Erwerber eintragen. Dies gilt bei Übergang oder Aufhebung eines Rechtes, nicht jedoch bei anderen Eintragungen (wie Belastung, Änderung des Inhalts oder Ranges, Widerspruch u. a.).

Der Ausnahmetatbestand des § 40 GBO wird entsprechend auf erbgangsähnliche Rechtsübergänge angewendet, wie bei Eintritt der ehelichen oder fortgesetzten Gütergemeinschaft (*Horber* § 40 Erl. 2 b; *Kuntze-Ertl-Herrmann-Eickmann* § 40 RdNr. 12; *Meikel-Imhof-Riedel* § 39 Bem 14) oder auch bei Vermögensübergang infolge Umwandlung von Kapitalgesellschaften oder Personengesellschaften sowie bei Anfall von Vereins- oder Stiftungsvermögen an den Fiskus und bei Rechtsübergängen durch Eingemeindung oder Teilung von Einzelgemeinden. 6

§ 41 Vorlegung des Hypothekenbriefs

(1) Bei einer Hypothek, über die ein Brief erteilt ist, soll eine Eintragung nur erfolgen, wenn der Brief vorgelegt wird. Für die Eintragung eines Widerspruchs bedarf es der Vorlegung nicht, wenn die Eintragung durch eine einstweilige Verfügung angeordnet ist und der Widerspruch sich darauf gründet, daß die Hypothek oder die Forderung, für welche sie bestellt ist, nicht bestehe oder einer Einrede unterliege oder daß die Hypothek unrichtig eingetragen sei. Der Vorlegung des Briefes bedarf es nicht für die Eintragung einer Löschungsvormerkung nach § 1179 des Bürgerlichen Gesetzbuchs.

(2) Der Vorlegung des Hypothekenbriefs steht es gleich, wenn in den Fällen der §§ 1162, 1170, 1171 des Bürgerlichen Gesetzbuchs auf Grund des Ausschlußurteils die Erteilung eines neuen Briefes beantragt wird. Soll die Erteilung des Briefes nachträglich ausgeschlossen oder die Hypothek gelöscht werden, so genügt die Vorlegung des Ausschlußurteils.

§ 42 Vorlegung des Grundschuld- oder Rentenschuldbriefs

Die Vorschriften des § 41 sind auf die Grundschuld und die Rentenschuld entsprechend anzuwenden. Ist jedoch das Recht für den Inhaber des Briefes eingetragen, so bedarf es der Vorlegung des Briefes nur dann nicht, wenn der

Eintragungsantrag durch die Bewilligung eines nach § 1189 des Bürgerlichen Gesetzbuchs bestellten Vertreters oder durch eine gegen ihn erlassene gerichtliche Entscheidung begründet wird.

§ 43 Vorlegung bei Hypothek für Inhaber- und Orderpapiere

(1) Bei einer Hypothek für die Forderung aus einer Schuldverschreibung auf den Inhaber, aus einem Wechsel oder einem anderen Papier, das durch Indossament übertragen werden kann, soll eine Eintragung nur erfolgen, wenn die Urkunde vorgelegt wird; die Eintragung ist auf der Urkunde zu vermerken.

(2) Diese Vorschrift ist nicht anzuwenden, wenn eine Eintragung auf Grund der Bewilligung eines nach § 1189 des Bürgerlichen Gesetzbuchs bestellten Vertreters oder auf Grund einer gegen diesen erlassenen gerichtlichen Entscheidung bewirkt werden soll.

1 Für Eintragungen bei Briefhypotheken, Briefgrundschulden und Briefrentenschulden ist grundsätzlich die Vorlage des entsprechenden Briefes erforderlich. Die Beschaffung des Briefes ist Sache des Antragstellers. Ist der Brief abhandengekommen, so kann er im Wege des Aufgebotsverfahrens für kraftlos erklärt werden (§ 1162 BGB, §§ 1003 ff ZPO). Der Vorlegung des Briefes steht dann die Vorlegung des Ausschlußurteils gleich.

2 Die Vorlage des Hypothekenbriefs ist nicht erforderlich zur Eintragung eines Widerspruchs, wenn die Eintragung durch eine einstweilige Verfügung angeordnet ist und der Widerspruch sich darauf gründet, daß die Hypothek oder die ihr zugrundeliegende Forderung nicht besteht, einer Einrede unterliegt oder daß das Grundpfandrecht unrichtig eingetragen ist. Entsprechendes gilt für Grund- oder Rentenschuldbriefe mit der Ausnahme, daß wegen der abstrakten Natur dieser Rechte der Widerspruch regelmäßig nicht mit dem Nichtbestehen einer zugrundeliegenden Forderung begründet werden kann (wegen Ausnahmen bspw. bei Sicherungsgrundschulden vgl. *Horber* § 42 Erl. 2).

3 Eintragungen bei Sicherungshypotheken für Inhaber und Orderpapiere (§ 1187 BGB) sind gem. § 43 GBO regelmäßig von der Vorlage der Schuldverschreibung auf den Inhaber (§§ 793 ff BGB), Wechsel (§§ 11 ff WG) und anderer Orderpapiere (§ 363 HGB) abhängig. Ausnahmen bestehen, wenn ein Grundbuchvertreter bestellt ist. Gem. § 1189 BGB ist die Bestellung eines Grundbuchvertreters des Gläubigers (eines nach außen von der Person des Gläubigers unabhängigen Vertreters) eintragungspflichtig.

§ 44 Datum und Unterschrift bei Eintragungen

Jede Eintragung soll den Tag, an welchem sie erfolgt ist, angeben. Sie ist von den zuständigen Beamten zu unterschreiben.

Die Vorschrift der Angabe des Tages, an dem die Eintragung erfolgt, hat 1
reinen **Ordnungscharakter.** Eine Verletzung des § 44 Satz 1 GBO führt also nicht zur materiellrechtlichen Unwirksamkeit der Eintragung.

Hingegen muß zwingend die Eintragung vom zuständigen Beamten unterschrieben werden. Ein Verstoß gegen § 44 Satz 2 GBO (bei Fehlen einer Unterschrift oder Unterschrift durch den unzuständigen Grundbuchbeamten) führt zur Unwirksamkeit der Eintragung.

Die Eintragung des Tages ist von Bedeutung für das **Rangverhältnis** 2
zwischen den Eintragungen (vgl. § 45 RdNr. 3), während die Unterschrift des Grundbuchbeamten der Sicherheit der Grundbuchführung dient (*Meikel-Imhof-Riedel* § 44 Bem 1). Anzugeben sind der Kalendertag, Monat und Jahr der Eintragung. Zur Unterzeichnung sind zuständig nach § 2 AVGBO der Grundbuchrichter und der Urkundsbeamte der Geschäftsstelle (oder ein vom Behördenvorstand ermächtigter Justizangestellter). Der Rechtspfleger tritt gem. § 3 Nr. 1 Buchst. h RpflG an die Stelle des Richters.

§ 45 Rangverhältnisse

(1) Sind in einer Abteilung des Grundbuchs mehrere Eintragungen zu bewirken, so erhalten sie die Reihenfolge, welche der Zeitfolge der Anträge entspricht; sind die Anträge gleichzeitig gestellt, so ist im Grundbuche zu vermerken, daß die Eintragungen gleichen Rang haben.
(2) Werden mehrere Eintragungen, die nicht gleichzeitig beantragt sind, in verschiedenen Abteilungen unter Angabe desselben Tages bewirkt, so ist im Grundbuche zu vermerken, daß die später beantragte Eintragung der früher beantragten im Range nachsteht.
(3) Diese Vorschriften sind insoweit nicht anzuwenden, als ein Rangverhältnis nicht besteht oder das Rangverhältnis von den Antragstellern abweichend bestimmt ist.

I. Allgemeines, Geltungsbereich

Die Reihenfolge, in der mehrere an einem Grundstück eingetragene Rechte 1
zueinander stehen, ist wesentlich für den Wert des einzelnen Grundstücks-

rechts. Denn in der Zwangsvollstreckung werden die Rechte entsprechend ihrem Rang befriedigt (§§ 10 ff, 109 Abs. 2, 155 ZVG). Grundlegende Bestimmung über die **gesetzliche** Rangordnung ist § 879 BGB. Danach bestimmt sich das Rangverhältnis unter mehreren an einem Grundstück bestehenden Eintragungen grundsätzlich nach der **Reihenfolge** der Eintragungen. Wenn die Rechte in **verschiedenen** Abteilungen eingetragen sind, so hat das unter Angabe eines früheren Tages eingetragene Recht den Vorrang; Rechte, die unter Angabe desselben Tages eingetragen sind, haben Gleichrang. Wenn ein besonderer Rangvermerk eingetragen ist, ist dieser maßgebend (§ 879 Abs. 3 BGB). Das Verfahren des Grundbuchamts zum Zwecke der Klarstellung der Rangordnung regelt § 45 GBO.

Die Voraussetzungen des § 45 GBO sind:

2 A. Es müssen **mehrere** Eintragungen beantragt sein, gleichgültig, ob mehrere Anträge in einer Urkunde zusammengefaßt sind oder ob mehrere gesonderte Anträge vorliegen.

B. Zwischen den mehreren beantragten Eintragungen muß ein Rangverhältnis bestehen können. In **keinem** Rangverhältnis stehen Eintragungen in Abt. I zueinander und zu den Eintragungen in Abt. II und III, sowie Eintragungen in den Abt. II und III, die nur die Anteile verschiedener Miteigentümer betreffen oder auf das Eigentum sich beziehende Verfügungsbeschränkungen und Grundstücksrechte. Schließlich findet § 45 GBO dort keine Anwendung, wo bereits das Gesetz eine Rangbestimmung trifft. Dies ist insbesondere der Fall bei der Vormerkung (§ 883 Abs. 3 BGB), die bewirkt, daß das durch die Vormerkung gesicherte Recht den Rang der Vormerkung erhält, ebenso wie die Sicherungshypothek nach § 128 Abs. 1 ZVG den Rang des Anspruches erhält, zu dessen Befriedigung die Forderungsübertragung erfolgt ist. Hierher zählt auch das Erbbaurecht, das nach § 10 Abs. 1 ErbbauV nur an ausschließlich 1. Rangstelle bestellt werden kann (weitere Beispiele siehe bei *Meikel-Imhof-Riedel* § 45 Bem 92 ff).

3 § 45 GBO bestimmt im einzelnen:

1. Werden **mehrere Eintragungen** in einer Abteilung des Grundbuches beantragt, so erhalten sie die Reihenfolge, die der Zeitfolge der Anträge entspricht.
2. Werden diese Anträge **gleichzeitig** gestellt, so ist der Gleichrang durch einen besonderen Rangvermerk bei allen beteiligten Rechten herzustellen.
3. Bei Anträgen auf Eintragungen in **verschiedenen Abteilungen** zu **verschiedenen Zeiten,** wird der Vorrang des früheren Eintragungsantrages durch die Bewirkung der Eintragung an dem früheren Tag sichergestellt, oder, wenn die Eintragungen am gleichen Tag erfolgen, durch einen entsprechenden Rangvermerk an den beteiligten Rechten.

4. Anträge auf Eintragungen in verschiedenen Abteilungen zur **gleichen Zeit** erhalten den Gleichrang durch Eintragung am selben Tag ohne besonderen Rangvermerk.

Vorstehende Grundsätze gelten jedoch nur, soweit nicht gesetzlich zwingende Rangverhältnisse vorgeschrieben sind oder von den Beteiligten abweichende Vereinbarungen getroffen wurden.

II. Abweichende Rangbestimmungen

Die Beteiligten können, wenn mehrere Rechte zur Eintragung kommen 4 sollen, **vertraglich** eine von den gesetzlichen Rangbestimmungen **abweichende** Rangregelung vereinbaren. Das Grundbuchamt hat die vereinbarte Abweichung von der gesetzlichen Rangordnung bei Vornahme der Eintragung im Grundbuch gem. § 879 Abs. 3 BGB durch entsprechende Reihenfolge der Eintragung oder durch entsprechende Rangvermerke zum Ausdruck zu bringen.

Gem. § 881 BGB kann sich auch der Eigentümer bei der Belastung des 5 Grundstücks die Befugnis vorbehalten, ein anderes dem Umfang nach bestimmtes Recht mit dem Rang vor jenem Recht eintragen zu lassen **(Rangvorbehalt)**. Die Ausübung steht dem jeweiligen Eigentümer zu. Wird der Rangvorbehalt nicht auf einen bestimmten Fall beschränkt, so kann er beliebig oft ausgeübt werden. Der Rangvorbehalt entsteht durch Einigung des Eigentümers mit dem Gläubiger des vortretenden Rechts und Eintragung des vorbehaltenen Rechtes. Der Rangvorbehalt wird im Grundbuch eingetragen und zwar bei dem Recht, das zurücktreten soll.

Ein Rangverhältnis, das unter bereits eingetragenen Rechten besteht, kann 6 mit dinglicher Wirkung **nachträglich** gem. § 880 BGB geändert werden, soweit nicht zwingende gesetzliche Rangbestimmungen entgegenstehen. Hierzu ist die Einigung des zurücktretenden und des vortretenden Berechtigten und die Eintragung im Grundbuch erforderlich. Formell ist die Bewilligung des zurücktretenden Berechtigten und etwaiger Zustimmungsberechtigter erforderlich.

Ist das Grundbuch unübersichtlich oder unklar hinsichtlich der Rangver- 7 hältnisse, so kann das Grundbuchamt von amtswegen oder auf Hinweis eines Beteiligten dies beseitigen. Ob das Grundbuchamt ein solches **Rangklarstellungsverfahren** einleitet, liegt im freien Ermessen. Die Einleitung des Klarstellungsverfahrens ist gem. § 91 Abs. 3 GBO im Grundbuch zu vermerken. Zum Verfahren vgl. §§ 90 ff GBO.

§ 46 Form der Löschung

(1) Die Löschung eines Rechtes oder einer Verfügungsbeschränkung erfolgt durch Eintragung eines Löschungsvermerks.
(2) Wird bei der Übertragung eines Grundstücks oder eines Grundstücksteils auf ein anderes Blatt ein eingetragenes Recht nicht mitübertragen, so gilt es in Ansehung des Grundstücks oder des Teils als gelöscht.

I. Voraussetzung und Wirkung der Löschung

1 Unter Löschung versteht man die buchmäßige Beseitigung einer Eintragung mit dem Zweck, hierdurch eine Rechtsänderung herbeizuführen oder das Grundbuch lediglich zu berichtigen. Von der Löschung zu unterscheiden ist die bloße Änderung des Inhalts einer Eintragung (bspw. des Rechts oder des Berechtigten); diese Vorgänge werden in der Veränderungsspalte eingetragen. (Vgl. *Meikel-Imhof-Riedel* § 46 Bem 2).

Materiellrechtlich genügt zur Löschung eines eingetragenen Rechts grundsätzlich die **einseitige Aufgabeerklärung** des Berechtigten. Über die Form der Beseitigung einer Grundbucheintragung sagt das BGB hingegen nichts aus. Damit überläßt das materielle Recht die Ordnung dem formellen Recht, d. h. den Bestimmungen des § 46 GBO i. V. m. § 17 Abs. 1 Satz 2, Abs. 2,5 GBVfg. Danach gibt es ausschließlich zwei Formen der Löschung, denen allein die materielle Wirkung der Beseitigung einer Eintragung zukommt: Der **Löschungsvermerk** nach § 46 Abs. 1 GBO und die **Nichtübertragung** eines eingetragenen Rechtes nach § 46 Abs. 2 GBO.

2 Die Bestimmung des § 46 GBO setzt ein „eingetragenes Recht" voraus. Hierbei ist der Begriff „Recht" weit zu fassen. Es fallen neben den Verfügungsbeschränkungen hierunter auch Vormerkungen und Widersprüche (*Kuntze-Ertl-Herrmann-Eickmann* § 46 RdNr. 2).

3 Die Löschungseintragung bewirkt die Aufhebung des Rechts (§ 875 BGB) und führt damit gleichzeitig eine Rechtsänderung herbei. Zur formalen Wirksamkeit der Löschung nach § 46 GBO ist jedoch auch die materiellrechtliche Aufgabeerklärung, die mit der Löschung übereinstimmt, erforderlich, da andernfalls das Grundbuch durch eine solche Löschung unrichtig werden würde (*Meikel-Imhof-Riedel* § 46 Bem 8).

II. Die Löschungsarten nach § 46 GBO

A. Eintragung des Löschungsvermerks

Nach § 46 Abs. 1 GBO ist zur Löschung in der Regel die Eintragung eines besonderen Löschungsvermerks notwendig. In ihm wird die buchmäßige Beseitigung der betroffenen Eintragung ausgesprochen. Es genügt das Wort „gelöscht", nicht jedoch bloßes Einklammern, Durch- oder Unterstreichen der Eintragung. Einer Angabe des materiellrechtlichen Löschungsgrundes bedarf es nicht (KG JW 1934, 1056; BayObLGZ 1952, 322). Nach § 17 GBVfg wird die erfolgte Löschung durch einmalige Unterstreichung der Eintragung mit roter Tinte gekennzeichnet. Die **Rötung** ist also lediglich ein buchungstechnisches Hilfsmittel, um das Grundbuch übersichtlich zu gestalten. Sofern für eingetragene Grundpfandrechte Briefe bestehen, werden diese gem. §§ 69, 70 GBO unbrauchbar gemacht. Im übrigen gelten für die Löschung alle sonstigen Eintragungsvorschriften, also Antrag (§ 13 GBO), Bewilligung (§ 19 GBO) und Voreintragung des Betroffenen (§§ 39, 40 GBO). Der Löschungsvermerk ist zu datieren und zu unterzeichnen (§ 44 GBO). 4

B. Die Nichtübertragung des Rechtes

Als zweite Form der Löschung ist die Nichtübertragung des Rechtes auf ein neuangelegtes Blatt aufgeführt. Auch hier gelten grundsätzlich dieselben Voraussetzungen wie bei der Eintragung des Löschungsvermerkes, also Antrag und Bewilligung. Die in der Praxis wichtigsten Fälle der Löschung nach § 46 GBO 2. Alternative sind die **Enthaftungen von Trennstücken** durch Bewilligung der lastenfreien Abschreibung durch die Betroffenen (Pfandfreigabeerklärungen), oder auch das Freiwerden von Dienstbarkeiten nach §§ 1026, 1090 BGB. 5

Eine **Ausnahme** vom Bewilligungserfordernis durch den Betroffenen schafft das **Unschädlichkeitszeugnis** (vgl. hierzu § 19 RdNr. 13). 6

Bei der Nichtübertragung bedarf es keines besonderen Löschungsvermerks. Sie bewirkt, daß das Recht als gelöscht gilt, auch wenn die grundbuchmäßigen Voraussetzungen hierfür nicht vorlagen (vgl. *Horber* § 46 Erl. 6). Da jedoch die materiellrechtliche Aufhebungserklärung nicht ersetzt wird, ist das Grundbuch unrichtig und nach § 53 GBO (Amtswiderspruch) zu verfahren. 7

§ 47 Eintragung gemeinschaftlicher Rechte

Soll ein Recht für mehrere gemeinschaftlich eingetragen werden, so soll die Eintragung in der Weise erfolgen, daß entweder die Anteile der Berechtigten in Bruchteilen angegeben werden oder das für die Gemeinschaft maßgebende Rechtsverhältnis bezeichnet wird.

I. Die Gemeinschaftsverhältnisse nach BGB

1 Die Vorschrift, daß die Anteile der Berechtigten in Bruchteilen oder das maßgebende Rechtsverhältnis für die Gemeinschaft im Grundbuch bezeichnet werden, entspricht dem Grundsatz der Bestimmtheit des Registers (vgl. Einf RdNrn. 51 ff). Die genaue Angabe der Gemeinschaftsart ist im übrigen schon deshalb erforderlich, weil je nach Art der Gemeinschaft der Umfang der Verfügungsmacht der jeweiligen Gemeinschaftsrechtsinhaber verschieden ist.

Grundsätzlich sind drei Gemeinschaftsarten zu unterscheiden:

A. Bruchteilsgemeinschaft

2 Die materiellrechtlichen Regeln sind in den §§ 741–758 BGB enthalten. Die Bruchteilsgemeinschaft selbst ist individualistisch ausgestaltet, mit anderen Worten, die Anteile sind weitgehend verselbständigt:

Jeder kann über seinen Anteil am gemeinsamen Recht frei verfügen und grundsätzlich auch die Aufhebung der Gemeinschaft verlangen. Die Bruchteile sind **ideell,** also nicht real bestimmt („Miteigentümer zu ½"). Die Verwaltung des gemeinschaftlichen Gegenstandes steht den Teilhabern gemeinschaftlich zu (§ 744 BGB); jedem Teilhaber gebührt ein seinem quotalen Anteil entsprechender Anteil an Sach- und Rechtsfrüchten sowie an den Gebrauchsvorteilen.

3 Grundsätzlich steht jedem Teilhaber das Recht zu, die **Aufhebung der Gemeinschaft** zu verlangen (§ 749 BGB). Allerdings kann dieser Anspruch auf Zeit oder für immer ausgeschlossen werden, jedoch mit dinglicher Wirkung, also mit Wirkung gegenüber Sonderrechtsnachfolgern nur, wenn gem. § 1010 Abs. 1 BGB Eintragung eines entsprechenden Vermerks am belasteten Miteigentumsanteil in Abt. II des Grundbuchs erfolgt.

§ 1011 BGB bestimmt weiter für die Gemeinschaft nach Bruchteilen, daß jeder Miteigentümer die Ansprüche aus dem Eigentum Dritten gegenüber hinsichtlich der ganzen Sache allein geltend machen kann, den Herausgabeanspruch aber nur in der Weise, daß er die Herausgabe der Sache an alle Miteigentümer zusammen verlangt.

Die Bruchteilsgemeinschaft entsteht entweder durch **Rechtsgeschäft mit Dritten** (Ehegatten erwerben zu gleichen Anteilen, Nachbarn erwerben gemeinsam einen Weg), **Verfügung von Todes wegen** (vgl. §§ 2087 ff BGB – nicht zu verwechseln mit der Erbengemeinschaft, vgl. nachfolgend C) oder **kraft Gesetzes** durch Verbindung (§ 947 Abs. 1 BGB), Vermischung (§ 948 BGB, vgl. auch § 984 BGB, § 419 HGB und § 6 DepG). 4

B. Gesamthandsgemeinschaft

Gesamthandsgemeinschaften können nicht beliebig begründet werden. Das Gesetz läßt **abschließend** folgende Gesamthandsgemeinschaften zu: 5

Erbengemeinschaft, ehevertragliche Gütergemeinschaft, den nicht rechtsfähigen Verein und die Gesellschaft des BGB. Zwar sind auch die Gesellschaften des HGB (oHG und KG) Gesamthandsgemeinschaften, jedoch fallen diese nicht unter § 47 GBO, da solche Gesellschaften unter ihrer Firma Rechte erwerben können. Etwas anderes gilt dann, wenn eine oHG bspw. sich infolge Verringerung oder Veränderung ihres Geschäftsbetriebes in eine BGB-Gesellschaft umwandelt. Diese Umwandlung ist im Grundbuch dann gem. § 47 GBO zu verlautbaren (vgl. RGZ 155, 75).

Das Wesen einer Gesamthandsgemeinschaft ist, daß nur alle Gesamthänder zusammen evtl. Forderungen geltend machen können. Nur **alle** können **gemeinsam** über das Recht verfügen. Zwar kann bei der Erbengemeinschaft jeder Miterbe allein die Leistung an alle Erben verlangen; jeder Miterbe kann auch über seinen Erbanteil im ganzen verfügen, jedoch ist es ausgeschlossen, daß ein Miterbe über seine Mitberechtigung an der Forderung verfügt (§ 2033 Abs. 2 BGB). 6

Der wesentliche Unterschied zwischen der Gesamthandsgemeinschaft und der Bruchteilsgemeinschaft ist, daß es sich hier **nicht** um ein **Individualvermögen** handelt, sondern um ein echtes gemeinschaftliches Vermögen, über das eben nur die Gesamthänder in ihrer gesamthänderischen Verbundenheit gemeinsam verfügen können.

Zur **Erbengemeinschaft** ist hier noch zu bemerken, daß sie als Sondervermögen, deren besonderer Zweck die Schuldenhaftung ist, keine selbständige Rechtspersönlichkeit darstellt und demzufolge sich weder an Gesellschaften (AG, GmbH, oHG, KG) beteiligen noch Erwerbsgeschäfte tätigen kann, die nicht in einem objektiv inneren Zusammenhang mit dem Nachlaß stehen (vgl. Köln OLGZ 1965, 117). Andererseits genügt es jedoch für den Erwerb durch die Erbengemeinschaft, wenn dieser aus Mitteln des Nachlasses erfolgt (vgl. *Staudinger-Lehmann* § 2041 Anm 3 b; *Palandt* § 2041 Anm 1 m.w.Nachw.). Speziell im Grundstücksverkehr kann also die Erbengemeinschaft dann als Erwerber (zum Gesamthandsgut) auftreten, wenn der Erwerb 7 bspw. der besseren Nutzung eines anderen bereits der Erbengemeinschaft gehörenden Grundstücks dient (KG DR 1944, 190) oder aus Mitteln des Nachlasses erfolgt (mit der Wirkung des § 2041 BGB, der sog. „dinglichen Surrogation“).

C. Gesamtberechtigung nach § 428 BGB

8 Die Gesamtberechtigung als solche ist in § 428 BGB geregelt. Sie liegt dann vor, wenn **mehrere eine Leistung** zu fordern berechtigt sind dergestalt, daß jeder zwar die ganze Leistung fordern kann, der Schuldner aber die Leistung nur einmal zu verwirklichen verpflichtet ist. Die **Gesamtgläubigerschaft** ist die Kehrseite der Gesamtschuld (vgl. § 421 BGB) und bedeutet, daß im Unterschied zur Gesamthandsforderung der einzelne Gläubiger die Leistung des Ganzen an sich selbst (und nicht an die Gemeinschaft) fordern kann. In der Praxis kommt die Gesamtgläubigerschaft, obwohl sie als Berechtigungsform bei Hypotheken, Grundschulen, Nießbrauchsrechten, Dienstbarkeiten denkbar wäre (vgl. *Horber* § 47 Erl. 2 Bd), nur selten vor (vgl. hierzu im einzelnen *Palandt* § 428 Anm 2).

II. Ordnungsvorschrift

9 Eine Verletzung der Ordnungsvorschrift des § 47 GBO kann zur Unvollständigkeit und damit Unrichtigkeit des Grundbuchs führen. Undeutliche Angaben des Gemeinschaftsverhältnisses sind durch besondere Vermerke klarzustellen. Im übrigen erfolgen Berichtigungen nur auf Antrag mit der entsprechenden Berichtigungsbewilligung oder dem Unrichtigkeitsnachweis (vgl. OLG Hamm DNotZ 1965, 408; *Horber* § 48 Erl. 7).

§ 48 Kenntlichmachung der Mitbelastung

(1) Werden mehrere Grundstücke mit einem Recht belastet, so ist auf dem Blatte jedes Grundstücks die Mitbelastung der übrigen von Amts wegen erkennbar zu machen. Das gleiche gilt, wenn mit einem an einem Grundstück bestehenden Recht nachträglich noch ein anderes Grundstück belastet oder wenn im Falle der Übertragung eines Grundstücksteils auf ein anderes Grundbuchblatt ein eingetragenes Recht mitübertragen wird.
(2) Soweit eine Mitbelastung erlischt, ist dies von Amts wegen zu vermerken.

1 Wenn **mehrere** Grundbuchgrundstücke oder grundstücksgleiche Rechte mit einem Recht (Grundpfandrechten oder Reallasten) belastet werden, dann ist

von amtswegen auf dem Blatt eines jeden Grundstückes die Mitbelastung der übrigen durch einen einzutragenden Vermerk erkennbar zu machen. Insoweit durchbricht § 48 GBO den Antragsgrundsatz. § 48 GBO findet auch Anwendung auf die Belastungen von Miteigentumsanteilen. Hingegen kommen reale Grundstücksteile als Objekt einer Gesamtbelastung nicht in Frage.

Umstritten ist, ob Gesamtbelastungen auch bei Reallasten und Erbbau- 2
rechten (nach h. M. zulässig), bei Dienstbarkeiten, Vorkaufsrechten und Nießbrauchsbestellungen (nach h. M. unzulässig) möglich sind (vgl. hierzu insbesondere *Meikel-Imhof-Riedel* § 48 Bem 3; *Kuntze-Ertl-Herrmann-Eickmann* § 48 RdNr. 3; *Horber* § 48 Erl. 2 B a).

Das grundbuchtechnische Verfahren, auf welche Weise die Mitbelastung 3
erkennbar zu machen ist, ist in § 30 GeschO geregelt.

§ 48 Abs. 2 GBO bestimmt, daß auch das Erlöschen der Mitbelastung von 4
amtswegen zu vermerken ist. Hierbei kann es sich um ganze oder teilweise Löschungen handeln.

§ 49 Eintragung von Altenteilen (Leibgedinge)

Werden Dienstbarkeiten und Reallasten als Leibgedinge, Leibzucht, Altenteil oder Auszug eingetragen, so bedarf es nicht der Bezeichnung der einzelnen Rechte, wenn auf die Eintragungsbewilligung Bezug genommen wird.

Ohne die Erleichterung des § 49 GBO müßten bei Eintragung eines Alten- 1
teils die darin zusammengefaßten Rechte wie bspw. Wohnungsrecht, Reallast (Wart- und Pflegevereinbarung), Taschengeldzahlung einzeln im Grundbuch bezeichnet werden. § 49 GBO gestattet, daß die Bezeichnung der einzelnen Rechte nicht im Eintragungsvermerk ausdrücklich aufgenommen, sondern durch Bezugnahme auf die Eintragungsbewilligung eingetragen wird.

Der **Begriff** „Altenteil" (Auszug, Leibgeding, Leibzucht) stammt aus dem 2
früheren Landesrecht der deutschen Länder (Art. 96 EGBGB) und stellt den Inbegriff von Rechten und Pflichten dar, mit welchen ursprünglich im bäuerlichen Lebensbereich das Verhältnis zwischen Hofübergeber und Hofübernehmer geregelt wurde. Nach der Entscheidung des Reichsgerichts vom 30. 10. 1939 (RGZ 162, 52 ff) ist unter einem Altenteil der Inbegriff der dinglich gesicherten Nutzungen und Leistungen zu verstehen, die aus und auf einem Grundstück zu gewähren sind, der allgemein leiblichen und persönlichen Versorgung des Berechtigten dienen und eine regelmäßig lebenslängliche Verknüpfung des Berechtigten mit dem belasteten Grundstück bezwecken (vgl. zum Begriff des Altenteils auch OLG Hamm Rpfleger 1969, 396 = MittBayNot 1969, 301). So kommen als im Altenteil vereinigte dingliche

Rechte im wesentlichen in Frage die beschränkte persönliche Dienstbarkeit, wie das Wohnungsrecht und Reallasten (bspw. für Leistung von Naturalien, Kleidung und Taschengeld), aber auch Nießbrauch (z. B. an einem Grundstücksteil, OLG Hamm DNotZ 1970, 38). Der Altenteil ist ein **höchst persönliches** Recht, daher nicht übertragbar. Diese **Nichtübertragbarkeit** erstreckt sich auch auf diejenigen Bestandteile des einheitlichen Rechts, die in an sich übertragbaren Reallasten bestehen (*Meikel-Imhof-Riedel* § 49 Bem 5).

3 Über Art. 96 EGBGB sind die *landesrechtlichen Vorschriften* über Altenteilsverträge unberührt geblieben. In Bayern sind hier maßgebend die Art. 32–48 AGBGB. Die Landesgesetzgebung kann jedoch den Inhalt des Vertrages nur, soweit eine besondere Vereinbarung nicht vorliegt, bestimmen, nicht auch Vorschriften darüber erlassen, unter welcher Voraussetzung der Vertrag überhaupt zustandekommt. Die Landesgesetzgebung ist daher zu Vorschriften über die Form des Leibgedingsvertrags nicht berechtigt.

4 Sollen die Rechte für **mehrere Personen** (meist Eheleute) eingetragen werden, so genügt, wenn die Eintragung unter dem Sammelbegriff Altenteil (Leibgeding usw.) erfolgt, die Eintragung **eines** Rechtes. Dabei bedarf es im Grundbuch nicht der Angabe des Bruchteils-, Gesamthands- oder ähnlichen Verhältnisses, das zwischen mehreren Berechtigten besteht, wohl aber in der Eintragungsbewilligung (*Haegele* RdNr. 578).

Die Löschung eines Leibgedings richtet sich nach § 23 GBO. (Wegen der Frage der Möglichkeit von Rückständen vgl. LG Bremen JurBüro 1970, 88 = DNotZ 1970, 109 = MittBayNot 1970, 52 = Rpfleger 1970, 243 mit Anmerkung *Haegele*).

§ 50 Hypotheken für Teilschuldverschreibungen auf den Inhaber

(1) Bei der Eintragung einer Hypothek für Teilschuldverschreibungen auf den Inhaber genügt es, wenn der Gesamtbetrag der Hypothek unter Angabe der Anzahl, des Betrags und der Bezeichnung der Teile eingetragen wird.
(2) Diese Vorschrift ist entsprechend anzuwenden, wenn eine Grundschuld oder eine Rentenschuld für den Inhaber des Briefes eingetragen und das Recht in Teile zerlegt werden soll.

1 Gem. § 1187 BGB kann für Forderungen aus Schuldverschreibungen auf den Inhaber, aus Wechseln oder aus anderen indossablen Papieren stets nur eine Sicherungshypothek, auch als Höchstbetragshypothek, bestellt werden. Für den Fall der Sicherungshypothek gestattet § 50 GBO in Abweichung vom Bestimmtheitsgrundsatz im Grundbuchrecht die Zusammenfassung **mehrerer**

Hypotheken zu einer **einheitlichen** Hypothek unter Angabe des Gesamtgeldbetrages und der einzelnen Teile nach Anzahl, Betrag und Bezeichnung.

Auf die **Höchstbetragshypotheken** findet § 50 GBO **keine** Anwendung. 2
Hier genügt die Eintragung des Höchstbetrages ohne Angabe der Anzahl und des Betrags der Teile. Hingegen umfaßt die Regelung des § 50 GBO auch die in § 1187 BGB aufgeführten indossablen Teilschuldverschreibungen und die für sie bestellte Orderhypothek (*Meikel-Imhof-Riedel* § 50 Bem 2; *Kuntze-Ertl-Herrmann-Eickmann* § 50 RdNr 1; *Horber* § 50 Erl. 2 b, c).

§ 50 Abs. 1 GBO gilt über Abs. 2 entsprechend für Inhabergrundschulden 3
und Inhaberrentenschulden gem. §§ 1195, 1199 BGB, die in Teile zerlegt sind oder nachträglich zerlegt werden. Da diese Rechte nur als Briefrechte eingetragen werden können, ist gem. § 70 Abs. 2 GBO für jeden Teil ein besonderer Brief herzustellen.

§ 51 Nacherbenvermerk

Bei der Eintragung eines Vorerben ist zugleich das Recht des Nacherben und, soweit der Vorerbe von den Beschränkungen seines Verfügungsrechts befreit ist, auch die Befreiung von Amts wegen einzutragen.

I. Allgemeines

§ 51 GBO dient dem Schutz der Rechte des Nacherben und bestimmt, daß 1
bei Eintragung eines Vorerben das Recht des Nacherben von amtswegen einzutragen ist.

Der Nacherbenvermerk bewirkt **keine Grundbuchsperre** und kein Recht am Grundstück. Demzufolge besteht auch kein Rangverhältnis zwischen Nacherbenvermerk und den Rechten am Grundstück im materiellrechtlichen Sinne (§ 879 BGB). Er schützt jedoch den Nacherben und dessen Erben davor, daß Verfügungen des Vorerben infolge gutgläubigen Erwerbs entgegen § 2113 Abs. 1 und Abs. 2 BGB Rechtswirksamkeit erhalten (§§ 2113 Abs. 3, 892 Abs. 1 Satz 2 BGB).

II. Vor- und Nacherbfolge

Die Nacherbfolge ist in §§ 2100 ff BGB geregelt. Danach kann ein Erblasser 2
bestimmen, daß jemand zunächst Erbe werden soll und daß nach diesem eine andere Person sein Erbe werden soll. Der Nacherbe ist also **nicht** Erbe des

Vorerben, sondern Erbe des Erblassers. Nacherbe und Vorerbe sind somit nicht Miterben. Die angeordnete Nacherbfolge bewirkt, daß mit dem Tod des Erblassers für den Nacherben ein Anwartschaftsrecht mit dem Inhalt entsteht, daß der Anwartschaftsberechtigte beim Nacherbfall (Tod oder nach Eintritt des bestimmten Ereignisses wie Wiederverheiratung des Vorerben, Volljährigkeit des Nacherben) Erbe wird. Dieses Recht ist **veräußerlich** und nach § 2108 Abs. 2 BGB auch vererblich. Die angeordnete Nacherbschaft bewirkt, daß der Vorerbe grundsätzlich über die zur Erbschaft gehörenden Gegenstände verfügen kann, da er Erbe ist und damit Eigentümer (§ 2112 BGB). Aber im Interesse des Nacherben ordnet das BGB **Verfügungsbeschränkungen** an:

1. Gem. § 2113 Abs. 1 BGB ist die Verfügung des Vorerben über ein zur Erbschaft gehörendes Grundstück oder Recht an einem Grundstück insoweit unwirksam, als es das Recht des Nacherben vereiteln oder beeinträchtigen würde. Hierbei ist das Verfügungsgeschäft des Vorerben zunächst voll wirksam, d. h. der Erwerber wird Eigentümer. Mit Eintritt des Nacherbfalles wird jedoch der Rechtserwerb absolut (nicht nur relativ) unwirksam; das Grundbuch wird dann unrichtig.
2. Das gleiche gilt für unentgeltliche Verfügungen bei beweglichen und unbeweglichen Sachen gem. § 2113 Abs. 2 Satz 1 BGB.
3. Auch Vollstreckungsmaßnahmen gegen den Vorerben in Erbschaftsgegenstände sind im Fall des Eintritts der Nacherbfolge insoweit unwirksam, als sie das Recht des Nacherben vereiteln oder beeinträchtigen würden (§ 2115 Satz 1 BGB). Sie sind aber wirksam, wenn wegen des Anspruchs eines Nachlaßgläubigers oder eines gegenüber dem Nacherben wirksamen Rechts vollstreckt wird (§ 2115 Satz 2 BGB).

3 4. Die Verfügungen des Vorerben sind jedoch dann voll wirksam, wenn der Nacherbe **zustimmt.** Die Zustimmung eines **Ersatznacherben** ist nicht erforderlich. Die Zustimmungsverpflichtung kann sich aus § 2120 BGB (ordnungsgemäße Verwaltung) ergeben. Die Zustimmung zur Grundstücksveräußerung bedarf der Form des § 29 GBO. Der Erblasser kann jedoch gem. § 2136 BGB den Vorerben von bestimmten Beschränkungen **befreien.** Für Grundstücksverfügungen bedeutet die Befreiung von den Beschränkungen des § 2113 BGB, daß eine Verfügung gegenüber dem Nacherben wirksam ist, wenn der Vorerbe die Entgeltlichkeit der Verfügung nachweist und er die Grenzen seiner Verfügungsbefugnis eingehalten hat. Dann wird der Nacherbenvermerk nicht mitübertragen (vgl. hierzu *Palandt* § 2113 Anm 2b m. w. Nachw.). Unentgeltliche Verfügungen des Vorerben sind in keinem Falle zulässig, da im § 2136 BGB der § 2113 Abs. 2 BGB nicht als abdingbar aufgeführt ist.

Beim Eintritt des Nacherbfalls hört der Vorerbe auf, Erbe zu sein. Die

Erbschaft fällt dem Nacherben an (§ 2139 BGB). Demzufolge muß der Vorerbe den Nachlaß, grundsätzlich nicht aber die gezogenen Nutzungen, an den Nacherben herausgeben (§ 2130 BGB).

III. Verfahren

Das Nacherbenrecht muß gem. § 35 GBO **nachgewiesen** sein (vgl. *Horber* § 51 Erl. 2 C). Im Grundbuch wird der Vermerk in Abt. II eingetragen. Der Nacherbe ist so genau wie möglich zu bezeichnen (§ 15 GBVfg). Auch die Ersatznacherben sind einzutragen. Ist der Vorerbe gem. § 2136 BGB von einzelnen Beschränkungen befreit, so sind diese Befreiungen anzugeben. 4

Ein **Verzicht** des Vorerben auf Eintragung des Nacherben ist unzulässig. Jedoch kann der Nacherbe auf seine Eintragung verzichten. Dieser Verzicht bedeutet aber keine Ausschlagung der Nacherbschaft und auch nicht die Übertragung des Anwartschaftsrechts auf den Vorerben. Der Nacherbe kann über sein Anwartschaftsrecht durch Übertragung oder Verpfändung verfügen. Bei Übertragung auf den Vorerben wird dieser unbeschränkter Vollerbe. Ist jedoch Ersatznacherbfolge angeordnet, so müßten die Ersatznacherben entweder zustimmen oder die Vereinigung der Rechte und Pflichten des Vorerben und des Nacherben steht unter der auflösenden Bedingung des Eintritts des Ersatzerbfalles. 5

§ 52 Testamentsvollstreckervermerk

Ist ein Testamentsvollstrecker ernannt, so ist dies bei der Eintragung des Erben von Amts wegen miteinzutragen, es sei denn, daß der Nachlaßgegenstand der Verwaltung des Testamentsvollstreckers nicht unterliegt.

I. Allgemeines

Unter der Voraussetzung, daß ein Testamentsvollstrecker ernannt ist und der Nachlaßgegenstand der Verwaltung des Testamentsvollstreckers unterliegt, ist gem. § 52 GBO in Durchbrechung des Antragsgrundsatzes die Testamentsvollstreckung **von amtswegen** mit dem Erben einzutragen. Der grundbuchamtliche Nachweis der Testamentsvollstreckung wird gem. § 35 Abs. 2 GBO (durch Testamentsvollstreckerzeugnis oder öffentlich beurkundete Verfügung von Todes wegen mit Eröffnungsniederschrift) geführt. Ist der 1

Erbe nicht bereits eingetragen oder wird der Erbe nicht gleichzeitig mit dem Testamentsvollstreckervermerk eingetragen, so ist die Eintragung der Testamentsvollstreckung unzulässig, auch wenn sie nachgewiesen wird.

II. Anordnung und Inhalt der Testamentsvollstreckung

2 Der Testamentsvollstrecker wird vom Erblasser in einer Verfügung von Todes wegen ernannt (durch Testament oder einseitige Verfügung im Erbvertrag, §§ 2197, 2299, 2278 Abs. 2 BGB). Die Bestimmung der Person des Testamentsvollstreckers kann auch einem Dritten überlassen werden (§§ 2198–2200 BGB).

Der **Aufgabenbereich** des Testamentsvollstreckers ergibt sich aus der letztwilligen Verfügung des Erblassers. Hierbei ist zu unterscheiden zwischen dem allgemeinen Verwaltungsrecht und dem Verfügungsrecht des Testamentsvollstreckers. Grundsätzlich ist Gegenstand der Verwaltung der **gesamte Nachlaß,** sofern vom Erblasser keine Einschränkungen gem. § 2208 BGB bestimmt sind. Dem Erblasser steht es frei, die Testamentsvollstreckung gegenständlich (auf einzelne Nachlaßobjekte) und im Umfange zu beschränken. Neben der Möglichkeit der Dauervollstreckung besteht auch Befugnis, dem Testamentsvollstrecker lediglich die Verwaltung des Nachlasses ohne weitere Aufgaben anzuvertrauen.

3 Im **Grundstücksverkehr** kommen dem Testamentsvollstrecker wichtige Funktionen zu. Er hat im Rahmen seines Aufgabenbereichs den Nachlaß in Besitz zu nehmen und ordnungsgemäß zu verwalten. Das allgemeine Verwaltungsrecht gem. § 2205 BGB umfaßt nicht nur die Berichtigung von Nachlaßverbindlichkeiten und die Inbesitznahme des Nachlasses, sondern auch das Recht zur Verfügung (Veräußerung oder Belastung) über einzelne Nachlaßgegenstände. Der Testamentsvollstrecker bedarf zu seinen Verfügungen weder der Genehmigung des Vormundschaftsgerichts noch des Nachlaßgerichts, auch nicht des Nacherben oder der Eltern bei minderjährigen Erben. Jedoch sind dem Testamentsvollstrecker unentgeltliche Verfügungen in der Regel untersagt (§ 2205 Satz 3 BGB).

Durch die Testamentsvollstreckung wird also das Verfügungsrecht des Erben soweit ausgeschaltet, als die Verwaltung des Testamentsvollstreckers reicht (§ 2211 Abs. 1 BGB). Insoweit liegt in der Anordnung der Testamentsvollstreckung eine **Verfügungsbeschränkung** des Erben. Daher ist die Eintragung des Testamentsvollstreckervermerks wegen der Gefahr eines gutgläubigen Erwerbs durch Dritte von besonderer Bedeutung.

Die Testamentsvollstreckung endet mit Erledigung der dem Testamentsvollstrecker zugewiesenen Aufgaben. Weitere Beendigungsgründe sind in den §§ 2225–2227 BGB aufgeführt.

III. Löschung des Testamentsvollstreckervermerks

Da der Testamentsvollstrecker sein Amt nicht im eigenen Interesse ausübt, kann er grundsätzlich nicht (auch nicht der Erblasser durch Verfügung von Todes wegen) auf die Eintragung des Vermerks im Grundbuch verzichten. Er kann jedoch gem. § 2217 BGB dem Erben einzelne Objekte zur freien Verfügung überlassen. Insoweit endet sein Verwaltungsrecht. Der Testamentsvollstreckervermerk ist dann zu löschen. (Diese Erklärung bedarf der Form des § 29 GBO.) Im übrigen ist der Testamentsvollstreckervermerk nur aufgrund **Unrichtigkeitsnachweises** zu löschen. Die Unrichtigkeit kann darauf beruhen, daß die Testamentsvollstreckung nie bestanden hat (nichtiges Testament, falsche Auslegung), oder daß ein Nachlaßgegenstand infolge Veräußerung durch den Testamentsvollstrecker aus dem Nachlaß ausgeschieden ist oder daß die Testamentsvollstreckung gem. §§ 2225 ff BGB beendet ist. Die Löschung erfolgt grundsätzlich auf Antrag. Nach Maßgabe der §§ 84 ff GBO ist auch Amtslöschung möglich (*Horber* § 53 Erl. 6 B). 4

§ 53 Amtswiderspruch, Löschung von Amts wegen

(1) Ergibt sich, daß das Grundbuchamt unter Verletzung gesetzlicher Vorschriften eine Eintragung vorgenommen hat, durch die das Grundbuch unrichtig geworden ist, so ist von Amts wegen ein Widerspruch einzutragen. Erweist sich eine Eintragung nach ihrem Inhalt als unzulässig, so ist sie von Amts wegen zu löschen.
(2) Bei einer Hypothek, einer Grundschuld oder einer Rentenschuld bedarf es zur Eintragung eines Widerspruchs der Vorlegung des Briefes nicht, wenn der Widerspruch den im § 41 Abs. 1 Satz 2 bezeichneten Inhalt hat. Diese Vorschrift ist nicht anzuwenden, wenn der Grundschuld- oder Rentenschuldbrief auf den Inhaber ausgestellt ist.

I. Vorbemerkung

§ 53 GBO begründet zwei **Ausnahmen** vom Antragsgrundsatz, indem er zwei Möglichkeiten für das Grundbuchamt schafft, ordnungswidrige Eintragungen von Amts wegen je nachdem nur zu kennzeichnen (durch Eintragung des Amtswiderspruchs) oder ganz zu beseitigen (durch Amtslöschung). Zuständig für diese Maßnahme ist gemäß § 3 Nr. 1 h RpflG der Rechtspfleger. 1

Die Bestimmung gilt indes nur für solche Eintragungen, die ordnungswidrig bewirkt wurden und entweder unrichtig oder ihrem Inhalt nach unzulässig sind.

II. Amtswiderspruch

2 Bei den Fällen des § 53 Abs. 1 Satz 1 GBO handelt es sich ausschließlich um solche Eintragungen, die
A. dem öffentlichen Glauben des Grundbuchs unterstehen,
B. unter Verletzung gesetzlicher Vorschriften zustandegekommen sind und
C. das Grundbuch unrichtig gemacht haben.

Voraussetzung ist hier zunächst wie auch im zweiten Fall der Amtslöschung, daß die Eintragung bereits **vollendet ist** (mit Eintragung und Leistung der Unterschrift). Zwar sind auch vollzogene Eintragungen der Auslegung fähig. Hierbei können jedoch nur solche Umstände herangezogen werden, die im Einzelfall für jedermann ohne weiteres erkennbar sind, also insbesondere nur der Eintragungsvermerk und eine zulässigerweise in Bezug genommene Urkunde (vgl. BGH Rpfleger 1969, 85; BGH DNotZ 1971, 96).

Bei lediglich unklarem Eintragungsvermerk kann auf Antrag bzw. auch von Amts wegen ein Klarstellungsvermerk eingetragen werden, der jedoch nicht mit einem Amtswiderspruch zu verwechseln ist, weil im Klarstellungsvermerk die Rechtslage im Grundbuch richtig, aber nur unklar wiedergegeben ist (vgl. *Horber* § 53 Erl. 3 a b).

zu A): Eintragung i. S. des § 53 GBO

3 § 53 Abs. 1 Satz 1 GBO erfaßt nur Eintragungen im **engeren** Sinne, also solche Eintragungen, aus denen für Beteiligte oder Betroffene Rechtsnachteile infolge der Vorschriften über den Schutz des öffentlichen Glaubens des Grundbuchs entstehen können (BGHZ 25, 16 = NJW 1957, 1229 = Rpfleger 1958, 310; vgl. *Meikel-Imhof-Riedel* § 53 Bem 4 m. w. Nachw.). Demgemäß fallen bspw. **nicht** unter die Bestimmung des § 53 GBO Eintragungen **tatsächlicher** Art:

Zufolge einer Neuvermessung stellt sich heraus, daß das Grundstück mit der eingetragenen Größe tatsächlich nicht diesen Flächeninhalt hat, sondern größer oder kleiner ist (Flächeninhaltsberichtigung). In diesem Fall kann kein Amtswiderspruch eingetragen werden; vielmehr wird es sich nur um eine zahlenmäßige Richtigstellung handeln. Auch die unrichtige Bezeichnung des Grundstücks, der Wirtschaftsart, der Hausnummer stellt eine Eintragung tatsächlicher Art dar und ist einem Amtswider spruch nicht zugänglich. Vielmehr kann hier jederzeit von Amts wegen bloße Richtigstellung durch das Grundbuchamt erfolgen.

4 Ebenso sind Eintragungen an der unrichtigen Stelle im Grundbuch (bspw. in der unrichtigen Spalte oder in der unrichtigen Abteilung) im Regelfalle nicht über § 53 GBO zu beseitigen oder mit Amtswiderspruch zu versehen. Eine Ausnahme gilt wohl nur dann, wenn für die Eintragung gesetzlich eine bestimmte Stelle im Grundbuch vorgeschrieben ist (vgl. auch *Meikel-Imhof-Riedel* § 53 Bem 10).

So muß bspw. der Rangvorbehalt gem. § 881 Abs. 2 BGB bei dem Recht eingetragen werden, das zurücktritt. Anderes gilt, wenn die Eintragung auf einem falschen Grundbuchblatt vorgenommen wird, so daß das Grundbuch, bei dem die Eintragung erfolgt, unrichtig wird. Solche Falscheintragungen sind insbesondere dann denkbar, wenn bei einer Abschreibung ein Flurstück auf ein falsches Grundbuchblatt übertragen wurde, wobei entweder das Flurstück oder das Grundbuchblatt verwechselt wurden. Da die Nichtmitübertragung nach § 46 Abs. 2 GBO der Löschung gleichsteht, ist das Grundbuch unrichtig geworden und gem. § 53 Abs. 1 Satz 1 GBO zu verfahren (vgl. LG München MittBayNot 1954, 62; *Meikel-Imhof-Riedel* § 53 Bem 10). 5

zu B): Verletzung gesetzlicher Vorschriften

Erforderlich ist eine **objektive** Verletzung materiellen oder formellen Rechts durch das Grundbuchamt (Richter, Rechtspfleger oder Grundbuchführer) im Zeitpunkt der Eintragung, wobei es auf die **subjektiven** Momente (Verschulden der entsprechenden Person) überhaupt **nicht** ankommt (BGHZ 30, 255 = NJW 1959, 1635; OLG Hamm DNotZ 1967, 686; h. M. in der Kommentarliteratur vgl. *Meikel-Imhof-Riedel* § 53 Bem 26 m. w. Nachw.). Unbeachtlich ist auch, ob die verletzte Norm zwingend oder reine Ordnungsvorschrift ist; allerdings liegt bei Verstoß gegen bloße Dienstanweisungen keine Gesetzesverletzung i. S. des § 53 vor (BayObLG Rpfleger 1956, 311). 6

Als **Beispiele** für (objektive) Gesetzesverletzungen seien aufgeführt: 7

Fehlende Zustimmung Dritter (§ 1365 BGB) oder erforderliche Genehmigung von Behörden (§ 19 BBauG; § 2 GrdstVG); Verstoß des Rechtsgeschäftes gegen ein gesetzliches Verbot (§ 134 BGB); mangelnde Verfügungsbefugnis.

zu C): Unrichtigkeit des Grundbuchs

Durch die eine gesetzliche Vorschrift verletzende Eintragung muß das Grundbuch **unrichtig** i. S. des § 894 BGB geworden sein, also ein Widerspruch zwischen Grundbuchinhalt und wirklicher Rechtslage bestehen und zwar noch im Zeitpunkt der Eintragung des Amtswiderspruches (OLG Hamm NJW 1961, 560; OLG Stuttgart Justiz 1969, 137). Sofern nach der unrichtigen Eintragung diese bspw. durch Zuschlag, gutgläubigen Erwerb oder spätere Genehmigung (der Behörde oder durch Dritte) richtig geworden ist, kann und darf ein Amtswiderspruch nicht mehr eingetragen werden. 8

Der Amtswiderspruch ist einzutragen, **sobald** der Grundbuchbeamte den Fehler bemerkt. Er muß den Berechtigten, also denjenigen, dem der Berichtigungsanspruch gem. § 894 BGB zusteht, und die Unrichtigkeit, gegen die sich der Widerspruch richtet, (nicht aber den Unrichtigkeitsgrund) bezeichnen. 9

Der **Widerspruch bewirkt** (gleich dem Widerspruch nach § 899 BGB), daß gutgläubiger Erwerb (§§ 892 Abs. 1 Satz 1, 893 BGB) verhindert wird und Verjährung nicht eintritt (§ 902 Abs. 2 BGB); er sperrt jedoch nicht das Grundbuch (kein Verfügungsverbot!).

10 Gegen die Eintragung des Widerspruchs ist Beschwerde zulässig mit dem Ziel der Löschung. Die Löschung des Widerspruchs geschieht grundsätzlich auf Antrag, von Amts wegen nur dann, wenn er sich als gegenstandslos erweist (siehe §§ 84 ff GBO).

III. Löschung von Amts wegen

11 A. Die Löschung von Amts wegen ist vorzunehmen

1. bei **nicht eintragungsfähigen** Rechten:

bspw. Eintragung einer nicht eintragungsfähigen öffentlichen Last (vgl. § 54 RdNr. 1), eines Pacht- oder Mietvertrages (OLG Hamm DNotZ 1957, 314), überhaupt Eintragungen, die persönliche (nicht dingliche) Rechte zum Gegenstand haben. Zum Sonderfall der Gemeindenutzungsrechte in Bayern nach Art. 70 BayGO vgl. BayObLG MittBayNot 1970, 21,

12 2. bei an sich eintragungsfähigen Rechten, aber **ohne** den gesetzlich gebotenen Inhalt oder mit gesetzlich nicht erlaubtem Inhalt der Eintragungen:

Ein Recht ohne den gebotenen Inhalt ist z. B. ein solches, bei dem die Angabe des Berechtigten fehlt (BayObLGZ 1953, 83), oder eine Hypothek ohne die nach § 1115 Abs. 1 BGB notwendigen Angaben. Ein Recht mit gesetzlich nicht erlaubtem Inhalt ist z. B. eine Grunddienstbarkeit zugunsten einer bestimmten Person (statt zugunsten eines bestimmten Grundstücks) oder die Eintragung eines Erbbaurechtes an nicht 1. Rangstelle (BGH NJW 1954, 1444), oder die Eintragung eines bedingten Eigentumsübergangs (§ 925 Abs. 2 BGB) oder die Bestandteilszuschreibung eines Grundstücks zu mehreren Grundstücken.

13 3. bei so **unklaren** und **widerspruchsvollen** Eintragungen, daß deren Bedeutung unverständlich ist,

also auch bei zulässiger Auslegung nicht eindeutig interpretiert werden kann (BayObLGZ 1961, 35 = NJW 1962, 1265; OLG Hamm Rpfleger 1962, 59).

14 B. Die Unzulässigkeit muß im **Zeitpunkt der Vornahme** der Eintragung vorgelegen haben, auch wenn in der Folgezeit sich die Gesetzgebung geändert hat (*Meikel-Imhof-Riedel* § 53 Bem 60). Daraus folgt, daß eine im Zeitpunkt der Eintragung zulässige Eintragung nicht nachträglich unzulässig werden kann (zum Problem, wenn ein Gesetz die Zulässigkeit der Eintragung mit rückwirkender Kraft aufhebt, vgl. BayObLGZ 1953, 172 = Rpfleger 1953, 450; a. A. *Meikel-Imhof-Riedel* § 53 Bem 60).

15 Die Löschung der unwirksamen Eintragungen, die weder ein Recht zum Entstehen bringen können, noch unter öffentlichem Glauben stehen

(OLG Düsseldorf DNotZ 1958, 157), erfolgt von Amts wegen, sobald der Grundbuchbeamte das Vorhandensein der Eintragung wahrnimmt. Dies wird, da der Beamte nicht ohne besonderen Anlaß verpflichtet ist, vorhandene Eintragungen auf ihre Zulässigkeit zu überprüfen, häufig durch „Antrag" (richtiger: Anregung) eines Beteiligten in die Wege geleitet.

Je nachdem, ob die ganze Eintragung oder nur ein Teil unzulässig ist, wird entweder die gesamte Eintragung (mit allen an sie anschließenden Eintragungen) oder nur der unzulässige Teil gelöscht. Bei der teilweisen Unzulässigkeit ist jedoch zu prüfen, ob die verbleibende Resteintragung alle wesentlichen Erfordernisse einer wirksamen Eintragung aufweist, also selbständig bestehen bleiben kann oder ob sie zur Unzulässigkeit der ganzen Eintragung führt mit der Folge der vollständigen Löschung (vgl. *Meikel-Imhof-Riedel* § 53 Bem 65).

§ 54 Öffentliche Lasten

Die auf einem Grundstück ruhenden öffentlichen Lasten als solche sind von der Eintragung in das Grundbuch ausgeschlossen, es sei denn, daß ihre Eintragung gesetzlich besonders zugelassen oder angeordnet ist.

I. Begriff, Eintragungsfähigkeit

Öffentliche Lasten entstehen aufgrund Bundes- oder Landesrechts und wirken, **ohne** daß es des öffentlichen Glaubens des Grundbuchs bedürfte, gegenüber **jedem** Erwerber. Daher ist die Eintragungsfähigkeit im Grundbuch insoweit ausgeschlossen, als nicht im Einzelfall durch Bundes- oder Landesgesetz die Eintragung besonders zugelassen oder angeordnet wird. Als Einzelfälle einer solchen Zulassung bzw. Anordnung wären beispielsweise aufzuführen die Entschuldungsrente nach Art. 5 Abs. 1 des Gesetzes zur Regelung der landwirtschaftlichen Schuldverhältnisse v. 20. 6. 1936 (die jedoch praktisch keine Bedeutung mehr hat) oder die Vermerke über den Mehrwertausgleichsbetrag im Umlegungsverfahren nach § 64 Abs. 3, 6 BBauG. Aber auch in den Fällen der Eintragungsfähigkeit hat die Eintragung **nur deklaratorische,** nicht konstitutive Funktion. Hierher gehört auch der Vermerk über die Hypothekengewinnabgabe. Gem. §§ 111 a-111 d LAG wird auf Grundstücken, die mit Hypothekengewinnabgabe belastet sind, in Abt. II ein Vermerk des Inhalts eingetragen, daß auf dem Grundstück eine öffentliche Last der Hypothekengewinnabgabe ruht. Über Höhe, Rang, Tilgung und Verzinsung wird hingegen im Grundbuch nichts verlautbart. Im übrigen haben derartige Vermerke **keinen Rang** i. S. der §§ 879 ff BGB. Die Eintragung hat also lediglich Hinweischarakter. 1

2 **Nicht** eintragungsfähige öffentliche Lasten sind bspw. die Grundsteuer (§ 9 GrStG), der Erschließungsbeitrag gem. § 134 Abs. 2 BBauG oder die Beiträge zu den Ausführungskosten der Flurbereinigung gem. § 20 FlurbG.

II. Absicherung durch Grundpfandrechte

3 Zu unterscheiden von der Frage der Eintragungsfähigkeit einer öffentlichen Last ist das Problem, ob die Leistungen, die zufolge der öffentlichen Last vom Schuldner zu erbringen sind, grundbuchmäßig durch ein **Grundpfandrecht** (Hypothek oder Grundschuld) abgesichert werden können. Hierzu besagt § 54 GBO nichts. Im Einzelfall ist hier zu unterscheiden, ob es sich um nichtbevorrechtigte Beträge oder bevorrechtigte Beträge nach § 10 ZVG handelt. Während die nichtbevorrechtigten Beträge wohl jederzeit durch Hypothek oder Grundschuld abgesichert werden können, wird bei bevorrechtigten Beträgen nach herrschender Meinung zwar keine unbedingte Hypothek eingetragen werden können, hingegen wäre die Möglichkeit der Eintragung einer Grundschuld bzw. die Eintragung einer aufschiebend bedingten Hypothek zu bejahen (vgl. hierzu insbesondere *Horber* § 54 Erl. 3 B).

§ 55 Bekanntmachung der Eintragungen

Jede Eintragung soll dem Antragsteller und dem eingetragenen Eigentümer sowie allen aus dem Grundbuch ersichtlichen Personen bekanntgemacht werden, zu deren Gunsten die Eintragung erfolgt ist oder deren Recht durch sie betroffen wird, die Eintragung eines Eigentümers auch denen, für die eine Hypothek, Grundschuld, Rentenschuld, Reallast oder ein Recht an einem solchen Recht im Grundbuch eingetragen ist. Jede Eintragung auf dem Grundbuchblatt eines Heimstättengrundstücks ist auch dem eingetragenen Heimstättenausgeber bekanntzumachen. Auf die Bekanntmachung kann verzichtet werden.

I. Gegenstand der Bekanntmachung

1 § 55 regelt die Bekanntmachung derjenigen Eintragungen im Grundbuch, die Rechtsverhältnisse betreffen. Zwischenverfügungen und Zurückweisungsbeschlüsse werden gem. § 16 FGG bekanntgemacht (vgl. § 18 RdNr. 6). Nicht unter § 55 fallen auch Eintragungen, die lediglich tatsäch-

liche Angaben enthalten oder lediglich den Charakter eines hinweisenden Vermerks tragen.

Gem. § 42 GBVfg muß die Bekanntmachung die Eintragung **wörtlich** wiedergeben, auch dann, wenn die Eintragung wörtlich nach dem Antrag erfolgt ist. Die Mitteilung, daß die Eintragung „nach Antrag" vorgenommen sei, reicht nicht (*Kuntze-Ertl-Herrmann-Eickmann* § 52 GBVfg RdNr. 1). 2

Die Bekanntmachung erfolgt durch Übersendung einer Abschrift der Eintragung. Der Inhalt ist in § 33 Abs. 2 a GeschO bestimmt.

II. Der Adressat der Bekanntmachung

Die Eintragung ist bekanntzumachen:

1. dem **Antragsteller:** 3
   Hierunter fallen die Antragsteller gem. § 13 Abs. 2 GBO sowie nach § 14 GBO. Antragsteller ist auch der **Notar,** der nach § 15 GBO Antrag gestellt hat. Hierbei ist zu beachten, daß, wenn der Notar gem. § 15 GBO alleine den Eintragungsantrag stellt, er alleine die Benachrichtigung gem. § 55 GBO erhält. Anders ist die Rechtslage, wenn der Notar den Eintragungsantrag lediglich als Bote an das Grundbuchamt weitergegeben hat, ohne einen eigenen Antrag zu stellen. Hier wird die Eintragung nicht dem Notar bekanntgemacht, sondern dem tatsächlichen Antragsteller.
   Ist die Eintragung auf Ersuchen einer **Behörde** gem. § 38 GBO erfolgt, so wird dieser die Eintragung bekanntgemacht. Zur Bekanntmachung bei Antragstellung durch gesetzlichen Vertreter und Bevollmächtigten vgl. *Meikel-Imhof-Riedel* § 55 Bem 4.
2. dem **eingetragenen Eigentümer:** 4
   Maßgebend ist der tatsächlich eingetragene Eigentümer, nicht auch der nicht eingetragene wahre Eigentümer, auch wenn das Grundbuchamt Kenntnis über die tatsächliche Rechtslage hat. In diesem Falle ist jedoch das Grundbuchamt berechtigt, auch den wahren Eigentümer zu benachrichtigen (*Kuntze-Ertl-Herrmann-Eickmann* § 55 RdNr. 2; *Meikel-Imhof-Riedel* § 55 Bem 5).
3. den aus dem Grundbuch **erkennbar Begünstigten** oder **Betroffenen:** 5
   Unmittelbar begünstigt ist nur diejenige Person, zu deren unmittelbaren Gunsten die Eintragung erfolgt (vgl. § 13 RdNr. 12). Der Begriff des durch die Eintragung Betroffenen stimmt mit § 19 GBO überein (vgl. § 19 RdNr. 9). Es sind also auch die nur mittelbar Betroffenen zu benachrichtigen.
4. dem eingetragenen **Grundpfandrechts-** und **Reallastgläubiger:** 6
   Wenn die Eintragung eines Eigentümers in Frage steht, sind auch diejeni-

gen Personen zu benachrichtigen, für die eine Hypothek, Grund- oder Rentenschuld, Reallast oder ein Pfand- bzw. Nießbrauchsrecht an einem solchen Recht eingetragen sind.

7 5. dem eingetragenen **Heimstättenausgeber:**
Bei allen Eintragungen auf dem Blatt des Heimstättengrundstücks.

III. Eintragungsnachricht nach anderen Vorschriften

8 § 55 GBO wird durch die §§ 39 bis 41 GBVfg ergänzt. § 39 GBVfg dient insbesondere der Übereinstimmung zwischen dem Grundbuch und dem amtlichen Verzeichnis gem. § 2 Abs. 2 GBO. Zur Mitteilung von Veränderungen im Eigentum an die das amtliche Verzeichnis führende Behörde werden **Veränderungslisten** gefertigt; siehe § 2 RdNr. 54.

Über die Mitteilungen, die das Grundbuchamt über die Vorschriften von § 55 GBO und § 39 GBVfg hinaus zu erstatten hat, enthält XVIII. der Anordnung über Mitteilungen in Zivilsachen vom 1. Oktober 1967 – MiZi – (JMBl S. 127, mehrfach geändert) einen Katalog, der durch Sondervorschriften für Bayern ergänzt ist. Beispielhaft erwähnt werden sollen die Mitteilungen

- an die Flurbereinigungsbehörde während einer Flurbereinigung (XVIII/10, Sondervorschrift XVIII/2 MiZi);
- an die Umlegungsstelle während einer städtebaulichen Umlegung (XVIII/9 MiZi, § 54 Abs. 2 BBauG); entsprechend an den Sanierungs- oder Entwicklungsträger während einer Sanierungs- oder Entwicklungsmaßnahme nach dem StBauFG;
- an die Enteignungsbehörde während eines Enteignungsverfahrens (XVIII/8 MiZi);
- an Eigentümer und Erbbauberechtigte bei entsprechenden Eintragungen gem. § 17 ErbbauV (XVIII/11 MiZi);
- an das Vollstreckungsgericht während eines Zwangsversteigerungs- oder Zwangsverwaltungsverfahrens gem. §§ 19 Abs. 3, 146 Abs. 1 ZVG (XVIII/7 MiZi).

9 Bei der Übernahme von **Veränderungen in den Bestandsangaben** der Grundstücke aus einem Veränderungsnachweis der Katasterbehörde in das Bestandsverzeichnis wird der Eigentümer nur benachrichtigt, wenn Gemarkung oder Flurstücksnummer geändert werden (§ 11 Abs. 2 AV des RJM über die Erhaltung der Übereinstimmung zwischen dem Grundbuch und dem Reichskataster vom 20. 1. 1940, DJ S. 214; entsprechend § 12 Abs. 3 Bek des BayStMJ vom 28. 11. 1969, JMBl S. 211).

Bei der Zurückführung des Grundbuchs auf das Liegenschaftskataster (§ 2 RdNr. 39) blieb es dem Ermessen des Grundbuchamts überlassen, den Grundstückseigentümer zu benachrichtigen (§ 8 AV des RJM über die Zurückführung der Grundbücher auf das Reichskataster vom 20. 1. 1940, DJ S. 212, geändert durch AV vom 26. 1. 1942, DJ S. 85; für Bayern JMBek vom 31. 3. 1952, JMBl S. 101, BayBSVJu III S. 99). 10

Zu beachten ist, daß landesrechtliche Bestimmungen im Rahmen des § 117 GBO, § 39 Abs. 4 GBVfg fortgelten.

IV. Prüfungspflicht, Rechtsmittel

Das Grundbuchamt ermittelt die **Person** und die **Anschrift** des Bekanntmachungsempfängers aus dem Inhalt des Grundbuchs und der Grundakten. Sofern ein Beteiligter einen Vertreter oder Zustellungsbevollmächtigten bestellt hat, ist dieser zu benachrichtigen, wenn die Bevollmächtigung dem Grundbuchamt nachgewiesen ist. 11

Da § 55 GBO lediglich **Ordnungscharakter** hat, ist ein Verstoß gegen die Bekanntmachungsvorschriften ohne Einfluß auf die Wirksamkeit der Eintragung. Gegen die Unterlassung oder Verweigerung der Benachrichtigung sind die Rechtsbehelfe der Erinnerung und Beschwerde zulässig.

Der Empfänger einer Eintragungsnachricht hat diese sorgfältig auf die Richtigkeit der Eintragung zu überprüfen. Denn wenn er es unterläßt, unverzüglich gegen unrichtige Eintragungen die gebotenen Rechtsbehelfe zu gebrauchen, kann dies unter Umständen zum Verlust etwaiger Schadensersatzansprüche gem. § 839 Abs. 3 BGB führen (h. M.; vgl. *Horber* § 55 Erl. 7 m. w. Nachw.). 12

Kosten werden für die Benachrichtigung der Beteiligten nicht erhoben (gebührenfreies Nebengeschäft gem. § 35 KostO).

V. Mitteilungen bei der Übernahme von Veränderungen und Berichtigungen in das Liegenschaftskataster

Das Verfahren der Mitteilungen bei der Übernahme von Veränderungen und Berichtigungen in das Liegenschaftskataster ist geregelt in den Vorschriften der Länder über die Fortführung des Liegenschaftskatasters (Nrn. 61–66, 100–110 FortfErl., Bayern 2.8 und 2.9 KatFEA). 14

A. Mitteilungen an Behörden

15 Bei der Übernahme von Veränderungen und Berichtigungen in das Liegenschaftskataster erhält

- das Grundbuchamt einen Auszug aus dem Veränderungsnachweis (siehe § 2 RdNrn. 47 ff),
- das Finanzamt in der Regel nachgeführte Ablichtungen der betreffenden Bestandsblätter und Namensblätter, dazu (in Bayern) bei Veränderungen im Bestand oder in der Begrenzung von Flurstücken in der Ortslage oder am Ortsrand einen Ausschnitt aus der Flurkarte,
- die Flurbereinigungsbehörde einen Auszug aus dem Veränderungsnachweis.

B. Mitteilungen an Eigentümer und Beteiligte

16 Den Eigentümern und Beteiligten muß die Fortführung des Liegenschaftskatasters **grundsätzlich** bekannt gemacht werden. Eine besondere Benachrichtigung unterbleibt aber regelmäßig, wenn die Veränderungen durch andere Behörden in irgendeiner Weise mitgeteilt werden, z. B. im Zusammenhang mit Eigentumsveränderungen durch das Grundbuchamt. Andere Beispiele: Übernahme von Nachschätzungen nach § 12 BodSchätzG, Änderung von Hausnummern usw. Ferner wird von der Benachrichtigung Abstand genommen bei belanglosen Veränderungen, z. B. bei einfachen Gebäudeveränderungen.

Eine **Benachrichtigung** ist jedoch **geboten**

- bei Veränderungen im **Bestand** und in der **Begrenzung** der Flurstücke, wenn die Veränderungen **vor** der Berichtigung des Grundbuchs in das Liegenschaftskataster übernommen werden,
- bei der Berichtigung des **Flächeninhalts** von Flurstücken, wenn sie nicht ohnehin im Zusammenhang mit Veränderungen in der Begrenzung der Flurstücke mitgeteilt wird,
- bei **Gebäudeveränderungen,** wenn die Gebäude (Gebäudeteile) nicht als Bestandteil des Bodens ausgewiesen werden,
- bei Veränderungen in der Nutzungsart, wenn sie für sich und nicht im Zusammenhang mit einer Nachschätzung festgestellt wurden.

C. Offenlegung nach Aufstellung des Liegenschaftskatasters

17 Bevor das Liegenschaftskataster an die Stelle des früheren Grundsteuerkatasters trat, wurde den Eigentümern durch eine einmonatige Offenlegung in den Räumen der Katasterbehörde Gelegenheit gegeben, die übernommenen Angaben zu überprüfen. Die Offenlegung wurde in der betreffenden Gemeinde und den Nachbargemeinden

bekanntgegeben. Siehe RdErl. des RMdI über die Offenlegung des Reichskatasters und Beschwerdeverfahren vom 22. 5. 1939 (*Rösch-Kurandt* S. 239).

In verschiedenen Ländern (nicht in Bayern) wird auch nach der Erneuerung („Neueinrichtung") des Liegenschaftskatasters ein förmliches Offenlegungsverfahren durchgeführt.

Dritter Abschnitt
Hypotheken-, Grundschuld- und Rentenschuldbriefe

§§ 56–70

Vom nochmaligen Abdruck der Vorschriften dieses Abschnitts ist abgesehen. Auf den Teil „Gesetzestexte" wird verwiesen.

Die Normen dieses Abschnitts regeln die Zuständigkeit zur Erteilung der Grundpfandrechtsbriefe, ihren wesentlichen und sonstigen Inhalt, verfahrensrechtliche Fragen über die Aushändigung der Briefe, Vermerke bei späteren Eintragungen, Fragen der Brieferteilung bei Gesamthypotheken und Bildung von Teilhypothekenbriefen sowie der Verteilung von Gesamthypotheken.

Vierter Abschnitt
Beschwerde

§§ 71–81

Vom nochmaligen Abdruck der Vorschriften dieses Abschnitts ist abgesehen. Auf den Teil „Gesetzestexte“ wird verwiesen.

I. Allgemeines

Die §§ 71–81 GBO regeln i. V. m. § 11 RpflG und § 4 Abs. 4 b AVGBO das Beschwerderecht in Grundbuchsachen und zwar insoweit **abschließend,** daß die Bestimmungen des FGG über die Beschwerde grundsätzlich nicht herangezogen werden können. Gegen die Entscheidung des Rechtspflegers ist die **Erinnerung** gem. § 11 Abs. 1 Satz 1 RpflG statthaft. Diese ist grundsätzlich unbefristet. Hilft der Rechtspfleger der Erinnerung nicht ab, dann entscheidet der Grundbuchrichter. 1

Die Beschwerde kommt nur in Betracht gegen **Sachentscheidungen** des Grundbuchamtes, also insbesondere gegen Zwischenverfügungen nach § 18 GBO oder sonst endgültige Entscheidungen.

Gegen die im Grundbuch **bereits erfolgten** Eintragungen (auch Löschungen) ist grundsätzlich die Beschwerde nach §§ 71 ff GBO **nicht** möglich (§ 71 Abs. 2 GBO), es sei denn es handelt sich um Eintragungen, die nicht unter dem öffentlichen Glauben des Grundbuchs stehen (bspw. Eintragungen, die sich auf Größe oder Lage eines Grundstückes, einen Widerspruch, eine Vormerkung, eine Verfügungsbeschränkung oder einen Mithaftvermerk beziehen; vgl. *Haegele* RdNr. 108). **Nicht anfechtbar** durch Beschwerde sind im übrigen bloße Meinungsäußerungen des Grundbuchamtes, Entschließungen, die nur den inneren Geschäftsbetrieb betreffen, sowie Entscheidungen über Kostenansatz und Festsetzung des Geschäftswertes. Für die Anfechtung der Kostenentscheidung richtet sich das Verfahren nach § 20 a FGG. 2

II. Beschwerdeberechtigung

Hinsichtlich der Beschwerdeberechtigung enthält die GBO im Gegensatz zum FFG (§ 20) keine besonderen Vorschriften. Die entsprechende Anwendung des § 20 FGG wird von der herrschenden Meinung abgelehnt (vgl. *Furtner,* Die Beschwerdeberechtigung in Grundbuchsachen, DNotZ 1961, 453). 3

Zur Frage der Beschwerdeberechtigung haben sich in Literatur und Rechtsprechung folgende **Grundsätze** herausgebildet:

4 a) Grundsätzlich steht das Beschwerderecht denjenigen Personen zu, die an der Beseitigung oder Abänderung der anzufechtenden oder angefochtenen Entscheidung ein **rechtliches Interesse** (rechtlich geschütztes Interesse) haben (BayObLGZ 1953, 250; 1957, 106; *Furtner* aaO S. 454).

5 b) Im Eintragungsantragsverfahren kann die Beschwerde gegen die Zurückweisung eines Antrags sowohl vom Antragsteller als auch von jedem Antragsberechtigten eingelegt werden; Beschwerderecht deckt sich insoweit mit **Antragsrecht** (BayObLGZ 1959, 289 = Rpfleger 1970, 26; *Furtner* aaO S. 456).

6 c) Wird mit der Beschwerde die Anweisung des Grundbuchamts zur Eintragung eines Amtswiderspruchs erstrebt, dann sind nur diejenigen Personen beschwerdeberechtigt, die, falls die angefochtene Eintragung unrichtig wäre, nach § 894 BGB einen Anspruch auf Berichtigung des Grundbuchs hätten, zu deren Gunsten also der Widerspruch eingetragen werden müßte (OLG Celle NJW 1963, 1160; *Furtner* aaO S. 457).

7 d) **Öffentliche Behörden** sind beschwerdeberechtigt, soweit sie im Rahmen des § 38 GBO handeln und die ihnen zugewiesenen Aufgaben sonst nicht erfüllen können, also insoweit, als sie um Eintragungen ersuchen können (vgl. § 38 RdNr. 4). Darüberhinaus sind Behörden insoweit beschwerdebefugt, als sie berufen sind, einen beschwerdeberechtigten Beteiligten zu vertreten bzw. die privatrechtlichen Belange eines Beteiligten wahrzunehmen (vgl. *Meikel–Imhof–Riedel* § 71 Bem 51).

8 **Katasterbehörden** sind nicht berechtigt, ein Eintragungsersuchen zu stellen. Deshalb sind bei Zurückweisung eines Veränderungsnachweises nur die Beteiligten, nicht aber auch die Katasterbehörde beschwerdeberechtigt (vgl. *Meikel–Imhof–Riedel* § 71 Bem 52; *Kuntze–Ertl–Herrmann–Eickmann* § 71 RdNr. 77; a. A. LG Koblenz, Beschl. v. 12. 4. 1956 – 4 T 59/56 –).

III. Verfahren

9 Die Beschwerde ist, abgesehen von dem Fall der Beschwerde gegen den Feststellungsbeschluß nach § 89 GBO, **unbefristet;** das Recht zur fristlosen Beschwerdeeinlegung kann auch nicht durch Zeitablauf verwirkt werden (BGHZ 48, 354 = Rpfleger 1968, 49). Die Beschwerde kann entweder durch Erklärung zur Niederschrift beim Grundbuchamt (Rechtspfleger) bzw. bei der Geschäftsstelle des Landgerichtes durch Einreichung einer Beschwerdeschrift eingelegt werden. Hinsichtlich der **Form** der Niederschrift bzw. der Beschwerdeschrift bestehen **keine** zwingenden Vorschriften. Die Beschwerde

kann auf neue Tatsachen und Beweise gestützt werden (§ 74 GBO). In der Beschwerdeschrift sollte möglichst genau die angefochtene Entscheidung bezeichnet werden, so daß kein Irrtum möglich ist, weiterhin sollte dann, wenn die Beschwerde von einem Vertreter eingelegt wird, der Beschwerdeführer genau bezeichnet werden. Eine Begründung der Beschwerde ist nicht erforderlich. Jedoch können in einer Begründung neue Tatsachen und Beweise ohne jede Einschränkung vorgebracht werden.

Über die Beschwerde entscheidet das Landgericht (§§ 72, 81 GBO). Jedoch kann das Grundbuchamt selbst (der Grundbuchrichter), falls es die Beschwerde für begründet erachtet, abhelfen.

Die Einlegung der Beschwerde hat grundsätzlich **keine aufschiebende** 10
Wirkung und führt insbesondere nicht zu einer Sperre des Grundbuchs. Das Grundbuch kann also trotz einer mit Beschwerde angefochtenen Zurückweisung eines Eintragungsantrages andere bei ihm eingehende Anträge vollziehen (*Haegele* RdNr. 110 d).

IV. Weitere Beschwerde

Gegen die Entscheidung des Landgerichts im Beschwerdeverfahren ist das 11
Rechtsmittel der „weiteren Beschwerde" gegeben, wenn die Entscheidung auf einer Verletzung des Gesetzes beruht (§ 78 GBO). Über die weitere Beschwerde entscheidet das OLG (§ 79 GBO; in Bayern das BayObLG). Im Verfahren der weiteren Beschwerde besteht grundsätzlich **Anwaltszwang.** Eine **Ausnahme** besteht für die Beschwerdeeinlegung durch öffentliche Behörden oder durch den **Notar,** der den Eintragungsantrag nach § 15 GBO gestellt hat. Im Verfahren der weiteren Beschwerde haben das Grundbuchamt sowie das Landgericht nicht die Befugnis, der weiteren Beschwerde selbst abzuhelfen.

Fünfter Abschnitt
Verfahren des Grundbuchamts in besonderen Fällen

Vom nochmaligen Abdruck der Vorschriften dieses Abschnitts ist abgesehen. Auf den Teil „Gesetzestexte" wird verwiesen.

§§ 82, 83 Grundbuchberichtigungszwang

I. Allgemeines

Mehrfach (z. B. zu § 22 RdNr. 6) wurde von den Fällen gesprochen, in denen das Eigentum an den Grundstücken außerhalb des Grundbuchs übergeht, wodurch dann die Angaben des Grundbuchs bezüglich der Eigentümer nicht mehr mit der wahren Rechtslage übereinstimmen. In vielen Fällen obliegt es den Behörden, die erforderlichen Anträge auf Berichtigung des Grundbuchs zu stellen (siehe § 38 RdNr. 2). Soweit dies aber, wie bei der **Erbfolge,** den Beteiligten selbst überlassen geblieben war, wurde nach altem Recht der Antrag auf Berichtigung des Grundbuchs nur selten gestellt, und da dem Grundbuchamt durch die GBO von 1897 keine Möglichkeit eingeräumt war, von Amts wegen Schritte zu unternehmen, blieb das Grundbuch oft durch Geschlechterfolgen hindurch unberichtigt. Dieser Zustand wurde z. B. besonders in der Pfalz von den Beteiligten und den Behörden, nicht zum wenigsten von den Vermessungsbehörden, als äußerst hemmend empfunden, weil sich ein solches Grundbuch nicht zur zuverlässigen Entnahme der Eigentümer eignete; man war dort hierzu weitgehend auf das Grundsteuerkataster angewiesen gewesen. 1

Weitaus besser stand es hinsichtlich der Eigentümerangaben des Grundbuchs im rechtsrheinischen Bayern, weil hier die Nachlaßgerichte und die Notare auf dem Verordnungswege dazu herangezogen waren, die Erben zur Stellung der Eintragungsanträge zu veranlassen. (NachlV i. d. F. vom 21. 2. 1905, FMBl S. 563).

II. Berichtigung auf Antrag

Nunmehr sehen die §§ 82–83 GBO einen Grundbuchberichtigungszwang für die Fälle vor, in denen das Grundbuch hinsichtlich der Eintragung des Eigentümers durch Rechtsübergänge außerhalb des Grundbuchs **unrichtig** geworden ist. Dem Grundbuchamt wird die Befugnis erteilt, den Eigentümern oder Testamentsvollstreckern die Verpflichtung aufzuerlegen, Antrag auf Berichtigung des eingetragenen Eigentümers zu stellen und die notwendigen Unterlagen beizubringen (§ 82 GBO). 2

Voraussetzung hierfür ist, daß der Rechtsübergang **außerhalb** des Grundbuchs erfolgte. Die wichtigsten Beispiele sind der Rechtsübergang im Wege der Gesamtrechtsnachfolge (Erbfolge gem. § 1922 BGB); weitere Beispiele 3 sind die Erbteilsübertragung (§ 2033 BGB), die Anwachsung bei Ausscheiden eines von mehr als zwei Gesellschaftern aus einer bürgerlich-rechtlichen Gesellschaft (§ 738 BGB), Eintritt der ehelichen oder fortgesetzten Gütergemeinschaft (§§ 1416, 1485 BGB) sowie Umwandlung von Kapital- oder Personenhandelsgesellschaften nach dem Umwandlungsgesetz.

4 Der Verpflichtete (Eigentümer oder bei Testamentsvollstreckung Testamentsvollstrecker) muß zum einen den **Berichtigungsantrag** (Form des § 29 GBO) stellen und zum anderen die erforderlichen **Berichtigungsunterlagen** vorlegen (beispielsweise Erbschein, Zeugnis über die Fortsetzung der Gütergemeinschaft nach § 1507 BGB, aber auch Unbedenklichkeitsbescheinigung des Finanzamtes).

Falls die durch Verfügung oder Beschluß auferlegte Verpflichtung nicht erfüllt wird, kann das Grundbuchamt das Ordnungsstrafverfahren gem. § 33 FGG einleiten.

III. Berichtigung von Amts wegen

5 Für diejenigen Fälle, in denen die Zwangsgewalt des Grundbuchamtes nicht durchführbar oder aussichtslos ist, sieht § 82 a GBO eine Berichtigung von Amts wegen vor. § 82 a GBO, der durch § 4 der V zur Vereinfachung des Grundbuchsverfahrens vom 5. 10. 1942 (RGBl I S. 573) eingefügt wurde, ermächtigt das Grundbuchamt, das Nachlaßgericht um die Ermittlung der Erben des Eigentümers zu ersuchen und das Grundbuch dann entsprechend dieser Ermittlungen von Amts wegen zu berichtigen.

§§ 84–89 Löschung gegenstandsloser Eintragungen

I. Gegenstandslosigkeit

1 Die §§ 84–89 GBO behandeln die Löschung von gegenstandslosen Eintragungen. Zweck dieser Bestimmungen ist es, Eintragungen, die aus rechtlichen oder tatsächlichen Gründen inhalts- und bedeutungslos geworden sind, von Amts wegen löschen zu können, um so (gleich dem Zweck nach § 82 GBO) das Grundbuch von veralteten Eintragungen zu säubern und den Inhalt des Grundbuchs klar und übersichtlich zu gestalten.

A. Gegenstandslosigkeit aus rechtlichen Gründen

Eine Eintragung ist **rechtlich gegenstandslos,** wenn das eingetragene Recht nicht mehr besteht und auch seine Entstehung in Zukunft ausgeschlossen ist. Hierbei ist es unbeachtlich, ob das Recht einmal bestanden hat und erloschen ist oder ob es überhaupt nicht entstanden ist. 2

Aus der Fülle der Fälle, in denen eingetragene Rechte zwar entstanden, später aber erloschen sind seien genannt: Leibgeding, Wohnungsrecht, Nießbrauch auf bestimmte Zeit (bis zur Wiederverheiratung) oder auf Lebenszeit (wobei jedoch § 23 GBO zu beachten ist); der Nacherbenvermerk, wenn der Gegenstand, auf den er sich bezieht, veräußert worden ist und die Nacherben der Veräußerung zugestimmt haben oder die Verfügung des befreiten Vorerben keine unentgeltliche war (*Horber* § 84 Erl. 2 A d); als Beispiel für ein nicht entstandenes Recht, dessen Entstehung auch für die Zukunft ausgeschlossen ist: Vormerkung zur Sicherung eines Auflassungsanspruchs aufgrund eines unheilbar nichtigen Kaufvertrages (Verkäufer ist geisteskrank), vgl. *Haegele* RdNr. 1450. 3

B. Tatsächliche Gegenstandslosigkeit

Wenn das Recht, auf das sich die Eintragung bezieht, aus tatsächlichen Gründen dauernd nicht mehr ausgeübt werden kann, dann ist diese Eintragung aus tatsächlichen Gründen gegenstandslos. Im einzelnen fallen hierunter solche Eintragungen über Rechte, deren Gegenstand weggefallen ist (bspw. Erlöschen des dinglichen Wohnungsrechts, wenn das Wohngebäude abgebrochen wurde und auch nicht mehr aufgebaut werden wird oder Erlöschen von Unterhaltsverpflichtungen bei Wegerechten, wenn der Weg selbst nicht mehr besteht). Gegenstandslos sind auch solche Rechte, wenn der Berechtigte nicht mehr zu ermitteln ist, wobei jedoch die Überzeugung begründet sein muß, daß das eingetragene Recht nach menslichem Ermessen von niemandem mehr ausgeübt werden kann oder von niemandem mehr ausgeübt werden wird (*Meikel-Imhof-Riedel* § 84 Bem 7). 4

II. Nachweis der Gegenstandslosigkeit

Die Vermessungsämter sind durch ihre Ortskenntnis zuweilen in der Lage, die Grundbuchämter auf gegenstandslose Eintragungen aufmerksam zu machen und damit zur Erfüllung der Absicht des Gesetzgebers beizutragen, z. B. wenn ein Fahrtrecht auf dem Trennstück eines Grundstücks noch eingetragen ist, obwohl dieses abgetrennte Grundstück jenseits eines begradigten Baches oder Wassergrabens liegt und für die Ausübung des Fahrtrechts gar nicht mehr in Betracht kommen kann, vielleicht gar nie in Betracht kam, oder wenn ein Gehrecht über ein Grundstück nicht mehr ausgeübt werden kann, weil das Grundstück vollständig überbaut ist. 5

Dem Untergang einer derartigen Grunddienstbarkeit steht ihre Eintragung im 6

Grundbuch und der öffentliche Glaube des Grundbuchs nicht im Wege, wenn auf dem dienenden Grundstück eine Anlage errichtet worden ist, die die Ausübung der Dienstbarkeit andauernd beeinträchtigte und wenn der Anspruch auf Beseitigung der Anlage verjährt ist, d. i. wenn seit der ersten Beeinträchtigung 30 Jahre verflossen sind, ohne daß eine Hemmung oder Unterbrechung der Verjährung eingetreten ist (§ 1028 BGB). Die nachträgliche Löschung der Dienstbarkeit im Grundbuch bewirkt nicht erst deren Untergang, sondern stellt lediglich das unrichtig gewordene Grundbuch gemäß dem veränderten Rechtszustand richtig. Dieser Vorgang ist die einzige Ausnahme von dem Grundsatz des § 902 BGB, wonach eingetragene Rechte nicht der Verjährung unterliegen.

Ist die Ausübung einer Grunddienstbarkeit von Haus aus auf einen bestimmten Teil des belasteten Grundstücks beschränkt, dann werden bei der Teilung eines solchen Grundstücks die Trennstücke, die außerhalb des Bereichs der Ausübung liegen, kraft Gesetzes von der Dienstbarkeit frei (§ 1026 BGB).

7 Der Nachweis, daß das Trennstück frei von der Belastung ist, daß also das Grundbuch insoweit unrichtig ist, als das Trennstück weiterhin mit der Grunddienstbarkeit belastet wird, kann in der Form der §§ 22, 29 GBO erbracht werden: Durch Bescheinigung der Katasterbehörde oder eines öffentlich bestellten Vermessungsingenieurs (KG DR 1939, 1174) oder Bewilligung des Berechtigten (§§ 19, 29 GBO), wobei notfalls die Bewilligung gemäß § 894 ZPO durch Urteil ersetzt werden muß. Wenn feststeht, daß der Bereich der Dienstbarkeit außerhalb der abzuschreibenden Teilfläche liegt, dann wird nach § 46 Abs. 2 GBO (Löschung durch Nichtübertragung auf ein neues Grundbuchblatt) verfahren (BayObLGZ 1954, 286; 1971, 1), selbst wenn die Beteiligten die Mitübertragung der Dienstbarkeit beantragen (a. A. *Haegele* RdNr. 516).

III. Das Löschungsverfahren

8 Da eine allgemeine Verpflichtung für das Grundbuchamt nicht besteht, die Grundbücher auf gegenstandslose Eintragungen durchzusehen, wird in der Regel das Löschungsverfahren nach **freiem**, nicht nach Privatermessen, ohne das Erfordernis eines Antrages eines Beteiligten, eingeleitet. Grundsätzlich wird dies nur dann der Fall sein, wenn

A. dies durch besondere äußere Umstände hinreichend veranlaßt ist (z. B. weil ein Grundstücksteil veräußert wird oder weil ein Grundstücksblatt wegen Unübersichtlichkeit umgeschrieben werden muß) *und*

B. die Gegenstandslosigkeit im hohen Grade wahrscheinlich ist (§ 85 GBO).

Die Löschung kann auch durch einen Beteiligten angeregt werden (§ 86 GBO).

IV. Voraussetzungen der Löschung

Die gegenstandslose Eintragung kann unter folgenden Voraussetzungen gelöscht werden:

A. Die Gegenstandslosigkeit steht **einwandfrei** fest; d. h. die Tatsachen und Rechtsverhältnisse sind in der Form des § 29 GBO nachgewiesen. 9

Dieser **Nachweis** kann erfolgen

1. durch öffentliche oder öffentlich beglaubigte Urkunden oder
2. durch Offenkundigkeit (wobei der Offenkundigkeit sich unmittelbar aus dem Gesetz ergebende Gegenstandslosigkeit gleichzustellen ist, bspw. wenn ein Gesetz aufgehoben worden ist; vgl. *Meikel-Imhof-Riedel* § 87 Bem 3).

B. Wenn die Gegenstandslosigkeit in grundbuchmäßiger Form nicht nachgewiesen werden kann, so ist die Löschung der Eintragung dann statthaft, wenn dem Betroffenen eine **Löschungsankündigung** zugestellt wird, gegen die ihm das Recht des Widerspruchs zusteht. 10

Voraussetzung für die Löschungsankündigung ist, daß der Betroffene nach Name und Wohnort bekannt ist (öffentliche Zustellung der Löschungsankündigung ist gestattet, § 88 Abs. 2 b GBO). Weitere Voraussetzung ist, daß der Betroffene gegen die Löschung nicht fristgerecht Widerspruch einlegt. Für den Widerspruch des Betroffenen besteht keine Formvorschrift. Der Widerspruch kann demzufolge auch mündlich beim Grundbuchamt erklärt werden.

C. Wenn die Gegenstandslosigkeit nicht gem. § 29 GBO nachgewiesen werden kann, oder im Verfahren der Löschungsankündigung Widerspruch eingelegt wurde bzw. die Löschungsankündigung schlechthin als Grundlage der Löschung ausscheidet, darf die Löschung erst aufgrund eines **Beschlusses** durchgeführt werden, durch den die Gegenstandslosigkeit rechtskräftig festgesetzt wird. 11

Der Feststellungsbeschluß ist mit Gründen zu versehen und muß den Betroffenen zugestellt werden; hier ist, sofern die Person unbekannt ist, öffentliche Zustellung zulässig (§ 88 Abs. 2 b GBO). 12

V. Wirkung der Löschung

Die Löschung nach § 87 GBO wegen Gegenstandslosigkeit hat nur buchmäßigen, **verfahrensrechtlichen** Charakter, **nicht** jedoch auch **materielle** Wirkungen: Sollte das gelöschte Recht trotz der Löschung wegen Gegenstandslosigkeit bestanden haben, so besteht es weiter. Das Grundbuch ist in diesem Falle unrichtig geworden; der Betroffene kann Wiedereintragung seines Rechtes verlangen. Wurden bei der Löschung gesetzliche Vorschriften verletzt, so ist ein Amtswiderspruch einzutragen (§ 53 Abs. 1 GBO, vgl. § 53 RdNr. 2). Wegen des öffentlichen Glaubens des Grundbuchs ist jedoch gutgläubiger Erwerb durch Dritte möglich. In diesem Falle verliert der Berechtigte den Anspruch auf Wiedereintragung seines gelöschten Rechtes. Er ist auf Ersatzansprüche wegen Amtspflichtverletzung gegenüber dem Staat angewiesen. 13

§§ 90–115 Klarstellung der Rangverhältnisse

I. Allgemeines

1 Wenn dinglich gesicherte Rechte geltend gemacht werden, bestimmen nach dem Prioritätsprinzip (Einf RdNr. 72) die Reihenfolge der Eintragungen oder das Datum sowie Rangvermerke auch die Reihenfolge, in der die Ansprüche im Zwangsversteigerungsverfahren befriedigt werden. Im Zuge der verschiedenen Eintragungen und Löschungen, insbesondere durch die Aufwertungsgesetzgebung, durch nachträgliche Rangänderungen gem. § 880 BGB und durch Rangvorbehalte gem. § 881 BGB kann jedoch die Übersichtlichkeit und Klarheit der Rangverhältnisse verschlechtert worden sein. Dem sicheren Grundbuchverkehr und der Erleichterung möglicher Zwangsversteigerungsverfahren dient das Rangklarstellungsverfahren der §§ 90–115 GBO.

II. Verfahren

2 Voraussetzung für die Einleitung des Verfahrens sind einmal **Unklarheit** oder **Unübersichtlichkeit** der Rangverhältnisse. Unklarheit liegt dann vor, wenn der Inhalt der Eintragung zu Zweifeln oder Meinungsverschiedenheiten über die materielle Rangfolge führt. Materiell besonders verwickelte Rangverhältnisse können zur Unübersichtlichkeit führen (bspw. bei Häufung relativer Rangverhältnisse).

Zur Unklarheit oder Unübersichtlichkeit muß als weitere Voraussetzung für die Verfahrenseinleitung ein besonderer Anlaß für die Beseitigung der Rangverhältnisse bestehen (bspw. die Umschreibung eines unübersichtlichen Grundbuchblatts oder auch der bloße Hinweis eines Beteiligten auf zu befürchtende Schwierigkeiten). Die Entscheidung, ob ein Rangklarstellungsverfahren eingeleitet wird, liegt im freien Ermessen des Grundbuchamts. Ziel des Verfahrens ist die Herstellung einer neuen Rangordnung und die entsprechende Umschreibung des Grundbuchs nach Maßgabe der neuen Rangordnung.

3 In einem Termin zur mündlichen Verhandlung vor dem Grundbuchamt wird eine Einigung der Beteiligten über die Rangverhältnisse angestrebt. Gelingt dem Grundbuchamt eine Einigung, so ist die Vereinbarung gem. § 102 Abs. 1 Satz 1 GBO zu beurkunden. Bei Nichteinigung unterbreitet das Grundbuchamt den Beteiligten einen Vorschlag für eine neue Rangordnung; gegen den Vorschlag kann Widerspruch eingelegt werden. Sind keine Rechtsmittel eingelegt oder die Rechtsmittel erledigt, regelt das Grundbuchamt die Rangfolge durch einen Feststellungsbeschluß.

Sechster Abschnitt
Übergangs- und Schlußbestimmungen
Inkrafttreten der Grundbuchordnung

Vom nochmaligen Abdruck der Vorschriften dieses Abschnitts ist abgesehen. Auf den Teil „Gesetzestexte" wird verwiesen.

§§ 116–124

I. Inkrafttreten der Grundbuchordnung

§ 116 GBO, dessen sachlicher Inhalt bei der Neufassung der Grundbuchordnung vom 5. 8. 1935 unverändert blieb, regelt das Inkrafttreten der Grundbuchordnung. 1

Hierbei wird unterschieden zwischen denjenigen Vorschriften, welche die erstmalige Anlegung des Grundbuchs betreffen, und den übrigen, die Anlegung nicht betreffenden Vorschriften.

A. Die Anlegungsvorschriften gelten seit dem **1. Januar 1900**, dem Tag des Inkrafttretens des BGB (Art. 1 EGBGB). Unter Anlegung ist hierbei nur die erstmalige Anlegung zu verstehen. 2

B. Die übrigen Vorschriften traten in jedem Grundbuchbezirk mit dem Zeitpunkt in Kraft, in dem das Grundbuch als angelegt anzusehen war. Dieser Zeitpunkt wird durch landesrechtliche Vorschrift bestimmt (Art. 186 Abs. 1 EGBGB). 3

Im **rechtsrheinischen Bayern** wurde das Grundbuch mit Wirkung der nachstehenden Tage als angelegt erklärt:

im Oberlandesgerichtsbezirk München und in den Landgerichtsbezirken Amberg, Regensburg und Weiden am 1. 5. 1905 (JMBek v. 6. 3. 1905, JMBl S. 562)

im OLG-Bezirk Augsburg und in den LG-Bezirken Bamberg, Bayreuth, Hof, Ansbach, Fürth, Nürnberg am 1. 5. 1909 (JMBek v. 1. 4. 1909, JMBl S. 161)

in den LG-Bezirken Aschaffenburg, Schweinfurt, Würzburg am 1. 10. 1910 (JMBek v. 25. 7. 1910, JMBl S. 677).

In der Pfalz wurde die Anlegung für jede Steuergemeinde gesondert als vollzogen erklärt, sobald in ihr die Arbeiten abgeschlossen waren. Schon am 2. Juli 1900 (JMBl S. 981) wurde das Grundbuch mit Wirkung vom 1. August 1900 in 16 Steuergemeinden für angelegt erklärt, und in der JMBek vom 9. Oktober 1908 (JMBl S. 233) konnte festgestellt werden, daß (mit Ausnahme von zwei Grundstücken) alle Grundstücke dem Grundbuchrecht unterstanden; vgl. hierzu *Henle*, Zur Geschichte der Anlegung des Grundbuchs in Bayern, Ztschr. f. Rechtspflege in Bayern 1910, Nr. 18, 19.

II. Inkrafttreten des Liegenschaftsrechts des BGB

4 Wo das Grundbuch als angelegt erklärt war, galt das Grundbuchrecht auch für die zum Grundbuchbezirk gehörigen Grundstücke, die noch kein eigenes Blatt hatten, soweit sie nicht durch besondere Anordnung ausgenommen waren (Art. 186 Abs. 2 EGBGB). Diese Bestimmung gilt sowohl für buchungsfreie Grundstücke, für die bis dahin noch kein Buchungsantrag gestellt worden war, als auch für buchungspflichtige Grundstücke, deren Eintragung versehentlich unterblieben war (vgl. *Meikel-Imhof-Riedel* § 116 Bem 4). Damit waren seit dem 1. 10. 1910 sämtliche Grundstücke in Bayern und in der Pfalz dem Grundbuchrecht unterstellt.

III. Sonderbestimmung

5 Nach § 116 Abs. 2 sind die Art. 2–5, 32, 55 EGBGB entsprechend anzuwenden, so daß anstelle der dort aufgeführten Erwähnungen des BGB und des EGBGB jeweils die GBO tritt.

Anhang

Das Grundbuch auf dem Wege zur Grundstücksdatenbank

Die gesellschaftliche Entwicklung stellt den öffentlichen Grundstücksregistern größere und umfassendere Aufgaben als bisher; neue Technologien eröffnen aber auch bislang ungeahnte Möglichkeiten der Registerführung. Gefordert wird von den Grundstücksregistern eine Erweiterung des Informationsspektrums einerseits hinsichtlich öffentlich-rechtlicher Bindungen und andererseits hinsichtlich der Angaben über die tatsächlichen Verhältnisse an den Grundstücken, insbesondere der Art der baulichen Nutzung.

Die Informationen müssen sich rasch und einfach in frei wählbarer regionaler Gliederung statistisch auswerten lassen, sie müssen für Untersuchungen mannigfacher Art sowie für Trendbeobachtungen verfügbar sein.[1] Darüber darf die Führung der Register keine zu großen Kosten verursachen, im besonderen muß der Personalanteil an den Kosten der Buchführung möglichst gesenkt werden, weil die Personalkosten mehr als die Sachkosten eine stark steigende Tendenz aufweisen. Wie in den meisten anderen Bereichen menschlicher Tätigkeit bestimmt auch hier vornehmlich die Elektronik den Fortschritt.

Die Möglichkeiten, die sich anbieten, den aufgezeigten Zielen nahezukommen, bestehen sonach in

- der Automatisierung von Grundbuch und Kataster und
- ihrer Integration in einer Grundstücksdatenbank.

Die Automatisierung und Integration gehen von folgenden Grundgedanken aus:

Grundbuch im Rechtssinn

Grundbuch und Kataster sind in peripheren Großspeichern der Datenverarbeitungsanlagen gespeichert. Der Speicherinhalt stellt rechtlich die beiden Register dar. „Die Information verläßt das Papier." Papierausdrucke größerer oder kleinerer Teile der Register werden für beliebige Zwecke erstellt. Sie sollen nach Veränderungen regelmäßig nicht ergänzt, sondern durch neue Ausdrucke ersetzt werden.

[1] Durch die Möglichkeit der Datenaggregierung und -sortierung können die Statistikwerte entsprechend den jeweiligen Anforderungen programmgesteuert verschiedenen Bezugseinheiten zugeordnet und somit in mehrfach kombinierten Listen oder Tabellen dargestellt werden.

Zuständigkeiten

Die Zuständigkeiten und Verantwortlichkeiten von Grundbuchamt und Katasterbehörde bleiben unverändert. Das heißt, das Grundbuchamt verwaltet die rechtlichen Angaben der Grundstücke, die Katasterbehörde die Realangaben.

Einmalerfassung und -speicherung

Die Daten werden nur **einmal** erfaßt und gespeichert. Jede beteiligte Stelle hat, soweit dies für ihre Tätigkeit erforderlich ist, Zugriff auch auf die Daten der anderen Stelle, z. B. die Katasterbehörde auf den Inhalt des Grundbuchs. Hierzu dienen Verknüpfungsglieder wie die Flurstücksnummer, die Grundbuchnummer u. a. Die Daten werden soweit wie möglich vom Computer auf Richtigkeit und Vollständigkeit überprüft.

Datenfernverarbeitung

Zur Aktualisierung von Grundbuch und Kataster soll Datenfernverarbeitung in Verbindung mit Datensichtgeräten eingesetzt werden. Die Dateneingabe wird durch „vorformatierte" Bildschirmmasken, das sind auf den Bildschirm übertragene Vordrucke, erleichtert. Dazu werden weitgehend standardisierte Eintragungstexte verwendet, durch die die Entscheidungsfreiheit des Rechtspflegers nicht eingeengt wird. An die Stelle der Eintragungsverfügung tritt der Eintragungsnachweis, eine Rückmeldung des Computers über die Aufnahme des Eintragungstextes in den Speicher.

Einsicht

Einsicht genommen wird in die gespeicherten Texte mittels Bildschirm oder über Papierausdrucke. Neben den Grundbuch- und Katasterbehörden können auch andere Behörden, wie Forstamt, Finanzamt, Gemeinde, aber auch Notare über Datenstationen im Rahmen ihrer Berechtigung Daten abrufen.

Sicherheit

Die mit der Eintragung in das Grundbuch verknüpften Rechtsfolgen, insbesondere der Schutz des guten Glaubens, erfordern eine große Sicherheit hinsichtlich Richtigkeit und gegen Zerstörung oder unbefugte Änderung der Daten. Durch entsprechende Maßnahmen wird diesem Erfordernis Rechnung getragen.

Verbindung mit anderen Dateien

Die Grundstücksdatenbank ist offen für die Verbindung mit den Datensammlungen anderer Stellen und stellt diesen gegenüber die Basis für alle grundstücksbezogenen Daten dar.

Historie
Neben den aktuellen Daten bleiben auch die historischen Daten, insbesondere die gelöschten Rechte, zumindest in verkürzter Form auf längere Zeit im Speicher abrufbar.

Inhalt
Der materielle Gehalt des Grundbuchs wird durch die Automatisierung nicht geändert. Äußerliche Änderungen sind nur unwesentlich: An die Stelle der Grundbuchblätter treten im Grundbuchbezirk fortlaufend numerierte „Grundbuchbestände". Zwingend wird die Identität von Grundbuchbezirk und Katasterbezirk (Gemarkung). Die Zusammenschreibung aller Grundstücke eines Eigentümers (§ 4 GBO) auf einem Grundbuchblatt desjenigen Grundbuchbezirks, zu dem die Grundstücke gehören, wird die Regel bilden. Die Buchung auf Blättern eines anderen Grundbuchbezirks hingegen wird zumindest problematisch, wenn nicht unmöglich sein. Mit Sicherheit aber wird das Grundbuchamt das Grundbuch nur noch über die Grundstücke führen können, die ganz in seinem Amtsbezirk liegen. Aus diesen Bedingungen ergeben sich entsprechende Konsequenzen für die Vereinigung von Grundstücken (§ 890 BGB, §§ 5, 6 GBO). Der automatisierte „Grundbuchausdruck" schließlich weist neben dem herkömmlichen Bestandsverzeichnis nicht drei Abteilungen auf, sondern ein „Eigentümerverzeichnis" und ein „Lastenverzeichnis" (ähnlich dem österreichischen Grundbuch).

Von der Automatisierung des Grundbuchs ist eine erhebliche Beschleunigung und eine Vereinfachung des Grundbuchvollzugs zu erwarten, aber auch ein Rationalisierungseffekt, der im besonderen in den vielfältigen Verarbeitungs- und Benutzungsmöglichkeiten einer Grundstücksdatenbank zu sehen ist. Naturgemäß kann freilich auch ein Computergrundbuch nicht alle erdenkbaren Wünsche erfüllen.

Zu den Ausdruckmustern
In dem nachfolgenden Muster eines Grundbuchausdrucks sind unter Nr. 1 des Bestandsverzeichnisses die Flurstücke 512/18 Gemarkung Berlich, 51017/102 Gemarkung Berlich und 98 Gemarkung Buchwerder eingetragen. Das Grundstück unter Nr. 2 Flurstück 381/6 Gemarkung Berlich Flur 10 ist gelöscht; der vorangestellte Stern macht den Eintrag als „historisch" kenntlich. Siehe auch die gleichen Kennungen bei weiteren Einträgen.

Der Auszug aus dem Liegenschaftskataster – „Flurstücksnachweis" für das Flurstück 512/18 Gemarkung Berlich – ist eine von mehreren Auszugsarten. Diese Auszugsart gibt alle im Speicher der Grundstücksdatenbank enthaltenen Informationen über die tatsächlichen Verhältnisse an dem Flurstück wieder, nicht jedoch die Angaben des Grundbuchs.

```
AMTSGERICHT     : MÜNCHEN                                SEITE:          1
                                                  AKTUALITÄTS-NR:      10/0
GRUNDBUCH-BEZ   : BERLICH (090527)                       DATUM:  01.06.1977
GRUNDBUCH-NR    : 090527-2713-6

                    G R U N D B U C H A U S D R U C K
                    ---------------------------------
                             GESAMTAUSGABE
                    (ERLÄUTERUNGEN AUF DER RÜCKSEITE)

---------------------------------------------------------------------------
                 B E S T A N D S V E R Z E I C H N I S

BVNR AUSNR  FLURSTÜCK, LAGE UND TATSÄCHLICHE NUTZUNG                FLÄCHE
---------------------------------------------------------------------------

1           090527-0-512/18.8-7                                     694 M2
                      UNTERHACHINGER UBERLANDSTRAßE 16 B
                      GEBDE- U. FREIFL., WOHNEN
            090527-0-51017/102.13-9                                 320 M2
                      PUTZBRUNNER DAMM 44
                      GEBDE- U. FREIFL., WOHNEN
            090528-0-98-4 (BUCHWERDER)                            2 023 M2
                      MAIENWEG 15
                      GEBDE- U. FREIFL., LANDWIRTSCH
                      GEBDE- U. FREIFL., OFFENTLICH
                      GEBDE- U. FREIFL., WOHNEN

*2          090527-10-381/6.12-7

 3          ZU BVNR 1:
            GRUNDDIENSTBARKEIT (WEGERECHT) EINGETRAGEN IN
            GBNR 090530-2312-3 AN BVNR 1 UNTER LVNR 2; HIER VERMERKT AM
            2.5.1975.

---------------------------------------------------------------------------
                E I G E N T Ü M E R V E R Z E I C H N I S

EVNR        EIGENTÜMER/ERBBAUBERECHTIGTER, ANTEILS-/GEMEINSCH.VERHÄLTNIS
---------------------------------------------------------------------------

*1.1        S I E G E L , MARTIN REINER, KRAFTFAHRER,
            FELDBERGSTRA E 27, 8000 MÜNCHEN 83
  ZU 1/3

*1.2        DR.  S I E G E L , BERND MARTIN, GEB. AM 23.4.1922,
            MOZARTSTRAßE 35, 8012 OTTOBRUNN
  ZU 1/3

*1.3        SIEGEL-HÄUSSLER, MARIANNE, GEB. HÄUSSLER, DENTISTIN,
            MOZARTSTRAßE 35, 8012 OTTOBRUNN
  ZU 1/3

 2          MÜNCHENER BAUGESELLSCHAFT MBH, MÜNCHEN, GESCHZ: A-23170-600,
            EISENZAHNWEG 45, 8000 MÜNCHEN 20

                                                  FORTSETZUNG SEITE:   2
```

```
AMTSGERICHT     :  MÜNCHEN                                       SEITE:          2
                                                        AKTUALITÄTS-NR:       10/0
GRUNDBUCH-BEZ   :  BERLICH (090527)                              DATUM: 01.06.1977
GRUNDBUCH-NR    :  090527-2713-6
--------------------------------------------------------------------------------
                  E I N T R A G U N G S G R U N D L A G E N

EGNR        BESTANDSBEZOGENE/EIGENTUMSBEZOGENE EINTRAGUNGEN
--------------------------------------------------------------------------------

*1     BVNR:  1
       EVNR:  1
              BEI UMSTELLUNG VON BERLICH BAND 7 BLATT 34 HIERHER
              ÜBERTRAGEN AM 3.9.1974.

*2     BVNR:  2
       EVNR:  1
              AUS GBNR 090527-197-2 ÜBERTRAGEN: AUFLASSUNG VOM 22.3.1975:
              EINGETRAGEN AM 11.4.1975.

*3     BVNR:  2
              NACH GBNR 090527-1327-8 ÜBERTRAGEN AM 10.9.1975.

 4     BVNR:  1
       EVNR:  2
              AUFLASSUNG VOM 10.9.1975; EINGETRAGEN AM 17.1.1976.

--------------------------------------------------------------------------------
                  L A S T E N V E R Z E I C H N I S

LVNR        BELASTUNGEN/BESCHRÄNKUNGEN (VERÄNDERUNGEN ALS UNTERNUMMERN)
--------------------------------------------------------------------------------

1      BVNR:  *2,1
       BETR:  *100.000 DM; *80.000 DM; 30.000 DM
              HYPOTHEK  O H N E  BRIEF ZU EINHUNDERTTAUSEND DEUTSCHE MARK
              FÜR
                   BAU- UND HANDELSBANK AKTIENGESELLSCHAFT, MÜNCHEN,
                   GESCHZ: 271533022831,
                   AM BAHNHOF 28, 8000 MÜNCHEN 1
              MIT 10 % ZINSEN JÄHRLICH, 2 % EINMALIGE NEBENLEISTUNG;
              VOLLSTRECKBAR NACH § 800 ZPO; GEMÄß BEWILLIGUNG VOM
              10.4.1975; EINGETRAGEN AM 20.4.1975.

              1.1:      BVNR 2 AUS DER MITHAFT ENTLASSEN: EINGETRAGEN AM
                        10.9.1975.

              1.2:      20.000 DM GELÖSCHT AM 10.9.1975.

              1.3:      50.000 DM GELÖSCHT AM 17.1.1976.

2      BVNR:  1
              AUFLASSUNGSVORMERKUNG FÜR
              1    M A R Q U A R T , ANNEMARIE, GEB. WINKELMANN, GEB. AM
                   27.12.1945,
                   SCHILLING-GASSE 13 B, 8012 OTTOBRUNN
              2    M A R Q U A R T , MANFRED, DROGIST,
                   SCHILLING-GASSE 13 B, 8012 OTTOBRUNN
              ZU JE 1/2
              GEMA  BEWILLIGUNG VOM 3.5.1976; EINGETRAGEN AM 12.6.1976.

 - DER AUSDRUCK IST MASCHINELL ERSTELLT; ER WIRD NICHT UNTERSCHRIEBEN -
```

```
*-------------------------------------*-------------------------------------*
!AUSZUG AUS DEM LIEGENSCHAFTSKATASTER!FLURSTÜCK  090527-000-00512/018.08 7!
!        -LIEGENSCHAFTSBUCH-          !           =========================!
!                                     !AKTUALITÄT 01.06.1977 10            !
!******** FLURSTÜCKSNACHWEIS ********!ANTRAG     1977/112         SEITE   1!
*-------------------------------------*-------------------------------------*
!                                                                           !
! KATASTERAMT              1106            ALTENSTADT                       !
! GEMARKUNG                090527          BERLICH                          !
! GEMEINDE                 096200001865    REICHENHAUSEN                    !
! KREIS                                    ALTENSTADT                       !
! FINANZAMT                2500            ALTENSTADT                       !
! FORSTAMT                 2468            ALTENSTADT                       !
!---------------------------------------------------------------------------!
!                                                                           !
! GMKG   FLR FLURST-NR FO P                                                 !
! 090527       512/18   8 7                                                 !
! ========================= ENTSTEHUNG     1970/1854-11                     !
!                          FORTFUHRUNG    1976/2366-52                      !
!                          FLURKARTE RISS 7838                              !
!                          BAUBLOCK       7838.66                           !
!                          KOORDINATE     3578541.4    5538505.8            !
!                                                                           !
! LAGE                     10106  UNTERHACHINGER ÜBERLANDSTRASSE 16 B       !
!                                                                           !
! TATSÄCHLICHE NUTZUNG                                                      !
!                   694 M2  21-132 GEBDE- U. FREIFL., WOHNEN                !
!                                  DOPPELHAUS                               !
! ------------------------                                                  !
! FLÄCHE    *** *** 694 M2                                                  !
! ========================                                                  !
!                                                                           !
! GESETZL. KLASSIFIZIERUNG  31     GRUNDVERMÖGEN                            !
!                   694 M2  31-123 MIETWOHN. GRUNDST.                       !
!                                                                           !
! FREIER TEXT           ÜBERBAUUNG NACH FLURSTÜCK 090527-000-00512/019.07 5 !
!                       ÜBERBAUTE FLÄCHE 1.9 M2                             !
!                                                                           !
! ANLIEGERVERMERK       (1) ANTEIL AM WEG      090527-000-00510/000.01 2    !
!                                                                           !
! HINWEISE              22 ÜBERSCHWEMMUNGSGEBIET                            !
!                       25 LÄRMSCHUTZ 2                                     !
!                                                                           !
!                       94 VERMESSUNG BEANTRAGT                             !
!                                                                           !
! BAULASTENBLATT-NR     12345                                               !
!                                                                           !
! AUSFÜHRENDE STELLE    S1012  SANIERUNG REICHENHAUSEN                      !
! VERFAHREN             127401 (22) VERF. EINGELEITET                       !
!                                                                           !
! VORGÄNGERFLURSTÜCK    090527-000-00512/018.07                             !
!                                                                           !
! AMTSGERICHT           2601   MÜNCHEN                                      !
! GRUNDBUCH             090527-002713 6 BVNR    1 (N) EIGENTUM              !
! =========                                                                 !
!                                                                           !
!                                                                           !
!                                                                           !
*AMTL. AUSGABE -NACHDRUCK UND VERVIELFÄLTIGUNG UNTERSAGT- FORTS. SEITE ---*
```

Sachverzeichnis

Zur Angabe der Fundstelle dient regelmäßig die Randnummer in Verbindung mit
- Einf = Einführung oder
- dem Paragraphen der Grundbuchordnung.

Weitere Abkürzungen:
- Anh = Anhang
- Vorb = Vorbemerkung

D

FSC
www.fsc.org
MIX
Papier | Fördert
gute Waldnutzung
FSC® C083411

Kolibri 360 GmbH
Ferdinand-Jühlke-Straße 7
99095 Erfurt, Deutschland
produktsicherheit@kolibri360.de